JN491723

우리나라 선비들의 中國시 이야기

제2권

원편자_

광건행(鄺健行, Guang Jian Xing)
홍콩 신아학원 중문계 졸업, 그리스 아테네대학 철학박사, 홍콩중문대학 및 홍콩침례대학 중문학과에서 강의, 현재 침례대학 영예교수. 저서 : 『시부와 율조』 『杜甫新議集』 등. 역서 : 플라톤의 『波羅塔哥拉』 등. 홍콩을 대표하는 중국문학자의 하나로, 서양 고전에도 정통하며, 근년에는 한 중 양국의 문화교류에 관련된 한국의 여러 고서에 관한 논문을 많이 발표하고 있음.

진영명(陳永明, Chan Wing Ming)
홍콩중문대학 중문과 졸, 미국 예일대학 철학석사, 위스콘신대학 동아시아계 박사, 현재 침례대학 영예교수. 저서 『중국문학산론』 『원래공자』 등. 홍콩 T.V.에서 문학, 철학, 음악 등에 관한 해설자로 명성을 날렸으며, 여러 책의 베스트 셀러 작가이기도 함.

오숙전(吳淑鈿, Ng Suk Tin)
대만사범대학 국문계 졸업, 홍콩대학 중문계 박사, 현 침례대학 교수. 저서 : 『陳與義詩歌研究』

역주자_

이장우(李章佑)
서울대학교 중문과 졸업, 대만대학 중국문학연구소, 석사, 서울대학교 문학박사. 현 영남대학교 명예교수. 역서 : 『퇴계시풀이』(6책), 『고문진보』(상,하) 등. 중국과 한국의 한자로 된 책을 쉬운 현대한국어로 옮기는 일에 많은 관심을 가지고 있음.

박한규(朴漢圭)
영남대학교 중문과 졸업, 동 대학원 석 · 박사과정 졸업 및 수료. 현재 영남대학교 강사. 저서 : 『이퇴계의 고문진보 강해 연구』

최계량(崔繼良)
한국방송통신대학교 중어과 졸업, 영남대학교 중문과 석 · 박사과정 졸업 및 수료. 현재 영남대학교 강사. 역서 : 『우리가 알아야할 삼국지 상식 100가지』

우리나라 선비들의 중국시 이야기 제2권

초판 인쇄 2011년 12월 22일 | **초판 발행** 2012년 1월 10일

편자 광건행(鄺健行) · 진영명(陳永明) · 오숙전(吳淑鈿) | **역자** 이장우(李章佑) · 박한규(朴韓圭) · 최계량(崔繼良)
펴낸이 이효수 | **펴낸곳** 영남대학교출판부

출판등록 1975년 9월 5일 경산 제16-1호 | **주소** 경북 경산시 대동 214-1
전화 053) 810-1801~3 | FAX 053) 810-4722 | **홈페이지** book.yu.ac.kr

ISBN 978-89-7581-431-0 94810

값은 표지 뒷면에 있습니다.
잘못 만들어진 책은 바꾸어 드립니다.

천마총서 04

우리나라 선비들의 中國 시 이야기

제2권

광건행鄺健行 · 진영명陳永明 · 오숙전吳淑鈿 뽑음

이장우李章佑 · 박한규朴韓圭 · 최계량崔繼良 역주

영남대학교출판부

[1]

우리나라의 선비들은 한문으로 된 중국시의 내용에 대하여 얼마나 깊이 알고 있었으며, 그러한 작품들을 대할 때 어떠한 생각을 지니고 있었을까?

지금 21세기에 사는 우리들이 아무리 열심히 한문을 공부하고 고전을 연구한다고 해도, 한문 문장을 처음부터 통째로 외우기 시작하여 그것을 바탕으로 평생 동안 한자로 문자생활을 하고 지냈던 우리 선조들에게는 도저히 따라갈 수가 없을 게 아닌가?

그러나 그러한 업적들을 어떻게 손쉽게 입수하여 정확하게 파악하여, 지금 우리들이 연구하는 데에도 활용할 수 있을 것인가?

또 지금의 한문학과나 국문과에서는 이와 관련된 공부를 얼마나 하고 있을까?

중국 고전 문학을 전공하면서, 나는 항상 이런저런 점들이 매우 궁금하였다.

그래서 틈나는 대로 우리나라에서 간행된 문집들도 사모아 보았고, 관련된 저술들도 구입해보기는 하였으나, 직접 그러한 내용으로 강의를 하거나, 또 그러한 학회에 참석한 일은 거의 없었기 때문에, 이러한 자료들은 다만 나의 장서를 늘리는 데는 일조를 하였지만, 나의 지식, 나의 작업과는 별 연관이 없었다.

[2]

그런데, 한국에서 한시를 연구하는 시화학회가 생기고, 그러한 연구를 한국, 중국, 일본 학자들이 공동으로 추진한다는 이야기도 들었으나, 나는 그때나 지금이나 별로 대외 활동을 하지 않고, 또 이 분야에 대하여 아는 것도 별로 없기 때문에 그런 모임에 직접 참석하여 본 적은 거의 없었다. 그러나 이러한 모임을 계기로 해서 한국의 시화에도 관심을 가지는 외국, 특히 중국학자들이 더러 있다는 이야기는 가끔 듣게 되었다.

그 중에 한 분이 이 책을 편집한 광건행 교수다. 그가 홍콩에서 이미 풍부한 연구비를 확보하여 한국에서 나온 한문 시화를 모조리 컴퓨터에 입력하고, 그 가운데서 중국 시에 관련된 자료를 모두 뽑아내고 있다는 이야기를 들었을 때, 한편으로는 매우 놀랍고 고맙기도 하면서도, 한편으로는 이러한 일이라면 한국에 있는 중국문학도나 한문학도가 먼저 착수해야 하였을 일이 아니었나 싶은 부끄러운 생각도 들었다.

2002년 11월에 그가 영남대학교 국제관에서 열린 동아인문학회에 참석하였을 때, 나는 초면인 그에게 이 분야의 연구에 착수한 것을 자주 들어 알고 있다고 치하하였더니, 그는 이 책이 마침 홍콩의 중화서국에서 나왔다고 하면서, 새 책을 한권 꺼내어 서명하여 주었다. 금방 나온 책을 편자에게 직접 받고 보니 얼마나 즐거웠는지! 더구나 평소에 알고 싶었던 내용을 요령있게 간추려놓은 책이고 보니 말이다. 또 이분의 장인되는 반중규 潘重圭 교수는 유명한 돈황학자로서, 영남대학교에서 명예문학박사를 받은 분이고 보니, 이 교수와는 본래 가까운 사이였던 것 같이 느껴졌다.

[3]

몇 년 전에 영남대학교에서 퇴직을 하면서, 그 동안 사모았던 책도 모두 영남대학교 중앙도서관에 기증하였다. 그러나 그 도서관 4층에 퇴직 교수들이 공동으로 이용할 수 있는 공간이 하나 생기고, 중문과에서는 대학원 강의를 한 과목 마련해 주었다.

그 때부터 나는 이미 기증한 책 중에서 필요한 것은 다시 대출하여, 광교수의 이 책을 교재로 삼아서 몇 학기동안 학생들에게 강독하였다. 그리고 이 책의 내용을 한글로 번역하고, 관련된 내용 중 스스로 몰라서 사전을 찾아본 것은 가능한 모두 주석을 달아보라고 하였다.

이렇게 초벌 번역된 내용을 강의시간에 내가 보완 수정하여 가며 설명하고, 그것을 다시 정리하여 본과에서 내는 번역전문 반년간 《역총》에 연재하게 하였다. 이렇게 하여 지금까지 모인 것을 우선 한차례 묶은 것이 바로 이 책이다.

[4]

광교수의 이 책은 《한국시화 중 중국관련 자료 가려뽑음韓國詩話中論中國詩資料選粹》이라는 긴 제목을 지니고 있는데, 나는 좀 쉬운 말로 《우리나라 선비들의 중국시 이야기》라고 바꾸어 보았다.

원본은 고려의 《파한집》부터 근세의 이가원 교수의 《옥류산장시화》까지 56편이 초록되어 있으나, 지금까지 읽은 것은 34번째 정재륜의 《한거잡록》

까지인데, 그 전체의 절반 정도의 분량이다.

이러한 한국 시화의 가치에 대하여서는, 이 책 앞머리에 번역 소개하는 광교수의 해설이 있는데, 거기에서는

1. 논시論詩 상의 가치 ; 총설의 예, 주석의 예,
변증의 예, 논석의 예, 평상評賞의 예.
2. 집일輯佚 상의 가치
3. 교감校勘 상의 가치

로 나누어 상세하게 설명하고 있기 때문에 여기서 다시 언급하지는 않으려 한다.

여기서는 다만 이 책을 가지고 강의하여 보고 역주하여 내는 과정에서 느낀 점만 몇 마디 더 적어 보고자한다. 여기 역주한 시화들의 태반은 한국에서도 이미 어떠한 형태로든 번역이 나와 있다. 그렇기 때문에 이런 분야의 책을 처음 읽어보는 대학원 학생들도 우선 그러한 번역과 주석을 보고서, 이러한 어려운 시화의 내용에 겁 없이 접근하여 다시 개역을 시도해볼 수 있었다. 그러한 점에 있어서는 국내의 선행 역주자들에게 깊은 사의를 표하고자 한다.

그러나 그러한 역주를 보면 무엇보다가도 우선 언급되고 있는 중국의 원시들에 대한 이해가 그렇게 철저하지 못하여, 독자들이 읽어도 무슨 내용인지 이해하기가 쉽지 않으리라 생각되었다. 그래서 이 작업에서는 인용되고 있는 모든 중국 원시를 모두 조사하여, 주석에서 그 내용을 몇 줄씩이라도 번역 소개하고, 번역만으로는 그 뜻이 쉽게 전달이 되지 않을 만한 것은 ※표를

하여 가며 그 주석에 또 주석을 첨가하였다. 이렇게 철저하게 검토를 하다가 보니 저절로 시화 원문에 대한 일부 잘못된 번역도 더러 찾아내게 되었다.

수많은 시의 원문을 찾아보는 데나, 방대한 이 작업을 이 정도나마 일관성 있게 진행하는 데는, 최근에 나오는 여러 가지 편리한 기본 전적들과, 공구서들, 그러한 것들을 컴퓨터를 이용하여 검색하고 작업할 수 있도록 만드는 여러 가지 신비한 문명의 혜택들이 모두 동원되었다.

가장 자주 이용한 것만 몇 가지 들자면, 《사고전서》(전자판), 《한국고전DB》(한국고전번역원), 《전송시全宋詩》, 《송시화전편》, 《명시화전편》, 《한어대사전》(전자판), 《한한대사전》(단국대) 같은 것들이다.

이러한 편리한 이기利器들이 없던 시대에 나온 책들을 보면, 힘은 힘대로 기울였을 것이나, 아무래도 검색에 한계가 많았음을 자주 발견하게 되었다.

[5]

그 다음에 이야기하고 싶은 것은 번역문이나 주석문의 수준에 관한 것이다. 나는 여기서도 모든 말은 한글 전용을 원칙으로 하고, 필요한 경우에는 괄호 속에 한자를 넣도록 하였다. 또 시의 제목이나, 글의 편명 같은 것 까지도 일반 독자들이 무슨 말인지 잘 이해하지 못할 것 같이 생각되면 모두 한글로 그 뜻을 풀어 보게 하였다. 제목부터 무슨 말인지도 모르겠는데, 어떻게 그 뒤에 나오는 내용을 이해할 수 있겠는가? 이러한 점은 내가 하는 다른 역주 작업에서도 고수하고 있다.

흔히 듣는 이야기 중에,

"이러한 정도의 책을 보는 사람은 이미 상당한 수준에 있는 사람들일 것이니, 좀 어려운 말이라도 그들 스스로 알든가, 모르면 사전을 찾을 수도 있지 않겠나?"

하는 것인데, 나는 그렇게 생각하지는 않는다. 우선 "이러한 정도의 책을 보는 사람"을 어느 정도로 잡을 것인가?

나는 인문계통의 책은 평이하고 친절하게만 만들어 놓으면 그래도 상당한 독자층이 있으리라고 기대하여 본다. 그러나 지금 한글세대들은 이전 세대들이 생각하는 것과는 판이하게 한자말을 잘 모른다는 것이 사실이다. 이러한 사람들에게도 옛날이야기 책을 쉽게 접근할 수 있도록 만드는 것은, 우리 같은 기성세대 연구자들이 반드시 시도하여 보아야할 자못 성가시기는 하지만, 꼭 해두어야 할 과업이라고 생각한다. 사실 책을 쉽게 만들자니 번거롭고 귀찮은 일이 점점 더 불어나지만 말이다.

[6]

이렇게 주석이 늘어나고, 말이 길어지다가 보니, 이 책이 이렇게 두터워지고 말았으나, 그래도 약간의 "성취감—이 작업에 참여하였던 한 여학생의 말" 같은 것은 느끼기도 한다. 그 동안 초벌 역주를 하고 여러 가지 잔소리와 수많은 질책을 들어준 영남대학교 중문과 대학원의 여러 동학들에게, 책을 마무리하면서 한없는 사제간의 온정을 느낀다. 일단 퇴직을 한 뒤에 다시 만난 사람들이니 그 사람들은 나에게 더욱 소중하게 생각된다.

이 중에는 한국 학생들 말고도 중국에서 온 동포 학생, 중국인 유학생들도 있고, 나이로 보아서도, 20대에서부터 50대까지 다양한데, 나는 이 사람들에게 모두 많은 역주과제를 부과하였다. 그 중에는 이미 상당한 수준에 도달한 사람들도 몇몇 있기는 하였지만, 나는 늘 그들에게 칭찬보다는, 한글 표현력에서부터 전공에 대한 지식, 자료를 검색하는 능력 등… 많은 것이 모자란다고 나무라기만 하였다. 이렇게 하는 동안 나도 사실은 현직에 있을 때보다도, 이 한 과제에 좀 더 집중할 수 있구나 하는 생각이 들었다. 한 때 이들의 노력과 나의 소망이 합하여진 것이 바로 이 책이다.

그러나 이 책 표지에서는 그 여러 사람들의 이름을 다 밝힐 수 없어, 그 중에서도 대표격인 박한규, 최계량 두 사람 이름만 적었고, 매 시화가 끝날 때 마다 그 시화를 책임지고 정리한 사람들의 이름을 밝혀 두었다.

최계량 선생은 이 책을 읽는 동안, 이미 학점을 모두 이수한 뒤였으나 그것과는 관계없이, 처음부터 계속하여 이 시화 강의를 들어가면서 초벌 번역을 가장 많이 하였고, 박한규 군은《역총》에다가 이 여러 편의 시화 번역을 일일이 체제를 다시 통일하여가면서 연재할 수 있도록 하였다. 이 두 사람은 모두 시가 전공이고, 또 컴퓨터도 나보다 몇 배나 더 잘 다룰 수 있기 때문에, 내가 놓친 것도 많이 찾아 주었다.

마지막에《역총》에 연재한 것을 모두 수합하여 최종정리를 하는 데는, 내가 한 두 차례 처음부터 끝까지 다시 훑어보면서 수정하였고, 박한규 군은 광교수의 해설 부분을 힘들여 번역하였다. 무엇보다도 특히 최계량 선생은 지난 겨울 방학 벽두부터 지금까지, 원문 글자를 일일이 찾아가며 대조하고, 전체의 체제를 다시 통일하며, 내가 다시 수없이 뜯어고쳐놓은 내용을 불평 없이 추가하여 입력하는 등 …… 몇 달 동안이나 문자 그대로

"불철주야不撤晝夜" 헌신하였다. 삼가 고마움을 표한다.

[7]

끝으로 이 책의 한국 출판을 선선히 허락하여 준 광건행 교수, 그에게 그런 호의를 베풀도록 도와준 홍우흠 교수에게 감사하며, 나에게 이 일을 하는 동안 편안하게 공부할 수 있도록 도와준 중문과의 여러 후배교수들과 영남대 중앙도서관, 특히 그 고서실의 여러 사서들에게도 사례의 인사를 드린다.

무엇보다도 이렇게 매수만 많고, 잘 나갈지도 모르는 이 책을 내도록 하여준 영남대학교 출판부에 사의를 표한다.

2011년 12월 초순

영남대학교 중앙도서관
명예교수열람실에서

이장우李章佑

章佑教授道席：

接本月十六日華翰, 敬悉一切. 拙編《韓國詩話中論中國詩資料選粹》蒙 先生採爲教學課本, 至感榮幸. 大函中提及此書之韓文譯註及出版事, 謹奉覆如下：

一, 本人同意 先生譯註及出版拙編《韓國詩話中論中國詩資料選粹》.

二, 本人不收取著作版權費.

三, 是書封面編者請保留本人姓名, 至譯註者姓名自是先生.

譯註本出版後, 甚盼能賜寄三數册, 俾作紀念. 如有其他問題, 仍請先生賜告. 耑此謹頌

教安

鄺健行拜啓

二零零九年 十月二十七日

이장우 교수님께

이번 달 16일에 보내주신 편지를 받고 두루 잘 알았습니다. 제가 엮은《한국시화중논중국시자료선수》를 선생께서 수업 교재로 채택하셨다니 대단한 영광으로 생각합니다. 편지에서 언급하신 이 책의 한국어 역주 및 출판에 관한 일은 삼가 다음과 같이 답장을 올립니다.

1. 본인은 선생께서 본인이 엮은 《한국시화중논중국시자료선수》를 역주하고 출판하는 것에 동의합니다.

2. 본인은 저작판권비를 받지 않겠습니다.

3. 이 책의 표지에 적는 편자에는 본인의 이름을 보류하여 주시고, 역주자의 성명은 선생님의 성함부터 시작하시기 바랍니다.

역주본이 출판된 후, 서너 권 정도 보내주시어 기념으로 삼을 수 있기를 바랍니다. 만약 다른 문제가 있다면 선생께서 알려주십시오.

이에 삼가 교수 생활에 편안하심을 빕니다.

광건행 올림

2009년 10월 27일

목차

VII. 唐詩 **173**

제3부

지봉선생의 이야기

《지봉유설(芝峰類說)》

시(詩)
시법(詩法)
시평(詩評)
어제시(御製詩)
고악부(古樂府)
고시(古詩)
당시(唐詩)
오대시(五代詩)
송시(宋詩)
원시(元詩)
명시(明詩)
방류(傍流)
여정(麗情)
시예(詩藝)

17.《지봉유설芝峰類說》[1]

이수광[2](李睟光, 1563~1628)이 지었다. 수광의 자字는 윤경潤卿, 호號는 지봉芝峰으로 본관이 전주全州이다.《지봉유설》은 모두 21권으로, 그 중에서 시화詩話는 5권이다. 이 책은 조선 광해군光海君 6년(1614년)에 처음 간행되었으며, 이는 명明나라 신종神宗 만력萬曆 43년에 해당한다. 책에서 한국시와 중국시의 관계를 언급한 것은 대략 두 가지 상황이다. 첫 번째는 한국시와 중국시를 서로 비교하였고, 두 번째는 한국시로서 중국시의 심원深源을 탐색하였다. 책에서 직접적으로 중국 시인의 시작詩作을 평론하였으며, 편폭(양)이 매우 많고, 시詩, 시법詩法, 시평詩評, 어제시御製詩, 고악부古樂府, 고시古詩, 당시唐詩, 오대시五代詩, 송시宋詩, 원시元詩, 명시明詩, 방류(旁流, 잡류), 시예(試藝, 재주를 시험해 봄) 등의 항목으로 세분화하였는데, 작자가 두루 깊이 공부하여 그 속에 새로운 뜻이 매우 많음을 알 수 있다.

1 |《지봉유설(芝峰類說)》: 1614년(광해군 6) 이수광(李睟光)이 편찬한 일종의 백과사전으로, 20권 10책. 목판본이다. 주로 고서와 고문에서 뽑은 기사일문집(奇事逸聞集)이다. 그가 죽은 뒤에 그의 아들 성구(聖求)와 민구(敏求)에 의하여 1634년(인조 12)에 출간되었다.《지봉유설》 권8에서 14까지의 문장부(文章部)에 문 · 문체 · 문평(文評) · 고문 · 사부 · 동문(東文) · 문예 · 시 · 시법 · 시평 · 어제시(御製詩) …… 규수시(閨秀詩) · 창첩시(倡妾詩) · 가사(歌詞) · 여정(麗情) · 애사(哀詞) · 창화(唱和) · 대구(對句) · 시화(詩禍) · 시참(詩讖) · 시예(詩藝)에 대한 그의 다양한 비평문학적 견해들이 피력되어 있다. 자세한 것은《민족문화대백과사전》을 보라.

2 | 이수광(李睟光) : 태종대왕(太宗大王)의 아들 경녕군(敬寧君)의 6세손이다. 뛰어난 재질을 타고났으며 명문가의 가정 학습 분위기가 있어서 일찍부터 학문이 성숙하였다. 13세에 이미 성균관(成均館)에 들어갔으며 16세에는 진사과(進士科)의 초시(初試)에 합격하였다. 선조 18년에 23세로 대과(大科)에 급제한 뒤부터 관직생활은 약 40여 년간 요직을 두루 거쳤다. 3차에 걸쳐 북경(北京)에 다녀왔다.

Ⅰ. 시詩

[1] 고사 인용

唐人作詩, 專主意興,[3] 故用事[4]不多. 宋人作詩, 專尙用事, 而意興則少. 至於蘇黃[5], 又多用佛語, 務爲新奇, 未知於詩格如何. 近世此弊益甚, 一篇之中, 用事過半, 與剽竊古人句語者, 相去無幾矣.

당唐나라 사람이 시를 지을 때에는 오로지 의경意境, 의상意象과 홍치興致, 홍취興趣를 주로 한다. 그렇기 때문에 고사를 인용한 것이 많지 않다. 송宋나라 사람이 시를 지을 때에는 오로지 고사를 인용하는 것을 숭상한다. 그렇기 때문에 의경과 홍취는 적다. 소식蘇軾과 황정견黃庭堅에 이르러서는 또 불교의 용어를 많이 써서 신기하게 하였다. 그것이 시격詩格에 어떠한지는 알지 못하겠다. 근세에는 이 폐단이 더욱 심하게 되어, 시 한 편 가운데에 고사를 인용한 것이 반을 넘으니, 옛사람의 글귀나 말을 표절한 것과 거리가 거의 멀지 않다.

3 | 의홍(意興) : 의(意)는 시에 내놓는 감정과 사고가 배합된 시인의 의상(意象)으로, 중국 문학의 용어로는 의경(意境)이라고도 한다. 홍(興)은 엄우(嚴羽)가 말한 시의 홍취(興趣)또는 홍치(興致)일 것으로, 말하자면 사(詞)와 이(理)와 의(意)가 합쳐서 빚어내는 독자를 감발(感發)시키는 운치라고 하겠다. ─《중국시론》, 차주환, 서울대학교 출판부, p.209 참고.

4 | 용사(用事) : 전고(典故)를 사용하는 것 혹은 비유법도 포함이 되는데, 상상력을 발동시키는 방법 중의 하나이다. 더 자세한 것은《파한집(破閑集)》의 내용을 다시 참고하라.

5 | 소황(蘇黃) : 소식과 황정견을 가리킨다. 소식(1037~1101)은 북송시대 시인, 문장가, 학자, 정치가이며 당송팔대가의 한사람이다. 황정견(1045~1105)의 자는 노직(魯直)이고 호는 산곡(山谷)이며, 강서성 홍주(洪州) 사람이다. 스승인 소식과 나란히 송대(宋代)를 대표하는 시인으로 꼽힌다. 강서시파(江西詩派)의 시조이며, 문집으로는《예장황선생문집(豫章黃先生文集)》30권이 있다. 글씨 역시 북송(北宋)의 4대가(四大家)의 한 사람으로 활력있는 행초서(行草書)에 뛰어났다.

[2] 시로서 학문 하는 것

羅大經[6]曰 :『古人以學爲詩, 今人以詩爲學.』[7] 余謂以詩爲學者, 有意於詩者也. 以學爲詩者, 無意於詩者也. 有意無意之間, 優劣判矣.

나대경羅大經이 (《학림옥로》에서) 말하기를,『옛사람은 학문의 기초를 가지고서 시를 하고, 지금 사람은 오로지 시를 가지고서 학문으로 삼는다.』라고 하였다. 나는 말한다. 시로써만 학문을 하는 자는 시에 의도가 있는 사람이고, 학문으로써 시를 하는 자는 시에 의도가 없는 사람이다. 뜻이 있고 없는 사이에 우수하고 졸렬한 것이 판정된다.

[3] 왕엄주의 말

王弇州[8]云 :『盛唐之於詩也, 其氣完, 其聲鏗以平, 其色麗以雅, 其意融而無迹. 今之操觚者, 竊元和 · 長慶[9]之餘[10]似而祖述[11]之, 氣則漓矣, 意纖然露矣, 歌之無聲也, 目之無色也. 彼猶不自悟悔, 而且高擧闊視, 曰 : 吾何以盛唐爲哉?』 余謂此言正中時病, 弇州蓋以盛唐爲則, 而亦未至焉者也.

왕엄주王弇州가 말하기를,『성당盛唐 때에는 시에 있어서 그 기氣는 완벽

6 | 나대경(羅大經, 1196~1242) : 남송(南宋)의 유학자. 자는 경륜(景綸) 호는 유림(儒林)과 학림(鶴林), 대표적 저서로 《학림옥로(鶴林玉露)》가 있음. 《학림옥로》는 주희(朱熹) · 구양수(歐陽修) · 소식(蘇軾) 등의 어록과 시화, 평론을 모으고, 그의 집에 찾아온 손님들과 주고받은 청담(淸談)을 기록한 것임.

7 | 고인이학위시(古人以學爲詩) 두 구 : 이 부분은 《학림옥로》(권9)의 부분을 인용하였음.

8 | 왕엄주(王弇州) : 《학산초담(鶴山樵談)》 주 10) 참조.

9 | 원화장경(元和長慶) : 원화는 당(唐)나라 제 11대 황제인 헌종(憲宗, 806~820)의 연호. 장경은 당나라 제 12대 황제인 목종(穆宗, 820~824)의 연호. 당나라 원진(元稹)과 백거이의 시는 그 시체(詩體)를 같이하고, 서로 창화(唱和)한 시가 많으므로 이들의 시체를 장경체(長慶體)라 이르며, 그들의 활동이 이때에 현저했기 때문에 따온 명칭임. 장경체는 평이하고 현실적인 문제를 깊이 다루었음.

10 | 여(餘) : 여상(餘像). 죽은 사람의 초상화(肖像畵).

11 | 조술(祖述) : 선인(先人)의 설(設)을 근본(根本)으로 하여 그 뜻을 펴 서술(敍述)함.

하고, 그 소리는 또렷하고도 화평하며, 그 빛은 곱고도 아담하고, 그 뜻은 무르녹아서 자취가 없다. 지금의 문필文筆에 종사하는 사람들은 원화元和, 장경長慶 시대의 여상餘像을 훔쳐서 조술祖述하고 있어서 기氣는 박하고 뜻은 가느다랗게 드러난다. 노래하여도 소리가 없고 눈으로 보아도 빛이 없건만, 저들은 오히려 스스로 후회하고 깨달을 줄 모르면서 또 높이 치켜들고 넓게 보면서 말하기를, 내가 어찌 성당盛唐의 본을 받겠는가? 라고 한다.』고 하였다.

나는 말한다. 이 말이 정말 세상의 병폐에 적중한 말이다. 엄주는 대체로 성당盛唐을 법칙으로 하였으나, 또한 최선最善에 이르지는 못한 자였다.

[4] 문으로 시를 지음

世謂李白以詩爲文, 故曰 : 『生不用封萬戶侯, 但願一識韓荊州.』[12] 韓愈以文爲詩, 故曰 : 『破屋數間而已矣.』[13] 然余按李詩有云, 『秦人相謂曰,

12 | 생불용봉만호후(生不用封萬戶侯) 두 구 : 이백의 〈한형주자사님께 드리는 글(與韓荊州書)〉에 나오는 구절로, 《고문지보 · 후집》에 보이는 이 글은 이백 자기 자신에 대한 일종의 추천서[自薦書] 이다. 만호후(萬戶侯 : 食邑萬戶의 封侯), 당(唐)나라 때 작위를 봉할 때는 이미 만호후의 명칭이 없었으나, 여기서는 높은 직위를 말함. 한형주(韓荊州)는 한조종(韓朝宗)을 가리키며, 여기에 인용한 문구는 그가 인재를 선발하고 선비를 존중하는 것을 찬미하는 말이다.
이 두 구절은 2, 4, 6 번째 글자에서 평측을 바꾸어 가면서 사용하였으며, 후(戶)와 주(州)는 모두 하평성(下平聲) 우운(尤韻)을 사용하였다. 그러므로 율시(律詩)의 구절과 비슷하다.

13 | 파옥수간이이의(破屋數間而已矣) : 한유(韓愈)가 지은 이 시의 원제는 〈노동에게 띄우노라(寄盧仝)〉이며, 일부분은 아래와 같다.

玉川先生洛城里, 옥천선생이 성안으로 들어오니,
破屋數間而已矣. 허물어진 집 몇 칸 뿐이더라.
一奴長須不裹頭, 한 남자 노비는 머리카락을 길게 하고 묶지 않고,
一婢赤脚老無齒. 한 여자 노비는 맨발에 늙어서 이도 없더라.
辛勤奉養十餘人, 고생스럽게 십 여 가족을 봉양하는데,
上有慈親下妻子. 위로는 어머님이 계시고, 아래로는 처자식이 있더라.

吾屬可去矣.』14 此亦詩而文者. 韓文云 : 『夫子至今有耿光15.』 此亦文而詩者.

세상에서 말하기를 이백李白은 시詩로써 문文을 지었다. 그래서 (이백이) 말하기를

生不用封萬戶侯, 살아서 만호후萬戶侯에 봉해지는 것을 바라지 않고,

문에서 주로 사용하는 『而已矣』와 같은 허사를 사용하였다.

※옥천선생 : 옥천자(玉川子, 795~835). 이름이 노동이며, 한유일파의 시인으로 평생을 가난하게 살았고, 문체가 기괴하여 당시 세태를 불만스럽게 여겨 쓴 작품이 많음.

참고 : 《한유시 이야기》, 이장우 역, 대한교과서 주식회사, 1988, p.79.

14 | 진인상위왈(秦人相謂曰) 두 구 : 이백(李白)이 지은 이 시의 원제는 〈옛날의 시풍으로 지음, 그 31번째 시(古風, 其三十一)〉이며 일부분은 아래와 같다.

白馬華山君, 백마를 탄 화산의 산신령을,
相逢平原里. 평원리에서 만나게 되었다네.
璧遺鎬池君, 구슬을 호지군에게 전하여 달라고 하면서,
明年祖龍死. 내년에 조룡이 죽을 것이라고 하였다.
秦人相謂曰, 진(秦)나라 사람들이 서로 이르기를,
吾屬可去矣. 우리들은 도망가야 하겠다 하네.
一往桃花源, 한 번 도화원으로 가 버리니,
千春隔流水. 천년동안 흐르는 물과 멀어지게 되었네.

※호지군(鎬池君) : 호지는 장안 서남쪽에 있는 못 이름인데, 은나라 말기에 폭군 주를 정벌한 주나라의 무왕(武王)이 이 못의 신이 되었다고 하는 전설이 있음. 이 구절의 뜻은 옛날 폭군 주(紂)를 정벌하듯이 지금의 폭군 시황제를 정벌하여 달라고 부탁한다는 것임.

※조룡(祖龍) : 진시황. 『祖』는 『始』의 뜻이 있고, 『龍』은 군주의 상을 갖추고 있기 때문임.

15 | 부자지금유경광(夫子至今有耿光) : 한유가 지은 〈전횡께 바치는 제문(祭田横墓文)〉에 나오는 구절로, 전횡은 제나라 항우 편에 선 지역의 마지막 저항세력 지도자로 유방에 대항하였지만, 끝내 유방의 군대에 패하였고, 유방이 황제가 된 후에 그는 생명의 위협을 느껴 그의 무리 5천을 거느리고 바다 속으로 도망갔다. 한유가 그의 제문을 지었던 것은 자신처럼 재능을 지닌 훌륭한 선비가 이부시험에서 세 번이나 낙방하고 재상의 추천을 바라는 편지를 세 번이나 보냈지만 아무런 대답조차 없었던 사실에 대해 마음속에 쌓인 분노를 씻어내고자 하였다.

但願一識韓荊州.　　다만 한 번 한형주韓荊州 알게 되기를 원한다.

라 하였고, 한유韓愈는 문文으로써 시詩를 짓기 때문에,

破屋數間而已矣.　　허물어진 집 몇 칸 뿐이더라.

라고 하였다. 내가 고증하여 보니, 이백李白의 시에

秦人相謂曰,　　진秦나라 사람들이 서로 이르기를,
吾屬可去矣.　　우리들은 도망가야 하겠다.

고 한 것이 있다. 이것도 또한 시詩이면서 문文인 것이다. 한유의 문장에 『선생께는 지금까지도 밝은 빛이 전해진다(夫子至今有耿光)』라고 한 것이 있다. 이것은 또한 문文이면서 시詩인 것이다.

II. 시법詩法

[5] 정격과 편격의 시

詩家所謂正格,[16] 乃第二字側入, 如『天上秋期近』[17] 之類是也. 所謂偏

16 | 정격(正格) : 첫째 시구의 두 번째 글자가 측성으로 시작되는 시구. 측기식(仄起式)이라고도 함.

17 | 천상추기근(天上秋期近) : 출처는 두보가 지은 〈달(月)〉로서 전문은 아래와 같다.

天上秋期近,　하늘 위에 칠석이 가까워지자,
人間月影淸.　인간 세상엔 달그림자 맑구나.
入河蟾不沒,　은하에 들어도 두꺼비는 빠지지 않고,
搗藥兎長生.　약을 빻는 토끼야 오래 오래 살겠지,
只益丹心苦,　달은 그저 내 마음속 고독만 더하고,

格[18], 如『四更山吐月』[19] 之類是也. 唐人多用正格 ; 杜詩用偏格亦十無二三[20]. 然古人於詩蓋出於自然, 非有心於偏正也.

시가詩家에서 소위 정격正格이라고 하는 것은 둘째 글자를 측성으로 하는 것이니, 『하늘 위에 칠석이 가까웠다(天上秋期近)』라고 한 것과 같은 종류가 그것이다. 소위 편격偏格이란 것은 『사경에 산이 달을 토하다(四更山吐月)』라고 한 종류와 같은 형식이 그것이다. 당나라 사람들은 정격을 많이 사용하였다. 두보 시에서도 편격을 사용한 것은 열 편 중에 두, 세편도 없다. 그러나 옛사람들의 시에 대한 태도는 대체로 자연스럽게 나오는 것이었으니, 편격이니 정격이니 하는 데에 관심을 가진 것은 아니었다.

能添白髮明.　　내 백발의 빛만 환히 더할 뿐.
干戈知滿地,　　전쟁이 천하에 가득임을 알거니,
休照國西營.　　달이여, 장안의 서쪽 군영[鳳翔을 가리킴] 땅은 비추지마라.
이 시는 757년에 지은 시로서, 달을 보며 혼란한 시국을 아파한 시이다.
번역참고 : 《완역 두보 율시》 이영주 · 강성위 · 홍상훈 역해. p.577

18 | 편격(偏格) : 첫째 시구의 두 번째 글자가 평성으로 시작되는 시구. 평기식(平起式)이라고도 함.

19 | 사경산토월(四更山吐月) : 이 시 또한 두보가 지은 〈달(月)〉로, 전문은 아래와 같다.
四更山吐月,　　사경에 산이 달을 토하여,
殘夜水明樓,　　다해가는 밤 물위로 누각 그림자 밝게 비쳐드는데.
塵匣元開鏡,　　달은 본디 먼지 묻은 상자에서 꺼낸 거울이자,
風簾自上鉤.　　바람 발에 절로 걸린 갈고리.
兎應疑鶴髮,　　달 속의 토끼는 응당 학의 흰 머리칼을 의아해 할 것이고,
蟾亦戀貂裘.　　두꺼비는 또 내 담비 갖옷을 부럽게 여기리라.
斟酌姮娥寡,　　생각하건데 항아는 홀로 살거니,
天寒耐九秋.　　날 차가운 구추를 어떻게 지낼꼬.
이 시는 766년에 지은 시로서, 달을 묘사하며 처량한 자신의 모습을 투영시킨 시이다.
번역참고 : 《완역 두보 율시》, 이영주 · 강성위 · 홍상훈 역해, 명문당, 2005, p.665.

20 | 이 문단은 《시인옥설(詩人玉屑)》에서 《필담(筆談)》에서 인용한 것을 기록하고 있음.

[6] 가차격假借格의 시

詩有假借格,[21] 如孟浩然詩 : 『庖人具鷄黍, 稚子摘楊梅.』[22] 以 『鷄』 對 『楊』. 杜子美詩 : 『枸杞因吾有, 鷄栖奈爾何.』[23] 以 『枸』 對 『鷄』. 張子容[24]詩 : 『樽開栢葉酒, 燈落九枝花.』[25] 以 『栢』 對 『九』 佳矣. 然庾肩吾[26]詩 : 『聊開栢葉酒, 試奠五辛盤.』[27] 蓋襲用此耳.

21 | 가차격(假借格) : 음이 비슷한 글자를 빌려다가 대(對)를 만드는 것. 추(秋)와 하(下 : 夏 대신) 홍(紅)자와 자(子 : 紫 대신)를 대로 삼는 것과 같은 것. －《역대시화(歷代詩話)》 p.788

22 | 포인구계서(庖人具鷄黍) 두 구 : 맹호연이 지은 이 시의 원제는 〈배사사가 방문해옴에(裴司士見訪)〉이며, 일부분은 아래와 같다.

落日池上酌,　　지는 해 못 위에서 술을 따르는데,
清風松下來.　　맑은 바람 소나무 아래에서 불어오네.
庖人具鷄黍,　　요리사는 닭국에 기장밥을 갖추었고,
稚子摘楊梅.　　어린 아들은 양매를 따네.
誰道山公醉,　　누가 산공이 취하였다고 말하였는가?
猶能騎馬回.　　오히려 말을 타고 돌아갈 수 있네.

즉, 『楊』의 음(音)은 양이므로 『羊』과 같은 것이니 『양(羊)』과 『닭(雞)』은 좋은 대가 된다.

※산공(山公) : 죽림칠현의 한 사람인 산도(山濤)를 가리킴.

23 | 구기인오유(枸杞因吾有) 두 구 : 두보가 지은 이 시의 원제는 〈나쁜 나무(惡樹)〉이며, 일부분은 아래와 같다.

幽陰成頗雜,　　그윽한 녹음 이루어도 자못 잡스러운 것을
惡木剪還多.　　나쁜 나무는 잘라도 다시 많아지기 때문이네.
枸杞因吾有,　　구기자나무는 나 때문에 있는 것인데,
鷄栖奈汝何.　　쥐엄나무야 너는 어찌해야 하나?
方知不材者,　　바야흐로 알겠네, 재목 되지 못하는 것이
生長漫婆娑.　　나고 자라서 한껏 무성해 진다는 것을.

이 시는 나쁜 나무를 베는 것을 가지고서, 나쁜 물건을 제거하기가 어려움을 비유, 탄식하고 있다. 즉 『枸』의 음은 구이니 『狗』의 음과 같다. 『닭(鷄)』과 『개(狗)』는 좋은 대가 된다.

번역 참고 : 《완역 두보 율시》, 이영주 · 강성위 · 홍상훈 역해, 명문당, 2005, p.496.

24 | 장자용(張子容, ?~?) : 당(唐)나라 시인. 양양인(襄陽人). 선천(先天) 2년에 진사가 되고 낙성현위를 지냈으며, 맹호연(孟浩然)과 교유하였고, 서로 시로써 답한 것이 많으며 시집 1권이 있음.

25 | 준개백엽주(樽開栢葉酒) 두 구 : 시제는 〈제야에 낙성에서 맹호연을 만나서(除夜樂

시에 가차격假借格이란 것이 있다. 맹호연孟浩然의 시에 :

庖人具鷄黍,　　요리사는 닭국에 기장밥을 갖추었고,
稚子摘楊梅.　　어린 아들은 양매楊梅를 딴다.

라고 한 것이 있다. 『鷄』로써 『楊』에 대를 삼고 있다. 두보의 시에

城, 逢孟浩然)〉이며, 아래는 전문이다.

遠客襄陽郡,　　양양군과 같은 멀리서 온 손님
來過海岸家.　　건너와 해안가 집으로 왔네.
樽開栢葉酒,　　단지를 여니 백엽주이고.
燈落九枝花.　　등잔에는 아홉 가지 꽃이 떨어지네.
妙曲逢盧女,　　오묘한 곡조는 노씨댁 여인을 만난 것 같고,
高才得孟嘉.　　높은 재주는 맹가(孟嘉)를 얻은 것 같네.
東山行樂意,　　동산에서 행하는 즐거운 뜻은
非是競繁華.　　번잡한 화려함을 다투는 것이 아니네.

즉, 『栢』의 음은 『백』이니 『百』과 같다. 『백(百)』과 『구(九)』는 좋은 대가 된다는 것이다.

※노녀(盧女) : 다음의 [61] 노씨집 며느리 막수(莫愁) 참조.

※맹가(孟嘉) : 진(晉) 나라의 문인, 도연명의 외조부.

26 | 유견오(庾肩吾) : 중국 남조(南朝) 양(梁)나라의 문학가. 남양(南陽) 신야(新野 : 河南省)현 출신으로, 자는 자신(子愼) 또는 신지(愼之). 시를 잘 지었고, 시풍이 빼어나게 아름다워 궁체시의 대표작가 가운데 한 사람으로 꼽힌다. 시의 형식상으로는 대구를 강조하고 성률에 치중하여, 이후 율시의 발전에 영향을 끼쳤다. 문집 10권이 있었으나 소실되었고, 명(明)나라 사람이 편집한《유탁지집(庾度支集)》이 있다.

27 | 요개백엽주(聊開栢葉酒) 두 구 : 시제는 〈해가 다 되어 명을 받들어 지음(歲盡應令)〉이며 전문이다.

歲序已云殫,　　계절이 흘러가는 차례가 다 끝나간다고 하니,
春心不自安.　　봄을 기다리는 희망찬 마음이 설레네.
聊開栢葉酒,　　백엽주의 술 단지 열어서,
試奠五辛盤.　　시험 삼아 오신반을 드리네.
金薄圖神燕,　　금박으로 신연(神燕)을 그리고,
朱泥印鬼丸.　　붉은 흙으로 귀환(鬼丸 : 귀신을 물리치는 것)을 찍네.
梅花應可折,　　매화를 응당히 꺾어야 하리니,
倩爲雪中看.　　눈 속에서 보기를 청하리.

※오신반(五辛盤) : 다섯 가지 매운맛(辛味)이 있는 물건을 담은 반.

枸杞因吾有，　구기자나무枸杞는 나 때문에 있는 것인데,
鷄棲奈爾何?　쥐엄나무야 너는 어찌해야 하나?

라고 한 것이 있는데,『枸』로써『鷄』에 대를 삼고 있다. 장자용張子容의 시에,

罇開栢葉酒，　단지를 여니 백엽주로구나,
燈落九枝花.　등잔에는 아홉 가지 꽃이 떨어지네.

라고 한 것이 있다.『栢』으로『九』에 대를 삼고 있어 훌륭하다. 그런데 유견오庾肩吾의 시에,

聊開栢葉酒，　백엽주의 술 단지 열어서,
試奠五辛盤.　시험 삼아 오신반五辛盤을 드리네.

라고 한 것을 아마 장자용이 습용한 것일 것이다.

[7] 두보의 속어

羅大經曰 :『杜陵有全篇用俗語者, 不害爲超妙, 如「一夜水高三尺强, 數日不可更禁當. 南市津頭有船賣, 無錢卽買繫籬傍」[28]·『江上被花惱不徹, 無處告訴欲顚狂.」[29]·「白頭老罷舞復歌, 杖藜不寐誰能那」[30] 是也. 楊誠齋[31]多效此體, 痛快可喜』云[32]. 余謂以此格爲超妙痛快, 則不可知也.

28 | 일야수고삼척강(一夜水高三尺强) 네 구 : 원제는 〈봄물이 생겨나네(春水生) 절구 2수(二絶)〉중 제2수 전문이다. 그 첫 수는 다음과 같음.
二月六夜春水生，　이월 육일 밤에 봄물이 생겨나니,
門前小灘渾欲平.　문 앞의 작은 여울이 일렁였다가 잔잔해지려 하네.
鸕鶿鸂鶒莫漫喜，　바다가마우지, 비오리, 뜸부기 마음껏 즐기지 아니함이 없으니,
吾與汝曹俱眼明.　나는 너희 무리들과 함께 모두 눈이 밝아지네.
29 | 강상피화뇌불철(江上被花惱不徹) 두 구 : 두보가 지은 이 시의 원제는 〈강가의 꽃을

나대경羅大經이 말하기를 『두보는 전편全篇에 속어俗語를 사용한 것이 있는데, 뛰어나고 묘함을 해치지 않는다. 가령

一夜水高三尺强,	하룻밤에 물이 석 자 남짓 높아졌으니,
數日不可更禁當.	여러 날 동안 다시 막아도 막을 수 없겠네.
南市津頭有船賣,	남시南市의 나룻가에 파는 배가 있기에,
無錢卽買繫籬傍.	돈도 없이 즉시 사서 울타리 곁에 매어 두었네.

찾아 혼자 걸으며(江畔獨步尋花七絶句)〉의 일부이다.

江上被花惱不徹,	강 위에는 꽃으로 덮여 있으나 고뇌는 거치지 않아서,
無處告訴欲顚狂.	호소할 곳 없어서 미칠 것만 같구료.
走覓南隣愛酒伴,	남쪽이웃을 찾아 달려가 술 벗을 아끼나,
經旬出飮獨空床.	열흘 지나 술을 마시니 텅빈 상만 있더라,
稠花亂蕊畏江濱,	빽빽한 꽃과 어지러운 꽃술은 강가에 혼자 거니는 것을 두려워하니,
行步欹危實怕春.	걸음을 옮기며 비틀거리니 실로 봄이 온 것이 두렵구나.

30 | 백두로파무부가(白頭老罷舞復歌) 두 구 : 원제는 〈밤에 돌아감에(夜歸)〉이며, 아래는 전문이다.

夜來歸來冲虎過,	밤이 되어 돌아오는데 범을 마주치면서 지나오니,
山黑家中已眠臥.	산은 어둑해 지고 집안사람들은 이미 잠들었구나.
傍見北斗向江低,	옆을 보니 북두칠성이 강을 향해 빛을 떨구고,
仰看明星當空大.	올려다보니 밝은 별이 텅 빈 하늘에서 크게 빛나네.
庭前把燭嗔倆炬,	뜰 앞에서 촛불을 쥐고서 횃불을 두 개 들고 나온 것을 꾸짖으니,
峽口驚猿聞一個.	골짜기 입구에는 원숭이 한 마리 놀란 소리가 들리네.
白頭老罷舞復歌,	백발 늙은이 늙어서 피곤한 몸이 되었지만 춤추고 다시 노래하며,
杖藜不睡誰能那.	여장(藜杖)을 짚은 채 잠 못 이루니 누가 그렇게 할 수 있으랴.

31 | 양성재(楊誠齋, 1127~1206) : 즉 양만리(楊萬里). 자는 정수(廷秀), 호는 성재(誠齋). 강서(江西) 길수(吉水) 사람. 그는 평생 동안 2만 수의 시를 지었는데, 각지의 지방장관을 역임하면서 관직을 전전할 때마다 시집 한 권씩을 엮었다. 그가 낸 시집은 《강호집(江湖集)》에서 《퇴휴집(退休集)》까지 모두 9부로, 시의 총 편수는 무려 4,000여 편을 헤아리며, 다작으로는 친구인 육유(陸游)에 버금가는 양이었다. 초년에 그는 강서시파(江西詩派)를 배웠으나 중년에는 왕안석(王安石)과 만당(晩唐)의 시를 배웠다. 유명한 작품으로는 〈천려책(千慮策)〉·〈오계부(浯溪賦)〉등이 있고, 문집 《성재집(誠齋集)》이 전한다.

32 | 이 문단은 《학림옥로(鶴林玉露)》 권3에 나오는 부분을 인용하였음.

와,

江上被花惱不徹,	강 위에는 꽃으로 덮여 있으니 고뇌苦惱는 거치지 않았는데,
無處告訴欲顚狂.	호소할 곳 없어서 미칠 것만 같구려.
白頭老罷舞復歌,	발 늙은이 늙어 피곤한 몸 되었지만 춤추고 다시 노래하며,
杖藜不寐誰能那?	여장黎杖 짚은 채 잠 못 이루니 누군들 견딜 수 있으랴?』

라고 한 것이 그것이다.

양성재楊誠齋가 이 체體를 많이 본받고 통쾌하게 즐겼다고 하였다. 나는 말한다. 이 시격詩格을 뛰어나게 묘하고 통쾌하다고 한 것은 알 수 없는 일이다.

[8] 두보시를 본받은 매요신의 시

杜詩『桃花細逐楊花落, 黃鳥時兼白鳥飛』,[33] 楊愼[34]以爲此句法不雅,[35]

33 | 도화세축양화락(桃花細逐楊花落) 두 구 : 원제는 〈곡강에서 술을 대하다 (曲江對酒)〉로, 아래는 전문이다.

苑外江頭坐不歸,	부용원 밖 강머리에 앉아 돌아갈 줄 모르는데,
水精春殿轉霏微.	수정궁 모습은 점차 흐릿하게 변해가네.
桃花細逐楊花落,	복숭아꽃은 고요히 버드나무 꽃을 좇아서 떨어지고,
黃鳥時兼白鳥飛.	황조는 때로 백조와 함께 나네.
縱飮久判人共棄,	맘껏 술 마셔 날 버린지 오래라서 남들도 나와 함께 나를 버리고,
懶難朝眞與世違.	조정 일에 게을리하니 정말 세상과 더불어 어긋나는 일이지.
吏情更覺滄洲遠,	말단 관리의 심정으로 다시 창주가 멀다는 것을 깨달았으나,
老大悲傷未拂衣.	늙어버렸음을 슬퍼하면서도 옷 털고 떠나지 못하네.

※구판(久判) : 오랫동안 버렸다. 여기서 『判』은 『버렸다』는 뜻으로 『반(拚)』과 같은 뜻임.

而後人多效之. 按梅聖兪詩『南隴鳥過北隴叫, 高田水入低田流』,[36] 蓋出於杜 ; 而似村童俗語, 恐不必效也.

두보의 시에,

桃花細逐楊花落,　　복숭아꽃은 고요히 버드나무 꽃을 좇아서 떨어지고,

※창주(滄洲) : 은사들이 사는 곳.
번역 참고 : 《두보 위관시기시 역해》, 이영주 외, 서울대학교 출판부, 2004.

34 | 양신(楊愼, 1488~1559) : 명(明) 중기의 학자, 문학가. 자 용수(用修). 호 승암(升菴). 사천성(四川省) 출생. 1511년 과거에 장원급제, 한림원수찬(修撰)에 제수되었다. 1524년 계악(桂萼) 등이 등용될 때 동지 36명과함께 반대의견을 가정제(嘉靖帝 : 세조)에게 직간하다가, 황제 앞에서 곤장을 맞고 운남성(雲南省) 영창(永昌)으로 유배되었다. 그 뒤로는 시와 술로 세월을 보내며 재능을 숨기고 살았다. 경학(經學)과 시문이 탁월하였으며 박학하기로 이름이 높았다. 특히 그의 운남(雲南)에 관한 견문과 연구는 귀중한 자료로 전한다. 저서에 《단연총록(丹鉛總錄)》, 《승암집(升菴集)》, 《승암시화(升菴詩話)》, 《사품(詞品)》 등이 있다.

35 | 차구법불아(此句法不雅) : 7언시에서 앞 뒤 짝구에 모두 체계식(遞繫式)을 사용하여, 한 구절 안에 각각 두 개의 주제어와 술어를 병렬시키는 구법. 체계식이라는 말은 앞말의 목적어[또는 보어] 이나 뒷말에서는 주어가 되도록 연결하여 한 구절을 만드는 것을 말함.(자세한 것은 심경호 역《당시개론》을 참조). 여기에 인용된 시구의 양화(楊花), 백조(白鳥), 북롱(北隴), 저전(低田)은 모두 앞 말의 목적어나 보어이지만, 뒷말에서는 주제어가 됨.
여기에 인용한 두보와 매요신의 시구를 언급한 내용은《승암집(升菴集)》(권 55)에 보이나, 이 말이 보이지 않는 것으로 보아서 이 문단의 내용은 저자가 잘못 기억한 것으로 보인다.

36 | 남롱조과북롱규(南隴鳥過北隴叫) 두 구 : 매요신이 지은 이 시의 시제는 〈봄날에 농경선생의 시골집에 인사하고 (春日拜壟經田家)〉이며, 일부분이다.

田家春作日日近,　　농가의 봄 일은 나날이 가까워져,
丹杏破顙場圃頭.　　붉은 살구는 밭일하는 사람의 머리 묶은 것을 깨뜨리네.
南隴鳥過北隴叫,　　남쪽 언덕을 새가 지나가서 북쪽 언덕에서 울고,
高田水入低田流.　　높은 논에 물이 들어가니 낮은 논으로 흐른다.
桑芽將綻霧露裛,　　뽕나무 싹은 장차 봉오리가 나서 안개와 이슬을 적시려하고,
蠶子未浴箱筐收.　　누에는 아직 대광주리를 받아 목욕을 하지 않았네.
今我還朝固不遠,　　지금 나는 조정으로 돌아감이 본래 멀지 않으니,
紫宸已夢瞻珠旒.　　붉은 대궐은 이미 꿈속에서 구슬 깃발을 우러러 보았네.

黃鳥時兼白鳥飛.　　황조는 때로 백조와 함께 나네.

라고 한 것이 있다.

양신楊愼이 말하기를, 이 시는 구법句法이 아존하지 못한 것인데, 후인들로 이것을 본받는 이가 많다라고 하였다. 고찰하여 보니 매성유梅聖兪의 시에,

南隴鳥過北隴叫,　　남쪽 언덕을 새가 지나가서 북쪽 언덕에서 울고,
高田水入低田流.　　높은 논에 물이 들어가니 낮은 논으로 흐른다.

라고 하였다. 아마 착상이 두보 시에서 나온 것일 것이다. 그러나 촌아이들의 속된 말 같아, 아마 반드시 본받을 것이 못된다.

[9] 변체의 변체

七言詩以上四下三成句, 而韓昌黎詩曰 :『雖欲悔舌不可捫.』[37] 又曰 :『落以斧引以纆徽.』『嗟我道不能自肥.』[38] 乃變體之變者, 恐不足學也.

37 | 수욕회설불가문(雖欲悔舌不可捫) : 한유가 지은 시로 시제는 〈육혼산의 불 한 수, 황보식에게 화답하여 그가 쓴 시의 자를 사용하여 (陸渾山火一首, 和皇甫湜用其韻)〉이며, 일부분은 아래와 같다.

視桃著花可小騫,	복사꽃이 꽃을 피우는 계절이 될 때면 조금 기운이 오르게 될 것이라,
月及申酉利復怨.	달이 신월(申月)과 유월(酉月)에 미친다면 원수를 갚기에 유리하다네.
助汝五龍從九鯤,	너에게 다섯 용을 보내어 도우고 아홉 고니를 따르게 하겠네.
溺厥邑囚之崑崙.	그들의 읍을 물에 빠지게 하고 그들을 곤륜산에서 구금하게 될 걸세.
皇甫作詩止睡昏,	황보식은 이러한 시를 적고서 졸림을 그쳤다네.
辭誇出眞遂上焚.	말이 과장되어 진실에서 벗어나니 드디어 불에 넣어 버렸다네.
要余和增怪又煩,	나에게 요청하기를 이 시에 화답하고 또 보충하며 더욱 괴상하고 번거롭게 쓰라고,

칠언시七言詩를 짓는 법은, 위의 넉 자와 아래의 석자로써 한 글귀를 구성하는 것이다. 그런데 한유의 시에는

雖欲悔舌不可捫. 비록 나의 이러한 쓸모없는 표현 후회하나, 다시 그것을 더불어 잡을 수는 없구나.

또 말하기를,

落以斧引以纆徽. 도끼를 쓰러뜨려 두 겹, 세 겹 노끈으로 끌어 당겼다네.

嗟我道不能自肥. 슬프다. 나의 길이여! 능히 스스로 살찔 수 없다네.

雖欲悔舌不可捫. 비록 나의 이러한 쓸모없는 표현 후회하나 다시 그것을 더듬어 잡을 수는 없구나.

※황보식(皇甫湜) : 중당(中唐)의 시인. 한유의 문인으로, 자는 지정(持正).

번역 참고 : 이장우, 《한유의 고시용운》 부록 〈고시 10수 성조보(聲調譜) 및 역주〉

38 | 차아도불능자비(嗟我道不能自肥) : 한유가 지은 이 시의 시제는 〈우홍이 남쪽으로 돌아감을 송별함에(送區弘南歸)〉이며, 일부분은 아래와 같다.

我念前人譬葑菲, 내 옛날 사람들을 생각하여 보니 인재들을 순무와 단무에 비유하였다네.
落以斧引以纆徽. 도끼를 쓰러뜨려 두 겹 세 겹 노끈으로 끌어당겼다네.
雖有不逮驅騑騑, 비록 미치지 못함이 있으나 쉬지 않고 달렸다네.
或採於薄漁於磯. 더러는 풀 섶에서 채집하라 하고 더러는 돌무더기에도 낚시질하라고 하였다네.
服役不辱言不譏, 나를 위하여 봉사함을 부끄럽게 여기지 않았고, 말은 나를 비방하지 않는다네.
從我荊州來京畿. 나를 좇아 형주로 왔다가 서울로 올라왔다네.
離其母妻絶因依, 그 어미와 아내를 이별하고 의지할 곳 끊겼으니,
嗟我道不能自肥. 슬프다. 나의 길이여 능히 스스로 살찔 수 없다네.

※봉비(葑菲) : 순무와 단무 모두를 뽑는데, 어찌 아래 뿌리까지 미치지 못하겠는가? 즉, 결점이 있어도 버릴 수 없음을 의미한다. 한유의 이러한 변체시에 관하여 이미 북송 장회의 《명도잡지(明道雜誌)》에 언급된 바 있으나, 이러한 변체 시를 배울만한 것이 못 된다는 언급은 보이지 않음. 번역참고 : 《한유의 고시 용운》, 이장우, 영남대출판부, p.329~330.

라고도 하였다. 즉 위를 세 글자, 아래를 네 글자로 하였다. 바로 변체變體의 변체變體이다. 아마 배울 만한 것이 못된다.

[10] 변체 중의 변체

白樂天詩云：『百歲無多時壯健, 一春能幾日晴明.』[39] 杜樊川詩[40]云：『一千年際會, 三萬里農桑.』[41] 又『四百年炎漢, 三十代宗周』·『二三里遺堵, 八九所高丘』[42]；又『永安宮受詔. 籌筆驛沈思』[43]；亦變體之變者,[44] 中唐[45]以上人所不道也.

39 | 백세무다시장건(百歲無多時壯健) 두 구 : 시제는 〈술을 대하고(對酒)〉로, 《백향산시집(白香山詩集)》(권29)에 수록되어 있으며, 전문이다.

百歲無多時壯健, 인생 백 년 동안에 장건(壯健)한 때는 많지 않으니,
一春能幾日晴明. 한 봄 동안에 며칠이나 맑고 밝은 날씨일 수 있을까.
相逢且莫推辭醉, 서로 만나면 또한 취하기를 사양하지 말라,
聽唱陽關第四聲. 양관 네 번째 소리를 부르는 것을 들으리.

40 | 번천(樊川) : 당(唐)나라 두목(杜牧, 803~853)의 호. 만당전기(晚唐前期)의 시인. 이상은(李商隱)과 더불어 이두(李杜)로 불리며, 또 작품이 두보(杜甫)와 비슷하다 하여 소두(小杜)로 불린다. 만당시대의 시인에 어울리게 말의 수식에 능했으나, 내용을 보다 중시하였다. 그러므로 역사에서 소재를 빌어 세속을 풍자한 영사적(詠史的) 작품이 나오고 함축성이 풍부한 서정시가 나왔다.

41 | 일천년제회(一千年際會) 두 구 : 원제는 〈화청궁 60구(華淸宮三十韻)〉이며, 일부분은 다음과 같다.

昔帝登封後, 옛날에 황제께서 태산에 올라 봉선을 행한 뒤로,
中原自古强. 중원 땅은 옛 부터 강하였네.
一千年際會, 일천 년 만에 군신간에 뜻이 잘 맞고,
三萬里農桑. 3만 리 땅에 농업과 양잠 잘 되었네.
几席延堯舜, 안석과 자리는 요임금과 순임금 때의 연장이요,
軒墀接禹湯. 난간과 계단은 우임금과 탕임금 때와 맞닿았네.

42 | 이삼리유도(二三里遺堵) 두 구 : 두목이 지은 이 시의 원제는 〈낙양에서 기처사가 동쪽으로 유람감에 보내 드리며 (洛中送冀處士東游)〉로 끝 부분이다.

往事不可問, 지나간 일은 물을 수 없으니,
天地空悠悠. 천지는 공연히 아득하기만 하네.
四百年炎漢, 4백 년은 염한(炎漢)이요,

백낙천白樂天의 시에 말하기를,

百歲無多時壯健,　　인생 백 년 동안에 장건壯健한 때는 많지 않으니,
一春能幾日晴明.　　한 봄 동안에 며칠이나 맑고 밝은 날씨일 수 있을까?

라고 하였다. 번천시樊川詩에는 말하기를,

一千年際會,　　일천 년 만에 군신간에 뜻이 잘 맞고,

三十代宗周.　　30대는 종주(宗周)로다.
二三里遺堵,　　2, 3리에 옛 담만,
八九所高丘.　　8, 9소에 높은 언덕만 남아있네.
※염한(炎漢) : 화덕(火德)으로 일어난 한(漢). 전 · 후한 합하여 400년 통치하였음.
※종주(宗周) : 주나라는 800년 계속하면서 30대에 걸쳐 종주국(宗主國)이 되었음.

43 | 영안궁수조(永安宮受詔) 두 구 : 두목이 지은 이 시의 원제는 〈초야에 머무는 사람 은잠지가 주필역에 대해 쓴 시 28구에 화답하여(和野人殷潛之, 題籌筆驛十四韻)〉으로 전문이다.
霸主業未半,　　천하통일 사업은 아직 반도 성취되지 않았는데,
本朝心是誰.　　본 조정을 향한 마음을 가진 이 바로 누구였던가?
永安宮受詔,　　영안궁(永安宮)에서 선제의 조서(詔書)를 받고,
籌筆驛沉思.　　주필역에서 생각에 잠기었네.
畫地乾坤在,　　삼분천하 구획한 그 땅 그대로 남아 있는데,
濡毫勝負知.　　붓을 묻히니 승부를 알았네.
※은잠지(殷潛之) : 자칭 『야인(野人 : 초야에 머무는 사람)』이라고 함. 두목과 동시대의 인물. 시 1수만 있음. 그 외 생졸연대 알 수 없음.
※주필역(籌筆驛) : 지금의 사천성(四川省) 광원현(廣元縣)에 위치. 제갈량(諸葛亮)이 위(魏)나라를 정벌하고 이곳에서 군사를 주둔하고 지휘하였다고 함.

44 | 변체지변자(變體之變者) : 여기서는 7언시에서 상 5자, 하 2자, 5언시에서는 상 3자, 하 2자로 구성된 구식(句式)을 말함. 이 7언시의 경우는 현대 어법 학자 왕력(王力)이, 말하는 체계식(遞繫式)의 표현이다. – 코가와 타마키(小川環樹), 《당시개설(唐詩概說)》, 심경호 역. p.35

45 | 중당(中唐) : 당대(唐代)를 초(初) · 성(盛) · 중(中) · 만(晚)의 4기로 구분하는 것은 당시비평(唐詩批評)에 관한 남송(南宋) 엄우(嚴羽)의 설에서 비롯된다.

三萬里農桑. 3만 리 땅에는 농업과 양잠 잘 되네.

라고 하였다. 또,

四百年炎漢, 4백 년은 염한炎漢이요,
三十代宗周. 30代는 종주宗周로다.
二三里遺堵, 2, 3리에 옛 담만,
八九所高丘. 8, 9소에 높은 언덕만 있네.

라고도 하였다. 또,

安宮受詔, 영안궁永安宮에서 선제의 조서詔書를 받고,
籌筆驛沈思. 주필역籌筆驛에서 생각에 잠긴다.

라고 한 것은, 또한 변체變體 중의 변체로서 중당中唐 이상 사람들은 하지 않던 것이다.

[11] 『모두冒頭』의 의미

凡詩賦『冒頭』云者, 先於起句遠引他事, 而累句以後方入題語,[46] 謂之『冒頭』. 今人以起句雙脚語[47]爲『冒頭』, 則失矣.

무릇 시부詩賦에 있어서 『모두(冒頭 : 머리를 덮는다)』라고 하는 것은, 먼저 첫 귀에서 멀리 다른 고사를 인용하고 여러 글귀를 거친 뒤에 비로소 문제에 대한 말에 들어가는 것을 『모두』라고 한다. 지금 사람들이 기구起句의 쌍각어를 「모두」라고 하는 것은 잘못이다.

46 | 입제어(入題語) : 원제목의 내용으로 들어간 문단, 원제(原題)라고도 함.
47 | 쌍각어(雙脚語) : 두 줄의 대구(對句)로 생각 됨.

[12] 시의 격률

凡爲詩者, 貴乎自得. 而格[48]有高下, 才有分限, 不可强力至也. 唐以上人意趣自高, 欲卑不得. 宋以下人氣格自卑, 欲高不得. 是知天稟自然, 不能易也. 尹海平[49]・柳西坰[50]嘗言於詩全不曉格律[51]. 余謂詩舍格律何以哉? 於二公之言, 竊有疑焉.[52]

무릇 시를 짓는 사람은 스스로 깨달아 얻는 것이 소중하다. 격格에 높고 낮음이 있고, 재주에는 한계가 있는 것이니, 억지로 될 수는 없다. 당唐나라 이상 사람들은 뜻과 취미가 저절로 높아서 낮고자 하여도 되지 않았으며, 송宋나라 이후의 사람들은 기격氣格이 저절로 낮아서 높고자 하여도 되지 않았다. 이것으로 하늘이 내려주어 자연스러운 것은 쉬운 것이 아님을 알겠다. 윤해평尹海平・유서경柳西坰이 일찌기 말하기를, 시에 대하여는 전혀 격률格律을 깨닫지 못한다 라고 하였다. 나는 말하건데 시의 격률을 버리고 무엇으로 시를 짓겠는가. 두 분의 말에 나는 적이 의심이 있다.

48 | 격(格) : 『형식』 혹은 『음률』로 번역할 수 있는데, 풍격과 기격과 같은 복합어에서는 문체를 뜻하고, 격률, 격조와 같이 사용될 때는 운율로 사용됨.

49 | 윤해평(尹海平) : 조선 중기의 문신 윤근수(尹根壽, 1537~1616)를 가리킴. 앞 15. 《월정만필(月汀漫筆)》 주를 참고하라.

50 | 유서경(柳西坰) : 조선 중기의 문신 유근(柳根, 1549~1627)을 가리킴. 호가 서경(西坰), 고산(孤山)이다. 본관은 진주. 자 회부(晦夫). 시호 문정(文靖). 이황(李滉)의 문인이다. 그가 시의 격률에 대해 논한 것은 미상.

51 | 격률(格律) : 격조가 형식적인 문제, 즉 시의 음률적인 요소와 상관이 있음.

52 | 《월정만록(月汀漫錄)》에는 다음과 같은 기록이 보임. 교관(敎官) 정군경(鄭君敬)이 나에게 윤창주(尹滄洲)가 임자년 가을에 쓴 증별시(贈別詩)를 보여 주었다. 시는 이러하다. '문장은 정맥이 있어 뜻과 음이 주가 되거늘 이 도(道) 오랫동안 전하지 못해 소경 귀머거리가 되고 말았네, 창주는 평생에 성률학을 가지고 자부하였다. 과연 독특한 견해가 있었는지 모르겠다. 우리나라는 말과 소리가 다른 데에도 홀로 중국의 성률에 맞음이 있겠는가? 참으로 꼭 그렇지 못할 것이다. ―《국역 대동야승》, 한국고전번역원(www.itkc.or.kr)에서 인용.

[13] 오언배율과 칠언배율

五言排律始見於初唐, 而杜子美爲一百韻 ; 至高麗李相國奎報爲三百韻. 七言排律 始見於盛唐, 而皇明張天使寧[53]爲六十韻 ; 至近世車五山天輅[54]爲一百韻, 可謂尤多矣. 然中多累句, 不足稱也.

오언배율五言排律은 초당初唐 때에 처음으로 보였다. 두보가 일백운一百韻을 지은 것이 있고, 고려의 이상국李相國 규보奎報에 이르러서 삼백운三百韻을 지은 것이 있다. 칠언배율七言排律은 성당盛唐 때에 처음 보였는데, 명明나라의 사신 장녕張寧이 육십운六十韻을 지었고, 근세에 이르러 오산五山 차천로車天輅가 일백 운을 지었으니, 가장 많다고 할 수 있다. 그러나 그 가운데에 비루한 글귀가 많아서 칭찬할 만한 것이 못된다.

Ⅲ. 시평詩評

[14] 칠언율시 중의 으뜸

明人以杜審言[55]『毗陵震澤九州通』[56] · 沈佺期[57]『盧家少婦鬱金堂』[58]

53 | 장녕(張寧) : 《필원잡기(筆苑雜記)》 주 27) 참조.

54 | 차오산천로(車五山天輅) : 차천로를 가리킴. 《오산설림(五山說林)》 주 1), 2) 참조.

55 | 두심언(杜審言, 648?~708) : 당나라 시인. 호북성(湖北省) 양양(襄陽) 출생이라고 하나, 일설에는 섬서성(陝西省) 서안(西安)이라고도 한다. 자는 필간(必簡). 진(晉)의 명장이고 학자이기도 하였던 두예(杜預)의 자손이며, 성당(盛唐)의 대시인 두보(杜甫)의 조부이다. 670년 진사에 급제하고 측천무후(則天武后)와 중종을 섬겼으나, 한때 북(北)베트남의 교지(交趾)에 유배당하기도 하였다. 그러나 죄에서 풀려나온 후 국자감 주부(國子監主簿) · 수문관 직학사(修文館直學士)의 벼슬에까지 올랐다. 젊어서부터 문명을 떨쳐 이교(李嶠) · 최융(崔融) · 소미도(蘇味道)와 함께 『문장사우(文章四友)』라 불렸다고 하며, 또한 무후조(武后朝)의 궁정시인으로서 심전기(沈佺期) · 송지문(宋之問)과 견주었다고 하나, 오늘날 시 43수만이 전할 뿐이다.

56 | 비릉진택구주통(毗陵震澤九州通) : 원제는 〈큰 연회(大酺)〉이며, 다음은 그 일부분이다.

二詩爲七言律之首. 以余臆見, 則沈佺期詩『東郊暫轉迎春仗, 上苑初飛行慶杯. 風射蛟氷千片斷, 氣衝魚鑰九關開. 林中覔草纔生蕙, 殿裏爭花併是梅. 歌吹銜恩歸路晩, 棲烏半下鳳城來』,[59] 尤似佳矣. 嚴滄浪[60]云 : 『唐人七言律, 當以崔顥〈黃鶴樓〉[61] 爲第一.』而《唐詩品彙》[62] 云 : 『崔顥律非雅純.』豈不難哉!

毗陵震澤九州通, 비릉의 진택이 9주로 통하고,
士女歡娛萬國同. 선비와 아녀자들이 즐거워함은 온 나라와 똑같네.
伐鼓撞鐘警海上, 북을 치고 종을 쳐서 바다 곁에서 경계하고,
新妝袨服照江東. 새로 고운 옷으로 치장하니 강 동쪽을 비추네.
梅花落處疑殘雪, 매화꽃이 떨어진 곳은 늦은 눈인가 의심하고,
柳葉開時任好風. 버들잎이 필 때는 좋은 바람 부는 대로 놓아두네.

※비릉(毗陵) : 비릉역은 지금의 강소성(江蘇省) 상주시(常州市) 비기항(篦箕巷)에 위치. 공문(公文)을 전문적으로 전달하는 사람이나 관원들이 배를 정박하고 쉬거나 말을 바꾸기도 하고 투숙하던 곳.

※진택(震澤) : 강소성 오강시(吳江市)에 위치한 현(縣).

57 | 심전기(沈佺期, 656?~714?) : 당나라 궁정 시인. 자 운경(雲卿). 하남성(河南省) 상주(相州) 내황(內黃) 사람. 측천무후(則天武后) 때부터 중종시대에 걸쳐서 활약. 초당사걸(初唐四傑)의 뒤를 계승하여 율시(律詩)라고 하는 신시형의 운율을 완성시킨 시인으로 그의 공적은 매우 크다.

58 | 노가소부울금당(盧家少婦鬱金堂) : 심전기가 지은 이 시의 원제는 〈옛 뜻을 담아, 좌보궐 교지지님께 드리다(古意, 呈補闕喬知之)〉이며, 일부분은 아래와 같다. 또 〈그리워하나 만나지 못하다(獨不見)〉라고도 함.

盧家少婦鬱金堂, 노씨 집의 젊은 아내 울금향으로 벽 바른 좋은 집에,
海燕雙栖玳瑁梁. 바다제비 한 쌍 바다거북 한 쌍 장식한 들보에 사네.
九月寒砧催木葉, 구월의 차가운 다듬이 소리 낙엽을 재촉하는데
十年征戍憶遼陽. 요양(지금의 遼寧省)으로 십년 째 수자리 간 남편을 생각하네.
白狼河北音書斷, 백랑하 북쪽에선 소식도 끊기고
丹鳳城南秋夜長. 단봉성(長安) 남쪽에선 가을밤이 길기도 하네.

※고의(古意) : 옛날 노래. 악부시로서 잡곡(雜曲)에 속함.

※울금향 : 향의 이름. 음력 2, 3월에 꽃이 핌. 도배용으로 쓰임.

번역참고 : 《그림과 함께하는 당시 산책》, 최경진 지음, UCN, 2001, p.44.

59 | 동교잠전영춘장(東郊暫轉迎春仗) 여덟 구 : 심전기가 지은 이 시의 원제는 〈입춘에 상원에 놀러가 봄을 맞이하다라는 시에 삼가 화답하여(奉和立春游苑迎春)〉이며, 인용된 것이 전문이다.

60 | 엄창랑(嚴滄浪) : 《체의성삼자주해(體意聲三字注解)》 주 12) 참조.

명明나라 사람이 두심언杜審言의

眦陵震澤九州通, 비릉의 진택이 9주州로 통하고……

라고 한 시와, 심전기沈佺期의,

盧家少婦鬱金堂, 노씨댁 젊은 아낙방은 울금향 가득한데,……

라고 한 두 시편을 칠언율시의 제일이라고 말했다. 나의 사견私見으로는 심전기의 시,

61 | 〈황학루(黃鶴樓)〉 : 당대(唐代) 시인 최호(崔顥, 704~754)가 지었다. 변주(汴州 : 지금의(河南省 開封) 사람. 술과 도박을 좋아하여 젊어서 시는 경박하였으나, 노후에는 자못 풍격이 있었다. 황학루는 지금의 호북성(湖北省) 무한(武漢) 사산(蛇山)에 있는 고적으로, 여러 차례 훼손되어 재건하였다. 이 시는 삼국시대 비문위(費文褘)라는 사람이 황학을 타고 신선이 되어 날아갔다는 전설과, 황학루에 오른 소감을 표현하였으며, 나그네의 그리운 마음이 잘 표현되어 있다. 이백은 이 시를 보고는 다시 붓을 들지 못하고 금릉(金陵)으로 가서 〈봉황대(鳳凰臺)〉를 지었다고 함. 〈봉황대〉는 주 78)참고.
〈황학루(黃鶴樓)〉 시의 전문은 아래와 같다.
昔人已乘黃鶴去, 옛 사람은 이미 황학을 타고 떠나고
此地空餘黃鶴樓. 그 자리엔 쓸쓸히 황학루만 서 있네.
黃鶴一去不復返, 한번 떠난 황학은 다신 돌아오지 않고
白雲千載空悠悠. 흰 구름 천년을 부질없이 유유히 떠도네.
晴川歷歷漢陽樹, 화창한 냇가에 한양수 무성하고,
芳草萋萋鸚鵡州. 싱그러운 풀꽃은 앵무주에 우거졌네.
日暮鄕關何處是, 날 저물어 돌아갈 내 고향은 어디인가
煙波江下使人愁. 안개 낀 물결이 나를 시름케 하네.
※한양(漢陽) : 한양은 지금의 호북성 한양현.
※앵무주(鸚鵡州) : 지금의 호북성 무창현(武昌縣) 서남쪽에 있는 모래톱.

62 | 《당시품휘(唐詩品彙)》 : 당시(唐詩)선집(選集). 90권, 명(明)나라의 고병(高棅)이 편찬. 1393년에 나왔으며, 습유(拾遺) 10권은 1398년에 나왔다. 문학에서 당나라 때를 초당 · 성당 · 중당 · 만당으로 나누는 사변설(四變說)은 이 선집으로 거의 정착하였으며, 그 연대도 고병의 설이 표준이 되어 있다.

東郊暫轉迎春仗,	동쪽 들에 잠깐 돌아 봄거동의 행차를 맞이하니,
上苑初飛行慶杯.	상원上苑에 처음으로 선행한 것을 포상하는 술잔이 나네.
風射蛟氷千片斷,	바람이 이무기 모양 같은 얼음을 쏘니 천 개의 조각으로 끊어지고,
氣衝魚鑰九關開.	기운이 물고기 형상의 자물쇠 찌르니 구중궁궐의 문 열린다.
林中覔草纔生蕙,	숲속에서 풀을 찾으니 겨우 혜초蕙草가 돋았을 뿐이고,
殿裏爭花併是梅.	궁전 안에서 꽃 싸움을 하니 모두가 매화뿐이네.
歌吹銜思歸路晚,	노래하고 피리를 불어 생각을 머금어 돌아가는 길이 늦으니,
棲烏半下鳳城來.	깃들인 까마귀들이 반은 봉성鳳城으로 내려오네.

라고 한 것이 더 아름다운 것 같다. 엄창랑嚴滄浪이 말하기를, 『당나라 사람들의 칠언율七言律은 마땅히 최호崔顥의 〈황학루黃鶴樓〉시가 제일이다』라 하였다. 그런데 《당시품휘唐詩品彙》에서는 말하기를, 『최호의 율律은 아순雅純하지 않다』고 하였다. 그러니 시를 품평하는 것이 어찌 어렵지 않은가!

[15] 송지문의 시

《堯山堂外紀》63 : 『唐中宗幸昆明池, 沈佺期 · 宋之問64應製賦詩, 命上

63 | 《요산당기(堯山堂紀)》: 명나라 장일규(蔣一葵)가 엮은 《요산당외기(堯山堂外紀)》라는 야사(野史) 겸 시화집으로, 상고(上古)시대부터 명대(明代)까지 인물들 전기 중에서 주로 시와 관련된 내용들을 뽑아 실었다. 장일규의 자는 중서(仲舒), 호는 석원(石原). 명(明)대 강소성(江蘇省) 무진(武進) 사람이다. 만력 22년(1594)에 진사가 되었으며, 자신의 서재를 『요산당(堯山堂)』이라 하였고, 저서로는 《요산당외기》·《요산당우준(堯山堂偶雋)》·《장안객화(長安客話)》가 있다. 을지문덕의 사적이 기록되어 있고 그가 수나라 장군 우중문에게 보낸 시도 기록되어 있다. 지금 이 책의 완본(完本)은 전하지 않음.

官昭容[65]評之曰：「二詩工力悉敵, 而沈詩落句云：微臣彫朽質, 羞覩豫章才[66]；詞氣已竭. 宋詩云：不愁明月盡, 自有夜珠來[67]；猶陡健.」沈乃屈伏云.』今見全篇, 則宋作頗勝, 况落句佳絶乎!

64 | 송지문(宋之問, 656?~712?) : 당(唐)나라 시인. 자는 연청(延淸). 분주(汾州) 서하(西河 : 山西省 汾陽縣) 출생. 675년 진사시에 합격하고 측천무후(則天武后)에게 시재(詩才)를 인정받아 상방감승(尙方監丞) · 좌봉신내공봉(左奉宸內供奉)이 되어 심전기와 함께 궁정시인으로 활동했다. 그의 시풍은 육조(六朝) 이래의 화려함이 짙게 깔려 있으나, 형식적으로 완전하게 정돈된 율시를 지음으로써 율시의 음률을 집대성하였다. 심전기와 더불어 『심송(沈宋)』이라 불렸다. 특히 오언시(五言詩)에 훌륭한 재능이 있었는데, 율시체(律詩體) 정비에 진력하여 심전기 · 두심언(杜審言) 등과 더불어 초당 후반의 문단에서 율시 유행의 선구로 공이 컸다. 문집으로는《송지문집(宋之問集)》이 있다.

65 | 상관소용(上官昭容) : 상관은 성(姓), 소용은 황제의 후궁 중의 한 계급. 이름은 완아(婉兒). 당 태종 때 이름난 문신(文臣). 소용은 상관의(上官儀)의 손녀로, 문학적 재능이 많아 중종의 명의로 발표되는 글을 그녀가 대필해 주기도 하고, 궁중에서 열리는 시 모임에서 문인들의 작품을 품평하기도 하였음. — 장세후 역《초당시》p.11 참조 요망.

66 | 이시공력실적(二詩工力悉敵) 네 구 : 심전기가 지은 이 시의 시제는〈회일(그믐밤) 곤명지에 임금님이 행차시어 왕명에 응하여 지음이라는 작품에 삼가 화답하여 (奉和晦日駕幸昆明池, 應制)〉이며, 일부분은 아래와 같다.

戰鷁逢時去, 　전쟁의 익조는 때가 되니 가버리고,
恩魚望幸來. 　은혜를 입은 고기는 희망을 바라고 오네.
山花緹綺繞, 　산의 꽃은 붉은 비단을 두르고,
堤柳幔城開. 　둑의 버드나무는 휘장 성을 열었네.
思逸横汾唱, 　생각이 달리니 분하를 가로질러 노래하였고,
歡留宴鎬盃. 　즐거움은 호경에서 연회하던 술잔에 남아있네.
微臣雕朽質, 　미미한 신(臣)의 새기기 어려운 썩은 나무 같은 바탕은
羞睹豫章材. 　예장관(豫章觀)의 재목을 보기에 부끄럽네.

※곤명지(昆明池) : 장안 서남쪽에 있으며 둘레가 40리다.《한서(漢書) · 무제본기(武帝本紀)》에 보면 한나라 사신이 신독국(身毒國)에 가기를 구했는데, 운남의 곤명지 때문에 가로 막혀 그 주변의 곤명국을 모두 차지하려하고 하였다. 그래서 곤명지와 비슷한 못을 장안에 파게해서 해군훈련을 시켰다고 한다.

※예장관(豫章觀) : 한(漢) 나라 장안의 궁전 이름.《삼보황도(三輔黃圖)》라는 책에 예장관은 무제가 곤명지 가운데에 건설했다고 한다.

67 | 불수명월진(不愁明月盡) 두 구 : 시제는〈그믐밤 곤명지에 행차시어 지으신 작품에

《요산당외기堯山堂外紀》에, 『당나라 중종中宗이 곤명지昆明池에 거동했을 때에, 심전기沈佺期 · 송지문宋之問이 왕명에 응하여 지음이라는 작품에 삼가 화답하여 지은시를 상관上官 소용昭容으로 하여금 평하게 하니 말하기를 「두 사람의 시는 공부나 학력이 모두 필적匹敵합니다.

그런데 심전기沈佺期의 시 끝구에 말하기를

微臣彫朽質, 미미한 신臣의 새기기 어려운 썩은 나무 같은 바탕은,
羞覩豫章才. 예장대豫章臺의 재목을 보기에 부끄럽다.

라고 한 것은 글의 기운이 이미 고갈하였고, 송지문宋之問의 시에 말하기를

不愁明月盡, 밝은 달이 다하는 것을 근심하지 않노니,
自有夜珠來. 저절로 야광주夜光珠가 있어서 올 것을.

이라고 한 것은; 오히려 건전합니다.」라고 하니, 심전기가 드디어 굴복하였다』고 한다. 지금 전편全篇을 보니, 송지문의 작품이 매우 좋다. 더군다나 끝 귀는 뛰어나게 좋다.

삼가 화답하여, 왕명에 의하여 지음(奉和晦日幸昆明池應制)》이며 일부분은 아래와 같다.

節晦蓂全落, 절기가 그믐이라 명협풀이 모두 다 떨어지고,
春遲柳暗催. 봄철 늦어지니 버드나무 그늘 우거짐 재촉하네.
象溟看浴景, 큰 바다에서 해가 목욕하는 풍경을 볼 것이오,
燒劫辨沉灰. 바닥에 타서 가라앉은 재를 알아내네.
鎬飮周文樂, 호경에서 술을 마시니 주문공의 즐거움이며,
汾歌漢武才. 분가에서 노래하시니 한 무제의 재주로다.
不愁明月盡, 밝은 달이 다하는 것을 근심하지 않노니,
自有夜珠來. 저절로 야광주(夜光珠)가 있어서 올 것을.

※호음(鎬飮) : 천하가 태평하여 군신들이 같이 즐기는 연회.

[16] 맹호연과 두보의 시

孟浩然詩曰 : 『江淸月近人[68].』 杜子美云 : 『江月去人只數尺[69].』 羅大經以爲浩然渾涵, 子美精工. 余謂子美此句大不及浩然.

맹호연의 시에 말하기를

江淸月近人. 강이 맑으니 달이 사람에게 가깝다.

하였다. 두보는,

江月去人只數尺. 강물 속 달이 사람에게서 겨우 두어 자 떨어진 곳에 있다.

라고 하였다. 나대경羅大經이 말하기를, 『맹호연의 시는 원만하고 함축이 있으며, 두보의 시는 정교하다』고 하였다. 나는 『두보의 이 글귀는 맹호연보다 매우 떨어진다.』라고 말한다.

68 | 강청월근인(江淸月近人) : 원제는 〈건덕강에 머물며(宿建德江)〉이며, 전문은 아래와 같다.

移舟泊煙渚, 배를 옮겨 안개 낀 물가에 정박하니,
日暮客愁新. 날 저물며 나그네 근심이 새록새록하네.
野曠天低樹, 들은 넓어 하늘이 나무보다 낮고,
江淸月近人. 강이 맑아 달이 사람에 가깝구나.
※건덕강(建德江) : 지금의 절강성(浙江省) 건덕현 매성(梅城)에 흐르는 강.

69 | 강월거인지수척(江月去人只數尺) : 원제는 〈즉흥으로 아무렇게나 지음에(漫成)〉이며, 전문은 아래와 같다.

江月去人只數尺, 강달은 두어 자로 다가와 있고,
風灯照夜欲三更. 등불도 일렁일렁 그물대는 밤.
沙頭宿鷺聯拳靜, 모래톱에 조는 백로 주먹발 들어 나란히 섰고,
船尾跳魚撥剌鳴. 그물에 뛰는 물고기 몸을 번드치며 퍽퍽우네.

[17] 이백과 황정견의 시격 비교

李白樂府曰 : 『獨漉水中泥, 水深不見月. 不見月尙可, 水深行人沒.』[70] 此詞句法出於戲語,[71] 而有愛人之意, 爲可喜耳. 山谷[72]效之曰 : 『石吾甚愛之, 勿使牛礪角. 牛礪角尙可, 牛鬪傷我竹.』[73] 人以爲佳. 然所愛者, 石與竹耳. 詩格雖同, 而用意相遠如此 ; 可辨其高下矣.

이백의 악부樂府에 말하기를,

獨漉水中泥, 　홀로 물속의 진흙을 거르려하나,

70 | 독록수중니(獨漉水中泥) 네 구 : 원제는 〈독록편(獨漉篇)〉이며, 일부분은 아래와 같다.

獨漉水中泥, 　홀로 물 속의 진흙을 거르려 하나,
水濁不見月. 　물은 깊은데 달을 볼 수 없네.
不見月尙可, 　보지 않아도 달은 그냥 있겠지만,
水深行人沒. 　물이 깊어서 행인이 빠지네.
越鳥從南來, 　월나라의 새는 남쪽에서 오고,
胡鷹亦北渡. 　오랑캐의 매 또한 북쪽으로 건너가네.
我欲彎弓向天射, 　나는 화살을 당겨 하늘을 향하여 쏘려하나,
惜其中道失歸路. 　중도에서 돌아갈 길 없을까 주저하네.

71 | 희어(戲語) : 희롱하는 말, 가볍게 장난삼아 하는 말, 이 시의 제목 『獨漉』은 『獨祿』이라는 지명과 통한다는 설도 있고, 여기 번역과 같이 『홀로 그른다』는 설도 있다. 『독록편(獨漉篇)』이라는 말은 악부시의 무곡(舞曲)인 『독록편』으로 보기도 하는데, 그 시의 소박한 민요로의 가사를 그대로 모방하여 지었기 때문에 희어라고 한 것이다.

72 | 산곡(山谷) : 송나라 시인이자 화가인 황정견(黃庭堅)의 호. 《파한집(破閑集)》 주 20) 참조.

73 | 석오심애지(石吾甚愛之) 네 구 : 원제는 〈(소동파가 그린) 총죽괴석도와 목아기우도(牧兒騎牛圖)에 적음(題竹石牧牛)〉이며, 전문은 아래와 같다.

野次小崢嶸, 　들판에는 조그만 괴석이 오뚝한데,
幽篁相倚綠. 　그윽한 대나무 무더기 서로 푸르게 기대어 섰네.
阿童三尺箠, 　저 아이는 석자짜리 채찍을 들고,
御此老觳觫. 　두려워하는 이 늙은 소를 몰고 가네.
石吾甚愛之, 　돌은 내가 너무나 좋아하니,
勿遣牛礪角. 　소로 하여금 거기에 뿔을 갈지 말게 하게나.
牛礪角尙可, 　소는 뿔을 가니 뿔은 오히려 좋겠지만,
牛鬪傷我竹. 　소가 싸우면 나의 대나무를 상하겠구나.

水深不見月.　물은 깊은데 달을 볼 수 없네.
不見月尙可,　보지 않아도 달은 그냥 있겠지만,
水深行人沒.　물이 깊어서 행인이 빠지겠네.

라고 하였다. 이 시의 구법句法은 희롱하는 말에서 나온 것이다. 그러나 사람을 사랑하는 뜻이 있어서 기뻐할 만하다. 산곡山谷 황정견이 이것을 본받아 짓기를,

石吾甚愛之,　돌은 내가 너무 좋아하니,
勿使牛礪角.　소로 하여금 거기에 뿔을 갈지 말게 하라.
牛礪角尙可,　소가 뿔을 가니 뿔은 오히려 좋겠지만,
牛鬪傷我竹.　소가 싸우면 나의 대나무를 상하겠구나.

하니 사람들이 잘 지었다고 한다. 그러나 그가 사랑한 것은 돌과 대나무뿐이다. 비록 시격은 같으나 마음 쓰는 것이 서로 멀기가 이와 같다. 그들의 높고 낮음을 구분할 수 있다.

[18] 책策과 편鞭, 추箠의 뜻

《左傳》:『繞朝贈之以策』[74]而李白詩曰:『臨行將贈繞朝鞭.』[75] 史記符

74 | 요조증지이책(繞朝贈之以策) : 요조가 채찍을 주었다는 이 말은 춘추시대 진(秦)나라 대부(大夫)인 요조(繞朝)가 증정한 말채찍(일설에는 편지), 선견지명이 있는 책략이라는 뜻이다.
출처는《춘추좌씨전(春秋左氏傳)》으로, 간략한 내용은 다음과 같다.
문공 13년에 진(晉) 나라 사람들은 진(秦)나라가 (사고를 내고 도망 간) 사회(士會)를 중용하는 것을 근심하여 …… 이에 위(魏) 나라의 수여(壽餘)란 사람을 시켜 위나라에서 반란을 일으켰다가 실패하여 망명하는 것 같이 가장하여 진(秦) 나라로 들여보내어, 사회(士會)를 달래어 (晉나라로) 되돌아오게끔 하였다 …… 이에 (사회가 秦나라를) 떠날 때 그 나라의 대부인 요조(繞朝)가 말채찍을 선물로 주면서 말했다.『그대는 진(秦)나라에 사람이 없다고 말하지 마라. 나의 계모가 마침 우리 임금에게 먹혀

堅[76]謂投鞭可斷. 而杜牧詩曰 :『苻堅投箠更荒唐.』[77] 其以策爲鞭, 以鞭爲箠, 未知如何.

들지 않았을 뿐이오』라고 하였다. 이 뜻은 자기가 진작 사회(士會)의 내막을 알았으나, 다만 진(秦)나라의 임금이 자기를 믿지 않았기 때문이라는 뜻이다.

참고 : 이장우, 《퇴계시 풀이 I》, 중문, p.246.

75 | 임행장증요조편(臨行將贈繞朝鞭) : 시제는 〈우임 도장군을 보내며(送羽林陶將軍)〉이며, 전문은 아래와 같다.

將軍出使擁樓船,	장군님 나아가 큰 배를 옹위하게 하시니,
江上旌旗拂紫烟.	강위의 깃발은 붉은 안개를 떠네.
萬里橫戈探虎穴,	만리를 달리며 창을 가로질러 범 구멍을 ㅊ고,
三盃拔劍舞龍泉.	세 잔을 마시자 칼을 뽑아 용천검으로 춤을 추시네.
莫道詞人無膽氣,	말하지 마소서, 글 짓는 사람 간담이 약하다고,
臨行將贈繞朝鞭.	떠나가심을 맞아서 요조의 채찍을 드리려 하오.

76 | 부견(苻堅, 338~385) : 전진(前秦)의 제3대 왕. 자는 영고(永固) · 문옥(文玉)이며, 수도 장안(長安)에서 왕위에 오르자, 저족(氐族)계 호족의 횡포를 누르고 한인(漢人)들을 중용하였다. 태학(太學)을 정비, 학문을 장려하였으며 농경을 활발히 일으켰다. 특히 한인학자 왕맹(王猛)의 보필에 힘입어 국세를 크게 떨쳤다. 370년 전연(前燕)을 공격하여 낙양(洛陽)에서 승리함.

부견(苻堅)은 백만의 무리로 진(晋)을 정벌하였는데, 어떤 사람이 부견에게 정보를 제공하면서 말하기를『저기에 있는 사람 중에 사안(謝安 : 동진의 재상)과 · 환충(桓冲)을 가벼이 해서는 안 됩니다(彼有人焉, 謝安 · 桓冲, 不可輕之)』하니, 부견은 오히려 말하기를『나는 팔주(八州)의 무리와 병사와 말 백만으로 채찍을 던져 강물의 흐름을 끊을 수 있으니, 어찌 어려움이 있겠는가!(我以八州之衆, 士馬百萬, 投鞭可斷江水, 何難之有!)』하였다. 부견은 스스로 강대하다고 믿었으며, 경솔하고 망령되고, 정확한 정보를 몰라서 잘못된 결론을 얻어서 비수(肥水 : 지금의 安徽省 壽縣 일대)에서 대패하였다. 역사에서『비수지전(肥水之戰)』이라고 함.

77 | 부견투추갱황당(苻堅投箠更荒唐) : 원제는 〈서강에서 지난 옛일을 그리워하며(西江懷古)〉이며, 일부분은 아래와 같다.

上呑巴漢控瀟湘,	위로는 파수와 한수를 삼키고 아래로는 소수와 상수를을 끌어당기니,
怒似連山淨鏡光.	노한 물결은 산이 이어진 듯 하고 맑기는 거울 빛 같네.
魏帝縫囊眞戲劇,	위나라 임금은 주머니에 모래 넣어 막으려 하였으니 참으로 희극이고,
苻堅投箠更荒唐.	부견은 채찍을 던져 막으려 하였으니 더욱 황당하네.
千秋釣艇歌明月,	천년 동안 낚시질함에 뱃노래 〈명월〉 장(章) 부르며.
萬里沙鷗弄夕陽.	만리를 나는 모래 갈매기는 석양을 희롱하였네.

《좌전左傳》에, 『요조가 채찍을 주었다(繞朝贈之以策)』라는 이야기가 있다. 그런데 이백의 시에 말하기를, 『떠나가심을 맞아서 요조의 채찍을 드리려 하오』라 하였다. 역사책에 부견苻堅이 『채찍을 던져 끊을 수 있다(投鞭可斷)』라고 하였다. 그런데 두목杜牧의 시에 말하기를, 『부견이 채찍을 던졌다고 한 것은 더욱 황당하다(苻堅投箠更荒唐)』고 하였다. 책策을 채찍鞭이나 매箠로 풀이하는 것이 어떤가 알 수 없다.

[19] 이백의 〈봉황대鳳凰臺〉

李白〈鳳凰臺〉[78] 詩起結兩句全襲崔顥[79]法. 第二聯是尋常懷古語, 且與

78 | 〈봉황대(鳳凰臺)〉: 원제는 〈금릉의 봉황대에 올라(登金陵鳳凰台)〉이고 시제는 밝히지 않았으나, 내용상으로 보면 동시에 또 다른 한수의 시 〈금릉 세 수(金陵三首)〉 중 제3수(其三)를 언급하고 있다. 두 수를 비교하여 살펴보면 아래와 같다.
〈봉황대(鳳凰臺)〉의 전문은 아래와 같다.

鳳凰臺上鳳凰游,	그 옛날 봉황대엔 봉황이 노닐더니,
鳳去臺空江自流.	봉황은 가고 대는 비어 강물만 흐르네.
吳宮花草埋幽徑,	오궁의 화초는 오솔길에 묻혀있고,
晋代衣冠成古丘.	진대의 고관들은 모두 무덤에 누었구나.
三山半落靑天外,	삼산의 절반은 청천 밖에 떨어지고,
二水中分白鷺洲.	두 강은 나뉘어서 백로주를 감도네.
總爲浮雲能蔽日,	뜬 구름은 햇빛을 모두 가려버리니,
長安不見使人愁.	장안은 보이지 않고 사람을 시름케 하네.

번역참고 : 《당시 해석과 감상》, 윤지중 엮음, 글벗사. 1994. p.172.

〈금릉 세 수(金陵三首)〉 중 제3수(其三)의 전문은 아래와 같다.

六代興亡國,	여섯 왕조가 여기서 흥하고 망하였으니,
三盃爲爾歌.	세 잔 술을 들어 너 금릉 땅을 노래하리라.
苑方秦地少,	동산은 진나라의 서울보다 좁으나,
山似洛陽多.	산은 낙양보다 많은 것 같네.
古殿吳花草,	옛 궁전에는 오(吳)나라의 화초 아름다웠을 것이고,
深宮晉綺羅.	깊은 궁중에는 진(晉)나라의 비단옷 눈부시었겠네.
幷隨人事滅,	모두 다 사람 일을 따라서 사라져 가는데,
東逝與滄波.	동쪽으로 물결 따라 흘러가 버렸다네.

五言詩『古殿吳花草, 深宮晉綺羅』同意. 第三聯視『晴川歷歷漢陽樹』,[80] 太不侔矣. 且旣曰『江自流』, 而又曰『二水中分』, 似疊. 余妄謂李白此詩, 雖不作可也.

이백의 〈봉황대鳳凰臺〉는, 첫 귀와 끝 귀는 전적으로 최호崔顥의 황학루黃鶴樓시의 구법句法을 그대로 습용하였고, 제2연第二聯은 심상한 회고의 말이다. 또한 오언시의,

古殿吳花草, 옛 궁전에는 오나라의 화초 화려하였고,
深宮晉綺羅. 깊은 궁중에는 진晉나라의 비단옷 눈부시었네.

라고 한 글귀와 뜻이 같다.

제3연第三聯은 최호의

晴川歷歷漢陽樹, 화창한 냇가에 한양수 무성하고,

라고 한 것에 비하여 매우 떨어진다. 또 이미,

江自流, 강이 스스로 흐른다.

라고 말하였는데,

二水中分, 또 두 갈래의 물이 가운데가 나뉘어서,

라고 한 것은 중첩重疊된 것 같다. 나는 망령되게 말한다. 이백의 이 시는 짓지 않았어도 좋았을 것이다.

79 | 최호(崔顥) : 《지봉유설(芝峰類說)》 주 61) 참조.
80 | 청천력력한양수(晴川歷歷漢陽樹) : 앞의 주 61)의 시를 다시 보라.

[20] 이백의 〈영왕동순가永王東巡歌〉

李白作 〈永王東巡歌〉[81], 褒揚太過. 有曰 :『我王樓艦輕秦漢, 却似文皇欲渡遼.』[82] 又曰 :『但用東山謝安石, 爲君談笑靜胡沙.』[83] 噫! 不識永王

81 | 〈영왕동순가(永王東巡歌)〉: 영왕(永王)은 당(唐) 현종(玄宗)의 열여섯 번째 아들 이린(李璘)임. 안사의 난이 한창이던 756년에, 이백이 양자강의 선단을 지휘하던 영왕의 막부로 와서 11수를 지었는데, 영왕만이 반란군을 평정할 수 있는 현왕(賢王)이라고 칭송하며, 영왕이 어서 난을 평정하여 국가에 공을 세울 것을 희망하는 내용이다.[뒤에 이 영왕은 반역죄로 몰리어 죽자, 이백도 동조자로 사형에 처하여졌으나, 지인들의 구명운동에 힘입어 야랑(夜郞) 땅으로 귀양가게 되었음.]

82 | 아왕루함경진한(我王樓艦輕秦漢) 두 구 : 인용된 것은 이백의 〈영왕동순가(永王東巡歌十一首)〉 제9수(其九)이다.

祖龍浮海不成橋, 조룡(祖龍)은 바다위로 떠 나가 다리를 이루지 못하고,
漢武尋陽空射蛟. 한 무제는 심양에서 공연히 교룡을 쏘았네.
我王樓艦輕秦漢, 우리 영왕님의 누함(樓艦)은 진(秦) · 한(漢)나라의 선단을 가볍게 여기셨으니,
却似文皇欲渡遼. 문득 당 태종께서 요(遼)에 건너가시려 함과 같네.

※조룡(祖龍) : 조룡은 진시황(秦始皇)을 가리킨다. 전설에 의하면, 시황제가 바다 가운데 돌다리를 만드니, 해신(海神)이 그것에 기둥을 세워 시황제와 서로 만나고자 하였다. 해신이 말하기를 자기 모습이 추하니 그 형상을 그리지 말라고 하였다. 시황제가 바다로 들어가 해신을 만나고, 공인(工人)이 그 모습을 그리니 해신이 노하여 황제를 물리쳐 빨리 내쫓았다. 시황제는 말을 급히 돌려 해안에 이르자 그림 그리는 사람은 바다에서 익사하고 여러 산의 돌이 모두 바다로 쏟아져 들어가 버렸다고 한다. ─《한어대사전(漢語大詞典)》 7권. p.854.

※누함(樓艦) : 누각같이 큰 배.

83 | 단용동산사안석(但用東山謝安石) 두 구 : 역시 이백의 〈영왕동순가 11수(永王東巡歌十一首) 중 제2수(其二)〉이다.

三川北虜亂如麻, 중원에는 안사 반군 삼과 같이 흩어져있어,
四海南奔似永嘉. 사람들은 영가 때처럼 남으로 피하네.
但用東山謝安石, 다만 동산에 은거하던 사안석 같은 사람을 기용한다면,
爲君談笑靜胡沙. 주군(主君)과 담소하며 오랑캐를 평정하리.

번역 참고 :《이백의 삶과 문학》, 이해원, 고려대학교 출판부, 2002.

※영가(永嘉) : 이는 진(晉) 영가 5년 때 흉노족이 낙양을 함락시킴.

※사안석(謝安石, 320~385) : 사안(謝安)을 가리킴. 중국 동진(東晋) 중기의 재상(宰相). 자 안석(安石). 진군 양하(陳郡 陽夏 : 지금河南省) 출생. 전진(前秦)의 부견(苻堅)과 비수(肥水)에서 싸워 그의 군대를 격파함[주 59) 참고]. 이백 자신을 사안에 비유하며 나라를 위하여 큰 공을 세우고자 하는 의지를 나타냈다고 보는 견해도 있음.

之爲人, 而推許如此, 其志大才疎可知. 迫脅之辱, 夜郎[84]之竄, 蓋其自取也歟!

이백李白이 〈영왕동순가永王東巡歌〉를 지었는데, 칭찬하고 치켜 올림이 너무나 지나친다. 말하기를,

我王樓艦輕秦漢,	우리 영왕님의 누함樓艦은 진秦 · 한漢나라를 가볍게 여기셨으니,
却似文皇欲渡遼.	문득 당 태종께서 요遼에 건너가시려 함과 같네.

라 하였다. 또 말하기를,

但用東山謝安石,	다만 동산에 은거하던 사안석을 기용하여
爲君談笑靜胡沙.	주군主君과 담소하며 오랑캐를 평정하네.

라고 하기도 하였다. 아, 영왕永王의 사람됨을 알지 못하고 추켜세움이 이와 같으니, 그가 뜻은 크고 재주는 소탈하여 협박을 당하는 욕됨과, 야랑(夜郎)땅으로 쫓겨 간 것은 대체로 그가 스스로 그렇게 만든 것이다.

[21] 두보와 위소주 시의 고사 인용

杜子美送人迎養詩曰 : 『青青竹筍迎船出, 白白江魚入饌來.』[85] 楊用脩[86]

84 | 야랑(夜郎) : 중국(中國) 한(漢)나라 때부터 광서성(廣西省)의 서북부(西北部) 운남성(雲南省)의 동북부(東北部)에 있던 부족(部族). 세력(勢力)이 강했음.

85 | 청청죽순영선출(青青竹筍迎船出) : 〈왕씨댁 열다섯 째 판관님이 어머님을 모시고 검중으로 돌아감에 송별하며(送王十五判官扶侍還黔中)〉의 일부이며 전문은 아래와 같다.

大家東征逐子回,	조대고(曹大家) 같은 분 동쪽으로 여행하며 아드님 따라서 돌아가시니
風生洲渚錦帆開.	바람은 삼각주에서 생겨나 비단 돛대 열리겠네.

以爲此句用孟宗[87]姜詩[88]事,『青青』字自好,『白白』近俗. 韋蘇州[89]送人省覲詩云:『沃野收紅稻, 長江釣白魚』[90] 杜不如韋多矣. 余謂用脩所見似是, 但韋詩『紅稻』·『白魚』皆是泛說, 則恐不如杜之用事襯切矣.

青青竹笋迎船出, 푸르고 푸른 죽순은 배를 맞으려 나오고,
白白江魚入饌來. 희고 흰 강의 고기는 반찬으로 들어오겠네.
離別不堪無限意, 이별하는 마당이라, 한없는 아쉬움 이기지 못하겠고,
艱危深仗濟時才. 어려운 때라, 이 시국 구제할 인재인 그대에 깊이 기대고 싶네.
黔陽信吏應稀少, 검양 땅의 믿을 만한 사또감 틀림없이 많지 않을 것이라,
莫怪頻頻勸酒杯. 자주 내 술잔 들어 그대에게 권함 괴이하게 여기지 마소서.

※대고(大家) : 대고(大姑)와 같은 뜻으로 발음도 같은데, 부녀자에 대한 경칭.《한서》를 지은 반고(班固)의 여동생 반소(班昭)가 조씨(曹氏) 집에 시집을 갔으나, 학문이 높은 것을 알고 황제가 궁중에 모셔다 황후의 스승으로 모시고, 반고가 완성하지 못한《한서》를 완성하게 하면서 이렇게 불렀다고 함.

86 | 양용수(楊用脩) : 양신(楊愼)의 자.《지봉유설(芝峰類說)》 주 34) 참조. 이 전체 단락은 양신(楊愼)이 지은《승암시화 (升庵詩話)》 권 4의 내용과 비슷함.

87 | 맹종(孟宗) :『맹종곡죽(孟宗哭竹)』이라는 고사는 다음과 같다.
옛날 맹종(孟宗)이라는 효자는 장님인 어머니가 하는 말씀은 뭐든 다 들어줌. 어느 겨울, 맹종의 어머니가 겨울에 죽순을 먹고 싶다고 했으나 겨울이라 구할 수 없었다. 그러나 효자인 맹종은 어머니를 실망시켜드리지 않기 위해서 몇날 며칠을 땅을 열심히 팠으나 얻지 못하자 너무 간절하고 급해서 대나무를 안고 울자, 맹종의 효심이 하늘을 감동시켜 대나무 아래에서 갑자기 죽순이 나옴.

88 | 강시(姜詩) : 후한의 강시라는 사람이 그 아내 방씨와 같이 어머님께 모두 효성스러웠는데. 어머니가 양자강 물을 마시고 싶어 하자, 자기 집 옆에 샘물이 솟아나서 마시니 물맛이 양자강 물과 같았으며, 또한 매일 아침마다 2마리의 잉어가 나와서 어머님께 반찬으로 드렸다고 함.

89 | 위소주(韋蘇州, 737~804) : 즉 위응물(韋應物). 중당(中唐) 시인. 소주자사(蘇州刺史)를 지냈기 때문에 세칭(世稱) 위소주(韋蘇州)라고 함. 산서성(陝西省) 장안(長安) 사람. 젊어서는 현종을 호위하는 무사로서 호협하고 방탕한 생활을 했다. 그 후 안록산의 난을 겪으면서 인민들의 비참한 실상을 몸소 체험하면서 크게 깨달은 바 있어 학문에 정진하여 관계로 진출하여 강주(江州), 소주(蘇州)자사를 지냈다. 그는 성품이 고결하고 기품이 있었으며 한적한 전원산림의 생활을 노래한 전원자연시가 많아 그를 일러 전원자연파 시인, 왕유(王維), 맹호연(孟浩然), 유종원(柳宗元)과 더불어「왕맹위유(王孟韋柳)」라 병칭함. 시풍은〈징담정치(澄淡精緻)〉라는 평을 들었다. 저서로《위소주집(韋蘇州集)》 10권과 습유(拾遺) 1권이 있다.

90 | 옥야수홍도(沃野收紅稻) 두 구 : 위응물(韋應物)이 지은〈시어사와 비서랑 벼슬을 하신 장씨께서 양자강 남쪽으로 부모님을 뵈러 감에 송별하며(送張侍御秘書, 江左觀

두보가 부모에게 효양하기 위하여 돌아가는 사람을 보내는 시에 말하기를

青青竹笋迎船出, 푸르고 푸른 죽순은 배를 맞이하여 나오고,
白白江魚入饌來. 희고 흰 강의 물고기는 반찬에 들어오겠네.

라고 한 것이 있다. 양용수楊用脩는 이 글귀가 맹종孟宗의 고사故事를 인용한 것이며, 「청청青青」이란 글자는 좋으나 「백백白白」이란 두 글자는 속된 것 같다고 여기었다. 위소주韋蘇州가 돌아가 부모님을 뵈는 일을 하는 사람을 보내는 시에,

沃野收紅稻, 비옥한 들에서는 붉은 벼를 거둬들이고,
長江釣白魚. 긴 강물에서는 백어白魚를 낚아 올리리라.

고 한 것이 있는데, 두자미의 위의 시가 위소주의 이 시보다 매우 못하다고 양용수는 보았다.

나는 말한다. 양용수의 말이 옳은 것 같다. 다만 위소주의 시의 『붉은 벼紅稻』·『흰 물고기白魚』는 모두 뜬소리일 뿐이니, 아마 두보의 고사 인용이 아주 적절하게 들어맞는 것만 같지 못할 것이다.

[22] 두보, 이백, 왕안석 시의 『귀歸』자

杜詩『紅入桃花嫩, 青歸柳葉新』,[91] 李白『寒雪梅中盡, 春風柳上歸』,[92]

省》이며 아래는 전문이다.
莫嘆都門路, 탄식하지 말라, 서울의 대문과 큰 길 지나서,
歸無駟馬車. 고향으로 돌아가는데 네 마리 끄는 수레 없음을.
綉衣猶衣篋, 어사님의 관복 오히려 옷장에 들었고,
芸閣已觀書. 비서성의 교서랑으로 이미 많은 책 읽으셨네.
沃野收紅稻, 비옥한 들에서는 붉은 벼를 거둬들이고,
長江釣白魚. 긴 강물에서는 백어(白魚)를 낚아 올리리라.

王荊公詩『綠攪寒蕪出, 紅爭煖樹歸』93 ; 此三詩皆用『歸』字, 而古人以荊公詩爲妙甚. 余謂不然, 老杜巧而費力, 荊公欲巧而尤穿鑿, 李白爲近自然94.

91 | 홍입도화눈(紅入桃花嫩) 두 구 : 원제는 〈표백숙이신 이도독의 조춘 시에 받들어서 응수하다(奉酬李都督表丈早春作)〉이며, 전문은 아래와 같다.

力疾坐淸曉, 병든 몸 억지로 일으켜 새벽을 마주하였더니,
來詩悲早春. 부쳐온 시는 이른 봄을 슬퍼하고 있습니다.
轉添愁伴客, 읽을수록 슬픔이 나그네와 동무하고
更覺老隨人. 늙음이 사람을 따름을 더욱 느끼게 합니다.
紅入桃花嫩, 붉은 빛이 드니 복숭아꽃이 곱고,
靑歸柳葉新. 푸른 빛이 돌아오니 버들잎이 새롭네.
望鄕應未已, 고향 땅 바라보는 일 아직도 끝나지 않을 듯
四海尙風塵. 천하에는 아직 전쟁의 먼지바람 일고 있으니.
번역참고 : 《완역 두보 율시》 p.273

92 | 한설매중진(寒雪梅中盡) 두 구: 시제는 〈궁중의 즐거움 8수(宮中行樂詞八首)〉 중 제7수(其七)이며, 전문은 아래이다.

寒雪梅中盡, 차가운 눈은 매화 속에서 다하였고,
春風柳上歸. 봄바람은 버들 위에 돌아왔네.
宮鶯嬌欲醉, 궁중 안 꾀꼬리 소리는 고와서 취할 듯하고,
檐燕語還飛. 처마 밑 제비는 지저귀며 나는구나.
遲日明歌席, 긴 해는 노래 자리를 밝히고,
新花艶舞衣. 새로 핀 꽃에 춤 옷 더욱 돋보이네.
晩來移綵仗, 저물녘에 채장을 옮기나니,
行樂好光輝. 즐거운 궁중 근위병놀이에 빛 또한 좋구나.
※채장(綵仗) : 궁중 근위병.

93 | 녹교한무출(綠攪寒蕪出) 두 구 : 시제는 〈오랜 비(宿雨)〉이며, 아래는 전문이다.

綠攪寒蕪出, 푸른 빛은 어지럽게 차갑고 거친 잡초 사이에서 나오고,
紅爭煖樹歸. 붉은 것은 따뜻한 나무에 돌아오네.
魚吹塘水動, 고기 숨 내쉬니 못 물 움직이고,
雁拂塞垣飛. 기러기 스쳐 막힌 담으로 나네.
宿雨惊沙盡, 오랜 비에 놀란 모래 다 쓸려갔고,
晴雲晝漏稀. 밝은 구름에 낮 물방울 드무네.
却愁春夢短, 도리어 꿈같은 짧은 것 근심하면서,
燈火着征衣. 등불 아래서 여행할 옷 착용하네.

94 | 근자연(近自然) : 『자연』은 절로 그러함을 뜻하는 말이다. 시의 풍격으로서의 자연은 결국 꾸밈 내지 조작이 없이 보고 느끼고 생각하는 대로 써 낸 데서 우러나온 미감(美

두보의 시에,

紅入桃花嫩, 붉은 빛이 드니 복숭아꽃이 곱고,
青歸柳葉新. 푸른빛이 돌아오니 버들잎이 새롭다.

라고 하였고, 이백의 시에,

寒雪梅中盡, 차가운 눈은 매화 속에서 다하였고,
春風柳上歸. 봄바람은 버들 위에 돌아왔다.

라고 하였으며, 왕안석의 시에는,

綠攪寒蕪出, 푸른빛은 차갑고 거친 잡초 사이를 어지럽히며,
紅爭煖樹歸. 붉은 것은 다투어 따뜻한 나무에 돌아온다.

라고 하였다. 이 세 사람의 시에 모두 『돌아가다(歸)』는 글자를 쓰고 있는데, 옛사람들은 왕안석의 시가 매우 뛰어난다고 하였다. 나는 말한다. 두보의 시는 교묘하나 힘을 써서 지은 것이고, 왕안석의 시는 교묘하게 짓고자 하여 더욱 자세히 조사하였고, 이백의 시는 자연에 가깝다.

[23] 왕유의 〈한강이 범람함을 내려다보며(漢江臨泛)〉

杜詩云 : 『江流天地外, 山色有無中.』[95] 古人以爲絶唱.[96] 宋詩云 : 『山

感)이라고 하겠는데, 그 한계를 따지기가 극히 어렵다. 종영(鍾嶸)은 《시품(詩品)》에서 시의 자연성을 다루었는데, 전고나 운율 등등의 구속을 배제하여 시의 자연성을 살리는 태도를 취했다. - 차주환《중국시론》.

95 | 강류천지외(江流天地外) 두 구 : 이 시는 두보가 지은 것이 아니라, 왕유(王維, 708~781)가 지었으며, 시제는 〈한강이 범람하는 것을 내려다보며 (漢江臨泛)〉로 전문은 아래와 같다. 어떤 책에는 〈한강에 배를 띄우고(漢江臨汎)〉라고 되어있다.

從平地有, 水到遠天無』97 語意似巧而氣力欠健.

두보의 시에 말하기를,

江流天地外,　　강의 흐름은 천지 밖이고,
山色有無中.　　산 빛은 있는 듯 없는 듯한 중간이네.

라고 하였다. 옛사람들이 이 시를 절창絶唱이라고 하였다. 송宋나라 사람의 시에,

楚塞三湘接,　　초나라의 요새는 삼상에 접해있고,
荊門九派通.　　형주의 관문은 장강의 아홉 물줄기로 통하네.
江流天地外,　　강물은 천리 밖으로 흐르고,
山色有無中.　　산 빛은 그 가운데에 있는 듯 없는 듯.
郡邑浮前浦,　　군읍은 앞 포구에 떠 있고,
波瀾動遠空.　　물결은 먼 하늘에서 요동치네.
襄陽好風日,　　양양의 이 좋은 날씨에
留醉與山翁.　　머물러 산옹과 더불어 취하노라.
※삼상(三湘) : 지금의 호남지방을 가리킴.
※양양(襄陽) : 지금의 호북성 한수(漢水)의 상류에 있다.
번역참고 : 《당시》, 김원중 역해, 을유문화사, 2004, p.286.
《한역 당시 삼백수》, 邱燮友 편저, 안병열 역, 계명대학교 출판부, 1991, p.446.

96 | 절창(絶唱) : 따를 사람이 없을 만큼 아주 뛰어나다.

97 | 산종평지유(山從平地有) 두 구 : 이 시는 주요(周繇)가 지었으며, 시제는 〈감로사의 동쪽 처마(甘露寺東軒)〉이다. 전문은 다음과 같다.
每日怜晴眺,　　매일 해가 산뜻하고 맑게 갠 것을 바라보며,
閒吟只自娛.　　한가로이 읊조려 보기만 해도 다만 스스로 즐겁네.
山從平地有,　　산은 평지로부터 있고,
水到遠天無.　　물은 먼 하늘에 이르러 없네.
老樹多封楚,　　고목이 많아 초 땅을 에워싸고,
輕烟暗染吳.　　가벼운 안개는 어두워져 오 땅을 물들이네.
雖居此廊下,　　비록 이런 행랑 아래에 앉아있지만,
入戶亦躊躕.　　집안으로 들어가는 게 정말 머뭇머뭇 거려지네.
※주요 : 송(宋)대 시인. 생존연대 미상, 자는 위헌(爲憲), 양주(池州) 사람, 시집 한 권이 있다.

山從平地有,　　산은 평지로부터 있고,
水到遠天無.　　물은 먼 하늘에 이르러 없네.

라고 하였다. 말뜻은 교묘한 것 같으나 기력氣力이 건장健壯하지 못하다.

[24] 두보의 〈초가집이 가을바람에 부서짐을 노래함(茅屋爲秋風所破歌)〉

杜詩曰:『南村群童欺我老無力, 忍能對面爲盜賊.』[98] 其語近俗.

두보의 시에 말하기를,

南村群童欺我老無力,　　남쪽 마을의 여러 아이들은 내가 늙고 힘없는 것을 업신여겨서

忍能對面爲盜賊.　　잔인하게도 낯을 마주 대하여 도둑질을 한다.

라고 한 것은 그 용어가 속된 것 같다.

98 | 남촌군동(南村群童) 두 구: 시제는 〈초가집이 가을바람에 부서짐을 노래함(茅屋爲秋風所破歌)〉이며, 일부분은 아래와 같다.
茅飛渡江灑江郊.　　띠가 날려 강을 건너 강 성곽에 뿌려지네.
高者挂罥長林梢,　　높이 날린 것은 넓은 숲 나뭇가지에 걸리고,
下者飄轉沉塘坳.　　낮은 것은 굴러서 연못 웅덩이에 낮게 갈아 않았네.
南村群童欺我老無力,　남쪽 마을의 여러 아이들은 내가 늙고 힘없는 것을 업신여겨서,
忍能對面爲盜賊.　　잔인하게도 낯을 마주 대하여 도둑질을 하네.
公然抱茅入竹去,　　공공연히 띠를 두 손에 들고 대숲으로 사라져,
唇焦口燥呼不得.　　입술 마르고 입이 타서 소리도 치지 못하네.
歸來倚杖自嘆息,　　집으로 돌아와 지팡이에 의지하여 한숨을 쉬었네,
번역참고 :《이백, 두보를 만나다》 다카시마 도시오 지음, 이원규 옮김, 심산, 2003, p.261.

[25] 두보, 이백, 한유의 장편시

杜甫 〈北征〉[99] 詩, 李白 〈天上白玉京〉[100] 詩, 韓愈 〈南山〉[101] 詩, 古今長篇中最爲傑作. 而反復詳味, 則李詩氣力不及 〈北征〉, 雄渾不及 〈南山〉, 乃知尺有所短耳.

99 | 〈북정(北征)〉 : 장편시로 앞부분은 아래와 같다.

皇帝二載秋, 숙종황제 지덕 2년 가을,
閏八月初吉. 윤 8월 초하루에.
杜子將北征, 두보는 바야흐로 북쪽을 향해가서.
蒼茫問家室. 아득한 심정으로 가족을 보고자 한다.
維時遭艱虞, 나라에 걱정이 쌓인 때라,
朝野少暇日. 조야가 다 같이 한가롭지 못한데
顧慚恩私被, 황공하옵게 나만이 은덕을 입어,
詔許歸蓬蓽. 가족을 돌보라는 조칙을 받았네.

번역참고 : 《(完譯) 杜甫律詩》, 이영주 · 강성위 · 홍상훈 [共] 譯解, 명문당, 2005.

100 | 〈천상백옥경(天上白玉京)〉 : 원제는 〈난리를 겪은 후에 천자님의 은혜가 야랑에까지 미쳐 귀양에서 풀려서 옛날 친구를 기억하여 그리움을 적어 강하군의 위태수 양재님께 드리(經亂離後, 天恩流夜郎, 憶舊游, 書懷, 贈江夏韋太守良宰)〉이며 앞부분은 아래와 같다.

天上白玉京, 하늘위의 신선세계 백옥경은,
十二樓五城. 열 두 루에 다섯 성이네.
仙人撫我頂, 신선들은 내 정수리를 어루만져,
結髮受長生. 머리카락을 엮어 오래 살기를 받았네.
誤逐世間樂, 세상의 즐거움에 잘 못 따라와,
頗窮理亂情. 어지러운 감정을 다스리려고 자못 수고하였네.
九十六聖君, 구십 여섯 명인 된다는 진시황 이후의 천자들은,
浮雲掛空名. 뜬 구름에 공허한 이름만 걸었다네.

101 | 〈남산(南山)〉 : 서안의 남쪽에 있는 진령산맥(秦嶺山脈)을 묘사하였다. 시의 첫 부분은 아래와 같다.

吾聞京城南, 내가 들으니 서울의 남쪽은,
茲惟群山囿. 여러 산과 동산을 무성히 둘러싸고 있다고 하네.
東西兩際海, 동쪽과 서쪽 양쪽으로 바다에 닿아,
巨細難悉究. 크고 작음 다 구명하기 어렵다네.
山經及地志, 산에 대해 적은 책과 지리지에는,
茫昧非受授. 아득히 어두워 그 내용을 주고받을 수가 없네.
團辭試提挈, 말을 뭉쳐서 시험 삼아 한 번 적어보려 하니까
挂一念萬漏. 한 가지 생각을 하면 만 가지가 누락되는구나.

두보의 〈북정北征〉과, 이백의 〈천상백옥경天上白玉京〉시와, 한유의 〈남산南山〉시는 고금의 모든 장편長篇중에서 가장 걸작이다. 그런데 거듭거듭 자세히 음미하면, 이백의 시는 기력氣力이 〈북정〉시만 못하고, 크고 자연스러움은 〈남산〉 시에 미치지 못한다. 마침내 자尺에도 짧음이 있음을 알겠다.

[26] 두보의 〈악양루岳陽樓〉

杜子美 〈岳陽樓〉[102] 詩, 古今絶唱, 而『親朋無一字, 老病有孤舟』, 與上句不屬, 且於岳陽樓不相稱. 陳簡齋[103] 〈岳陽樓〉[104] 詩, 人亦膾炙, 但『簾旌不動夕陽遲』, 語句似餒. 且『登臨』·『徙倚』·『憑危』· 及『夕陽』·『欲暮』等語似疊.

두보의 〈악양루岳陽樓〉시는 고금에 뛰어난 작품이다. 그런데,

102 | 〈악양루(岳陽樓)〉: 〈악양루에 올라서(登岳陽樓)〉의 전문은 아래와 같다.

昔聞洞庭水, 예로부터 들어온 동정호를,
今上岳陽樓. 오늘에야 악양루에 올라와서 바라보네.
吳楚東南坼, 오나라와 초나라가 동남으로 나누이고,
乾坤日夜浮. 천지가 밤낮으로 떠있네
親朋無一字, 친한 벗에게선 한 글자의 서신(書信)도 없고,
老病有孤舟. 늙고 병든 몸에 외로운 배에 머물러.
戎馬關山北, 고향인 북쪽에는 전쟁이 계속되니,
憑軒涕泗流. 난간에 기대어 눈물짓노라.

103 | 진간재(陳簡齋, 1090~1138) : 《역옹패설(櫟翁稗說)》 주 33) 참조.

104 | 〈악양루(岳陽樓)〉: 시의 전문은 아래와 같다.

洞庭之東江水西, 동정호의 동쪽 양자강의 서쪽,
簾旌不動夕陽遲. 뉘엿뉘엿 지는 석양아래 바람 한 점 없네.
登臨吳蜀橫分地, 올라 굽어보니 오나라와 촉나라가 횡으로 나누어진 곳이고,
徙倚湖山欲暮詩. 지금껏 거쳐왔던 산하(山河)에는 황혼이 깃든다.
萬里來游還望遠, 만리를 떠돌아 온 곳 다시 멀리 바라보고,
三年多難更憑危. 다난했던 삼년을 뒤로하고 다시 난간에 기댄다.
白頭吊古風霜里, 백발의 몸으로 서릿바람에 옛일을 생각하니
老木蒼波無限悲. 고목과 푸른 물결이 무한한 슬픔을 일으키네.

번역참고 : 《송시선(宋詩選)》, 송용준, 서울대학교 출판부, p.411.

親朋無一字,　　친한 벗에게선 한 글자의 서신書信도 없고,
老病有孤舟.　　늙고 병든 몸에 외로운 배가 있네.

라고 한 글귀는 윗 글귀와 서로 연속이 되지 않고, 또 악양루岳陽樓와는 글이 서로 걸맞지 않는다. 진간재陳簡齋의 〈악양루岳陽樓〉시도 또한 사람들의 입에 자주 오르내린다. 다만,

簾旌不動夕陽遲.　　주렴과 깃발은 움직이지 아니하고, 석양은 더디다.

라고 한 것은 어구語句가 빈약한 것 같고, 또 『등림(登臨 : 올라 굽어보니)』이니 『사의(徙倚 : 옮겨서 거쳐오다)』니 『풍위(憑危 : 난간에 기댄다)』니 한 말들과, 『석양夕陽』이니 『욕모(欲暮 : 저물려고 한다)』느니 한 말들을 쓴 것은 중첩인 것 같다.

(李明珍)

[27] 조조대명궁 창화시

〈早朝大明宮〉[105] 詩, 古人以岑參[106]爲第一, 王維[107]爲第二, 杜甫[108]爲

105 | 〈조조대명궁(早朝大明宮)〉 : 안록산의 난이 평정되자 중서사인(中書舍人)인 가지(賈至)가 당나라의 궁전인 대명궁(大明宮)으로 돌아와 천자를 알현하는 기상을 묘사한 창화시이다. 가지가 먼저 짓고 잠삼, 왕유, 두보가 화답했다. 중서사인(中書舍人)은 조서(詔書)를 기초하는 중요한 관직이다.

106 | 잠삼(岑參, 715~770) : 호북성(湖北省) 강릉(江陵) 출생. 당(唐)나라 시인. 잠참이라고도 한다. 두 차례나 서역(西域)의 사막생활을 했는데, 그 체험을 기초로 한 새외시(塞外詩)는 풍부한 상상력에 이국적 정서를 생생하게 그려서 당시(唐詩) 가운데 독자적인 지위를 차지했다. 〈호가의 노래(胡歌行)〉는 특히 유명하다. 안녹산(安祿山)의 난 뒤에 우보궐(右補闕)이라는 벼슬로 중앙에 있을 때, 좌습유(左拾遺)의 벼슬에 있었던 두보(杜甫)와 알게 되었다. 그의 시집을 《잠가주집(岑嘉州集)》이라 하는 것은 그의 마지막 벼슬이 가주(嘉州)의 자사(刺史)였기 때문이다. 401편의 시와 1편의 산문이 전해지고 있다.
〈중서사인 가지님의 〈이른 아침 대명궁에서〉라는 작품에 화답하여(和賈至舍人早朝大明宮之作)〉

鷄鳴紫陌曙光寒, 닭이 울 때 자주색 진흙길에 새벽빛은 차갑고,
鶯囀皇州春色闌. 꾀꼬리는 서울에서 노래하니 봄빛이 무르익소.
金闕曉鐘開萬戶, 금빛 궁궐 새벽종소리에 일만 문을 열고,
玉階仙仗擁千官. 백옥 계단 의장병은 일천 관리를 옹호하오.
花迎劍佩星初落, 꽃이 칼과 패옥 찬 관리 맞을 제 새벽별은 막 떨어지고,
柳拂旌旗露未乾. 버들이 깃발 스칠 때 이슬 아직 안 말랐소.
獨有鳳皇池上客, 단 한분 봉황 못 곁에 계시는 나그네 있으니,
陽春一曲和皆難. 한곡의 양춘 백설가에 화답하기 모두 어렵소.

이 시는 중서성(中書省)에서 우보궐(右補闕)벼슬할 때 중서사인 가지(賈至)의 〈일찍 대명궁에서 천자님을 알현하다〉라는 시를 화답하여 지은 것임.

※선장(仙仗) : 천자의 의장대.

※봉황지(鳳皇池) : 중서성(中書省)곁에 있는 못으로서 중서성의 별칭. 재상과 대신이 정사(政事)를 논의하는 곳.

※객(客) : 가지(賈至).

※양춘(陽春) : 초(楚) 가곡 〈양춘백설가(陽春白雪歌)〉를 가리키며 최고급 노래란 뜻으로 송옥(宋玉)의 〈초나라 임금님의 물음에 대답함(對楚王問)〉에서 하리파인(下里巴人)이라는 노래에 화답하는 자가 수천 명이었으나, 계속해서 양아해로(陽阿薤露)라는 좀 고급의 노래를 부르니 화답하는 자가 수십 명뿐이었고, 그 뒤에 양춘백설이라는 최고급의 노래를 부르니 화답하는 자가 두 명 뿐이었다고 한다.

번역참고 : 《한시강》. 이용완 주역(注譯). 미문출판사. 1980. p.288.

《岑參集校注》, 진철민(陳鐵民) 교주(校註), 상해고적출판사, 1980, p.198.

107 | 왕유(王維, 701~761) : 자는 마힐(摩詰)이며, 산서성(山西省) 출생이다. 당(唐)나라 때의 화가로, 진사(進士)가 되어 상서우승(尙書右丞)에 이르렀으며, 시인으로서도 유명하였다. 글씨는 초서(草書)와 예서(隸書)를 잘하였고, 산수화를 잘 그렸다. 수묵의 산수화를 잘 그려 남종 문인화(南宗文人畵)의 시조(始祖)로 불린다. 저서로는 《왕우승집》이 있다.

〈중서사인가지님의 〈이른 아침 대명궁에서〉라는 작품에 화답하여(和賈至舍人早朝大明宮之作)〉

絳幘鷄人報曉籌, 빨간 천으로 머리를 싸맨 계인(鷄人)이 새벽을 알리면,
尙衣方進翠云裘 옷을 맡은 궁녀는 비로소 푸른 갓옷을 천자께 바치네.
九天閶闔開宮殿, 구천의 천문처럼 높이 선 대궐문이 열리면,
萬國衣冠拜冕旒. 만국(萬國)의 사신들이 천자께 예배하네.
日色纔臨仙掌動, 햇빛이 막 비치면 부채를 부치고,
香煙欲傍袞龍浮. 향 연기 피어올라 곤룡포를 감도나니.
朝罷須裁五色詔, 조회를 마치고 천자의 조서를 짓고는,
佩聲歸到鳳池頭. 검(劍)과 패옥소리 울리며 중서성(中西省)으로 돌아오네.

이 시는 태자중윤(太子中允) 벼슬할 때 지은 화답시.

※강책(絳幘) : 진홍빛의 머리싸개. 궁중에서는 닭을 기르지 못하게 되어 있으므로 관리가 강책을 쓰고 닭소리를 내어 새벽을 알림.

第三, 賈至109爲第四. 余謂四詩俱絶佳, 未易優劣. 若言其微瑕, 則岑參

※취운구(翠雲裘) : 푸른 구름무늬의 갖옷. 천자가 입는 옷.
※창합(閶闔) : 대궐의 문.
※선장(仙掌) : 궁중에서 쓰는 부채.
※오색조(五色詔) : 천자의 조서는 오색종이로 쓰기 때문에 오색조라 함.
번역참고 : 《두보시와 삶》, 이병주 지음, 민음사, 1993, p.270.

108 | 두보(杜甫, 712~770) : 《오산설림(五山說林)》 주 80) 참조.
〈중서사인 가지님의 〈이른 아침 대명궁에서〉라는 작품에 화답하여(奉和賈至舍人早朝大明宮)〉

五夜漏聲催曉箭, 오경의 물시계 소리 새벽을 재촉하고,
九重春色醉仙桃. 구중궁궐 봄 경치 복숭아꽃에 취하네.
旌旗日暖龍蛇動, 깃발에 따스한 햇볕에 용과 뱀이 꿈틀거리고,
宮殿風微燕雀高. 궁전에 미풍이 불자 제비와 새가 높이 난다.
朝罷香烟携滿袖, 조회를 마치고 나니 소매에 향내 배였고,
詩成珠玉在揮毫. 시상이 이뤄지니 주옥은 붓 끝에 나타나누나.
欲知世掌絲綸美, 대물려 왕의말씀 잘 쓴 것을 알려거든,
池上于今有鳳毛. 봉황지 곁에 지금도 봉모와 같은 자제 있음을 알라.

이 시는 문하성(門下省)에서 좌습유(左拾遺) 벼슬 할 때 지은 화답시.
※오야(五夜) : 한 · 위 이후로 밤을 5단계로 나누어 갑야(甲夜 : 初更)에서 무야(戊夜 : 五更)까지(甲 · 乙 · 丙 · 丁 · 戊 : 밤 7시~새벽 5시)를 오야라 함.
※누전(漏箭) : 물시계 통 안에 눈금을 새겨 세워놓은 화살.
※사륜(絲綸) : 《예기 · 치의(緇衣)》에 왕의 말씀은 실오라기 같고 실처럼 끊임없다고 한다.
번역참고 : 《두보시와 삶》, 이병주 지음, 민음사, 1993, p.123.
《두보시의 이해》. 역시(譯詩) 정양, 국역(國譯) 박완식, 이회 출판사, 1996, p.111.

109 | 가지(賈至, 718~772) : 당(唐)나라 때 문신 · 시인. 낙양(洛陽) 출생. 자는 유린(幼隣). 개원 초년에 중서사인을 지낸 가증(賈曾)의 아들로, 751년 명경과(明經科)에 급제, 기거사인(起居舍人) · 지제고(知制誥)를 지냈다. 안녹산(安祿山)의 난(亂) 때 현종(玄宗)을 따라 촉(蜀)나라에 갔다. 766년 경조윤(京兆尹)을 거쳐 산기상시(散騎常侍)가 되었다. 시문에 뛰어났고, 문집(文集) 30권이 있다.
〈이른 아침 대명궁에서, 두 성의 동료들에게 바치다(早朝大明宮, 呈兩省僚友)〉

銀燭朝天紫陌長, 은 촛불로 천자 알현 할 제 자주색 진흙길은 길게 뻗어,
禁城春色曉蒼蒼. 궁성의 봄빛은 새벽에 푸릇푸릇.
千條弱柳垂靑瑣, 일천 가지 약한 버들 궁중 문에 드리웠고,
百囀流鶯繞建章. 꾀꼬리 온갖 울음 건장궁을 감도네.
劍佩聲隨玉墀步, 칼과 패물 부딪치는 소리 백옥 계단 걸음 따라 나고,

『鶯囀皇州春色闌』, 似餒. 而連用『曙』『曉』二字. 且『花迎劍佩』一聯好矣, 而『星初落』三字似不襯矣. 王維詩疊使衣色字, 且『翠雲裘』·『冕旒』·『袞龍』等語似疊矣. 杜甫詩『五夜漏聲催曉箭』, 旣曰 : 『五夜』, 則似不當言『曉』. 且『旌旗日暖龍蛇動, 宮殿風微燕雀高』, 工則工矣, 但於早朝似泛矣. 賈至詩首句甚佳, 而『劍佩聲隨玉墀步』一聯似鬆矣. 大抵四詩結句皆用鳳池,[110] 所謂和[111]也, 杜作乃用鳳毛[112]以結之, 最妙. 余僭論至此, 不敢質言, 故著六『似』字以俟知者.

〈이른 아침 대명궁에서早朝大明宮〉라는 시 중에서, 옛사람들은 잠삼岑參의 시를 제일이라 하고, 왕유王維를 두 번째 · 두보杜甫를 세 번째 · 가지賈至를 네 번째라고 하였다. 나는 네 사람의 시가 모두 뛰어나 우열을 가리기가 쉽지 않다고 생각한다. 만약 그 조그마한 흠을 말한다면, 잠삼의

鶯轉皇州春色闌.　　꾀꼬리는 서울에서 노래하니 봄빛이 무르익소.

라 한 것은 빈약한 것 같고, 서曙자 와 효曉자를 잇달아 사용하였으며, 또

衣冠身惹御爐香.　　의관 갖춘 몸 궁중 향로의 향내 일고.
共沐恩波鳳池上,　　함께 봉황지에서 임금님 은혜에 목욕하면서,
朝朝染翰侍君王.　　아침마다 붓 물들여 임금을 모시네.
이시는 건원(乾元) 원년(785) 봄 중서사인인 작자가 아래 사람인 왕유 두보 잠삼에게 준 시.
※청쇄(靑瑣) : 푸르게 아로새긴 궁문.
※건장(建章) : 한 고조 때 세운 궁전 이름, 여기서는 당나라의 궁전을 비유함.
번역참고 : 《한시강》, 이용완 주역(注譯), 미문출판사, 1980, p.305.

110 | 봉지(鳳池) : ㉠금중(禁中)을 말함. ㉡금중(禁中)에 있는 못 이름인 봉황지(鳳凰池) 중서성(中書省)이 그 가에 있으므로 중서성을 가리키며 또 재상(宰相)을 일컫는 말로 쓰인다.

111 | 화(和) : 남의 시에 화답(和答)하여 짓는 시중에서 똑 같은 내용을 되풀이 하여 화답하는 것.

112 | 봉모(鳳毛) : ㉠뛰어난 풍채와 문재(文才). ㉡봉황의 털. ㉢아들이 부조(父祖)에 못하지 않은 소질이 있음을 말하는 것.

花迎劒佩,　　　　꽃이 칼과 패옥 찬 관리 맞을 제,

의 한 연은 좋으나,

星初落,　　　　새벽별은 막 떨어지고,

의 세 글자는 꼭 들어맞지 않은 것 같다. 왕유의 시는 의衣 · 색色의 글자를 거듭 사용하였고 『취운구翠雲裘』니 『면류冕旒』니 『곤룡袞龍』이니 하는 등의 말은 중첩된 것 같다. 두보의 시에

五夜漏聲催曉箭,　　오경의 물시계 소리 새벽을 재촉하고,

라고 하였는데 이미 오야라고 말하였다면 새벽 이라는 말은 부당한 것 같다. 또

旌旗日暖龍蛇動,　　깃발에 따스한 햇볕에 용과 뱀이 꿈틀거리고,
宮殿風微燕雀高.　　궁전에 미풍이 불자 제비와 새가 높이 난다.

라 한 것은 잘 되었으나 다만 이른 아침을 두고 한 표현으로서는 대충 대충인 것 같다. 가지의 시는 첫 구가 가장 좋다. 그러나

劒佩聲隨玉墀步,　　칼과 패물 부딪치는 소리 백옥 계단 걸음 따라 나고,

라고 한 한 연구聯句는 평범한 것 같다. 대체로 네 사람의 시가 결구에는 모두 봉지鳳池란 말을 썼는데, 소위 『화和』라고 하는 것이다. 두보가 봉모鳳毛를 써서 맺은 것이 가장 묘하다.

내가 참람되이 논평함이 이에 이르렀으나 감히 딱 잘라 단언하지 못한다. 그런 까닭에 『그런 것 같다』는 『사似』자를 여섯 자 붙여 놓고서, 이후에 시를 잘 아는 사람이 나타나서 [내 견해가 어떤지 판단하여 주기를] 기다린다.

[28] 성당 시인 중 독특한 풍격의 시인들

盛唐人中, 賀知章[113] · 儲光義[114] · 元結[115]之詩最奇古, 視一時諸作頓異.

성당사람들 가운데서는 하지장賀知章 · 저광희儲光羲 · 원결元結의 시가 가장 교묘하고 예스러워서 같은 때의 여러 작품들에 비하여 아주 다르다.

[29] 권필權韠이 본 당시의 오 · 칠언구

權韠[116]言 :『唐人七言絶句, 以許渾[117]「勞歌一曲解行舟」[118]爲第一. 五

113 | 하지장(賀知章, 659~744) : 자는 계진(季眞) · 유마(維摩). 호는 사명광객(四明狂客). 월주(越州) 영흥(永興 : 浙江省 會稽) 출생. 695년에 진사에 등과하였다. 태상박사(太常博士)를 거쳐 725년 예부시랑(禮部侍郎), 이듬해 공부시랑, 이어 태자빈객(太子賓客) · 비서감(秘書監)을 역임하였으며, 744년 귀향한 후 병사하였다. 현종(玄宗)을 섬겼고, 시인 이백(李白)의 발견자로 알려졌으며, 그 자신도 풍류인으로서 이름이 높아 두보(杜甫)의 〈음중팔선가(飮中八仙歌)〉에도 읊은 것이 있다.《당대문인열전》 p.189를 보라.

114 | 저광희(儲光羲, 706~762) : 당대시인. 윤주(潤州) 연릉(延陵 : 江蘇省 丹陽)출생. 전당시《全唐詩》 권136~139에 4권의 시가 있고 현재《저광희시집(儲光羲詩集)》 5권에 224수의 시가 전한다.

115 | 원결(元結, 723~772) : 자는 차산(次山). 하남(河南) 출신. 북조(北朝) 후위(後魏) 왕손의 후예라고 한다. 표현의 기교보다는 내용을 중시하는 간고(簡古)한 그의 작풍과 문장은 한유(韓愈), 유종원(柳宗元)의 고문운동(古文運動)에 영향을 끼쳤다. 또 그의 대표작 〈용릉행(舂陵行)〉은 두보(杜甫)를 크게 감동시켜 거기에 답하는 시를 짓게 했을 정도였으며, 민성(民聲)을 천자에게 들려주려는 의도에서 만들어진《계악부(系樂府)》는 백거이(白居易)의《신악부(新樂府)》의 선구가 되었다. 시문집인《원차산집(元次山集)》은 그가 찬(撰)한《협중집(篋中集)》과 함께 오늘날까지 전해지고 있다.

116 | 권필(權韠, 1569~1612) : 조선 중기의 문인. 본관은 안동이며, 자는 여장(汝章)이고 석주(石洲)는 호이다. 정철(鄭澈)의 문인. 과거에 뜻이 없이 시주(詩酒)로 낙을 삼으며 가난하게 살다가, 동몽교관(童蒙敎官)에 임명되었으나 이를 사양하고 끝내 취임하지 않았다. 강화부(江華府)에 갔을 때 많은 유생들이 몰려오자 이들을 모아 가르쳤고, 명나라 사신 고천준(顧天俊)을 접반할 때 문사(文士)로 뽑혀 이름을 떨쳤다. 광해군의 비(妃) 류(柳)씨의 아우 유희분(柳希奮) 등 친족(戚族)들의 방종을 궁유시

言絶句, 以宋之問[119]「臥病人事絶」[120] 爲第一.』余謂權生似不知唐者. 夫

(宮柳詩)로써 비방하자 광해군이 크게 노하여 취조를 받은 뒤 귀양길에 오르던 중 동대문 밖에 이르렀을 때 사람들이 주는 술을 폭음하고 이튿날 죽었다. 문집으로는 《석주집(石洲集)》이 있다.

117 | 허혼(許渾, 791~854?) : 당(唐)나라 시인. 윤주(潤州) 단양현(丹陽縣) 출생. 자는 중회(仲晦). 832년 진사에 급제하여 현령이 되었으나 지병으로 파면되었다. 그 뒤 윤주 사마(司馬)가 되었고 자사(刺史)를 지냈다. 말년에는 단도현(丹徒縣)에 있는 정묘교(丁卯橋) 근처 별장에 은거하였다. 그의 시에는 〈등고회고편(登高懷古編)〉이 있으며 은거하며 자연과 벗하는 일반 문인들과는 달리 현실에 비분강개할 줄 아는 시인이었다. 저서로《정묘집(丁卯集)》 2권이 있다.

118 | 노가일곡해행주(勞歌一曲解行舟) : 〈사정에서의 송별 (謝亭送別)〉 시의 한 구다.

勞歌一曲解行舟, 한 곡조의 뱃노래에 닻줄을 푸니,
紅葉青山水急流. 홍엽의 푸른 산 사이를 물은 급히 흐르네.
日暮酒醒人已遠, 날 저물어 술이 깨니 사람은 벌써 멀리 떠나갔는데,
滿天風雨下西樓. 하늘 가득한 비바람이 서루(西樓)에 내리누나.

이시는 사정(謝亭 : 安徽省 宣城에 있었다 함)이란 정자에서 길 떠나는 친구에게 송별연을 베푼 후의 정경이다.

※노가(勞歌) : 객을 보내는 노래. 뱃노래. 노역자들이 부르는 노래.

번역참고 : 《당시해석과 감상》, 윤지중편, 글벗사, 1994, p.458.

119 | 송지문(宋之問, 656?~712?) : 《지봉유설(芝峰類說)》 주 64) 참조.

120 | 와병인사절(臥病人事絶) : 〈두심언을 송별하면서(送別杜審言)〉 시의 한 구다.

臥病人事絶, 병들어 누우니 사람들과 교류가 끊기었는데,
嗟君萬里行. 아, 그대는 만 리 길 귀양살이 간다는 구나!
河橋不相送, 강가의 다리에서 그대를 배웅하지 못하나,
江樹遠含情. 강가의 나무조차 석별의 정을 머금었겠지.
別路追孫楚, 떠나가는 길에 손초(孫楚)를 쫏고,
維舟吊屈平. 배를 묶어 굴원의 영혼을 조상하게나.
可惜龍泉劍, 슬프구나! 용천검이,
流落在豊城. 풍성 땅에 떨어져 있다니.

이 시는 작자가 친구 두심언(杜審言 : 두보의 祖父)이 698년 길주(吉州 : 지금의 江西 吉安)으로 좌천되어 감을 읊은 시.

※손초(孫楚, 220~293) : 서진(西晉) 문학가, 수석침류(漱石枕流 : 돌로 양치질하고 흐르는 물을 베개로 삼겠다)의 고사로 유명.

※굴평(屈平) : 자는 원(原). 회왕이 진나라에 억류당하면서 까지도 끝끝내 내놓지 않겠다고 했던 요충지인 금중을 진나라에게 무력으로 빼앗기자, 굴원이 이 소식을 듣고 조국의 앞날에 실망한 나머지 「초나라의 서울을 슬퍼한다(哀郢)」와 「돌을 안

許丁卯[121]在晩唐非高手, 之問此詩本五言律, 而《唐音》[122] 截作絶句, 恐氣格不全. 按李滄溟[123]・王弇州[124]皆以王昌齡[125]『秦時明月漢時關』[126]爲第一, 必有所見耳.

고 죽으리(懷沙)」를 짓고 음력 5월 5일 돌을 품고 멱라수(호남성 상수의 지류)에 몸을 던져 순국(殉國)하니 이때 그의 나이 62세였다. 굴원이 죽은 음력 5월 5일이면 단오절이라 하여 그를 추모하는 제일로 정해져 있기도 한다.

※용천검(龍泉劍) : 《진서(晉書) · 장화전(張華傳)》에 용천검과 태아검(太阿劍)이 풍성(豊城)땅에 묻어 있는데 그 빛이 견우성과 북두성에 이르렀다고 한다. 여기서는 재능이 땅에 묻혀있듯이 언젠가는 빛을 볼 것이라는 것을 암시하고 있다.

121 | 허정묘(許丁卯) : 허혼 (許渾)이 말년에 단도현(丹徒縣)에 있는 정묘교(丁卯橋) 근처 별장에 은거하였으로 허정묘라함.

122 | 《당음(唐音)》 : 우리나라에서 많이 읽힌 당시선집. 본서명은 《당음정선(唐音精選)》이다. 본시 원나라 양사굉(陽士宏)이 당나라 사람의 시작품을 시기별로 구분하여 편찬한 것으로 시음(始音) 1권, 정음(正音) 6권, 유향(遺響) 7권 등 총 5책 14권으로 구성되어 있다. 시음(始音)은 당나라 초의 문장가인 왕발(王勃), 양형(楊炯), 노조린(盧照隣), 낙빈왕(駱賓王) 등의 시작(詩作)이고, 정음(正音)은 성당(盛唐), 중당(中唐), 만당(晩唐)의 시인의 시작이며 유향(遺響)은 여러 대가의 시에 여자, 승려의 시까지 합한 것인데 시의 발췌가 구차스럽지 않아서 많은 호평을 받았다. 조선 초기에 연산군이 시를 좋아하여 1505년 5월 교서관(校書館)에 명하여 간행하게 한 기록이 《연산군일기》에 나타나 있는 것으로 보아, 우리나라에서 《당음》이 읽힌 역사가 오래되었음을 알 수 있다.

123 | 이창명(李滄溟, 1514~1570) : 《학산초담(鶴山樵談)》 주 9) 참조.

124 | 왕엄주(王弇州, 1526~1590) : 《학산초담(鶴山樵談)》 주 10) 참조.

125 | 왕창령(王昌齡, 698~755?) : 당(唐)나라 중기 시인. 자 소백(少伯). 강녕(江寧 : 지금의 江蘇省 南京) 출신. 그의 시는 구성이 긴밀하고 착상이 청신하며, 특히 칠언절구에서 뛰어난 작품이 많다. 여인의 사랑의 비탄을 노래한 〈장신추시(長信秋詩)〉 · 〈규원(閨怨)〉, 변경의 풍물과 군인의 향수를 노래한 〈출새(出塞)〉 · 〈종군기(從軍記)〉가 유명하다. 시집 《왕창령 전집》 (5권)과 그의 저술로 전하여지는 시론서 《시격(詩格)》 · 《시중밀지(詩中密旨)》 각 1권이 남아 있다.

126 | 진시명월한시관(秦時明月漢時關) : 〈변경의 요새를 나가며(出塞) 두 수〉 중 첫째 시

秦時明月漢時關,	진나라 때의 밝은 달이나 한나라 때의 관문은 그대로 인데,
萬里長征人未還.	멀리 싸움터로 나간 병졸들은 돌아오지 못하고 있네.
但使龍城飛將在,	용성으로 쳐들어가 용맹을 날린 이광(李廣)같은 장군만 있다면,
不教胡馬度陰山.	오랑캐 말들이 음산을 넘어오게 두지는 않았으련만.

※용성(龍城) : 흉노(匈奴)땅 이름.

권필權韠이 말하기를 『당나라 사람의 칠언절구에는 허혼許渾의

勞歌一曲解行舟. 노가勞歌 한 곡조에 떠나갈 배를 푼다.

라고 한 것이 제일이고, 오언절구에는 송지문宋之問의

臥病人事絶, 병들어 누우니 사람들과 교류가 끊기었는데,

라고 한 것이 제일이다』라고 하였다.

나는 권필이 당시를 알지 못하는 사람이라고 평한다. 허혼은 만당의 고수가 아니고 송지문의 이시는 본래 오언 율시[8구] 인 것을 《당음唐音》에서 끊어서 절구[4구] 로 만든 것이기 때문에 아마 기격이 완전하지 못할 것이다. 고찰하여보니, 이반룡李攀龍 · 왕세정王世貞은 모두 왕창령王昌齡의

秦時明月漢時關, 진나라 때의 밝은 달이나 한나라 때의 관문은 그대로인데,

이라고 한 시구詩句를 제일이라고 하였다. 반드시 보는 바가 있어서 한말일 것이다.

[30] 조작이 많은 두시杜詩

杜詩曰 : 『莫令鞭血地, 再濕漢臣衣.』[127] 註[128] : 『《漢書》[129] 云 : 「禁中

※비장(飛將) : 한(漢) 무제(武帝) 때의 장수 이광(李廣). 여러 번 흉노를 쳐부수어 흉노족은 그를 비장군이라 하여 두려워했다고 한다.
※음산(陰山) : 흉노 땅에 있는 산 이름, 지금의 내몽고 북부.
번역참고 : 신역《당시선》, 김학주저, 명문당, 1995, p.71.

127 | 막령편혈지(莫令鞭血地) 두 구 : 〈분을 풀다(遣憤)〉 시의 일부.

非刑人鞭血之地.」鞭血地, 指禁中也.』余謂以《漢書》非鞭血之地爲用事, 則似不成語. 杜詩中如此强造處多矣.[130]

두시에 말하기를

莫令鞭血地,　　채찍에 피 묻게 한 땅으로,
再濕漢臣衣.　　두 번 다시 한나라 신하의 옷을 젖게 하지 말라.

고 했다. 주註에 『《한서》에 말하기를 「금중(대궐안)은 형벌을 집행하는 사람이 채찍에 피를 묻히는 곳은 아니다」라고 한 것이 있다. 그래서 여기에 편

聞道花門將,　　듣자니 위구르족 장수들이,
論功未盡歸.　　전공(戰功)을 논하며 다 돌아가지 않았다고 하네.
自從收帝里,　　천자님의 나라를 수복한 이래로,
誰復總戎機.　　누가 다시 군사 전략을 총괄하고 있는가?
蜂蠆終懷毒,　　벌과 전갈은 끝내 독을 품고 있을 것이니,
雷霆可震威.　　우레와 천둥같은 위엄을 떨치게 해야지!
莫令鞭血地,　　채찍에 피 묻게 한 땅으로,
再濕漢臣衣.　　두 번 다시 한나라 신하의 옷을 젖게 하지 말라.

－《전당시》권 227-78.

※화문장(花門將) : 안사(安史)의 난을 평정한 공이 있는 회흘인(回紇人 : 위구르족) 장수. 이 시는 당나라 옹왕(雍王)이 회흘족의 등리가한(登里可汗)왕에게 무릎을 꿇지 않자 옹왕을 따라간 신하 두 명이 채찍에 맞아 피 흘리며 죽은 사건을 인용하여, 다시 회흘의 장군들을 길들여야함을 읊고 있음.

128 | 주(註) : 송대 황학(黃鶴)의 《두시보주(杜詩補註)》에서 사고(師古)의 《두시상설(杜詩詳說)》을 인용하였음.

129 | 《한서(漢書)》: 전 200권. 중국 후한(後漢)시대의 역사가 반고(班固)가 전한의 역사를 기술한 기전체(紀傳體)의 역사서이다. 《전한서(前漢書)》 또는 《서한서(西漢書)》라고도 한다. 《사기(史記)》와 더불어 중국 사학사(史學史) 상 대표적인 저작이며, 정사(正史)의 제2위를 차지한다.

130 | 비편혈지지위용(非鞭血之地爲用) 세 구 : 청나라 구조오(仇兆鰲) 《두시상주(杜詩詳註)》에 『장씨[張綖] 주석에……옛 주석에 《한서》의 『금중은 사람을 형벌하여 채찍질하여 피를 흘리게 하는 곳이 아니다』라고 한 말은 이 시구와는 관련이 없다(於此無涉)』말이 있는 것으로 보아서 중국에서도 이와 비슷한 견해가 있었던 것 같다.

혈지鞭血地라고 한 것은 금중을 가리킨 것이다』라 하였다. 나는《한서》에서 편혈지지鞭血之地가 아니라고 한 것을 고사를 인용하여 금중을 도리어 편혈지鞭血地 라고 일컬은 것은 말이 되지 않는 것 같다. 두시 가운데는 이와 같은 억지로 조작한 곳이 많다.

[31] 왕창령王昌齡의 시

王昌齡詩曰 :『秦時明月漢時關.』後人以爲此詩在有意無意間, 爲絶唱. 按明月, 蓋關名. 楊炯[131]詩『心馳明月關』[132] 是也 ; 如明月樓 · 明月峽 · 明月溪之類.

131 | 양형(楊炯, 650~693?) : 당나라 시인으로 화음(華陰 : 지금의 섬서성 화음현) 사람이다. 그는 현경(顯京) 6년(659)에 신동과(神童科)에 급제하여 교서랑(校書郞)에 제수되었다. 상원(上元) 3년(676) 제과(制擧)에 응시하여 급제하여 교서랑(校書郞)에 제수되었고, 이어서 첨사사직(詹事司直)으로 옮겼다. 얼마 안 있어 종형제인 신양(神讓)과 서경업(徐敬業)의 난에 연루되어 재주사법참군(梓州司法參軍)으로 좇겨났다. 천수(天授) 원년(690) 낙양궁중의 습예관(習藝館)에서 가르치는 일에 임명되었다. 여의(如意) 원년(692) 가을에 영천령(盈川令)으로 읊겼는데, 속리들이 그를 엄하고 혹독하다고 일컬어 세상 사람들이 양영천(楊盈川)이라 불렀다고 한다. 왕발(王勃) · 노조린(盧照隣) · 낙빈왕(駱賓王)과 함께 초당사걸(初唐四傑)의 한 사람으로, 왕발과 함께 오언율시에 뛰어났고, 근체시 성립에 이바지하였다. 《구당서(舊唐書)》에 그의 문집 30권이 있고, 《군재독서지(郡齋讀書志)》에 《영천집(盈川集)》 20권이 수록되었다고 하는데, 지금은 다 전하는 것이 없다고 한다.

132 | 심치명월관(心馳明月關) : 〈버들가지를 꺾으며(折楊柳)〉의 한 구.

邊地遙無极,	변방 전쟁터는 아득히 멀어,
征人去不還.	징병 간 남편은 한번 가더니 돌아오지 않네.
秋容凋翠羽,	가을모습 이미 물총새 날개 시들고,
別淚損紅顔.	이별 한스러워 하는 눈물에 아내의 아리다운 얼굴은 야위었네.
望斷流星驛,	자주 왕래하는 집배원이 멀어져 가면,
心馳明月關.	마음은 전쟁터로 달려가네.
藁砧何處在,	남편은 도대체 어디 있는지,
陽柳自堪攀.	수양버들은 이미 사람이 올라갈 만큼 자랐는데.

※취우(翠羽) : 물총새의 날개, 여름이 왔음을 의미함.

※고침(藁砧) : 고대 형벌 받을 때 도구, 후에 결혼한 남자를 가리킴.

왕창령의 시에

秦時明月漢時關, 진나라 때의 밝은 달이나 한나라 때의 관문은 그대로인데,

이라 한 것이 있다. 뒷사람들에게는 이 시가 뜻이 있는 듯 없는 듯 한 사이에 뛰어난 작품이 되어 버렸다고 생각한다. 고증하여보니 명월은 관명關名이다. 양형楊炯의 시에

心馳明月關. 마음이 명월관으로 달린다.

라고 한 것이 그것이다. 예를 들면 명월루, 명월협, 명월계 같은 것이다.

[32] 시사詩史

古人謂李白爲仙才, 李賀爲鬼才. 又謂李白爲詩聖, 杜子美爲詩史. 胡宗愈[133]言 : 『杜子美, 凡出處去就, 悲歡憂樂, 一見於詩, 讀之可以知其世, 故謂之詩史.』[134] 余謂詩而爲史, 亦詩之變也.

옛사람이 말하기를 『이백李白은 신선의 재주이고 이하李賀는 귀신의 재주이다』라 하였다. 또 말하기를 『이백李白은 시의 성인이고 두보杜甫는 시의 역사詩史이다』라고 하였다. 호종유胡宗愈가 말하기를 『두보는 출처 거취 슬

133 | 호종유(胡宗愈, 1029~1094) : 자 완부(完夫), 진릉(晋陵 : 지금의 江蘇省 常州) 사람. 《동도사략(東都事略)》 71권 〈호숙전(胡宿傳)〉과 《송사(宋史)》 318권에 사적이 전한다. 인종(仁宗) 가우(嘉佑) 4년(1059년)에 진사를, 영종(英宗) 치평(治平) 3년(1066년) 집현교리(集賢校理), 치평 6년에 이부상서를 지냈다. 《전송시》에 시 5수가 수록되어 있음.

134 | 두자미 범출처거취(杜子美, 凡出處去就) : 〈성도의 초당시비의 서문(成都草堂詩碑序)〉에 보임.

픔 즐거움 근심 기쁨의 모든 것을 그의 시에 나타내 보였다. 그의 시를 읽으면 그의 세상에서의 일을 알 수 있다. 그래서 [학사와 대부들이] 그의 시를 일러 시사라고 하였다.』고 하였다. 나는 시이면서 역사가 되니, 또한 시의 변체라고 말한다.

[33] 위응물韋應物의 시

韋應物[135]詩 : 『身多疾病思田里, 邑有流亡愧俸錢.』[136] 宋人極稱其佳, 而李攀龍甚不取, 未知如何, 豈以格調[137]非唐故歟?

위응물의 시에

身多疾病思田里,　　몸에 병이 많아 고향 더욱 그립고,

135 | 위응물(韋應物, 737?~792?) : 《지봉유설(芝峰類說)》 주 89) 참조.

136 | 신다질병사전리(身多疾病思田里) 두 구 : 〈이담과 원석에게(寄李儋元錫)〉 시의 일부.

去年花里逢君別,　　작년 꽃 속에서 그대를 이별하였는네,
今日花開又一年.　　이제 꽃피니 또 일 년이 지났군.
世事茫茫難自料,　　세상일 망망하여 헤아리기 어려운데,
春愁黯黯獨成眠.　　봄 시름에 고달픈 몸 혼자서 잠을 잔다.
身多疾病思田里,　　몸에 병이 많아 고향 더욱 그립고,
邑有流亡愧俸錢.　　읍에는 유랑민이 있는데 월급이 부끄럽다.
聞道欲來相問訊,　　듣건대 그대들이 나를 찾아보고 싶다는데,
西樓望月幾回圓.　　서루에서 바라보는 저 달이 몇 번이나 둥근 뒤에나 오실지.

※이담(李儋) · 원석(元錫) : 작자의 친구. 작자가 저주(滁州 : 안휘성 저주현에 있는 양자강 지류의 명성지)에 있을 때 함께 놀았다.

※암암(黯黯) : 이별을 슬퍼하는 모양.

※서루(西樓) : 소주(蘇州)에 있는 누대. 작자는 그때 소주자사(蘇州刺史)로 있었다.

번역참고 : 《당시전서》, 김달진 역해, 민음사, 1987, p.537.

137 | 격조(格調) : 청나라 시론가인 심덕잠(沈德潛)이 시론 중 형식주의 관점에 대한 개괄로서 《문경비부론(文鏡秘府論) · 논문장(論文章)》에서 격(格)은 시의(詩意)를 뜻하고, 조(調)는 풍격(風格)을 뜻한다고 함. 자세한 것은 《중국시화사전(中國詩話辭典)》 756쪽 참고.

邑有流亡愧俸錢.　　읍에는 유랑민이 있는데 월급날이 부끄럽다.

고 하였다. 송나라 사람들이 그것이 잘 되었음을 더 할 수 없이 칭찬하였다. 그러나 이반룡은 매우 좋지 않다고 하였다. 어째서 인지 알 수 없다. 혹시나 격조가 당나라의 것이 아니기 때문일까.

[34] 장적張藉의 시

張藉[138] 〈節婦吟〉[139] 曰 :『還君明珠雙淚垂, 恨不相逢未嫁時.』王弇州

138 | 장적(張籍, 766?~830?) : 당(唐)나라 시인. 자는 문창(文昌). 강소(江蘇) 오군(吳郡) 출신. 한유(韓愈)는 평생의 은인이고, 백거이(白居易)는 시우(詩友)였다. 쉬운 시어(詩語)로 사람의 마음을 전하는 그의 악부(樂府)는 백거이에게 칭찬을 받은 이래 오늘에 이르기까지 높은 평가를 받고 있다. 예리한 풍유성(諷諭性)과 직절적(直截的) 필치에 특색이 있다. 민요적 작품도 있다. 동시대의 왕건(王建)과 함께 『장왕악부(張王樂府)』라고 병칭된다. 저서에 《장사업집(張司業集)》 8권이 있다.

139 | 〈절부음(節婦吟)〉: 〈절개 있는 아낙네의 노래〉는 다음과 같다.

君知妾有夫,　　　당신은 제게 남편 있는 줄 알면서,
贈妾雙明珠.　　　저에게 명주를 주었어요.
感君纏綿意,　　　당신의 애틋한 뜻이 고마워,
系在紅羅襦.　　　붉은 비단속옷에 매어 두었어요.
妾家高樓連苑起,　저의 집은 높은 누각 임금동산에 연이었고,
良人執戟明光里.　남편은 창을 들고 궁전을 호위해요.
知君用心如日月,　당신의 마음 씀은 해와 달 같으나,
事夫誓擬同生死.　남편 섬겨 죽기를 맹세했소.
還君明珠雙淚垂,　당신에게 밝은 구슬을 돌려드리니 눈물이 흐르고,
恨不相逢未嫁時.　시집가기 전에 못 만난 것이 한스럽소.

이 시는 작자가 당시의 권력가 이사고(李師古)의 유인을 물리치기 위해 자신을 절부(節婦)에 비유하여 지어 보낸 것이다.

※쌍명주(雙明珠) : 한 쌍의 진주.
※전면(纏綿) : 사랑이나 근심 같은 것이 마음에 얽히고설키어 떠나지 아니함.
※홍나유(紅羅襦) : 붉은 비단 속옷.
※명광전(明光殿) : 궁전.
번역참고 : 《당시전서》, 김달진 역해, 민음사, 1987, p.559.

以此爲能怨；余謂詩語近蕩. 崔女[140]詩曰：『獨恨妾身生苦晩, 不見檀郎年少時.』[141] 此則幾矣.

장적의 〈절부음節婦吟〉에 이르기를

還君明珠雙淚垂,　　그대의 구슬을 돌려주려니 두 눈에 눈물이 흐르고,
恨不相逢未嫁時.　　내 시집가기 전에 만나지 못한 것 한스러워라.

라고 하였다. 왕세정이 이것을 『원망하는 데에 능하다』고 하였으나, 나는 시어가 음탕한데 가깝다고 말한다. 최 여인의 시에 말하기를

自恨妾身生較晩,　　스스로 첩의 몸이 좀 늦게 태어나,
不見盧郎年少時.　　남편의 나이 어릴 때 만나지 못한 것이 한스럽네.

라고 한 것이 있다. 이것이면 거의 원망에 능하다고 하겠다.

[35] 유우석劉禹錫의 석두성 둘째 구

劉夢得[142]〈金陵懷古〉云：『潮打空城寂寞回.』[143] 白樂天[144]甚愛此句,

140 | 최녀(崔女) : 이 시는 《전당서(全唐書)》 권799 제29수에 최녀(崔女)가 아니라 최씨(崔氏)의 작품으로 되어 있다.

141 | 독한첩신생고만(獨恨妾身生苦晩) 두 구 : 〈술회[교서랑이 최녀에게 장가 들 때 나이 이미 많아 최녀가 약간 성난 기색을 시를 지어 술회하다] (述懷[校書娶崔時年已暮崔微有慍色賦詩述懷])〉 시의 일부.

不怨盧郎年紀大,　　낭군님의 연세가 많음을 원망하지 않고,
不怨盧郎官職卑.　　낭군님의 관직이 낮음을 원망하지 않네.
自恨妾身生較晩,　　스스로 첩의 몸이 좀 늦게 태어나,
不見盧郎年少時.　　남편이 어릴 때 만나지 못한 것이 한스럽네.

※최씨(崔氏) : 교서랑(校書郎)벼슬을 하는 노모(盧某)의 아내.
※노랑(盧郎) : 성이 노씨인 최씨의 남편, 혹은 교서랑 벼슬을 하는 노씨 낭군.

曰 :『後之詞人不復措手矣.』余謂此句非甚警絶, 而其推許至此, 何耶?

유우석의 〈금릉회고〉 시에 이르기를

潮打空城寂寞回.　　조수가 빈 성을 치고 적막하게 돌아가네.

라고 하였다. 백거이가 매우 이 시구를 사랑하여 말하기를 『후세의 시인들이 다시 손을 댈 수가 없다』고 하였다. 내 생각에는 이 글귀가 그다지 썩 뛰어난 것이 아닌데 그가 받들어 칭송하기를 이와 같이 함은 무슨 까닭인가?

142 | 유우석(劉禹錫, 772~842) : 《역옹패설(櫟翁稗說)》 주 50) 참조.

143 | 조타공성적막회(潮打空城寂寞回) : 〈석두성(石頭城)〉 시의 한 구.

山圍故國周遭在,　　산들이 국도(國都) 주위를 빙 둘러싸 있고,
潮打空城寂寞回.　　조수가 빈 성곽을 때렸다 적막하게 돌아가네.
淮水東邊舊時月,　　옛날 회수 동쪽의 달이,
夜深還過女墻來.　　밤 깊자 성벽 앞쪽 돌출한 곳으로 다가오네.

금릉회고(金陵懷古)를 회고하는 다섯 제목의 시 〈금릉오제(金陵五題)〉를 말함. 영사시(詠史詩)의 대표적 주제로 유명하다.

※〈석두성(石頭城)〉은 5수 가운데 첫 번째 시다.

※석두성(石頭城) : 지금의 남경시(南京市 : 옛이름은 금릉) 청량산(淸凉山) 일대. 전국시대 초나라의 금릉성(金陵城), 삼국시대 오나라 손권(孫權)이 새로 짓고 석두성로 개명함.

※회수(淮水) : 진(秦)나라 회하(淮河)의 물이 이곳으로 흘렀고, 육조(六朝)때는 왕족들의 파티장 이었다.

144 | 백낙천(白樂天, 772~846) : 이름은 거이(居易). 자는 낙천(樂天). 호는 향산(香山). 섬서성 태원(太原) 사람. 그는 사회풍자시가 많다. 〈장안에서 읊음(秦中吟)〉 10수도 가혹한 세금으로 피폐해가는 농촌과 상하 빈부의 차가 심함을 노래한 것이다. 이와 같이 그의 시풍은 쉽고 명쾌하여, 그의 친구 원진(元稹)과 함께 원백체(元白體)라 일컬었으며, 세상에 널리 애송되었다. 저서로 시 3,800여 수 등이 수록된 시문집(詩文集) 71권이 있다.

[36] 유가劉駕의 시를 소동파 · 온정균 · 구양수가 모방

唐劉駕145 〈早行〉146 詩云：『馬上續殘夢, 馬嘶時復驚.』東坡效之曰：

145 | 유가(劉駕) : 생졸 년대 불확실. 자(字) 사남(司南), 강동(江東) 사람. 만당 현실주의 시인의 한사람. 조업(曹鄴)과 친구.

146 | 〈조행(早行)〉 : 시는 다음과 같다.

馬上續殘夢, 말 위에서 남은 꿈을 계속 꾸다,
馬嘶時復驚. 말이 울 때마다 다시 놀란다.
心孤多所虞, 마음은 괴롭고 걱정스러움이 많아,
僮仆近我行. 어린 종을 나와 가까이 걸어가게 하네.
栖禽未分散, 나무위의 자는 새 아직도 흩어지지 않았고,
落月照古城. 지는 달 옛 성벽 위를 비추네.
莫羡居者閒, 여기 사는 사람들 한가함을 부러워하지 마라!
冢邊人已耕. 옛 무덤 옆에는 이미 땅을 갈고 있는 사람이 있네.

이 시는 여행자가 아침에 동자에게 말을 몰게 하고 길을 가는 정경인데 첫 구가 널리 알려져 있다.

147 | 올(兀) : 《사고전서》의 《동파시집주(集註)》 권1에는 올(兀)자가 아니라 속(續)자로 쓰여 있으나 잘못된 것임.

148 | 마상올잔몽(馬上兀殘夢) : 〈태백산아래서 아침에 떠나 횡구진(橫渠鎭)에 도착하여 숭수원(崇壽院) 벽에 적는다(太白山下, 早行至橫渠鎭, 書崇壽院壁)〉 시의 일부.

馬上兀殘夢, 말위에서 우뚝이 남은 꿈 헤매다가,
不知朝日升. 아침에 태양이 뜨는 것도 몰랐네.
亂山横翠嶂, 뒤섞인 뭇 산들은 초록의 장벽이 가로질렀고,
落月澹孤燈. 지는 달은 외로운 등불처럼 맑네.
奔走煩郵吏, 분주하니 독우(督郵) 벼슬 번거롭게 생각되어,
安閒愧老僧. 한가한 늙은 중에게 오히려 부끄럽네.
再游應眷眷, 언제 다시 놀러 올 수 있을지 아쉬움을,
聊亦記吾曾. 애오라지 정말 나의 이 훌륭한 걸음을 시로서 기록해 둔다.

※태백산(太白山) : 위치는 섬서성(陝西省) 미현(眉縣) 남쪽 20km, 동쪽으로 서안시에서 70km 떨어진 국가 삼림공원으로 산 정상이 만년설이라 태백(太白)이라 부른다.

※횡거진(橫渠鎭) : 섬서성 미현에서 동쪽으로 25km.

※숭수원(崇壽院) : 유 · 불 · 도 세 종교가 합일한 곳으로 관학(關學)의 창시자 장재(張載)가 공부해서 장원급제 하고 후학들을 양성했다 해서 지금은 횡거서원(橫渠書院)으로 개명됨.

※우리(郵吏) : 지방 행정을 감독하는 감찰관 벼슬 독우(督郵)라고도 함.

149 | 온정균(溫庭筠, 812?~870) : 당나라 말기의 시인. 자 비경(飛卿). 본명 기(岐). 병주(幷州: 山西省 太原) 출생. 문재(文才)가 뛰어나 과거시험장에서 8번 팔짱을 끼니 팔

『馬上兀[147]殘夢, 不知朝日昇.』[148] 溫庭筠[149]詩云 : 『鷄聲茅店月, 人跡板橋霜.』[150] 歐陽公[151]甚愛之, 有詩曰 : 『鳥聲茅店雨, 柳色野橋春.』[152] 細

운시(八韻詩)가 완성되었다 하여 온팔차(溫八叉)라 불렸으나, 소행이 나빴기 때문에 급제하지 못하였다. 염시(艶詩)를 많이 지었으며, 당시의 이상은(李商隱)과 함께 『온이(溫李)』라고 병칭되었다. 사(詞)의 작가로도 유명하고, 특히 악부(樂府)에 뛰어나 화려한 표현으로 스러져가는 6조 문화에 대한 동경과 석춘(惜春)의 정 등을 노래하였다. 또 유행가요였던 『사(詞)』를 서정시의 위치로 끌어올리는 데에도 많은 공적을 남겼다. 저서로 《온비경시집》 7권 · 《건손자》 · 《채다록(採茶錄)》이 있다.

150 | 계성모점월(鷄聲茅店月) 두 구 : 〈상산의 새벽길(商山早行)〉 시의 일부.

晨起動征鐸, 일찍 일어나 길 떠나는 방울 울리니,
客行悲故鄕. 나그네 발걸음 고향이 슬프구나.
鷄聲茅店月, 닭소리 주막 비친 달빛 속에 울고,
人迹板橋霜. 사람의 발자국 판자 다리에 내린 서리를 밟네.
槲叶落山路, 떡갈나무 잎 산길에 떨어지고,
枳花明驛墻. 탱자나무 꽃 역사(驛舍)의 담에 밝네.
因思杜陵夢, 이 때문에 두릉의 꿈을 생각하는데,
鳧雁滿回塘. 구비진 연못가에 물새들이 떼 지어 놀고 있네.

이 시는 초라한 시골의 주막에서 새벽녘의 길 떠남을 노래한 것이다.

※상산(商山) : 섬서성 상현의 남동쪽에 있는 산. 장안(長安)에서 약 100km. 진(秦) 말기 전란을 피해 이곳에 은거한 네 사람의 백발노인, 즉 『상산사호(四皓)』의 전설로 유명함.

※두릉(杜陵) : 장안(長安) 남쪽에 있는 고대(高臺), 당시 유명한 명승지였음.

번역참고 : 《당시해석과 감상》, 윤지중편, 글벗사, 1994, p.477.

151 | 구양수(歐陽修, 1007~1072) : 북송(北宋) 정치가 · 문인 · 학자. 호는 취옹(醉翁) · 육일거사(六一居士). 강서성(江西省) 여릉현(廬陵縣) 출생. 한림학사(翰林學士) · 한림시독학사(翰林侍讀學士)가 되어, 유명한 《신당서(新唐書)》를 편찬했다. 왕안석(王安石)이 신법(新法)을 실시할 때 청묘법(靑苗法)에 반대, 퇴관했다. 당송팔대가(唐宋八大家)의 한 사람으로 역(易)과 모시(毛詩)의 새 해석, 고문(古文) 부흥 등에 큰 공헌을 했다. 시에서는 매요신(梅堯臣) 등과 친교를 맺었고, 당시 유행하던 서곤체(西崑體)라는 화려한 수사적 시풍을 타파하고 이른바 송시(宋詩)를 창조했다. 《육일시화(六一詩話)》는 시평론의 한 형식적인 시화(詩話)의 효시이며, 또 우수한 수필집 《귀전록(歸田錄)》, 모란(牡丹)을 논한 《낙양모란기(洛陽牡丹記)》등의 저서가 있다. 역사적 저술로서 《오대사기(五代史記)》를 편찬했고, 고고학에 관한 저술로 《집고록(集古錄)》 10권이 있으며, 전집 《구양문충공집(歐陽文忠公集)》 13권, 부록 5권이 있다. 시호는 문충공(文忠公).

152 | 조성모점우(鳥聲茅店雨) 두 구 : 《사고전서》의 《시화총구(詩話總龜)》 권8에는 모

味之, 工拙自見. 其『兀殘夢』之『兀』字, 後人有識之者, 是矣.

당나라 유가의 〈조행早行〉 시에 이르기를

馬上續殘夢,　　말 위에서 남은 꿈을 계속 꾸다가,
馬嘶時復驚.　　말이 울 때마다 다시 놀란다.

라고 하였다. 소식이 이것을 모방하여 말하기를

馬上兀殘夢,　　말 위에서 오뚝이 남은 꿈을 꾸다,
不知朝日昇.　　아침 해가 올라온 것을 알지 못하였다.

라고 하였다. 온정균의 시에 말하기를

(茅)자가 매(梅)자로 표기되어 있음.
〈비서성 교서랑 벼슬하던 장지의 시골집에 잠시 들러(過張至秘校歸莊)〉
田家何所樂,　　촌에서 즐거워 할 것이 무엇인가?
簦笠日相親.　　삿갓 쓴 농부들과 나날이 서로 친하게 지내리.
桑條起蚕事,　　뽕나무 가지 피니 누에치는 일 시작하고,
菖葉候耕辰.　　창포 잎 나오는 철에는 새벽에 밭을 갈일 생기리.
望歲占風色,　　작황을 조망하는데 풍향을 점치고,
寬徭知政仁.　　부역이 느슨하니 인자한 정치를 폄을 알겠지.
樵漁逐晚浦,　　나무꾼과 고기잡이가 늦은 강가로 좇아가고,
鷄犬隔前村.　　닭과 개는 앞마을과 떨어져있겠지.
泉溜塍間動,　　샘물 끌어대니 밭두둑 사이 생기차고,
山田樹杪分.　　산비탈 밭 이루려 나무 가지 잘라내리.
鳥聲梅店雨,　　매화 핀 술집에 비는 내리는데 새 소리 들리고,
柳色野橋春.　　버들 빛은 들판 다리 가에 봄을 알리리.
有客問行路,　　그 집 찾아가는 길을 묻는 나그네 있어,
呼童驚候門.　　아이를 부르자 문에서[돌아올 어른들] 기다리다 놀라네.
焚魚酌白醴,　　생선을 굽고 흰 술을 따르고,
但坐且懽忻.　　편하게 앉아서 매우 기뻐하누나.

鷄聲茅店月,　　달 밝은 시골 술집에 닭이 울고,
人跡板橋霜.　　서리 쌓인 판자 다리에는 사람의 발자취가 있네.

라고 하였다. 구양수가 이 시를 매우 사랑하여 시를 짓기를

鳥聲茅店雨,　　초가 술집에 비는 내리는데 새 소리 들리고,
柳色野橋春.　　버들 빛은 들판 다리 가에서 봄 알리네.

라고 하였다. 자세히 음미하여 보면 잘됨과 졸렬함이 저절로 드러난다. 그리고 동파의 『올잔몽兀殘夢』이라고 한 『올兀』자를 후인이 나무라는 사람이 있는 것은 당연하다.

[37] 옛날 시인의 체體

李商隱[153]詩曰 : 『夜半宴歸宮漏永. 薛王[154]沉醉壽王[155]醒.』[156]《鶴林玉露》[157] 以爲『其詞微而顯, 得風人之體.』[158] 余謂壽王心事未必然矣, 而

153 | 이상은(李商隱, 812~858) : 《오산설림(五山說林)》 주 122) 참조.
154 | 설왕(薛王) : 당 현종의 조카.
155 | 수왕(壽王) : 당 현종의 열여덟 번째 아들, 본래 양귀비[楊玉環] 의 남편.
156 | 야반연귀궁루영(夜半宴歸宮漏永) 두 구 : 〈용지(龍池)〉 시의 일부.
龍池賜酒敞雲屛,　　용지가에 술을 내리고 병풍을 펼치자,
羯鼓聲高衆樂停.　　북소리 높아 뭇 악기소리 멈추었네.
夜半宴歸宮漏永,　　한밤중 연회에서 돌아오니 궁중 누수소리 길고,
薛王沉醉壽王醒.　　설왕은 몹시 취했으나 수왕은 깨어있네.
이 시는 당 현종이 며느리인 양옥환(楊玉環)을 빼앗아 귀비(貴妃)로 책봉하면서 근친상간한 내용을 꼬집고 있다.
※용지(龍池) : 당 현종이 흥경궁(興慶宮) 곁의 이 못가에서 연회를 벌였음.
※갈고(羯鼓) : 당 현종이 제일 좋아한 악기, 흉노에서 갈라진 서북방의 부족인 갈족(羯族)이 전하였다 함.
157 | 《학림옥로(鶴林玉露)》 : 남송 때에 나대경(羅大經)이 지은 수필집. 문인과 학자의 시문에 대한 논평을 중심으로 하였으며, 일화 · 견문 따위를 수록하였다. 천(天), 지

强探隱微, 筆之於詩如此, 非君子忠厚之意也. 風人之體, 豈若是乎?

이상은의 시에 말하기를

夜半宴歸宮漏永, 　　한밤중 연회에서 돌아오니 궁중의 누수 소리 길고,
薛王沉醉壽王醒. 　　설왕은 몹시 취했으나 수왕은 깨었네.

라고 하였다. 《학림옥로》에서 말하기를 『그 말이 은미하면서도 드러나서 옛날 시인의 체를 얻었다』고 하였다. 나는 수왕의 시름이 반드시 그렇지는 않고 억지로 은미한 곳을 더듬어 찾아서 시에 이렇게 쓴다는 것은 군자의 충직하고 온후한 뜻이 아니라고 생각한다. 옛날 시인의 체가 어찌 이와 같겠는가.

[38] 당 현종의 실정에 대한 이상은과 두보의 표현의 차이

李商隱 〈華淸宮〉[159] 詩 : 『華淸恩幸古無倫, 猶恐蛾眉不勝人. 未免被他褒女[160]笑, 祇教天子暫蒙塵.』[161] 審此詩意, 則必如幽王之禍, 然後爲快

(地), 인(人)의 3부작으로 1248~1252년에 완성하였다. 18권.

158 | 풍인(風人) : 《시경(詩經)》의 민요시체인 국풍(國風)과 같은 우아한 시를 쓴 시인이란 뜻.

159 | 화청궁(華淸宮) : 역대 제왕이 행궁별장을 세워 휴양했던 곳이며 당나라 말엽 양귀비와 현종이 사랑을 나누었던 곳으로 유명하다. 전해지는 역사에 의하면 서주(西周)시대에 이곳에 여궁(驪宮)을 세웠으며, 당나라 현종시대에는 이곳을 더욱 크게 넓혔고 이름을 화청궁이라 고쳤다. 또한 이곳이 온천위에 지워졌으므로 『화청지(華淸池)』라고도 불리었다.

160 | 포사(褒似, ?~?) : 중국 서주(西周)의 마지막 왕인 유왕(幽王)의 총희(寵姬). 서주를 망하게 한 여성이라는 전설적 이야기도 전해온다. 포사는 이상한 출생의 전설을 지녔으며 한 번도 웃는 일이 없었다. 왕은 그녀를 웃게 하려고 온갖 꾀를 내었으나 실패하고, 외적의 침입을 알리는 봉화를 거짓으로 올렸는데 그것을 보고 급히 온 제후들이 아무 일도 없음을 알고 멍하니 서 있는 표정을 본 포사가 비로소 웃었으므로, 그 뒤 왕은 자주 거짓으로 봉화를 올렸다. 한편 포사는 유왕의 아들 백복(伯服)을 낳

也. 雖詩格尙新, 而辭旨未穩, 非唐世臣子所忍道者. 杜詩云 : 『朝廷雖無幽王禍, 得不哀痛塵再蒙.』[162] 乃仁人君子之言也.

앖는데 왕이 왕비[申后]와 태자[宜臼] 를 폐하고, 포사를 왕비로, 백복을 태자로 삼았다. 이에 격분한 전왕비의 아버지인 제후 신후(申侯)가 기원전 771년 유왕을 공격하였다. 유왕은 봉화를 올렸으나 제후들이 오지 않아 살해되었고 포사는 납치되었다고 전한다.

161 | 몽진(蒙塵) : 티끌 먼지를 뒤집어쓰다. 임금이 전쟁에 피난하는 일을 말함.

162 | 조정수무유왕화(朝廷雖無幽王禍) 두 구 : 〈겨울에 수렵을 나가다(冬狩行)〉 시의 일부.

君不見　그대는 보지 못하였는가?
東川節度兵馬雄,　동천 절도병마사의 병마가 우뚝한 것을,
校獵亦似觀成功.　천자의 오교병(五校兵)을 푼 사냥과 똑같이 공을 이룬 것 보려하네.
夜發猛士三千人,　밤에 용감한 병사 삼천 명을 풀었다가,
淸晨合圍步驟同.　새벽에는 포위하는 순서가 꼭 같네.
禽獸已斃十七八,　날짐승 들짐승들은 이미 열에 일곱 여덟 마리 죽었고,
殺聲落日回蒼穹.　죽이는 소리 하루가 다 가도록 창공에까지 울린다.
幕前生致九靑兕,　천막 앞에 매우 많은 푸른 코뿔소를 산채로 늘어놓았고,
駱駝壘峞垂玄熊.　낙타 등이 우뚝하니 검푸른 곰이 늘어졌네.
東西南北百里間,　동서남북 백리사이에,
仿佛蹴踏寒山空.　마치 밟고 다니지 않은 곳 없으니 추운 산속이 텅 빈 것 같네.
有鳥名鴝鵒,　새 있으니 이름을 구욕새라고 하는데,
力不能高飛逐走蓬.　힘이 부쳐 높이 날지도 못하고 수풀사이로 도망치지도 못하네.
肉味不足登鼎俎,　그 맛 솥과 도마에 올리기 부족한데,
何爲見羈虞羅中.　어찌 하다가 사냥꾼의 그물에 걸리게 되었는가?
春搜冬狩侯得同,　봄 사냥 겨울 수렵 어찌 제후님이 천자님과 똑같고,
使君五馬一馬驄.　사또님으로 말 다섯 마리 끄는 수레 타고 시어사로 청총마 한 필 있네.
況今攝行大將權,　하물며 지금 대장의 권한을 대행하니,
号令頗有前賢風.　호령에 매우 옛 장군들 풍모가 있네.
飄然時危一老翁,　정처 없이 떠도는 시절을 걱정하는 나 같은 늙은이,
十年厭見旌旗紅.　십년 넘게 군기 붉게 나부낌 실컷 보았구나.
喜君士卒甚整肅,　그대의 사졸 매우 정숙함을 즐겁게 보게 되니,
爲我回轡擒西戎.　우리나라를 위하여 고삐 돌려 서쪽 오랑캐나 사로잡았으면.
草中狐兔盡何益,　풀 속에 여우 토끼 다 잡은들 무엇이 이로운가.
天子不在咸陽宮.　천자께서는 함양궁에 계시지도 못한데.
朝廷雖无幽王禍,　조정에 비록 유왕의 화는 없었지만,

이상은의 〈화청궁〉 시에 말하기를

華清恩幸古無倫, 　화청궁의 은혜와 사랑 예전에는 유례類例가 없었건만,
猶恐蛾眉不勝人. 　오히려 고운 맵시 남보다 낫지 못할까 두려워하였네.
未免被他褒女笑, 　그들로 하여금 포사褒姒가 웃는 꼴을 벗어나지 못하게 하였기에,

祇教天子暫蒙塵. 　천자님께 잠깐 몽진하시게 하였네.

라고 하였다. 이 시의 뜻을 살펴보니 반드시 주나라 유왕과 같은 화를 입게 한 뒤에야 속 시원해 하고 있다. 비록 시격은 오히려 새로우나 말의 뜻은 온당하지 않다. 당나라 세상의 신하로선 차마 이렇게 각박하게 말할 수 없는 것이다. 두시에 말하기를

朝廷雖無幽王禍, 　조정에는 주 유왕 같은 화는 없었으나,
得不哀痛塵再蒙. 　두 번이나 몽진한 일 애통하지 않을 수 있겠는가.

하였다. 이것이 곧 어진 군자의 말이다.

[39] 이상은李商隱의 시

李商隱詩 : 『海外徒聞更九州,163 他生未卜此生休. 空聞虎旅鳴宵柝,164

得不哀痛塵再蒙. 　어찌 두 번이나 몽진한 일 애통하지 않을 수 있겠는가?
嗚呼! 　오호라!
得不哀痛塵再蒙. 　두 번이나 몽진한 일 애통하지 않을 수 있겠는가?
이 때 재주자사 장이님이 전중시어사(殿中侍御史)벼슬을 겸하고서 동천절도사의 직무대행을 하고 계셨다(時, 梓州刺史章彝, 兼侍御史, 留後東川). 이 시는 지방 관리들이 수렵에 몰두하고 있는 것을 풍자하고 있다.
※함양궁(咸陽宮) : 진(秦)나라 궁전.

無復鷄人[165]報曉籌. 此日六軍[166]同駐馬』[167] 云云. 此詩世所稱誦, 而觀其句語, 不甚承接. 『徒聞』與『空聞』·『此生』與『此日』, 亦字疊未穩.

이상은의 시에

海外徒聞更九州,	바다 밖에 또다시 구주가 있다는 것 한갓 말로만 들었을 뿐,
他生未卜此生休.	타생他生이 있다는 일 믿을 수 없는데 차생은 끝났구나.
空聞虎旅鳴宵柝,	공연히 호랑이 같은 병사들 딱따기 소리만 들릴 뿐,
無復鷄人報曉籌.	물시계 맡은 관리의 새벽을 알리는 일은 다시없네.
此日六軍同駐馬.	이날 모든 병사가 함께 말을 세우고 전진하지 않으니.

라고 하였다. 이 시는 세상에서 칭찬하여 외우는 것이다. 그러나 그 글귀를

163 | 구주(九州) : 중국 전토(全土)를 9개로 나눈 명칭. 중국에서 구(九)는 극수(極數)를 의미하나 기원전 4~3세기부터 구체적으로 9개 주(州)로 나누기 시작했다. 여러 설(說) 중에서 가장 유명한 것은 《서경(書經)》의 〈우공(禹貢)〉에 나오는 구주산천을 기준으로 나누는 것이다. 기주(冀州 : 현재의 산시성 · 허베이성) · 연주(허베이성 · 산둥성 북서부) · 청주(靑州 : 산둥성 중동부) · 서주(徐州 : 산둥성 남부 · 장쑤성 북부 · 안후이성 북부) · 양주(揚州 : 장쑤성 · 안후이성 · 저장성) · 형주(荊州 : 후베이성 · 후난성 · 장지성) · 예주(豫州 : 후난성 · 후베이성 북부) · 양주(梁州 : 산시성 남부 · 쓰촨성) · 옹주(雍州 : 산시성 · 간쑤성)의 9개이다. 《주례(周禮)》 〈직방씨(職方氏)〉의 구주설(九州說)은 〈우공〉의 기주 북반부를 유주(幽州 : 허베이성 북부)와 병주(竝州 : 산시성 북부)로 나누고, 대신 서주와 양주를 제외시켰다. 한대(漢代)에는 11주로, 〈우공〉의 9주에 유(幽)와 병(竝)을 첨가하고, 양을 익(益), 옹을 양(凉)으로 실제 영토로 구분했다. 무제(武帝)시대에 영토를 확장함에 따라 북부와 남부에 삭방(朔方)과 교지(交趾)를 설치하여 합쳐서 13주로 일컬었다.

164 | 소탁(宵柝) : 밤에 통행금지를 알리는 나무 딱다기.

165 | 계인(鷄人) : 궁중의 물시계를 맡아 보고 시각을 알리는 관리.

166 | 육군(六軍) : 천자의 군대(근위병과 군대)

167 | 해외도문경구주(海外徒聞更九州) 다섯 구 : 〈마외시(馬嵬詩)〉로 양귀비를 마외파(馬嵬坡 : 陝西省 興平縣에 있음)의 불당 앞 배나무 가지에 목을 매어 자살하게 한 사실을 읊은 시. 이후 문인들이 이 사실을 즐겨 읊음. 《전당시》 권539 제181수.

살펴보면 말이 매우 서로 이어지지 않았다. 도문徒聞과 공문空聞, 차생此生과 차일此日은 글자도 또한 중첩되어서 온당하지 않다.

[40] 온정균溫庭筠의 〈벽간역〉시

溫庭筠詩曰 :『香燈伴殘夢, 楚國在天涯. 月落子規歇, 滿庭山杏花.』[168] 此詩不言夢覺, 而平淡自然, 情境宛在目前, 甚可喜也.

온정균의 시에 말하기를

香燈伴殘夢, 　향과 등불이 남은 꿈 짝하였는데,
楚國在天涯. 　초나라는 하늘가에 있네.
月落子規歇, 　달은 지고 두견의 울음도 그쳤는데,
滿庭山杏花. 　뜰 가득 산 살구꽃 피었구나.

라고 하였다. 이 시는 꿈을 깨었다고 말하지 않았다. 그런데도 마음은 고요하고 자연스러우니, 그 정경이 완연히 눈앞에 있는 것 같아서 매우 즐길만하다.

[41] 온정균의 조행早行시와 딴 시의 비교

唐人〈早行〉詩, 如劉滄[169]『殘影郡樓月, 一聲關樹鷄.』[170] 語非不佳, 而較諸溫庭筠『鷄聲茅店[171]月』,[172] 則意味殆若天壤.

168 | 향등반잔몽(香燈伴殘夢) 네 구 : 이 시의 제목은 〈벽간역(碧磵驛)에서의 새벽 상념(碧磵驛曉思)〉임, 역소재지는 불분명.

169 | 유창(劉滄) : 자 온영(蘊靈), 산동 사람[魯人].

170 | 잔영군루월(殘影郡樓月) 두 구 : 〈아침에 길을 나선다(早行)〉 시의 일부.

旅途乘早景, 　여행길에 아침 정경을 실고,
策馬獨凄凄. 　말을 채찍질하니 홀로 처량하다.
殘影郡樓月, 　군청사 누각에 달그림자 희미한데,

당나라 사람의 〈조행早行〉 시에 유창劉滄의

殘影郡樓月, 군 청사 누각에 달그림자 희미한데,
一聲關樹鷄. 관문의 숲에 한 소리 닭이 우네.

라고 한 것과 같은 것은 말이 아름답지 않은 것이 아니나, 온정균의

鷄聲茅店月. 닭소리 주막에 비친 달 빛 속에 울다.

라고 한 것에 비하면 의미가 거의 하늘과 땅 같다.

[42] 흰 것을 표현한 시구詩句의 우열

唐雍陶[173] 〈鷺鷥〉 詩曰 : 『立當青草人先見, 行傍白蓮魚未知.』[174] 平唐[175]

一聲關樹鷄. 관문의 숲에 한 소리 닭이 우네.
聽鐘烟柳外, 안개 자욱한 버드나무 밖에 종소리 들리고,
問渡水雲西. 나루터를 물으니 물과 구름 서쪽이라 말한다.
當自勉行役, 스스로 힘써 복무하여,
終期功業齊. 끝내 공훈과 업적을 갖추어야 하겠네.

171 | 모점(茅店) : 띠로 지붕을 인 주막. 시골의 조그마한 주막.

172 | 계성모점월(鷄聲茅店月) : 주 46) 참고.

173 | 옹도(雍陶) : 자는 국균(國鈞), 촉(蜀) 사람. 당나라 태화(太和)년간에 진사에 급제. 대중(大中) 8년에 정5품상 벼슬인 국자감(國子監) 모시박사(毛詩博士)에서 정4품하 벼슬인 간주(簡州 : 지금의 사천성 簡陽縣)자사로 이동. 저서로 시집 1권이 있다. 저본에는 『도옹(陶雍)』으로 잘못 기재되어 있음

174 | 입당청초인선견(立當青草人先見) 두 구 : 〈백로 두 마리를 읊음(咏雙白鷺)〉 시의 일부.
雙鷺應憐水滿池, 두 마리 백로가 못에 물이 가득함을 사랑하여
風飄不動頂絲垂. 바람이 불어도 움직이지 않고 맞서서 깃털을 드리우고 있네.
立當青草人先見, 푸른 풀 앞에 서니 사람들은 먼저 보이나,
行傍白蓮魚未知. 흰 연꽃 곁으로 다니니 물고기가 알지 못하네.
一足獨拳寒雨里, 차가운 비속에 한발을 구부린 채로
數聲相叫早秋時. 초가을 서로에게 자주 울부짖누나.

〈白馬〉詩曰：『雪中放去空尋跡, 月下牽來只見鞍.』[176] 明袁凱[177]〈白鷺〉詩曰：『月明漢水初無影, 雪滿梁園尚未歸.』[178] 湯志中[179]詩曰：『梨花院落只聞語, 柳絮池塘不見飛.』此等詩語雖同而工拙不掩, 且袁凱詩作〈白鴈〉, 則似勝.

林塘得爾須增價, 숲속 못에서 너를 얻으니 모름지기 가치를 더하고
況與詩家物色宜. 하물며 시인이 물색하는데 적합하며 있었으랴.

이 시는 옹도가 자신의 재주만 믿고 남을 얕보고 홀대하는 것에 그 당시 수재였던 풍도명(馮道明)이 문전에 찾아가 만날 것을 청하자 옹도가 당신을 모르는 사람이라고 하자 나는 매일 시집 속에서 당신과 만난다면서 본문의 두 구절를 암송하자 친구처럼 맞이했다고 한다.

※어떤 책에는 제목이 〈최대감집 못의 해오라기를 읊음(崔少府池鷺)〉으로 되어있음.

175 | 평당(平唐) : 《전당시》에서 이름이 평증(平曾)인 것으로 보아 당(唐)자는 오자가 아닌가 한다.

176 | 설중방거공심적(雪中放去空尋跡) 두 구 : 〈백마를 묶어 설 재상께 올림(縶白馬詩上薛僕射)〉 시의 일부.

白馬披鬃練一團, 백마의 갈기를 펴니 한 덩어리 흰 비단과 같으나,
今朝被絆欲行難. 오늘 아침엔 묶여져 달리려 해도 달리기 어려웠네.
雪中放去空留迹, 눈 속에 내보냈더니 자취조차 남기지 않았는데,
月下牽來只見鞍. 달빛 아래 끌고 오니 다만 안장만 보이네.
向北長鳴天外遠, 북쪽을 향하여 길게 우니 하늘 바깥 멀리 이르고,
臨風斜控耳邊寒. 바람에 비스듬히 공소(控訴)하니 [재상님의] 귓가 시릴 듯하네.
自知毛骨還應异, 스스로 저의 모골이 남보다 다름을 알고 있으니,
更請孫陽仔細看. 손양(孫陽)같은 재상님 다시 한 번 저를 자세히 봐 주세요.

이 시는 자신의 재능을 믿고 남을 깔보기로 유명한 작자가 재상인 설평(薛平)에게 올린다. 백마는 평증(平曾) 자신인 것 같다.

※손양(孫陽) : 춘추시대 사람. 전설 중에 천상의 말을 관리하는 신선을 백락(伯樂)이라고 했는데, 말의 관상을 너무나 잘 봐서 손양을 지칭하게 됨.

177 | 원개(袁凱) : 생졸 년대 불확실. 명초시인. 자는 경문(景文), 호는 해수(海叟). 송강화정(松江 : 지금의 上海市 松江縣) 사람. 어릴 때 백연《白燕》이란 시로 유명해진 후 사람들은 원백연(袁白燕)이라 부르게 되었다. 태조(太祖 : 주원장)의 미움을 사서 가짜로 미친척하여 죽음를 면하였으나 병으로 죽었다. 《해수집(海叟集)》4권과 《해외시(集外詩)》 1권이 전한다.

178 | 월명한수초무영(月明漢水初無影) : 〈흰 제비(白燕)〉 시의 일부.

故國飄零事已非, 고국은 몰락하고 인간사 이미 잘못되니,
旧時王謝見應稀. 옛날 왕씨 사씨 같은 집에서도 흰 제비는 보기 드물리.

당나라 옹도雍陶의 〈노자鷺鷥〉 시에 말하기를

立當靑草人先見, 푸른 풀 앞에 서니 사람들은 먼저 보이나
行傍白蓮魚未知. 흰 연꽃 곁으로 다니니 물고기가 알지 못하네.

라 하였고, 평당平唐의 백마시白馬에는 말하기를

雪中放去空尋跡, 눈 속에 내보내니 자취조차 남기지 않았는데,
月下牽來只見鞍. 달빛 아래에 끌고 오니 다만 안장만 보이네.

라고 하였다. 명나라의 원개袁凱의 〈백연〉 시(白鷰)에 말하기를

月明漢水初無影, 한수에 달 밝으니 애초에 그림자가 없었고,
雪滿梁園尙未歸. 눈 가득내린 양원에는 오히려 돌아가지 않은 것 같네.

月明漢水初無影, 한수에 달 밝으니 애초에 그림자가 없었고,
雪滿梁園尙未歸. 눈 가득내린 양원에는 오히려 돌아가지 않은 것 같네.
柳絮池塘香入夢, 버들 솜 핀 연못에서 달콤한 꿈에 들었다가,
梨花庭院冷侵衣. 배꽃정원에서 차가움 옷에 젖으리.
趙家姐妹多相忌, 조씨집 자매들이 너를 얼마나 시기했던고?
莫向昭陽殿里飛. 제발 소양전으로는 날아가지 말게나.
이 시는 작자가 자신을 흰 제비에 비유해 명초의 혼란한 시대 상황을 묘사하고 있다. 달[月] · 눈[雪] · 버들솜[柳絮] · 배꽃[梨花] · 흰 궁정[昭陽殿] 등 모두 흰빛을 나타내는 말을 동원하여, 제비의 흰 빛과 대조 시켰음.
※왕사(王謝) : 동진(東晋)때 명재상인 왕도(王導)와 사안(謝安).
※한수(漢水) : 한강(漢江)이라고도 하며 양자강 최장 지류.
※양원(梁園) : 토원(兎圓)이라고도 하며 한대(漢代) 양효왕(梁孝王)이 문인들을 모아 글 짓던 정원.
※소양전(昭陽殿) : 한대 궁전.
※조가자매(趙家姉妹) : 조비연(趙飛燕)은 여동생과 함께 전한(前漢)말기 성제(成帝)의 황후에 올랐으나 자살했다.

179 | 탕지중(湯池中) : 미상.

라고 하였으며, 당지중의 시에서는

梨花院落只聞語,　　정원에 배꽃이 떨어지니 다만 말소리만 들리고,
柳絮池塘不見飛.　　버들가지 날리는 연못에서는 나는 것을 볼 수 없네.

라고 하였다. 이 여러 편의 시어들이 비록 서로 같으나, 우수한 것과 졸렬한 것이 있음은 덮을 수 없다. 또 원개의 시는 그 시제가 흰 제비가 아닌 흰 기러기였더라면 더 좋았을 것 같다.

[43] 진여의가 시 답습함을 비판

唐詩曰 :『古樹半邊春.』又曰 :『老樹半空腹.』[180] 陳去非[181]乃曰 :『老

180 | 염방(閻防) : 하중(河中) 사람. 734년에 안진경(顔眞卿)과 함께 과거에 합격.
〈백장계곡에서 새로 띠 풀집을 짓고 책을 읽으며(百丈谿新理茅茨讀書)〉
浪迹棄人世,　　인간세상 방랑은 그만두고,
還山自幽獨.　　산에 돌아와 스스로 홀로 은거하네.
始傍巢由踪,　　비로소 산 곁으로 가서 둥지를 틀고 활동을 시작하니,
吾其獲心曲.　　내 아마도 마음을 얻은 것 같구나.
荒庭何所有,　　황량한 뜰에 무엇이 있는가?
老樹半空腹.　　늙은 나무 반쪽은 배가 비어 있네.
秋蜩鳴北林,　　가을매미 북쪽 숲에서 울고,
暮鳥穿我屋.　　저녁에 새는 내 집을 지나간다.
栖遲樂遵渚,　　천천히 지내면서 강의 작은 섬 따라 즐기고,
恬曠寡所欲.　　편안히 마음 넓히니 욕심이 적어지네.
開卦推盈虛,　　괘를 뽑아 가득 참과 비움을 추리하고,
散帙攻節目.　　책을 흩어놓고 내용을 파고든다.
養閑度人事,　　한가함을 길러 인간사를 짐작하고,
達命知止足.　　명에 통달하여 발을 거칠 줄 안다.
不學東周儒,　　동주의 유학을 배우지 않고,
俟時勞伐輻.　　때를 기다리며 힘써 나무를 베어 바퀴살을 만든다.
※백장계(百丈谿) : 염방이 은거한 곳.
※벌폭(伐輻) :《시경 · 위풍(魏風)》〈박달나무를 베어(伐檀)〉『광광 바퀴살 감 베다(坎坎伐輻兮)』.

樹半身濕.』[182] 細味之, 自有先後工拙 ; 而後人獨以簡齋此句爲絶唱[183], 蓋不知出於蹈襲爾.

당시에

古樹半邊春. 옛 나무 반쪽이 봄이로구나.

라고 하였고, 또

老樹半空腹. 늙은 나무 반쪽은 배가 비었구나.

라고 한 것도 있다. 진여의가 드디어

老樹半身濕. 늙은 나무 반쪽이 젖었네.

181 | 진여의(陳與義, 1090~1183) : 《역옹패설(櫟翁稗說)》 주 33) 참조.

182 | 로수반신습(老樹半身濕) : 〈휴일 날 아침에 일어나(休日早起)〉 시의 한 구.

曨曨窗影來, 어슴푸레하게 창문에 비친 바깥 모습 눈에 들어오고,
稍稍禽聲集. 조금씩 새소리 귀에 닿누나.
開門知有雨, 문을 여니 비가 내려,
老樹半身濕. 고목의 반이 젖었음을 알겠네.
劇談了無味, 짤막한 이야기들도 별로 재미가 없으나,
遠游非所急. 멀리 유람하는 것도 급한 바는 아니네.
蒲團着身寬, 넓은 방석에 몸을 기대니 편안하기만한데,
安取萬戶邑. 어찌 만호의 고을을 취하랴?
開鏡白雲渡 거울을 여니 흰 구름이 지나가고,
捲帘秋光入. 발을 마니 가을빛이 들어온다.
飽受今日閑, 오늘의 한가함을 실컷 누리고,
明朝復羈縶. 내일 아침 다시 고삐를 잡아야 하리.

183 | 독이간재차구위절창(獨以簡齋此句爲絶唱) : 《사고전서》의 《위재집(韋齋集)》, 부자득(傅自得)이 쓴 원서(原序) : 도연명의 『채국동리하(採菊東籬下), 유연견남산(悠然見南山)』이란 시구와 필적한다고 했음.

184 | 한위공(韓魏公) : 즉 한기(韓琦, 1008~1075). 북송(北宋) 정치가. 하남성(河南省) 안

라고 하였다. 자세히 음미하여 보니 스스로 선후와 능숙함과 서투름의 차이가 있다. 그런데 후인들이 유독 진여의의 이 글귀만을 절창(絶唱 : 비할 데 없이 뛰어난 시문)으로 삼은 것은 아마도 답습해서 나온 것 인줄을 모를 것이다.

[44] 한위공韓魏公의 시 비교

韓魏公[184] 〈喜雪〉[185] 詩曰 :『危石蓋深鹽虎[186]陷, 老枝擎重玉龍寒.』[187] 人謂其自任以天下之重如此. 然其 〈喜雨〉 詩曰 :『須臾慰滿三農望, 却斂神功寂似無.』[188] 余謂此詩尤勝矣.

양(安陽) 출생. 젊어서 진사에 합격하여 정계의 기강을 바로잡고 나쁜 관리들 탄핵(彈劾)에 힘썼으며, 30세에 서하(西夏)의 이원호(李元昊)가 침입하자 격퇴하여 문무의 명성을 떨쳤다. 제6대 신종(神宗) 즉위 후 왕도(王陶)의 탄핵을 받고 다시 지방관이 되어 청묘법(青苗法)과, 거란이 요구하는 영토 할양에 반대하여 왕안석(王安石)과 정면으로 대립하고, 관직을 사임한 뒤 죽었다. 부필(富弼)과 함께 어진 재상이라는 칭송을 받기도 하였다. 저서로는《안양집(安陽集)》이 있다.

185 | 〈희설(喜雪)〉: 사고전서《안양집(安陽集)》 권17에는 제목이 〈임자11월29일 때마침 눈이 와 흡족하다(壬子十一月二十九日時雪方洽)〉로 되어 있음.

186 | 염호(鹽虎) : 바위에 눈이 쌓여 범 모양으로 보인다는 말.

187 | 위석개심염호함(危石蓋深鹽虎陷) 두 구 : 〈임자11월29일 때마침 눈이 내려 흡족하다(壬子十一月二十九日時雪方洽)〉 시의 일부.

近臘猶慳六出繁,	섣달 가까워도 오히려 여섯 꽃잎 눈 자주 내려줌 아끼더니,
忽驚盈尺及民寬.	한 자 가득히 내려 백성들 너그러워지니 갑자기 놀랍네.
萬方蒙澤人人賀,	온 천하 은택 입으니 사람 사람들 축하하는데,
通夕無風陣進乾.	저녁껏 바람도 없이 차곡차곡 쌓이기만 하네.
危石蓋深鹽虎陷,	위태한 돌이 뚜껑이 깊으니 흰 호랑이가 빠지고,
老枝擎重玉龍寒.	늙은 가지가 떠받드는 것이 무거우니 옥 같은 용이 차갑네.
欲知靈鷲銀爲界,	영취산이 사뭇 은세계가 되었는지 알고 싶어져서,
試陟高樓一望看.	시험 삼아 높은 누각에 올라가서 한번 바라보고자 하네.

188 | 수유위만삼농망(須臾慰滿三農望) 두 구 : 〈희우(喜雨)〉 시의 일부.

何假嗔雷擊怒桴,	어찌 우레가 성난 마룻대를 친다고 화낼 겨를이 있겠는가?
點傾嘉澤浹民區.	모르는 틈에 좋은 은택 백성들 사는 곳에 흡족한 것을.
經時亢隔群心駭,	시절 지나도록 지나치게 어긋나 뭇 백성들 마음 해괴해졌더니,
數月焦熬一陣蘇.	몇 달 동안 타고 볶던 일 한 차례 만에 소생하였네.

한 위공의 희설喜雪시에 말하기를

危石蓋深鹽虎陷,	위태한 돌이 뚜껑이 깊으니 흰 호랑이가 빠지고,
老枝擎重玉龍寒.	늙은 가지 떠받드는 것이 무거우니 옥 같은 용이 차갑네.

라고 하였다. 사람들이 말하기를 그가 천하의 무거운 존재로 자임함이 이와 같다고 하였다. 그러나 그의 희우喜雨시에는 말하기를

須臾慰滿三農望,	순식간에 평지와 산촌과 물가의 농삿군의 바람을 만족하게 위안하고 보니
却?神功寂似無.	신기한 공적 거두고 감춤이 아무 일 없었던 것처럼 고요하네.

라고 하였다. 나는 이 시가 더욱 훌륭하다고 말한다.

[45] 임포林逋의시

林逋[189]詩 :『草泥行郭索, 雲木叫鉤輈.』[190] 歐陽公以爲語新而屬對精

已發宋苗安在揠,	이미 송나라 사람의 묘목 피어나니 어디에서 당길 필요 있겠는가?
再生莊鮒不虞枯.	《장자》의 붕어 되살아나니 마른 것 걱정할 것 없어졌네.
須臾慰滿三農望,	순식간에 평지와 산촌과 물가의 농사꾼의 바람을 만족하게 위안하고 보니,
却斂神功寂似無.	신기한 공적을 거두고 감춤이 아무 일 없었던 것같이 고요하네.

189 | 임포(林逋, 967~1028) : 자 군복(君復), 시호는 화정(和靖), 북송때 항주 전당(錢塘) 사람. 벼슬하지 않고 평생을 서호(西湖)의 고산(孤山)에 은거하여 살면서 매화를 아내로 학을 아들로 삼아서 지냈다 하여 매처학자(梅妻鶴子)란 별명도 있다. 《임화정집(林和靖集)》에 300여 편이 전한다.

190 | 초니행곽색(草泥行郭索) 두 구 : 《문연각사고전서》에도 안 보임.

切. 按郭索, 蟹行貌, 出《太玄》.[191] 鉤輈, 鷓鴣聲.[192] 余謂對則精切, 而句法猥俗, 唐人則恐不如是.

임포林逋의 시에

草泥行郭索,　　풀이 덮인 진흙에 곽삭郭索이 가고,
雲木叫鉤輈.　　구름 덮인 나무에 구주鉤輈가 부르짖는다.

라 하였다. 구양수는 그 '말이 새롭고 대를 맞춘 것이 정밀하다' 고 생각했다. 고찰해보니 곽삭郭索은 게가 기어가는 모습이니 태현《太玄》에 나온다. 구주鉤輈는 자고새의 울음소리다. 나는 대는 정밀하지만 구법句法은 천하고 속돼서 당나라라면 아마 이렇게 하지 않을 것이라고 생각한다.

[46] 왕안석王安石의 시

前輩評王荊公[193]詩曰 :『祖淵明而宗靈運, 體子美而用太白. 其曰 :「樵松煮澗水, 旣食取琴彈」,[194] 淸淡也 ;「月映林塘淡, 風涵笑語凉」,[195] 華妙

191 | 《태현(太玄)》:《태현경(太玄經)》 권2 종예지사(從銳至事)에 나옴.

192 | 《몽계필담(夢溪筆談)》 권14에 나옴(林逋~鷓鴣聲).

193 | 왕안석(王安石, 1021~1086) :《백운소설(白雲小說)》 주 10) 참조.

194 | 초송자간수(樵松煮澗水) 두 구 : 〈아침 해가 줄곧 등을 비치니(朝日一曝背)〉 시의 일부.

朝日一曝背,　　아침 해가 줄곧 등을 비치니,
欣然忘夜寒.　　기꺼이 밤의 추위를 잊는다.
樵松煮澗水,　　소나무를 때고 시냇물로 끓여,
旣食取琴彈.　　밥 먹은 뒤에는 거문고를 가져다 탄다.
彈作南風歌,　　〈남풍가〉곡조를 뜯고는,
歌罷坐長嘆.　　노래를 마치자 긴 탄식을 하네.
寤彼栖栖者,　　저 휴식하며 잠자는 자여!
遺世良獨難.　　속세를 버리기가 정말 어렵구나.

也;「地留孤嶼小, 天入五湖[196]深」,[197] 高雅也;「勢合便疑包地盡, 功成終欲放春回」,[198] 豪逸而從容也. 法度森嚴, 無一點可校』云. 余謂王詩在

※〈남풍가〉: 전설에 순(舜)임금이 지었다 한다. 혼화한 남풍은 백성의 정서를 어루만지고 때맞춘 남풍은 백성의 재산을 증식시킨다는 내용. 이 시는 속세를 버리기 어려운 자기 자신을 한탄하고 있음.

195 | 월영림당담(月映林塘淡) 두 구 : 〈한 해가 저무니(歲晚詩)〉 시의 일부.

月映林塘靜, 달이 비치니 숲과 연못이 밝고,
風涵笑語凉. 바람에 잠기니 웃음과 말이 서늘하네.
俯窺怜綠淨, 몸을 숙여 엿보니 고요하고 새파란 것이 귀엽고,
小立佇幽香. 잠시 서니 그윽한 향기가 머무네.
携幼尋新的, 어린아이를 데리고 새로운 과녁을 찾고,
扶衰上野航. 노인을 부축해서 들판으로 가는 배를 오른다네.
延緣久未已, 머뭇거림을 오랫동안 그치지 않으면서,
歲晚惜流光. 한해 저무니 흐르는 세월을 애석해하누나.

196 | 오호(五湖) : ㉠태호 또는 동정호의 다른 이름. ㉡태호 · 파양호 · 동정호 · 팽려호 · 소호. ㉢태호 · 서호 · 여호 · 조호 · 격호.

197 | 지류고서소(地留孤嶼小) 두 구 : 〈오강(吳江)〉 시의 일부.

莽莽昔登臨, 되는대로 저녁에 강을 찾으니,
秋風一散襟. 가을바람이 옷깃을 흩어버리네.
地留孤嶼小, 땅은 외로운 섬에 머물러서 작고,
天入五湖深. 하늘은 오호 속으로 들어가 깊네.
柑橘無千里, 감귤은 사방에 나가니 천리에 한정됨이 없고,
魚蝦有萬金. 고기와 새우는 많은 소득 올리게 하고 있네.
吾雖輕范蠡, 내가 비록 범려를 경시할지라도,
終欲此幽尋. 끝내는 이곳에서 은거하고자 하네.

※범려(范蠡) : 춘추 말기에 월국(越國)의 정치가. 서시(西施)의 애인이자 월나라로 하여금 오나라를 망하게 한 지략가. 와신상담(臥薪嘗膽) · 도주지부(陶朱之富) 등의 성어를 남겼다.

198 | 세합편의포지진(勢合便疑包地盡) 두 구 : 〈아우 화보의 눈을 읊은 시를 차운하여(次韻和甫咏雪)〉 시의 일부.

奔走風云:四面來, 질주하는 바람과 구름이 사면에서 나오니,
坐看山隴玉崔嵬. 곧 온 산골이 우뚝한 옥으로 변함을 보네.
平治險穢非无德, 험하고 더러움을 잘 다스리는 데는 덕 없으면 안 되고,
潤澤焦枯是有才. 타고 시드는 것을 윤택하게 하니 이는 재능이 있는 것이다.
勢合便疑包地盡, 기세가 합하니 문득 온 땅을 다 감싸는가 의심되더니,
功成終欲放春回. 공을 이루려 끝내 봄이 돌아오게 풀어주려고 하네.

宋最精巧有意味, 如『已無船舫猶聞笛, 遠有樓臺只見燈』·『山月入松金破碎, 江風吹水雪崩騰』,199 語非不工, 然氣格猶在晚唐下 ; 比之陶·謝·李·杜, 則誠過矣.

선배들이 왕안석의 시를 평하기를『도연명을 원조로 삼고 사영운을 종장으로 하였으며 두보의 시를 체득하였고 이백의 시를 운용하였다. 그가 지은 시에

樵松煮澗水, 소나무를 때고 시냇물을 끓여,
既食取琴彈. 밥 먹은 뒤에는 거문고를 가져다 탄다.

寒鄉不念豐年瑞, 추운 지방이라 서설(瑞雪) 내려 풍년들 조짐 생각지도 못하고,
只憶青天萬里開. 단지 푸른 하늘이 만 리에 열려있음만 생각하네.
이 시는 왕안석이 신법을 흰 눈에 비유해 개혁의 어려운 마음을 상징수법을 사용하여 묘사하고 있다.

199 | 산월입송금파쇄(山月入松金破碎) 두 구 : 〈아우 평보가 금산에서 만나 자면서 친구에게 부치는 시를 차운하며(次韻平甫金山會宿, 寄親友)〉 시의 일부.
天末海門橫北固, 하늘가의 바다 문은 북고산 앞에 횡으로 걸쳐있고,
烟中沙岸似西興. 안개 속의 모래언덕은 마치 서흥 나루터 같네.
已無船舫猶聞笛, 이미 배는 없건만 오히려 피리소리는 들리고,
遠有樓台祇見燈. 멀리 누대가 있으나 다만 등불만 보인다.
山月入松金破碎, 산달이 솔 사이로 들어가니 금이 깨져 부서지고,
江風吹水雪崩騰. 강바람이 물을 부니 눈이 무너져 날아오르네.
飄然欲作乘桴意, 표연히 뗏목 타고 멀리 가고자 하는 뜻이 생기려 하여,
一到扶桑恨未能. 한 번 부상에 이르고 싶지만 그렇게 할 수 없음이 한스럽구나.
이 시는 금산의 야경(夜景)을 묘사하고 있다.
※평보(平甫) : 왕안석의 동생, 이름은 왕안국(王安國).
※금산(金山) : 강소성(江蘇省) 진강시(鎭江市) 서북쪽 양자강 가운데의 작은 섬, 초산(焦山), 북고산(北固山)과 함께 이 3개의 산이 양자강 가운데와 강변에 모여 위치하며 고대 군사와 교통의 요충지였다.
※북고산(北固山) : 진강시(鎭江市)북쪽, 삼국시대 유비(劉備)가 청혼한 곳으로 유명.
※서흥(西興) : 항주(杭州)의 전당강(錢塘江).
※부상(扶桑) : 중국 고대신화에서 동해에 있다는 신목(神木), 여기서 해가 뜬다고 함. 혹은 일본을 가리킴.

라고 한 것은 청담하다.

月映林塘淡, 달이 비치니 숲과 연못이 밝고,
風涵笑語涼. 바람에 잠기니 웃음과 말이 서늘하다.

라고 한 것은 곱고 묘하다.

地留孤嶼小, 땅은 외로운 섬에 머물러서 작고,
天入五湖深. 하늘은 오호五湖 속으로 들어가 깊다.

라고 한 것은 높고 고아하다.

勢合便疑包地盡, 기세가 합하니 문득 온 땅을 싸서 다 감싸는가 의심되고,
功成終欲放春回. 공을 이루려 끝내 봄이 돌아오게 풀어주려고 하네.

라고 한 것은 호일하면서도 조용하다. [그의 시는] 법도가 매우 엄밀하여 한 점도 교정할 곳이 없다』고 하였다. 나는 왕안석의 시가 송나라에서 가장 정교하고 의미가 있다고 생각한다. 예를 들면

已無船舫猶聞笛, 이미 배는 없건만 오히려 피리소리는 들리고,
遠有樓臺只見燈. 멀리 누대가 있으나 다만 등불만 보인다.
山月入松金破碎, 산달이 솔 사이로 들어가니 금이 깨져 부서지고,
江風吹水雪崩騰. 강바람이 물을 부니 눈이 무너져 날아오르네.

라고 한 것과 같은 것은 말이 교묘하지 않음이 아니나 기격은 오히려 만당시 만도 못하다. 그를 도연명 사령운 이백 두보에게 비하는 것은 진실로 지나치다.

[47] 왕안석王安石과 소동파蘇東坡의 시 비교

《冷齋夜話》[200] :『山谷[201]賞稱荊公〈與客夜坐〉,[202] 東坡〈山寺贈僧〉[203]詩二絶』云. 余謂『各據槁梧同不寐, 偶然聞雨落階除』, 荊公詩也.『白灰旋撥通紅火, 臥聽蕭蕭雪打窓』, 東坡詩也. 細味之則荊公無意, 東坡有, 此可見優劣矣.

《냉재야화冷齋夜話》에 말하기를『황정견이 일찍이 왕안석의 〈여객야좌與客夜坐〉 시와 소동파의 〈산사증승山寺贈僧〉 시의 두 가지 절구를 칭찬하였다』고 하였다. 내 생각에는

各據槁梧同不寐,	각각 마른 오동나무에 의지하여 같이 잠자지 못하더니,
偶然聞雨落階除.	우연히 들으니 비 소리가 섬돌 위에 떨어지네.

라고 한 것은 왕안석의 시이고,

200 | 《냉재야화(冷齋夜話)》:《파한집(破閑集)》 주 3) 참조.

201 | 산곡(山谷):《파한집(破閑集)》 주 20) 참조.

202 | 〈여객야좌(與客夜坐)〉 : 왕안석은 형국공(荊國公)이었기에 형공(荊公)이라고도 불린다. 원래 시 제목은 〈공좌에게 보여줌(示公佐)〉으로 1083년에 학문을 배우러 온 청년에게 지어준 작품. 《냉재야화》 권3에 기록되어 있다.

殘生傷性老耽書,	책이 목숨을 해치는 줄 알면서도 늘 탐독하는데,
年少東來夏起予.	젊은이가 동쪽에서 와 나에게 학문을 묻는다.
各据槁梧同不寐,	각자 마른 오동나무에 의지해서 잠을 못 이루는데,
偶然聞雨落階除.	우연히 비가 섬돌에 떨어지는 소리 들리네.

203 | 〈산사증승(山寺贈僧)〉:《냉재야화》 권3에 이 시는 원래 제목이 〈숙여항산사(宿余杭山寺)〉이다.

暮鼓朝鐘自擊撞,	저녁의 북 아침의 종소리 스스로 부딪쳐 울리고,
閉門欹枕對殘紅.	문을 닫고 베개를 베고 자다가 남은 꽃을 대하네.
白灰旋撥通紅火,	흰 재를 잠깐 돋우어 붉은 불을 통하게 하고,
臥聽蕭蕭雪打窗.	누워서 바삭바삭 눈발이 창 두드리는 소리를 듣네.

白灰旋撥通紅火,　　흰 재를 잠깐 돋우어 붉은 불을 통하게 하고
臥聽蕭蕭雪打窓.　　누워서 바삭바삭 눈발이 창 두드리는 소리를 듣네.

라고 한 것은 소동파의 시이다. 자세히 음미하면 왕안석의 시는 뜻이 없고 소동파의 시는 뜻이 있다. 이것으로 그 우열을 알 수 있다.

[48] 소동파蘇東坡의 시를 비판

東坡與陳履常[204]·趙景貺[205]訪人, 有詩云:『夢回聞剝啄, 誰乎?』陳·趙予[206] 時人以爲句法甚新, 余則以爲句法甚俗.

204 | 진사도(陳師道, 1053~1101):《추강냉화(秋江冷話)》 주 33) 참조.

205 | 조영치(趙令畤, 1061~1134): 자가 경황(景貺)이었다가 후에 덕린(德麟)으로 바꾸었다. 호는 요부옹(聊復翁). 태조(太祖)의 둘째아들 연왕(燕王)의 손자이다. 작품으로《후정록(侯鯖錄)》 8권이 있고 조만리(趙萬里)가 편집한《요복집(聊復集)》에 사(詞) 한 권이 전한다.

206 | 몽회문박탁(夢回聞剝啄):〈조경황, 진이상과 함께 구양비(歐陽棐)가 새로 지은 조그마한 집에 지나는 길에 들러, 장난삼아 지음(與趙陳, 同過歐陽叔弼新治小齋, 戲作)〉

江湖渺故國,　　강호에서 옛 고향은 먼데,
風雨傾舊廬.　　비바람 낡은 집을 기울게 하네.
東來三十年,　　동쪽으로 온 지 30년에,
媿此一束書.　　이 한 줌의 책뿐인 게 부끄럽구나.
尺椽亦何有,　　한 자의 서까래인들 정말 어디 있는가?
而我常客居.　　그래서 나는 늘 나그네 몸인 것을.
羨君開此室,　　그대 이집을 연 것 참으로 부러우니,
容膝眞有餘.　　무릎 펴고도 정말 남을 만하네.
……………　　………………
夢回聞剝啄,　　꿈에서 돌아와 문 두드리는 소리 들으니,
誰乎陳趙予.　　누군가? 진사도와 조영치와 나일세.
添丁走沽酒,　　종놈은 술 사러 달려가고,
通德起挽蔬.　　애첩은 일어나서 나물을 뽑네.
主孟當啗我,　　주부는 우리들을 대접하는데,
玉鱗金尾魚.　　옥비늘에 금빛 꼬리 가진 고기일세.
一醉忘其家,　　한번 취하자 제 집도 잊어버리니,

소동파가 진이상陳履常 · 조경황趙景貺과 함께 사람을 찾아갔다가 지은 시에 이런 것이 있다.

夢回聞剝啄,　　꿈에서 돌아와 문 두드리는 소리를 들으니,
誰乎陳趙予.　　누군가? 진사도와 조영치와 나일세.

라고 한 구절이 있다. 당시의 사람들이 구법이 매우 새롭다고 하였으나, 나는 그 구법이 매우 속되다고 생각한다.

[49] 속된 동파시

東坡詩曰 :『公獨未知其趣耳, 臣今時復一中之.』[207] 古今以爲奇對.[208]

此身自邃際.　　이내 몸 정말 하잘데 없네.
※구양숙필(歐陽叔弼) : 구양수의 셋째 아들, 이름은 비(棐). 자는 숙필(叔弼).

207 | 공독미지(公獨未知) : 〈서군유와 맹형지 모두 술 마시지 않음을 조롱함(戲徐君猷孟亨之皆不飮酒)〉
孟嘉嗜酒桓溫笑,　　맹가가 술을 애호하는 것을 환온이 비웃고,
徐邈狂言孟德疑.　　서막의 터무니없는 말을 조조가 의심하였네.
公獨未知其趣耳,　　그대들은 유독 그 맛을 알지 못하니,
臣今時复一中之.　　제가 지금 때때로 다시 한 번씩 그것을 맞추어 버리겠네.
風流自有高人識,　　풍류를 스스로 갖추고 있으면 높은 분들은 알게 되나니,
通介宁隨薄俗移.　　청정하다면 어떻게 부박한 풍속을 따라갈 수 있겠나?
二子有灵應撫掌,　　옛날 그 두 분 영혼이 계신다면 틀림없이 기뻐 손뼉 치시리라,
吾孫還有獨醒時.　　지하에서 나의 자손들이 아직 정신이 깨어 있음을 보시고.
제목을 〈태수서군유와 통수 맹형지 모두 술 마시지 않음을 조롱함(太守徐君猷, 通守孟亨之,皆不飮, 以戲之)〉이렇게도 사용함.
※맹가(孟嘉) : 도연명의 외조부.
※환온(桓溫) : 동진(東晋)명제(明帝)의 사위로 대사마로서 참군(參軍 : 참모)인 맹가를 데리고 중양절 용산(龍山)에 놀러 갔다가, 맹가가 모자가 바람에 날리어도 줍지 않고 술 마시는데 열중하는 것을 비웃었다.
※맹덕(孟德) : 조조(曹操)의 자. 동한 말 조조가 상서시랑(尙書侍郎)인 서막(徐邈)을 입궐하도록 불렀는데 술에 취해서『성인(聖人)과 논의하고 있다』고 전하도록 한

然此爲四六偶對則好矣, 用之於詩, 則句法似俗, 而天機[209]亦淺 ; 唐人則必不如是作句矣.

소동파의 시에 이르기를

公獨未知其趣耳,　　그대들은 유독 그 맛을 알지 못하니,
臣今時復一中之.　　제가 지금 때때로 한 번 씩 그것을 맞추어버리겠네.

라고 하였다. 예전부터 지금까지 기묘한 댓對구로 여긴다. 이것을 사륙문의 짝수 대구對句로 한다면 좋을 것이다. 그러나 시에 쓰는 것은 구법句法이 속된 것 같고 자연스러운 재주[天機] 도 또한 얕다. 당나라 사람이라면 반드시 이렇게 글귀를 만들지는 않았을 것이다.

[50] 성명을 잘못 씀

山谷詩 : 『樂羊終愧巴西.』[210] 按秦西, 巴人, 姓名倒作巴西, 則未穩. 東

데서 유래, 이후 성인은 술의 다른 이름이 되었다.
※일중지(一中之) : 한번 그것(술)을 마신다는 뜻. 여기서 『중(中)』은 동사로 본뜻은 『쏘아 맞춘다』는 의미. 청주를 마시는 것을 『성인을 쏜다(中聖)』, 탁주를 마시는 것을 『현인을 쏜다(中賢)』는 표현이 있음.

208 | 기대(奇對) : 가대(佳對 : 우아한 아름다운 대구)로 봐도 타당함.

209 | 천기(天機) : 진(晋)나라 육기(陸機)는 〈문부(文賦)〉에서 『만약 저 감응이 모일 때에는……바야흐로 천기가 가장 날쌔게 작용하나니……(若夫應感之會~方天機之駿利)』라 하여 문학창작에서 응감지회(應感之會 : 주객체의 상호 감응)을 말하며 처음으로 사용하였다. 시가 창작중의 (天然靈機 : 자연스러운 재주, 재치, 기지, 영감)을 이른다. 자세한 것은《中國詩話辭典》p.656 참고.

210 | 악양종괴파서(樂羊終愧巴西) : 〈왕안석이 다시 〈서태을궁〉이라는 시의 각운자에 맞추어 지은 시가 생각나서 지음(懷荊公再次西太乙宮韻)〉시의 한 구.
啜羹不如放麑, 사람 죽 마시는 것보다 사슴을 놔 주는 게 낳았으니,
樂羊終愧巴西. 악양은 끝내 진서파(秦西巴)을 부끄러워한다.

坡詩 : 『記取儂家舊姓西.』[211] 按東施 · 西施乃施姓, 謂姓西則謬矣.

황정견 시에

樂羊終愧巴西.　　악양樂羊이 마침내 파서巴西를 부끄러워한다.

라고 한 것이 있다. 상고하여보니 진 서파는 사람의 성명이다. 그것을 거꾸로 하여 파서라고 한 것은 온당하지 않다. 소동파의 시에

應記儂家舊姓西!　　마땅히 기억해야 하리, 내 집 옛 성이 『서』가인 것을!

라고 한 것이 있다. 상고하여 보니 동시東施 · 서시西施는 성씨가 시施가이다. 이에 성을 서씨西氏라고 한 것은 잘못이다.

이 시는 악양은 여혜경(呂惠卿)을 빗대고, 진서파는 왕안석(王安石)을 빗대어 신법 개혁의 어려움을 나타냈다.
※악양(樂羊) : 위(衛)나라 장군으로 중산국(中山國) 임금인 맹손(孟孫)이 자신의 아들을 죽여 사람죽을 만들어서 보냈으나 마시고 쳐들어가 중산국을 멸망시켰으나, 부자의 정도 없는사람이 어찌 나라를 위하겠는가라고 하는 소리를 들었음.
※진서파(秦西巴) : 중산국(中山國) 임금인 맹손(孟孫)의 시중으로 사냥 나갔다 작은 사슴을 잡았는데 사슴 어미가 계속 따라오면서 울부짖자 놓아 주었다고 하여 인자한 사람으로 통한다.

211 | 기취농가구성서(記取儂家舊姓西) : 〈남겨놓고 떠나감이란 시를 대신지어 준 것을 차운함(次韻代留別)〉

絳蠟燒殘玉斝飛,　　진홍색 초 다 타가고 옥 술잔 나르는데,
離歌唱徹萬行啼.　　이별가 끝까지 부르니 만 가닥의 울음일 뿐,
他年一舸鴟夷去,　　어느 해 큰 배의 술 담은 가죽부대에 유람가거든,
應記儂家舊姓西.　　마땅히 기억해야 하리, 내 집 옛 성이 「서」가인 것을!

이 시는 소식이 1074년 항주(杭州)를 떠나 새 부임지인 밀주(密州)로 떠나려 할 때 항주 백성들이 거리로 나와 슬퍼하며 송별하는 중에, 왕자하(王子霞)라는 비파 연주를 잘하는 소녀 기생이 자기도 데려가 달라고 애원하며 비파의 연주에 맞추어 증별가 〈贈別歌〉를 부르자, 다른 관기(官妓)들이 화답한 곡에 대한 차운시이다.

[51] 황정견黃庭堅 시의 분糞자를 비판

小說言：「二月辰日宜種瓜」.[212] 又〈月令〉[213]：『糞田疇.』黃山谷詩曰：『夏栽醉竹[214]餘千箇, 春糞辰瓜滿百區.』[215] 此也. 又曰：『糞壤能開黃玉花.』[216] 詩用『糞』字, 再見於山谷, 恐不免太俗耳.

212 | 이월진일(二月辰日)：2월 중에 간지로 『진(辰：용)』에 해당하는 날. 이 기록은《연감류함(淵鑑類函)》권13, 세시부(歲時部)2 춘(春)에는 소설(小說)이 아니고,《제민요술(齊民要術)》로 기재되어있다.

213 |〈월령(月令)〉：진(秦)나라의 여불위(呂不韋)가 학자들을 시켜서《십이월기(十二月紀)》를 짓게 하고《여씨춘추(呂氏春秋)》라고 명명하였는데, 편수(篇首)에 월령(月令)이란 것이 있다. 월령은 12개월에 행할 정령(政令)이란 뜻이다. 월(月)은 하대(夏代)의 정삭(正朔)을 사용하고 영(令)은 삼대(三代)와 진(秦) 나라의 일을 섞어서 들었다.《예기》의〈월령〉편은 여기에서 뽑아내어 만들었다 한다. 한 해 동안의 정례적인 정사(政事)나 의식(儀式), 또는 농가(農家)의 행사 따위를 다달이 구별하여 규정해 두던 것.

214 | 하재취죽(夏栽醉竹)：《순보(筍譜)》에 음력 5월 13일이 대나무의 생일인 취죽일(醉竹日)로서 이날 심으면 잘 자란다고 함.

215 | 하재취죽여천개(夏栽醉竹餘千箇) 두 구：이 시는 황산곡의 시가 아니고 그 형인 황대임(黃大臨：자는 元明)의 시임.
〈두 우물과 낡은 집 동쪽에 좋은 땅 한 구역을 얻어 …… 인암이라고 이름 짓고, 즐겁게 시 네 수를 지어 멀리 노직(魯直：황산곡의 자)에게 띄우다(雙井敝廬之東得勝地一區……命曰：寅菴, 喜成四詩遠寄魯直)〉

手把齊民種蒔書,　손에《제민요술》잡으니 농사책이라,
莎衫臺笠事耘鉏.　도롱이 입고 삿갓 차림에 호미로 김매네.
夏栽醉竹餘千箇,　여름에 죽취일에 심은 대나무 천여그루 되고,
春糞辰瓜滿百區.　봄에 진일(辰日)에 심은 참외에 똥 주니 백 고랑에 가득하네.
早秫旋舂嘗麴蘖,　이른 차조 빨리 찧어 술맛을 보고,
新粱炊熱自樵蘇.　햇 기장밥 잘 익도록 불 집히러 땔감 가져오네.
日西杖屨行山口,　해지려 하자 지팡이 짚고 산 어귀에 나아감은,
招得鄰丁作飲徒.　이웃 남자 초청하여 술 동무 하려 함일세.

216 | 분양능개황옥화(糞壤能開黃玉花)：〈중옥의 수선화 두수를 차운하다, 2수(次韻中玉水仙花二首)〉

借水開花自一奇,　물 빌려 꽃 피우니 스스로 한 기화가 되어,
水沉爲骨玉爲肌.　물을 먹고 옥 같은 살갗과 뼈를 만들었네.
暗香已壓酴醾倒,　몰래 나는 향기는 이미 겨우살이풀을 압도했지만,
只比寒梅无好枝.　다만 한 겨울 매화에 비해서 좋은 가지는 없네.

소설에 말하기를

二月辰日宜種瓜.　　이월진일辰日에 외를 심는 것이 좋다.

라고 하였고, 또 〈월령月令〉에 『밭에 비료를 준다』라고 하였다. 황정견의 시에 말하기를

夏栽醉竹餘千箇,　　여름에 죽취일에 심은 대나무 천여그루 되고,
春糞辰瓜滿百區.　　봄에 진일辰日에 심은 참외 똥 주니 백고랑에 가득하네.

라고 한 것이 그것이다. 또 말하기를

糞壤能開黃玉花.　　땅에 비료를 주어 황옥화黃玉花를 피게 한다.

라고도 하였다. 시에 『분糞』자를 사용한 것은 황정견의 시에서만 두 번 볼 수 있다. 아마 지나치게 속됨을 면치 못 할 것이다.

[52] 당 · 송시의 비교

宋人詩曰 : 『杜曲[217]花芳濃似酒, 霸陵[218]春色老於人.』[219] 時以爲警句.

淤泥解作白蓮藕,　　진흙탕 해치고 흰 연뿌리가 돼 듯,
糞壤能開黃玉花.　　썩은 흙에서도 능히 노란 옥과 같은 꽃을 피우네.
可惜國香天不管,　　애석하게 최고의 미녀를 하늘이 몰라주니,
隨緣流落小民家.　　인연따라 조그만 민가에 흘러 떨어졌네.

이 시는 황산곡이 형주(荊州)에 좌천되어 살고 있을 때 옆집에 너무나 아리다운 미녀가 농부에게 시집가서 아들 둘을 낳았으나 가난하여 이웃에 팔아버리고, 본래 그 아름다움이 사라져버린 가련한 운명을 묘사하면서 국향(國香)은 옆집 미녀라면서 좌천되어 재능을 발휘 못하는 자신을 비유하고 있다.

217 | 두곡(杜曲) : 오늘날 섬서(陝西) 장안현(長安縣)의 두보(杜甫)의 고향으로 두릉(杜陵)으로도 불린다.

然較諸唐耿湋[220]詩『和風醉裏承恩客. 芳草歸時失意人』[221], 大有逕庭.

218 | 파릉(灞陵) : 장안 동남쪽에 위수(渭水)의 지류인 파수(灞水)가 흐르는데 한문제(漢文帝)를 이곳에다 묻었다 하여 파릉이라 부르며 당나라 때는 이별하는 장소로 유명했다함.

219 | 두곡화방농사주(杜曲花芳濃似酒) 두 구 : 송나라 정문보의 시구이나, 전문은 전하지 않음. 정문보(鄭文寶, 953~1013) 자는 중현(仲賢)·백옥(伯玉), 영화(寧化 : 복건) 사람. 《송사(宋史)》 권277에 전함.

220 | 경위(耿湋) : 자 홍원(洪源), 대력십재자(大歷十才子)의 하나, 하동(河東) 사람.

221 | 화풍취리승은객(和風醉裏承恩客) 두 구 : 〈이단과 봄 구경(同李端春望)〉 시의 일부.

二毛羈旅尙迷津,	머리 흰 중년이 오랫동안 타향에서 머물며 길 잘못 들었는데,
萬井鶯花雨後春.	집집의 벚꽃은 비 내린 후에 화려하네.
宮闕參差當晩日,	궁궐은 삐죽삐죽한데 저녁해를 받고 있고,
山河迤邐靜纖塵.	산하는 구불구불 이어졌는데 가는 먼지 가라앉았네.
和風醉裏承恩客,	온화한 바람 취한 속에는 은혜를 받는 분들 있고,
芳草歸時失意人.	꽃다운 풀 돌아가는 길엔 실의한 사람일세.
南北東西各自去,	동서남북으로 각자 흩어져 가니,
年年依舊物華新.	해마다 여전히 사물은 빛나고 새롭다.

※이단(李端) : 생졸연대 불확실. 자 정기(正己), 호 형악유인(衡岳幽人). 조주(趙州 : 지금의 河北省 趙縣) 사람, 대력십재자(大歷十才子)의 한 사람.

222 | 묵매(墨梅) : 〈장규신[자는 遠東, 진여의의 외 사촌형]의 수묵매화 시에 화답하다, 절구 5수(和張規臣水墨梅, 五絶)〉 제4수

含章簷下春風面,	한대 장안궁 처마 밑의 봄바람 스치는 얼굴,
造化功成秋兎毫.	추호로 자연스러운 모습을 성공적으로 재현했네.
意足不求顔色似,	분위기만 맞으면 얼굴 빛 비슷함을,
前身相馬九方皐.	이전의 말을 잘 식별했던 구방고와 같네.

이 시는 매화를 그리는데 있어 외형을 따르지 않고 본질 즉 뜻을 살려야 함을 강조하고 있다.

※형산(衡山) 화광사(花光寺)에 주지하던 화광인노(花光仁老)라는 스님이 수묵매화를 그린 것을 장규신(張規臣)이 시를 지었다 한다.

※한장(含章) : 한(漢)나라 장안궁(長安宮). 첫 구는 아름다운 궁녀를 그리는 것을 수묵매화를 그리는 것에 비유하고 있다.

※추토호(秋兎毫) : 가을에 새로 난 토끼털로 만든 붓으로 속은 족제비 털이 들어있고 추호(秋毫)라고도 한다.

※구방고(九方皐) : 춘추(春秋)시대 말 전문가. 말을 외모나 성별로 판단하지 않고 천성(天性)으로 식별했다고 하며 백락(伯樂)과의 고사로 유명.

송나라 사람의 시에

杜曲花芳濃似酒, 　두곡杜曲에는 꽃이 아름다워 술처럼 무르익었고,
霸陵春色老於人. 　패릉霸陵의 봄빛은 사람보다 더 늙었네.

라고 한 것이 있다. 당시 사람들이 뛰어난 좋은 글귀라고 하였다. 그러나 당나라 경위耿湋의 시에

和風醉裏承恩客, 　온화한 바람 취한 속에는 은혜를 받든 분들 있고,
芳草歸時失意人. 　꽃다운 풀 돌아가는 길엔 실의한 사람들일세.

라고 한 것에 비교하면 크게 차이가 있다.

[53] 진여의陳與義의 시

簡齋〈墨梅〉詩[222], 人以『皐』字韻爲勝[223]. 朱子曰：『不如「相逢京洛渾依舊, 唯恨緇塵染素衣.」[224]』[225] 或者又以『病見昏花已數年, 只應梅蘂

223 | 고자운위승(皐字韻爲勝)：고(皐)자를 각운자로 사용한 것이 좋다. 당시의 황제인 휘종(徽宗)이 이렇게 말하고, 그의 재능을 인정하였다는 내용이 갈입방(葛立方)의 《운어양추(韻語陽秋)》 권18에 전함.

224 | 상봉경락혼의구(相逢京洛渾依舊) 두 구：〈장규신의 수묵매화 시에 화답하다, 절구 5수(和張規臣水墨梅, 五絶)〉 제3수 중 일부.

粲粲江南萬玉妃, 　찬란한 강남은 흰 매화 천지,
別來幾度見春歸. 　이별한 뒤에 봄이 온 것을 본 것이 몇 번이였든가？
相逢京洛渾依舊, 　경락(京洛)에서 서로 만나니 모든 것이 예전과 같건만,
唯恨緇塵染素衣. 　오직 검은 티끌이 흰 옷을 물들인 것이 한스럽구나.

참고：《송시감상대관》. 정범진 감수 김원중 평역. 까치출판사. 1995. p.335.
※옥비(玉妃)：흰 매화.
※경락(京洛)：서진(西晉)때의 경성(京城)인 낙양(洛陽).

225 | 주자왈~염소의(朱子曰~染素衣)：《주자어류(朱子語類)》 권140에 보임.

故依然. 誰敎也作陳玄面, 眼亂初逢未敢憐』[226] 爲尤佳[227]. 然以余觀之, 此詩皆有意味可詠, 而風調韻致大不及唐矣.

진여의陳與義가 〈묵매墨梅〉시에서 사람들은 고皐라는 글자를 운자로 한 것이 좋다고 한다. 주자가 말하기를

相逢京洛渾依舊,	경락京洛에서 서로 만나니 모든 것이 예전과 같건만,
唯恨緇塵染素衣.	오직 검은 티끌이 흰 옷을 물들인 것이 한스럽구나.

라고 한 글귀만 못하다고 하였다. 어떤 이는 또

病見昏花已數年,	병들어 눈이 침침한 것이 이미 여러 해로구나,
只應梅蘂故依然.	아마 매화의 꽃송이는 예나 다름이 없겠지.
誰敎也作陳玄面,	누가 너로 하여금 진현陳玄의 낯을 짓게 하여,
眼亂初逢未敢憐.	눈이 어지러워서 처음 만났을 때에 감히 어여뻐 할 수 없게 하였는고.

라고 한 시가 더욱 좋다고 한다. 나의 견해로는 이시들은 모두 뜻과 맛이 있어서 읊을 만하다. 그러나 풍조와 운치는 당시보다 훨씬 떨어진다.

226 | 병견혼화이수년(病見昏花已數年) 네 구 : 〈장규신의 수묵매화 시에 화답하다, 절구 5수(和張規臣水墨梅, 五絶)〉 제2수의 일부로 아래는 전문임.

病見昏花已數年,	병들어 눈이 침침해진 것이 이미 여러 해로구나.
只應梅蘂固依然.	아마 매화의 꽃송이는 예나 다름이 없겠지.
誰敎也作陳玄面,	누가 너로 하여금 진현(陳玄)의 낯을 짓게 하여,
眼亂初逢未敢憐.	눈이 어지러워서 처음 만났을 때에 감히 어여뻐할 수 없게 하였는고.

※당대 한유(韓愈)의 〈모영전(毛穎傳)〉에 진현(陳玄)은 묵(墨 : 먹)을 가탁했다고 한다.

227 | 혹자~위우가(或者~爲尤佳) : 이 구절은 원나라의 사람으로 진여의의 시를 평한 유진옹(劉辰翁, 호 : 須溪)이 한 말이다. 그의 평을 붙인 진여의 시집을 《수계선생평점(評點)간재시집》이라고 하는데, 16세기 조선에서 간행된 적이 있음.

[54] 진여의陳與義와 두보杜甫 시의 비교

簡齋詩『萬里來游還望遠, 三年多難更憑危』,[228] 余常喜之. 杜詩云 : 『萬里悲秋常作客, 百年多病獨登臺.』[229] 乃知簡齋此句專出於杜, 而杜尤佳矣.

진여의의 시에

萬里來游還望遠,	만리를 와서 노닐면서 도리어 먼 곳을 바라보려고,
三年多難更憑危.	삼 년 동안 어려움이 많았는데도, 다시 위태한 곳에 기대어 섰네.

228 | 만리래유환망원(萬里來游還望遠) 두 구 : 〈악양루에 올라(登岳陽樓)〉 시의 일부.

洞庭之東江水西,	동정호의 동쪽에서 강물은 서쪽으로 흐르고,
帘旌不動夕陽遲.	주렴과 깃발 움직이지 않으니 석양이 더디 들어오네.
登臨吳蜀橫分地,	오나라와 촉나라의 경계였던 땅에 오르니,
徙倚湖山欲暮時.	호수와 산에 기대 해가 지려고 한다.
萬里來游還望遠,	만리를 찾아와서 또 멀리 바라보려고,
三年多難更凭危.	3년 동안 어려움 많았어도 다시 위태로운 곳에 기대어 섰네.
白頭吊古風霜里,	백발이 된 이 몸 풍상 속에서 옛날을 애도하니,
老木蒼波無限悲.	늙은 나무와 푸른 파도에는 한없는 슬픔 일어나네.

이 시는 진여의가 정강(靖康)의 난[금나라에게 수도인 변경을 빼앗기고 남쪽으로 내려옴] 을 피해 변경을 떠나온 고난에 찬 3년의 유랑 끝에 동정호 악양루에 이르러 쓴 작품.

번역참고 : 《송시감상대관》, 김원중 평역, 까치출판사, 1995, p.341.

229 | 만리비추상작객(萬里悲秋常作客) 두 구: 〈등고(登高)〉 시의 일부.

風急天高猿嘯哀,	바람은 빠르고 하늘은 높아 원숭이 휘파람 소리 애달파,
渚清沙白鳥飛回.	물가는 맑고 모래는 깨끗한데 새는 날아 돌아온다.
无邊落木蕭蕭下,	끝없이 펼쳐진 낙목에선 나뭇잎 떨어지고,
不盡長江滾滾來.	다함이 없이 흐르는 장강은 도도히 흘러간다.
萬里悲秋常作客,	만 리 먼 곳 서글픈 가을에 항상 나그네 되어,
百年多病獨登臺.	한평생 병 많은 몸, 홀로 누대에 오른다.
艱難苦恨繁霜鬢,	어려움과 고통에 귀밑머리 다 희어지고,
潦倒新停濁酒杯.	늙고 쇠약한 몸이라 새로이 탁주마저 끊어야한다네.

라고 한 것이 있다. 내가 매우 좋아한다. 두시에는 말하기를

萬里悲秋常作客,　　만리에 가을이 슬프다. 이 몸은 항상 나그네 되어,
百年多病獨登臺.　　백 년에 병 많은 몸 홀로 누대에 오른다.

라고 하였다. 이에 진여의의 이 글귀가 오로지 두보 시에서 나온 것을 알겠다. 그러나 두보시가 더 좋다.

[55] 조조曹操의 의총疑冢

按曹操疑冢[230]在漳河上, 凡七十二冢. 范石湖[231]詩曰 :『一棺何用冢如林, 誰復如公負此心.』[232] 羅大經[233]以此爲絶句之妙.[234] 余恐此言太過. 宋兪應符[235]詩曰 :『盡拔疑冢七十二, 必有一處藏君屍.』[236] 尤足以破姦鬼之膽.[237]

230 | 의총(疑冢) : 진짜 무덤을 도굴할 것을 방지하기 위하여 유사한 무덤을 여러 개 만들어 두는 것.

231 | 범석호(范石湖) : 송나라의 문인, 범성대(范成大, 1126~1193)의 호, 자는 치능(致能).

232 | 일관하용(一棺何用) : 〈칠십이총(七十二冢)〉
一棺何用塚如林,　　관은 한 개인데 어째서 무덤을 수풀처럼 많이 만들었는가,
誰復如公負此心.　　누가 다시 공과 같은 꾀가 있어서 공의 이 마음 헛되게 하랴.
歲歲蕃酋爲封土,　　세세생생 두목으로 봉토되는 것은,
世間隨事有知音.　　세간에는 일에 따라서 지기가 있기 때문인 것이다.

233 | 나대경(羅大經) : 《지봉유설(芝峰類說)》 주 6) 참조.

234 | 절구지묘(絶句之妙) : 《학림옥로 · 권3》 : 『……이 네 구는 두 가지 좋은 이론이 들어있으니, 뜻이 분명하고, 이치에 맞아서, 절구 중에는 뛰어난 것이다.(……四句, 是兩箇好議論, 意足而理明, 絶句之妙也)』

235 | 유응부(兪應符, ?~982) : 남송의 문신, 자는 덕서(德瑞), 전당(錢塘) 사람, 참지정사(參知政事)를 지냄.

236 | 진발의총칠십이(盡拔疑冢七十二) 두 구 : 〈조조를 읊다(咏曹操)〉 시의 일부.
生前欺天絶漢統,　　생전에는 하늘을 속여 한나라의 통일을 막았고,
死后欺人設疑冢.　　사후에는 사람을 속여 의총을 만들었다.
人生用智死卽休,　　사람이 살아서는 지혜를 쓰나 죽으면 끝나는데,

고증하여보니 조조의 의총疑冢이 장하漳河에 있는데 모두 칠십 두개라고 한다. 범성대范成大가 시에서 말하기를

一棺何用冢如林,	관은 한 개인데 어째서 무덤을 수풀처럼 많이 만들었는가.
誰復如公負此心.	누가 다시 공과 같은 꾀 있어 공의 이 마음 헛되게 하랴.

라고 하였다. 나대경羅大經이 이 글귀를 절구의 뛰어난 것이라고 하였다. 나는 이 말이 아마도 너무 지나친 것 같다. 송나라 유응부兪應符 시에는 이르기를

盡拔疑冢七十二,	의심되는 무덤 72개를 모두 파헤친다면,
必有一處藏君屍.	반드시 한곳에는 그대의 시체를 감춘 데가 있을 것이다.

라고 하였다. 간사한 귀신의 담을 깨뜨리기에 더욱 넉넉할 것이다.

[56] 이반룡李攀龍과 왕세정王世貞의 시 비교

李攀龍[238]詠新河[239]一聯曰 :『春流無恙桃花水, 秋色依然瓠子宮.』[240]

何有余机到丘壟.	무슨 남는 꾀가 있어 무덤에 이르렀나.
人言疑冢我不疑,	사람들은 의총이라 말하나 나는 의심치 않는다,
我有一法君未知.	나는 그대들이 모르는 한 가지 방법이 있는데.
盡拔疑冢七十二,	의심되는 무덤 72개를 모두 파헤친다면,
必有一處藏君屍.	반드시 한곳에는 그의 시체를 감춘 데가 있을 것이다.

237 | 파간괴지담(破姦鬼之膽) : 《철경록(輟耕錄)》『〈조조의 의총〉…… 이 시 역시 시의 도끼라고 할만하다.(曹操疑冢.....此亦詩之斧鉞也)』

238 | 이반룡(李攀龍) : 《학산초담(鶴山樵談)》 주 9) 참조.

239 | 신하(新河) : 원대(元代) 산동(山東) 운하는 남양(南陽)에서 패현(沛縣)까지 구간인데 지대가 낮아 1565년에 황하 대범람으로 수로가 파괴되자 북으로는 남양(南陽)에서 하진(夏鎭)을 지나 남으로 유성(留城)에 이르는 141리의 새 운하를 열었다.

240 | 춘류무양(春流無恙) : 〈새운하를 지나다가 잠깐 들러, 주대사공님께 올림(過新河, 上朱大司空)〉의 제2수.

王世貞極稱之, 以爲不可及[241]. 而世貞亦有詩曰 :『連山盡壓支祈[242]鎖, 逼漢疑穿織女機.』[243]《堯山堂外紀》[244] 以爲此聯在滄溟之上. 余謂王詩氣力固健, 然句法未免矜持, 恐不如李之全完也.

河堤使者大司空,	하천 제방 사자인 대사공 대감님께서는,
兼領中丞節制同.	어사중승 벼슬 아울러 가지셔서 도어사와 함께 통제 하셨네.
轉餉千年軍國重,	천만년 곡식을 운수하는 일은 나라의 중대사요,
通漕萬里帝圖雄.	만 리 길에 운하를 뚫어 나르게 함은 황제님의 큰 계획일세.
春流無恙桃花水,	봄물은 넘쳐흘러도 도화수에 이상이 없고,
秋色依然瓠子宮.	가을빛은 호자궁에는 옛날 그대로구나.
大績但懷溝洫志,	큰 업적 단지 지리책에만 실릴 것이지만,
帝臣何減丈人風.	황제 신하된 분으로 어찌 대장부의 풍도에 아랑 곳 하시리?

※도화수(桃花水) : 음력 3월의 물로 피해를 가장 많이 입힌다고 함.

※호자궁(瓠子宮) : 한 무제 때 황하가 호자(瓠子 : 지금 하남성 濮陽縣 서남쪽)에서 범람하자 친히 현장 감독하며 둑을 막고 둑위에 선방궁(宣房宮)을 지어 기념했다 함. 이시는 당시에 공부상서[대사공] 로서 부도어사[어사중승] 을 겸하고, 황하의 범람을 방지하러 나갔던 방지하러 나갔던 주형(朱衡)의 공덕을 찬양한 시임. 마지막 구절은 한때 황하수가 터지자 그 문책을 당하여 곤경에 처하였던 일을 말함.

241 | 불가급(不可及) : 왕세정의《예원치언(藝苑巵言)》권7『…알지 못하는 사람들은 이 시련(詩聯)에 대하여 윗 구절은 간단하나 뒷 구절은 무겁다고 하나……이 연(聯)은 비단 대를 맞추는게 극히 정밀할 뿐만 아니라, 전고를 사용함에 용의 극도함을 이루 다 말로 표현할 수 없다.(不知者, 以爲上單下重……此聯不惟對偶精切, 而使事用意之妙, 有不可言者)』

242 | 지기(支祈) : 지기정(支祈井)의 준말, 옛날 하나라 우임금이 홍수를 다스릴 때에 여기에서 물귀신 무지기(巫支祈)를 진압하여 봉쇄하였다고 하는 곳.

243 | 연산진압지기쇄(連山盡壓支祈鎖) 두 구 : 〈새 운하를 지나다가 잠깐 들러, 대상공이신 주공께 올림(過新河, 呈大司空朱公)〉 시의 일부.

日出烟空匹練飛,	햇빛 안개 낀 공중에 나오니 긴 필묵의 흰 비단 천 나는 듯한데,
大荒中划万流依.	넓은 땅 가운데를 갈랐으니 만 줄기의 강 물줄기 의지 하였도다.
連山盡壓支祁鎖,	산을 이어 모두 눌렀으니 지기를 봉쇄하였고,
逼漢疑穿織女機.	은하수에 핍근하니 직녀의 베틀을 뚫을까 의심된다.
九道徵輸寬气象,	온 나라에서 세 거두어 나르니 나라의 기상 넉넉히 폈고,
六軍容物逈光輝.	모든 군사물자 유통되게 하니 빛남이 멀리 뻗도다.
甘棠欲讓金堤柳,	옛날 주나라 소공의 치적도 지금 쌓은 금빛 제방의 버들보다는 못할 듯
曾護司空却盖歸.	일찍이 사공님을 보호하여 도리어 일산 쓴 채로 돌아가시게 하였다네.

이반룡이 신하新河를 읊은 한 시련詩聯에서 말하기를

春流無恙桃花水,　　봄물은 흘러 도화수에 이상이 없고,
秋色依然瓠子宮.　　가을빛은 호자궁에 예전 그대로일세.

라고 한 것이 있다. 왕세정이 지극히 칭찬하여 따라갈 수 없다고 하였다. 그런데 왕세정도 또한 읊은 시가 있어서 말하기를

連山盡壓支祈鎖,　　산을 이어 모두 눌렀으니 지기支祈를 봉쇄하였고,
逼漢疑穿織女機.　　은하수에 핍근하니 직녀의 베틀을 뚫을까 의심된다.

라고 하였다. 《요산당외기堯山堂外紀》에서는 이 시련詩聯이 이반룡의 시보다 위에 있다고 하였다. 내 생각에는 왕세정의 시는 기력이 굳고 꿋꿋하다. 그러나 구법句法은 자랑하는 것을 면치 못한다. 아마 이반룡의 시처럼 완전한 것만 못한 것 같다.

[57] 중국 사신 장녕張寧의 시를 비판

張天使寧245 〈遊漢江〉詩固佳作, 而唯『望遠天疑盡, 凌虛地欲浮』246

244 | 《요산당외기(堯山堂外紀)》:《지봉유설(芝峰類說)》 주 63) 참조.
245 | 장녕(張寧):《필원잡기(筆苑雜記)》 주 27) 참조.
246 | 망원천의진(望遠天疑盡) 두 구 :《황화집(皇華集)》의 〈한강의 제천정(濟川亭)에 올라 지은 시(漢江樓詩)〉 시의 일부.

光搖青雀舫,　　다만 큰 배의 고지새가 흔들리면,
影落白鷗洲.　　그림자가 흰 갈매기의 모래톱에 떨어지네.
望遠天疑盡,　　멀리 바라보니 하늘이 끝났는가 의심되고,
凌虛地欲浮.　　허공을 헤치고 가니 땅이 뜰 것 같네.
東國有高樓,　　동쪽 나라에 높은 누각 있는데,
樓前漢江流.　　누 앞에는 한강이 흐르네.
入窓風日好,　　창문으로 들어오는 바람과 햇볕 좋아서,

一聯佳矣；且濟川亭四空無窓戶，而曰：『入窓風日好』，似未穩.

중국 사신 장녕의 〈유한강遊漢江〉시는 진실로 아름다운 작품이다. 그러나 오직

望遠天疑盡，　멀리 바라보니 하늘이 다 하였는지 의심되고，
凌虛地欲浮.　허공을 헤치고 가니 땅이 뜨고자 한다.

라고 한 한 연구가 좋다. 또 제천정濟川亭에서는 사방이 비어서 창호窓戶가 없는데 또 말하기를

入窓風日好.　창에 들어오는 바람과 햇빛이 좋다.

라고 한 것은 좀 맞지 않는 것 같다.

[58] 중국 사신의 시

許天使國[247]詩，朱天使之蕃[248]謂非出於海岳[249]之手，乃頭目相公代製

下船重淹留.　배에서 내려서도 다시 그대로 머물렀으면 좋았을 것을 하네.
※청작(青雀) : 고지새, 옛날 선수(船首)에 이 새를 새긴데서 나온 말.

247 | 허국(許國, 1527~1596) : 자는 유정(維禎), 명나라 흡현(歙縣人) 사람. 가정(嘉靖)·융경(隆慶)·만력(万歷) 세 왕조에 부재상(副宰相)과 태자의 스승 등을 역임. 조선 정묘년(1567, 명종22)에 융경제(隆慶帝)의 등극 조서(詔書)를 가지고 사신으로 왔다. 이 때 원접사는 윤인경이었다. 현대 중국인들에게는 안휘성 흡현(歙縣)의 팔각비석(八角牌樓) 혹은 대학사 비석(大學士坊)으로 유명. 저서는《허문목공집(許文穆公集)》·《조선일기(朝鮮日記)》이 있다.《명사》권219에 열전이 있음.

248 | 주지번(朱之蕃, 1548?~1624?) : 명나라 시인, 서화가. 자는 원개(元介). 호는 난우(蘭嵎). 본관은 금릉(金陵, 지금의 남경)이다. 만력(萬曆) 23년(1595) 전시(殿試)에서 장원을 하였고, 이부시랑(吏部侍郎)을 지냈다. 중국 황제의 황태손이 탄생한 경사를 알리기 위해 조선 선조(宣祖, 1567~1608) 39년(1606)에 사자로 왔다. 한림원수찬

云[250], 未知是否. 李五峰[251]嘗言 :『〈皇華詩〉許國爲第一, 祁順第二, 張寧第三.』[252] 余意張作不落第二, 必有能辨之者.

중국 사신 허국許國의 시를 중국 사신 주지번朱之蕃이 말하기를 그 시는 해악海岳 자신이 지은 것이 아니고 두목상공頭目相公이 대신 지은 것이다라 하였다. 정말 그런지 아닌지 알 수 없다. 이오봉李五峰이 일찍이 말하기를 『황화시皇華詩에 허국이 첫째이고 기순이 둘째이고 장녕이 셋째이다.』라고 하였다. 나의 생각에는 장녕의 작품이 기순보다 떨어지지 않는다. 반드시 능히 변별하는 이가 있을 것이다.

[59] 중국 사신 사도史道의 시

唐皐[253]天使路上馬蹶傾墜, 副使史道[254]作詩曰 :『學士風流山作戲, 壯元聲價馬難支.』『山作戲』蓋用佛語, 而唐爲壯元, 故下句云 ; 然甚佳.

(翰林院修撰)및 이부우시랑(吏部右侍郞)을 지냈다. 허균(許筠, 1569~1618)이 누나 허난설헌(許蘭雪軒)의 작품을 주지번에게 주니, 중국에서 《난설헌집(蘭雪軒集)》으로 간행되어 격찬을 받았다. 저서에 《남환잡저(南還雜著)》·《금릉사십경도고(金陵四十景圖考)》·《막수광람(莫愁曠覽)》·《봉사조선고(奉使朝鮮稿)》등 문집. 서화작품에는 《삼금도(杉禽圖)》 등이 있다.

249 | 해악(海岳) : 해악고심(海岳高深)의 줄인 말. 매우 높고 깊음을 형용. 여기서는 허국의 지위가 높음을 형용하는 말 같음.

250 | 두목상공(頭目相公) : 조선의 재상을 낮추어 한 말. 주지번이 이 말의 출전은 미상.

251 | 이오봉(李五峰) : 이호민(李好閔, 1553~1634) 본은 연안, 예조판서로 대제학을 지냄. 저서로 《오봉집》이 있다.

252 | 황하시제일(皇華詩第一) : 출전 미상.

253 | 당고(唐皐) : 자 수지(守之), 호 심암(心菴), 《월정만필(月汀漫筆)》 주 6) 참조.

254 | 사도(史道, 1485~1554) : 자는 극홍(克弘), 호는 녹야(鹿野), 명대 하북성 탁현(涿縣) 사람. 정덕 25년에 진사가 되었고, 세종 즉위에 공을 세웠다. 가정(嘉靖) 15년에 좌첨도어사(左僉都御史)를 지냈고 병부상서(兵部尙書)에 이르렀다. ─ 《명인전기자료색인(明人傳記資料索引)》참조.

중국 사신 당고唐皐가 길에서 말이 미끄러져 기울어 떨어지니 부사 사도史道가 시를 지어 말하기를

學士風流山作戲, 　　학사의 풍류는 산이 유희를 하고,
壯元聲價馬難支. 　　장원의 성가를 말이 견디어 지탱하지 못하는구나.

라고 하였다. 「산이 유희를 한다」는 말은 아마 불경의 말을 인용한 것일 것이다. 그리고 당고가 과거에서 장원하였으므로 아래 글귀에 그렇게 말 한 것이다. 매우 아름답다.

(金東甲)

IV. 어제시御製詩255

[60] 조조의 〈단가행〉

曹操256 〈短歌行〉 云 :『月明星稀, 烏鵲南飛. 繞樹三匝, 無枝可依.』257

255 | 어제시(御製詩) : 역대 제왕이 지은 시.

256 | 조조(曹操, 155~220) : 자는 맹덕(孟德)이고 어릴 때 이름은 아만(阿瞞)이다. 삼국시대 위(魏)왕조를 세운 인물. 묘호는 태조. 시호는 무제(武帝) 그는 박식하고 시부(詩賦) 초서 · 음악 · 바둑 · 방술(方術)도 잘했고, 병서와 병법 등 문무 양면에 매우 뛰어났다.

257 | 월명성희(月明星稀) 네 구 : 〈짧은 노래(短歌行)〉에 나오는 문장.

對酒當歌, 　　술을 대하였으면 노래를 불러야지,
人生幾何. 　　인생이 얼마나 된다고?
譬如朝露, 　　인생이란 말하자면 아침 이슬처럼 덧없는 것,
去日苦多. 　　지난날은 아픔만 가득타.
月明星稀, 　　달이 밝으니 별빛은 드물고,
烏鵲南飛. 　　까막까치는 남으로 날아간다.
繞樹三匝, 　　나무를 세 바퀴 돌고 있는데,

古人以此爲赤壁見敗之證. 然下句卽云：『山不厭高, 水不厭深. 周公吐哺, 天下歸心.』頗有餘韻矣. 其孫魏明帝[258]〈步出夏門行〉効之云：『蹙迫日暮, 烏鵲南飛. 繞樹三匝, 何枝可依.』[259] 只改數字而便覺蕭颯. 又下句云：『卒逢風雨, 樹折枝摧. 月盈則沖, 華不再繁.』其衰亡不振, 兆於此.

조조曹操의 짧은 노래短歌行에 말하기를

月明星稀, 달은 밝고 별은 드문데,
烏鵲南飛. 오작이 남쪽으로 날아가서.
繞樹三匝, 나무를 세 바퀴 돌았으나,
無枝可依. 의지할 가지가 없다.

라고 하였다. 옛사람들은 이것을 가지고 적벽가의 싸움에서 패배를 당하게 될 징조라고 한다. 그러나 아래 글귀에는 말하기를

何枝可依. 어느 가지에 의지할 것인가?
山不厭高, 산은 높은 것을 꺼리지 않고,
海不厭深. 바다는 깊은 것을 마다하지 않는다.
周公吐哺, 주공은 인자(仁者)가 찾아오면 먹던 음식까지 뱉고 나가서 맞았다하니,
天下歸心. 천하의 마음은 다 그에게로 돌아갔다.

258 | 위명제(魏明帝) : 조예(曹叡, 204~239) 위문제 조비(曹丕)의 아들로 13년간 왕위에 있었으며 문집 7권이 있음.

259 | 축박일모(蹙迫日暮) 네 구 : 〈걸어 하문을 나가다(步出夏門行)〉에 나오는 문장.

蹙迫日暮, 날 저문 때에 가까워,
烏鵲南飛. 오작이 남쪽으로 날아가니.
繞樹三匝, 나무를 세 바퀴 돌았으나,
何枝可依. 어느 가지에 의지할 수 있을까?
卒逢風雨, 갑자기 바람과 비를 만나니,
樹折枝摧. 나무는 부러지고 가지는 꺾이네.
月盈則沖, 달은 차면 비고,
華不再繁. 꽃은 두 번 피지 못하네.

山不厭高,　산은 높은 것을 싫어하지 않고,
水不厭深.　물은 깊은 것을 싫어하지 않는다.
周公吐哺,　주공이 (어진 선비를 맞이하기 위하여) 입에 든 밥을 토하니,
天下歸心.　천하의 마음이 그에게 돌아갔다.

고 하여 매우 여운이 있다. 그의 손자인 위명제魏明帝는 〈보출하문행步出夏門行〉에서 이것을 모방하여 말하기를

鷺迫日暮,　날 저문 때에 가까워,
烏鵲南飛.　오작이 남쪽으로 날아가니.
繞樹三匝,　나무를 세 바퀴 돌았으나,
何枝可依.　어느 가지에 의지 할 수 있을까?

라고 하였다. 다만 두어 글자를 고쳤을 뿐인데, 문득 산듯함을 느끼게 한다. 또 아랫 글귀에서는

卒逢風雨,　갑자기 바람과 비를 만나니,
樹折枝摧.　나무는 부러지고 가지는 꺾이네.
月盈則沖,　달은 차면 비고,
華不再繁.　꽃은 두 번 피지 못하네.

고 하였다. 그의 쇠망할 징조가 여기에 드러나지 않았는가?

[61] 양무제 시의 노씨 집 며느리 막수莫愁

梁武帝[260]詞有曰 :『洛陽有女名莫愁, 十五嫁作盧家婦.』『盧家蘭室桂

260 | 양무제(梁武帝, 464~549) : 성은 소(蕭), 이름 연(衍), 자 숙달(叔達), 불교를 숭상했고, 시문에 능하며, 저서로는《양무제어제집(梁武帝御制集)》등이 있다.

爲梁, 中有鬱金蘇合香.』[261] 云云. 沈佺期[262]詩『盧家少婦鬱金堂』[263] 乃出於此.『堂』字, 或作『香』字, 似是. 又按莫愁, 石城女子, 善歌. 張子容[264]詩 :『妙曲逢盧女.』[265] 以其善歌, 故云. 然莫愁似非一人耳.

261 | 낙양유녀명막수(洛陽有女名莫愁) 네 구 : 〈하중의 물 노래(河中之水歌)〉

河中之水向東流,	하중의 물은 동쪽으로 흐르는데,
洛陽女兒名莫愁.	낙양에 여인이 있으니 이름은 막수라 하네.
十五嫁爲盧家婦,	15세에 출가하여 노씨 집의 며느리가 되니,
盧家蘭室桂爲梁.	노씨 집 향기 나는 방에는 계수나무로 기둥을 삼았네.
中有鬱金蘇合香,	그 가운데 울금소합향이 있었고,
足下絲履五文章.	다리 아래 명주 신발엔 다섯 개의 무늬 있네.
人生富貴何所望,	인생의 부귀를 어디에서 바랄까만,
恨不早嫁東家王.	일찍 동쪽 집의 왕씨에게 시집 못간 것이 한스럽네.

262 | 심전기(沈佺期, 656?~714) : 《지봉유설(芝峰類說)》 주 57) 참조.

263 | 노가소부울금당(盧家少婦鬱金堂) : 〈옛 뜻을 담아, 좌보궐 교지지님께 올림(古意, 呈補闕喬知之)〉

盧家少婦鬱金堂,	노씨 집의 젊은 아내 울금향으로 벽 바른 좋은 집에,
海燕雙棲玳瑁梁.	바다제비 두 마리가 거북이 장식한 들보에 깃들어 산다네.
九月寒砧催木葉,	9월의 차가운 다듬이 소리가 나뭇잎을 재촉하니,
十年征戍憶遼陽.	10년 동안 수자리로 나가 있는 요양 땅이 생각나네.
白狼河北音書斷,	백랑강 북에서는 소식 끊어졌는데,
丹鳳城南秋夜長.	수도 장안 성 남쪽엔 가을밤이 길도다.
誰謂含愁獨不見,	근심 머금고서 바라볼 수도 없음 누가 나로 하여금 말할 수 있겠는가?
更教明月照流黃.	더욱이 명월로 하여금 그에게 선물 받은 흰 비단을 비추게 하는데.

264 | 장자용(張子容) : 《지봉유설(芝峰類說)》 주 24) 참조.

265 | 묘곡봉노녀(妙曲逢盧女) : 〈섣달 그믐날 밤에 낙성에서 맹호연을 만나서(除夜樂城, 逢孟浩然)〉

遠客襄陽郡,	양양군 먼 곳의 나그네,
來過海岸家.	바닷가 집으로 찾아오셨네.
樽開柏葉酒,	주전자를 여니 백엽주요,
燈發九枝花.	등을 밝히니 아홉 가지에 꽃 핀 것 같네.
妙曲逢盧女,	신묘한 가락은 노 씨 집 딸을 만난 듯하고,
高才得孟嘉.	높은 재주는 맹가를 얻은 듯하네.
東山行樂意,	동산에 와서 즐기는 뜻은,
非是競繁華.	화려함을 다투고자 함이 아니라네.

양무제의 가사에 이런 글귀가 들어 있다.

洛陽有女名莫愁,　　낙양에 여인이 있으니 이름을 막수라 하네,
十五嫁作盧家婦.　　십 오세에 출가하여 노 씨 집의 며느리가 되니.
盧家蘭室桂爲梁,　　노씨 집의 향기 나는 방에는 계수나무로 기둥을 삼았네,
中有鬱金蘇合香.　　그 가운데 울금소합향이 있었고.

라고 하였다. 심전기가,

盧家少婦鬱金堂.　　노씨 집의 젊은 아내 울금향으로 벽 바른 좋은 집에.

라고 한 시구는 바로 여기에서 나온 것이다. 당堂이라는 글자를 어떤 이는 향香자로 쓴다. 이것이 옳을 것 같다. 또 상고하여 보니 막수는 석성의 여자로서 노래를 잘하였다. 장자용의 시에

妙曲逢盧女,　　신묘한 가락은 노 씨 집 딸을 만난 듯하고,

라고 한 것은, 그가 노래를 잘하였기 때문에 그렇게 말한 것이다. 그러나 막수라는 이름은 한 사람만이 아닌 것 같다.

[62] 양나라 원제 등의 아름다운 시

《藝苑巵言》[266] 曰 :『梁元帝[267]詩「落星依遠戍, 斜月半平林」[268]・陳後

266 | 《예원치언(藝苑巵言)》: 문예계에 관련된 이야기를 술잔을 들고 논한다는 뜻인데, 명대(明代) 문학가이자 역사학자 왕세정(王世貞)의 저술. 8권. 여기 인용된 부분은 그 책 제 3권에서 발췌함.

267 | 양원제(梁元帝) : 성명은 소역(蕭繹, 508~554). 자 세빈(世斌). 호 승성(承聖). 남조

主[269]「日月光天德, 山河壯帝居」[270], 在沈·宋集中, 當爲絶唱. 隋煬帝「寒鴉千萬點, 流水遶孤村」[271], 是中唐佳境.』余按唐明皇『馬色分朝景, 鷄聲逐曉風』[272]·『翠屛千仞合, 丹嶂五丁開』[273] 等句語亦佳, 未知優劣如何?

(南朝) 양나라의 황제 양무제(梁武帝)의 일곱 번째 아들로 황제가 됨, 문에 능하다. 저서《금루자(金樓子)》.

268 | 낙성의원수(落星依遠戍) 두 구 : 이 시의 전문은 지금 전하지 않는 것 같음.

269 | 진후주(陳後主) : 성명은 진숙보(陳叔寶), 선제(宣帝)의 아들로 즉위한 뒤에 주색과 사치를 일삼다가 수나라에게 나라를 빼앗겼으나, 수나라에서 후대하여 낙양에서 잘 살다가 죽었음. 문집 39권이 전함.

270 | 일월광천덕(日月光天德) 두 구 : 〈수나라에 들어와서 황제를 모시고 분부에 응하여 지음(入隋侍安, 應詔)〉. 앞 두 구의 뜻은 온 나라를 편안하게 하여 각 지역을 드나들 때 번거로움을 없게 해야 한다는 뜻임.

271 | 한아천만점(寒鴉千萬點) 두 구 : 이 시구는 이 2구절 밖에 전하지 않음.

272 | 마색분조경(馬色分朝景) 두 구 : 이융기(李隆基 : 唐 玄宗)의 〈새벽에 포진관을 지나며(早度蒲津關)〉

鍾鼓嚴更曙, 종과 북은 다시 새벽을 엄중히 알리는데,
山河野望通. 산과 강 들판을 보니 들로 통하는구나.
鳴鑾下蒲阪, 수레 방울 울리며 포판으로 내려가니,
飛旆入秦中. 깃발을 날리며 진땅으로 들게 되었네.
馬色分朝景, 말의 빛깔은 아침에 분명한데,
鷄聲逐曉風. 닭 울음소리는 새벽바람 좇아내네.
所希常道泰, 바라는 것은 언제나 천하가 태평함 뿐,
非複候繻同. 다시 유(繻)가 같기를 기다릴 것 없이 해야지.

※포진관(蒲津關) : 산서성과 섬서성 사이 황하의 나루터.

※유(繻) : 관문을 출입할 때 신빙하는 표식으로 사용하는 비단 조각으로 부백(符帛)이라고도 함.

273 | 취병천인합(翠屛千仞合) 두 구 : 〈촉으로 갔다가 서쪽으로 검문에 이르러 (幸蜀西至劍門)〉

劍閣橫雲峻, 검각 땅을 가로지른 구름은 우뚝한데,
鑾輿出狩回. 방울 달린 황제의 수레 순회를 마치고 돌아가누나.
翠屛千仞合, 비취 빛 산맥들은 천길 만길 합해지고,
丹嶂五丁開. 붉은 산봉우리는 다섯 장정들이 열었구나.
灌木縈旗轉, 무성한 관목들은 깃발을 감아서 돌려서 옮겨주고,
仙雲拂馬來. 저 높은 하늘의 구름 말의 먼지를 털어 주려고 몰려오는구나.

《예원치언》에 말하기를, 양원제의 시에

落星依遠戍, 떨어지는 별은 먼 변방에 어렴풋하고,
斜月半平林. 기울어진 달은 편편한 숲에 반쯤 걸렸네.

라고 하였다. 진 후주는

日月光天德, 해와 달은 하늘의 공덕을 빛내고,
山河壯帝居. 산과 물은 황제의 궁실을 장중하게 만든다.

라고 한 것이 만약 당나라의 심전기沈栓期 나 송지문宋之門 시집에 들어 있다면, 마땅히 絶唱이라 해야 할 것이다. 수양제隋煬帝는

寒鴉千萬點, 까마귀는 천 점 만 점인데,
流水遶孤村. 흐르는 물은 외로운 마을을 둘렀구나

라고 하였다. 이 시는 마치 중당中唐시대의 시의 아름다운 구절들과 같은 것이다. 라고 하였다. 내가 상고하여 보니 당 현종의 시에

馬色分朝景, 말의 빛깔은 아침 경치를 가르고,
鷄聲逐曉風. 닭소리는 새벽바람을 쫓는다.
翠屛千仞合, 푸른 병풍 같은 산맥들은 천길 만길 합해지고,

乘時方在德, 때를 잘 탐은 바야흐로 황제의 덕에 달려 있으니,
嗟爾勒銘才. 아아! 그런 재주 돌에 새겨야 하리!

※오정(五丁) : 다섯 장사(壯士). 진 혜왕(惠王)이 촉나라를 정벌할 때 길을 알 수 없었다. 이때에 다섯 마리의 돌 소[石牛] 를 만들고, 금을 돌 소의 꼬리 밑에 흩어두면서 돌 소가 금을 똥으로 눈다는 말을 퍼트리니, 초나라 임금이 참 말로 믿고서 다섯 명의 장사를 보내어 석우를 끌고 오게 하여, 진나라에서 촉으로 통하는 도로가 비로소 통하여, 그 길을 석우도(石牛道)라고 한다는 전설이 있음.

丹嶂五丁開.　　붉은 뫼 뿌리를 다섯 장정들이 열어준다.

라고 한 글귀도 역시 말이 또한 아름답다. 이 구절들과 위의 구절 중에 어느 것이 더 우수한지 알 수 없다.

[63] 당태종과 현종의 시구

唐太宗 〈遼東山〉[274] 詩曰 :『連山驚鳥亂, 隔峀斷猿吟.』斷猿不成群也, 與斷鴈同. 但遼固無猿而曰猿吟, 何也? 天使董越[275] 〈開城府〉 詩曰 :『長空孤鳥沒, 落日野猿呼.』[276] 亦失之矣.

274 | 〈요동산(遼東山)〉: 〈요동지방의 산의 밤에 가을이 옴을 보고(遼東山夜臨秋)〉.

煙生遙岩隱,　　안개가 피어나니 멀리 바위가 숨고,
月落半崖陰.　　달이 지니 반 낭떠러지 그늘지네.
連山驚鳥亂,　　이어진 산에는 놀란 새들은 어지럽게 날고,
隔岫斷猿吟.　　갈라진 봉우리 사이로 무리 잃은 원숭이가 우네.

275 | 동월(董越) : 《송계만록(松溪漫錄)》 주 12) 참조.

276 | 장공고조몰(長空孤鳥沒) 두 구 : 〈개성부(開城府)〉 2수 중 제 2수에 나오는 구절이다.

青山斜對郭,　　푸른 산은 비스듬히 성곽을 마주하고 섰는데,
東國有遺都.　　동쪽 나라에 옛 도읍이 있구나.
歲月驚流水,　　흘러간 세월을 생각하여 흐르는 물도 놀라고,
風雲憶壯圖.　　지나간 풍운은 장대했던 도모(圖謀)를 생각나게 하네.
長空孤鳥沒,　　넓은 하늘에 외로운 새 날아가서 사라지고,
落日野猿呼.　　지는 해 보고 들 원숭이는 울부짖네.
牖戶纏綿意,　　드나드는 문을 잘 동여 묶은 뜻을 이해하여,
從今更捋荼.　　이제부터 다시 갈대 이삭 주워 오리.

※유호(牖戶) : 《시경 · 뱁새(鴟鴞)》 : 『하늘에 비 오기 전에는 저 뽕나무 뿌리까지 파먹으니, 둥우리의 윗문 단속하여야지!...내 주둥이와 다리로 집어다 놓으리니, 내가 이렇게 갈대 이삭 주워오네.(迨天之未陰雨,徹彼桑土……予手拮居,予所捋荼)』 이 시는 새롭게 집을 짓는 새둥지를 침노하는 뱁새의 방해 공작을 미워해서 썼다고 하는데, 여기서 『새집』은 바로 새롭게 건설되는 주나라 왕실을 비유한다는 해석이 많다. 위의 중국 사신이 이 구절을 전고로 인용한 것은 고려의 멸망을 경계 삼아서 조선 왕조의 단속을 튼튼하게 해야 한다는 뜻임.

당태종唐太宗의 〈요동산遼東山〉 詩에 말하기를

連山驚鳥亂,　　이어진 산에는 놀란 새들 어지럽게 날고,
隔峀斷猿吟.　　잘려진 산봉우리 사이로 짝 잃은 원숭이 우는구나.

라고 하였다. 단원은 떼를 이루지 않은 원숭이니, 단안斷雁이라는 것과 같은 것이다. 다만 료遼에는 본래부터 원숭이가 없다. 그런데 원숭이 운다고 한 것은 무슨 까닭인가. 중국 사신 동월董越의 〈개성부開城府〉 詩에 말하기를

長空孤鳥沒,　　넓은 하늘에 외로운 새 날아가서 사라지고,
落日野猿啼.　　지는 해 보고 들 원숭이는 울부짖네.

라고 한 것도 또한 잘못 한 것이다.

[64] 당현종과 송경 시의 기상

唐玄宗 〈早渡蒲關〉[277] 詩曰 : 『鳴鑾下蒲坂, 飛旆入秦中.』 又 : 『馬色分朝景, 鷄聲逐曉風.』 此蓋用梁顔之推詩[278] 『馬色迷關吏, 鷄鳴起戍人』[279]

277 | 조도포관(早渡蒲關) : 〈아침에 포관을 지나며〉라는 뜻으로, 시 전체는 다음과 같다.
鐘鼓嚴更曙,　　종과 북 울리니 엄연히 새벽이 다시 오고,
山河野望通.　　산하와 들 들판에서 바라보니 훤히 통하네.
鳴鑾下蒲坂,　　방울소리 울리며 포판으로 내려가니,
飛旆入秦中.　　깃발을 나부끼며 진땅으로 들게 되었네.
地險關逾壯,　　지세가 험하니 관문이 더욱 장엄하고,
天平嶺尙雄.　　하늘과 수평을 이루었으니 고개는 오히려 웅장하네.
春來津樹綠,　　봄이 오니 나루터의 나무 우거지고,
月落戍樓空.　　달이 지니 수루는 쓸쓸해지네.

278 | 안지추(顔之推, 531~602) : 육조 말 양(梁)나라와 북제(北齊), 수(隋)나라 등에서 벼슬한 문인 학자로 《문집》 30권, 《안씨가훈(安氏家訓)》 7권 등의 저서를 남김.

279 | 마색미관리(馬色迷關吏) 두 구 : 〈[북] 주나라에서 [북] 제나라로 들어 가다가 밤에

也. 宋璟[280]爲〈蒲津迎駕〉[281] 詩曰：『回鑾下蒲坂, 飛旆指秦京.』又：『霞朝看馬色, 月曉聽鷄鳴.」乃玄宗一時之作, 而其相犯如此. 且璟詩變着數字, 而氣象便自不同.

지주를 넘으며(從周入齊, 夜度砥柱)〉에 나오는 구절.

俠客重艱辛, 협객은 다시 힘겨워져,
夜山小平津. 밤에 소평진을 빠져나가네.
馬色迷關吏, 말의 빛은 관문을 지키는 관리들을 당황하게 하고,
鷄鳴起戍人. 닭 울음은 보초서는 병사들을 깨우네.
露鮮華劍彩, 이슬 선명하니 화려한 칼 빛 빛나고,
月照寶刀新. 달에 비치니 값진 칼 새롭네.
問我將何去, 나에게 어디로 가려느냐? 묻는다면,
北海就孫賓. 북해에 있는 손자(孫子)에게 가겠노라고 대답하겠네.

※지주(砥柱) : 지금 하남성의 삼문협시(三門峽市) 동북쪽의 황하 가운데 있는 산 이름으로 삼문산(三門山)이라고 함. 『지주(砥柱)』란 말은 원래 (숫돌 기둥) 이란 뜻인데, 강 속에 산이 있기 때문에 지나가기가 퍽 위험한 곳이었는데, 현재는 이곳에 땜이 들어섰기 때문에 이 산은 사라졌다고 함. 이 시는 당시 안지추가 벼슬하고 있던 양나라의 형주(荊州) 땅이 북주의 군사들에게 격파 당하자 황하수 물이 갑자기 불어난 위험을 무릅쓰고 북제 땅으로 가족을 이끌고 도망을 가는데, 이 지주를 통과하면서 지은 것임. 첫 구절에 나오는 협객은 자기 자신을 말하며, 마지막 구에 나오는 손빈(孫賓)은《손자병법》으로 유명한 손자를 말함.

280 | 송경(宋璟, 663~737) : 하북성 형주(荊州)출신. 당나라 현종 때에 유명한 재상. 광평군공(廣平郡公)에 봉하여 졌고, 문집 10권이 있었다 하나, 지금 시는 6수밖에 전하지 않음.

281 | 〈포진영가(蒲津迎駕)〉 : 〈포진에서 황제님의 행차를 맞이하며〉라는 뜻으로, 시 전체는 다음과 같다.

回鑾下蒲坂, 임금님의 수레 돌려 포진(蒲津) 비탈로 내려오시니,
飛旆指秦京. 날리는 깃발 장안을 가리키네.
洛上黃雲送, 낙수 곁에서는 누런 구름이 보내어 드리고,
關中紫氣迎. 관중 땅에 들어오니 자주 빛 기운이 마중 나오네.
霞朝看馬色, 너울 낀 아침에 말 빛을 놀랍게 보고,
月曉聽鷄鳴. 달 기운 새벽에 닭 울음 듣네.
防拒連山險, 방어하는 진지는 산의 험함을 연이었고,
長橋壓水平. 긴 다리는 물의 평평함을 눌렀네.
省方知化洽, 지방을 돌아보니 교화가 흡족함을 알겠고,
察俗覺時淸. 풍속을 살펴보니 시절이 맑음을 깨닫겠네.
天下長無事, 온 천하 오랫동안 무사하니,
空餘襟帶名. 공연히 옷깃과 띠 같이 둘러 있는 요새라는 이름만 남았구려.

당현종의 〈조도포관早渡蒲關〉 시에 말하기를

鳴鑾下蒲坂,　　수레방울 울리며 포판으로 내려가니,
飛旆入秦中.　　깃발을 날리며 진땅으로 들게 되었네.

라고 하였다. 또

馬色分朝景,　　말의 빛깔은 아침에 분명한데,
鷄聲逐曉風.　　닭 울음소리는 새벽바람 좇아내네.

라고 하였다. 이것은 아마 양梁나라 안지추顔之推의 시

馬色迷關吏,　　말의 빛은 관문을 지키는 관리들을 당황하게 하고,
鷄鳴起戍人.　　닭 울음은 보초서는 병사들을 깨우네.

라고 한 것을 인용하였을 것이다. 송경宋璟이 〈포진영가蒲津迎駕〉 詩를 지어 말하기를,

回鑾下蒲坂,　　임금의 수레 돌려 포진蒲津의 비탈로 내려오시니,
飛旆指秦京.　　날리는 깃발 장안을 가리키네.

라고 하였고, 또

霞朝看馬色,　　너울 낀 아침에 말 빛깔을 놀랍게 보고,
月曉聽鷄鳴.　　달 기운 새벽에 닭 울음 듣네.

라고도 하였다. 곧 현종과 같은 때의 작품인데, 그 서로 내용을 침범함이 이와 같다. 그러나 송경의 시는 두어 글자를 바꿔놓았을 뿐인데, 기상氣象은 문득 스스로 같지 않다.

[65] 명 태조의 〈송도회고시〉

大明高皇帝[282]御製〈松都懷古〉詩曰 :『遷遺井邑市荒凉, 莽蒼盈眸過客傷. 園苑有花蜂釀蜜, 殿臺無主兎爲鄕. 行商枉道從新郭, 坐賈移居慕舊坊. 此是昔時王氏業, 壇君逝久幾更張.』[283] 按 : 此權近[284]奉使時, 御製以賜者也.[285]

명나라 태조의 〈松都懷古〉에 말하기를

遷遺井邑市荒凉,	옮기다 남긴 마을의 저자는 황량하구나.
莽蒼盈眸過客傷.	넓은 들 퍼런 풀빛이 눈에 가득하여 지나는 나그네 마음 언짢네.
園苑有花蜂釀蜜,	동산과 비원秘苑터엔 꽃이 있어서 벌이 꿀을 빚고,
殿臺無主兎爲鄕.	궁전과 누대엔 주인이 없어 토끼가 마을을 삼았네.
行商枉道從新郭,	길가는 상인들은 길을 돌아서 새 시가로 가고,
坐賈移居慕舊坊.	앉은장수들은 옮겨 살면서 옛 마을을 생각하리라.

282 | 대명고황제(大明高皇帝) : 명(明)나라를 건국한 주원장(朱元璋, 1328~1398)이 어릴 때에는 가난하여 황각사(皇覺寺)의 중이 되었으나, 원나라 말기 반란군에 가담하여 여러 차례 전공을 세우고 명나라를 세움. 어릴 때는 공부할 기회가 없었으나, 장군이 되면서 여러 선비들과 접촉하면서 차츰 학문과 문장에 관심을 가지게 되었음. 문집《고황제어제집(高皇帝御製文集)》20권이 전함.

283 | 천유정읍시황량(遷遺井邑市荒凉) 여덟 구 : 이 시는 1990년에 상해 고적출판사에서 낸《전명시(全明詩)》에는 수록되어 있지 않음.

284 | 권근(權近, 1352~1409) : 호는 양촌(陽村). 이씨 왕조 초기의 대표적인 유학자, 문집《양촌집》40권, 저서《입학도설(入學圖說)》《오경천견록(五經淺見錄)》등 그가 중국에 갔을 때 지은 시를 모은《점마행록(點 馬行錄)》《봉사록(奉使錄)》등이 각각 1권씩 남아 있음.

285 | 어제(御製) : 권근이 45세 때 (홍무29년) 사절로 중국에 가서, 황제의 명령으로 24편의 시를 짓고, 황제로부터 3편의 어제시를 받았다고 하는데, 여기 인용된 이 시와 〈압록강(鴨綠江)〉, 〈사행이 요동을 지나다(使經遼左)〉 등으로 모두《양촌집》의 맨 첫머리에 실려 있음. 이로 보아 이 황제의 시는 중국에는 전하지 않으나, 한국에만 전하고 있음을 알 수 있음.

此是昔時王氏業,　　여기가 옛날 왕씨들의 땅이로구나.
壇君逝久幾更張.　　단군가신 뒤로 몇 번이나 나라가 바뀌었던고.

라고 하였다. 상고하여 보니, 이 시는 권근權近이 봉명사신奉命使臣으로 갔을 때에 지어 준 것이다.

[66] 건문제의 초승달新月

建文帝[286]兒時詠新月曰 :『誰將玉指甲, 掐作碧天痕. 影落江湖裏, 蛟龍不敢吞.』[287] 太祖見之不悅, 盖以『影落』二字爲不吉云. 余謂此起句襲用太祖〈新月〉[288]詩『誰將玉爪掏長空』之句. 而曰『影落江湖』, 則與其所

286 | 건문제(建文帝) : 명나라 두 번째 임금, 주원장의 손자로 23세에 왕위에 올랐으나 삼촌인 연왕(燕王 : 뒤의 영락황제)에게 26세에 쫓겨났다. 쫓겨날 때 왕궁 안에서 불에 타서 죽었다는 설도 있고, 도망쳐 중이 되었다는 설, 외국으로 망명 하였다는 설 등이 많음.

287 | 〈영신월(詠新月)〉 : 《황명통기(皇明通記)》 같은 책에 나오는 이야기로 《건문연보(建文年譜)》(趙士喆 저, 상무인서관, 1935) p.2에 인용하여 두었으나, 신빙성은 의심하고 있음. 《지봉유설(芝峰類說)》(문장부 3)에도 이 시가 수록 되었는데, 여기에 인용은 거기에 따른 것임.

288 | 〈신월(新月)〉 : 《전명시(全明詩)》 권 5에 수록됨.

誰將玉爪掐長空,　　누가 아름다운 손톱을 가지고 넓은 하늘을 꼬집는가?
萬里山河一樣同.　　천리만리 이어진 산과 강에서 한결같이 똑 같네.
映水有鉤魚怯釣,　　물에 비치니 갈고리 있어 고기는 낚시인가 겁내고,
啣山無箭鶴疑弓.　　산을 재갈 물리니 화살이 없으나 학은 활인가 의심하네.
清光未放雲霄外,　　맑은 빛 아직 구름 밖으로 내 쏘지는 않았지만,
素影遙分宇宙中.　　흰 그림자 멀리 우주의 중간을 나는구나.
輪滿待逢三五夜,　　둥근 바퀴 테 다 차자면 보름날을 기다려야 하리,
九州四海照無窮.　　온 나라와 온 천하를 끝없이 비추는.

※옥조(玉爪) : 손톱을 아름답게 표현한 말. 여기서는 손톱과 같은 초승달을 말함.
※소영(素影) : 달의 그림자[月影].

289 | 유락강호사십추(流落江湖四十秋) : 위에 인용한 《건문년보》(p.140)에 역시 《황명통기》에서 옮겨 적은 다음과 같은 시가 있음.(《지봉유설(芝峰類說)》에도 실려 있음).

作『流落江湖四十秋』[289] 語意相同, 其兆已見於此. 惟『蛟龍不敢呑』一語, 似得免害矣.

건문제建文帝가 어릴 때에 초승달을 두고 읊었는데,

誰將玉指甲, 누가 옥 손톱을 가지고,
掐作碧天痕. 넓은 하늘을 가리는가?
影落江湖裏, 그림자가 강물과 호수 속에 떨어지니,
蛟龍不敢呑. 이무기와 용이 감히 삼키지 못하네,

라고 하였다. 태조太祖가 그것을 보고 즐거워하지 않았다. 아마 '影落' 두 글자를 불길하게 생각하였기 때문일 것이라고 한다. 나는 말한다. 이 시의 첫 귀는 태조의 〈신월新月〉 시,

誰將玉爪掏長空? 누가 옥 손톱을 가지고 긴 공중을 꼬집는고?

의 글귀를 보고서 사용한 것이고, 영랑강호影落江湖는 그가 지은

289 流落江湖四十秋, 강호를 떠돌아다닌 지 40년이 되었는데,
歸來不覺雪盈頭. 돌아오니 흰 눈이 머리에 가득 찼음을 깨닫지 못하네.
乾坤有恨家何在, 하늘과 땅에 한이 맺혔으니 내 집은 어딘가?
江漢無情水自流. 강물은 무정하게 물만 저절로 흐르네.
長樂宮中雲影暗, 장락궁 안에는 구름 그림자 어둡고,
昭陽殿裏雨聲愁. 소양전 안에는 빗소리 근심스럽네.
新蒲細柳年年綠, 새 부들과 가는 버들 해마다 푸르지만,
野老呑聲哭未休. 들판의 늙은이 소리 삼키나 울음 그치지 않네.
이 시는 건문황제가 왕위에서 쫓겨나서 승려가 되어 숨어 살다가, 64세의 노불(老佛)이 되어 서울로 돌아올 때 지은 것으로 위의 자료들에서 이야기 하고 있으나, 사실 자체는 신빙성이 희박함. 그러나 이수광은 이 이야기가 사실이었던 것처럼 적고 있음.

流落江湖四十秋.　　강호에 유락함이 사십년이라.

한 것과 말뜻이 서로 같다. 그의 불길한 징조가 이미 여기에 드러난 것이다. 오직,

蛟龍不敢呑.　　이무기와 용이 감히 삼키지 못하네.

이라고 한 말 때문에 해를 면할 수 있었던 것 같다.

Ⅴ. 고악부古樂府[290]

[67] 일이원日以遠과 일추원日趨遠

古樂 :『相去日以遠, 衣帶日以緩.』[291] 又 :『離家日趨遠, 衣帶日趨緩.』[292]

290 | 고악부(古樂府) : 옛날 악부체의 시. 악부란 원래 한 무제 때 궁중에 설치한 음악을 관장하는 관청이름인데, 여기서 수집한 민요체의 시가를 악부시(樂府詩), 또는 악부(樂府)라고 하였는데, 모두 노래의 곡조와 가사가 있어 노래로도 부를 수 있었다. 그러나 후세로 내려오면서 그러한 노래의 가사만 본받아 지은 시들을 역시 악부시, 또는 신악부(新樂府)라고 하는데 주로 서민 생활의 고통을 반영하는 내용을 많이 담고 있다.

291 | 상거일이원(相去日以遠) 두 구 : 한 나라 말기 작자 미상의 〈옛날 시 열아홉 수(古詩十九首)〉 중의 첫째 시에 나옴.

行行重行行,　　가고 가고 또 가고 가다가,
與君生別離.　　그대와 더불어 생이별 하였구나.
相去萬餘里,　　서로 만 여리나 떨어지니,
各在天一涯.　　각각 하늘 한쪽에 있구나.
…………
相去日已遠,　　서로 떨어지기를 날마다 멀리하니,
衣帶日已緩.　　옷의 허리띠는 날마다 느슨해지네.
浮雲蔽白日,　　뜬 구름 흰 해를 덮으니,

王弇州言『以』字雅,『趨』字峭, 俱大有味[293]. 余則謂『趨』字大不及『以』字矣.

고악부에

相去日以遠,　　서로 떨어지기를 날마다 멀리하니,
衣帶日以緩.　　옷의 허리띠는 날로 느슨해지네.

라고 하였고, 또

離家日趨遠,　　집 떠남이 나날이 멀어지니,
衣帶日趨緩.　　옷과 띠 날로 느슨해지는구나.

라고도 하였다. 왕세정王世貞이 말하기를,『이以』라는 글자를 사용하니 글이 아존 하고, 추趨라는 글자를 쓰니 험준하다. 모두 매우 맛이 있다」고 하였다. 나는 말한다. 추趨라는 글자는 이以라는 글자보다 매우 못하다.

遊子不顧返.　　떠나간 사람 돌아오려고 하지 않네.
....

292 | 이가일추원(離家日趨遠) 두 구 : 작자 미상의 〈옛노래(古歌)〉 (《고시원(古詩源)》 권3)에 수록.

秋風蕭蕭愁殺人,　　가을바람 썰렁하여 사람 간장 녹이니,
出亦愁入亦愁.　　나가도 근심스럽고, 들어와도 근심스럽구나.
座中何人,　　좌중에 어떤 사람들인가?
誰不懷憂.　　그 누군들 근심 없으리.
....
離家日趨遠,　　집 떠남이 나날이 멀어지니,
衣帶日趨緩.　　옷과 띠 날로 느슨해지는구나.
心思不能言,　　마음 말로 표현할 길 없어,
腸中車輪轉.　　뱃속에서 수레바퀴만 구르네.

293 | 『이』 자아(『以』字雅) : 《예원치언(藝苑卮言)》 권3.

[68] 파경

按古樂府曰 :『何時大刀頭, 破鏡飛上天.』[294] 謂夫還期在月如破鏡時也. 古詞『邊月破鏡飛』[295], 乃出於此. 杜詩云 :『悠悠邊月破.』[296] 註 :『月破, 謂月將盡也.』[297] 然韓詩云 :『新月憐半破.』[298] 乃月未滿時也. 樊

294 | 하시대도두(何時大刀頭) 두 구 : 〈고절구(古絶句)〉《고시원》 권4

藁砧今何在,　　낭군님은 지금 어디에 갔는가?
山上復有山.　　산 위에 또 산이로구나.
何當大刀頭,　　어떻게 큰 칼 머리로,
破鏡飛上天.　　거울 반달을 갈라 하늘로 날아가게 할 수 있을까?

※고침(藁砧) : 탯돌(농가에서 풀을 다듬이질 하는 돌), 또는 작두를 말하는데, 작두는 한 자로 부(鈇)자 이므로, 남편[夫] 을 말할 때『고침』이라고도 함.

※대도두(大刀頭) : 칼머리에 있는 궁도 고리[環]. 環(고리환) 자와 還(돌아올 환) 자의 음이 같기 때문에『대도두』로 돌아온다, 는 뜻을 나타냄.

※『시(時)』자는 모든 자료에『당(當)』자로 나옴.

※파경(破鏡) : 갈라진 거울, 부부가 흩어짐을 비유 하는 말로도 사용 되는데, 반달을 뜻하기도 함.

295 | 변월파경비(邊月破鏡飛) : 미상

296 | 유유변월파(悠悠邊月破) : 두보의 〈비(雨)〉의 한 구절.

山雨不作埿,　　산에 내리는 비는 흙탕물을 만들지 않고,
江雲薄爲霧.　　강위에 낀 구름은 엷은 안개가 되는구나.
……
兵戈浩未息,　　싸움은 커져 그치지 않아,
蛇虺反相顧.　　독사 같은 외적들 우리나라를 엿 보는구나.
悠悠邊月破,　　유유자적한 변방의 달도 지자,
鬱鬱流年度.　　울적하고 울적하게 유랑하던 한 해가 지나가는 구나
……
宿留洞庭秋　　동정호 곁에 머물러 묵고 있으나,
天寒瀟湘素　　하늘은 차고 소수와 상수는 희구나.
杖策可入舟　　지팡이 짚고 배에 들어가서,
送此齒發暮　　이 육신이 시들어 감을 작별할 수 있겠네.

이 시는 대력(大曆) 2년(767)에 지은 것으로, 그가 삼협을 빠져 내려와서 호북, 호남 지방으로 들어오면서 지은 것인데, 그 때 토번(吐蕃)이 침입하여, 서울에 계엄령이 내려졌다는 소식을 듣고 지은 것임.

297 | 월파위월장진야(月破謂月將盡也) : 하늘에 뜬『달이 이지러진다.』는 해석과『한 달이 다 간다.』는 해석, 두 가지가 있는데 이 해석은 후자를 취한 것이다. 송나라 때

川亦云：『半破前峰月.』299 凡言月破, 蓋謂半缺. 或言破鏡, 半月也；謂半月當還也.

《두보문집》 주석자인 조차공(趙次公)부터 이런 해석을 취하였음.

298 | 신월련반파(新月憐半破) : 〈합강정을 제목으로 삼아서 형주(衡陽)자사인 추유립(鄒儒立)님에게 띄움(題合江亭, 寄刺史鄒君)〉

紅亭枕湘江, 붉은 정자는 상강을 베고 있는데,
蒸水會其左. 증수가 그 왼쪽에 모이네.
瞰臨空眇闊, 아득하고 공활함을 조감해 볼 수 있는데,
綠淨不可唾. 너무 푸르고 깨끗하기만 하여 침을 뱉을 수도 없네.
…….
窮秋感平分, 늦가을 되니 사계절 고르게 분배됨을 느끼겠고,
新月憐半破. 새로 뜨는 달 반쯤 깨어짐이 어여쁘구나.
願書巖上石, 바위 구멍 위에 있는 돌에 글자를 적고자 하니,
勿使泥塵流. 진흙과 티끌을 묻게 하지 마소서.

※증수(蒸水) : 강물 위에서 수증기 같은 기운이 오르기 때문에 이렇게 부르는데, 이 강을 가리키는 고유명사로도 사용됨. 형양현(衡陽縣) 서쪽에서 나와서 상수로 들어감. 이 시는 한유가 양산 (陽山)으로 좌천되어 갔다가 풀려나와 북쪽으로 가는 길에 형산(衡山)에 잠깐 들렀을 때 지은 것임.

299 | 반파전봉월(半破前峰月) : 〈지주에서 맹지(孟遲) 선배를 송별하며(池州, 送孟遲先輩)〉

昔子來陵陽, 옛날 그대 능양 땅에 왔을 때,
時當苦炎熱. 그 때 무더위에 시달릴 때였지.
我雖在金臺, 내 비록 황금대에 있었다지만,
頭角長垂折. [그대 앞에서] 늘 두각을 나타내지 못했지.
奉披塵意驚, 삼가 때 묻은 생각을 헤쳐 버리게 됨에 놀라고,
立語平生豁. 곧 바로 내 평소의 생각과는 다름을 고백하네.
寺樓最騫軒, 절간의 누각 가장 높으니,
坐送飛鳥沒. 앉아서 나는 새 사라짐을 끝까지 보네.
一罇中夜酒, 한 주전자 술 한밤중에 따르는데,
半破前峰月. 앞 봉우리의 달 반쯤 깨졌네.
……

※지주(池州) : 지금의 안휘성 귀지(貴池)에 있었던 당나라 때의 지명인데, 이 때 이 시의 저자 두목(杜牧)이 지주의 자사[군수]를 지내고 있었음.

※맹지(孟遲) : 자 는 지지(遲之), 진사가 되었고 시집 한권을 남겼음.

※선배(先輩) : 지금 우리말의 선배와는 다르게 친구들 사이에 서로 높여 부르던 말. 이 맹지는 두목(杜牧) 보다 오히려 나이는 적었을 것으로 짐작됨.

※능양(陵陽) : 이 지주 일대인 선주(宣州)의 뒤를 받치고 있는 산.

고악부古樂府를 살펴보니,

何時大刀頭,　　어느 때 큰칼 머리로,
破鏡飛上天.　　거울 반달을 갈라 하늘로 날아가게 할 수 있을까?

라고 하였다. 남편이 돌아올 기한이, 달이 깨진 거울과 같은 때 [반달이 될 때] 로 되어 있는 것이다. 옛 글에

邊月破鏡飛.　　변방의 달은 깨진 거울이 난다.

라고 한 것은 바로 여기에서 나온 말이다. 두시杜詩에

悠悠邊月破,　　유유자적한 변방의 달도 지자,

라고 하였는데, 주석에 『달이 깨졌다고 한 것은 달이 장차 다하는 것을 말한다.』고 하였다. 그러나 한유의 詩에는 말하기를

新月憐半破.　　새로 뜨는 달 반쯤 깨어짐이 어여쁘구나.

라고 하였으니, 곧 달이 만월이 되지 않은 때이다. 두목杜牧도 또한

半破前峰月.　　앞 봉우리의 달 반쯤 깨졌네.

※금대(金台) : 황금대(黃金台)의 주린 말. 옛날 연나라 임금이 황금을 높은 대 위에 쌓아놓고 선비들을 초치하였다는 전설에서 나온 말.
※평생활(平生豁) : 〈은중감의 전기(殷仲堪傳)〉『늘 자제들에게 「중요한 인물들이 내가 한 지방의 고을 원을 하는 것을 보고는 내가 옛날 평소에 가졌던 생각과는 멀어졌다고 할 것이다」라고 이야기 하였다(每語子弟云 : 人物見我受任方州, 謂豁我平昔時意)』

라고 하였다. 대체로 달이 깨졌다고 하는 것은, 반이 이지러진 것을 말한 것이다. 어떤 이는 말하기를, 깨어진 거울은 반달이니 반달만 기다리면 마땅히 남편이 돌아올 것이라고 한 것이다. 라고 한다.

[69] 오구烏臼의 뜻

古樂府曰：『彈去烏臼鳥.』[300] 又『風吹烏臼樹』[301]. 陸龜蒙[302]《挑菜》[303]詩曰：『行歇每依鴉舅影, 挑頻時見鼠姑心.』[304]《韻府》[305] 云：『鼠姑是牡

300 | 탄거오구조(彈去烏臼鳥) : 〈독곡가(讀曲歌)〉(《악부시집》 권46).

打殺長鳴鷄,　　장명계(길게 우는 닭)를 때려잡고,
彈去烏桕鳥.　　오구조를 쏘아서 쫓으리.
願得連暝不復曙,　　원하노니 이어진 밤 다시 새지 않아서,
一年都一曉.　　한 해가 모두 하루 새벽 같았으면.

※독곡(讀曲) : 악곡을 큰소리로 노래하지 않고 나지막한 소리로 읊조리는 것을 말함.
※오구(烏臼) : 까마귀가 그 열매를 즐겨 먹는다는 낙엽수의 이름이나, 여기서는 날이 밝으면 운다는 철새 이름으로 사용됨.

301 | 풍취오구수(風吹烏臼樹) : 〈서주의 노래(西州曲)〉.

憶梅下西洲,　　매화가 서주 땅에 필 때를 기억해 보니,
折梅寄江北.　　매화 꺾어 강북으로 부쳤지.
單衫杏子紅,　　홑적삼 살구꽃은 붉은데,
雙鬢鴉雛色.　　두 쪽 귀밑털은 새끼 오리 빛 같이 희네.
西洲在何處,　　서주가 어느 곳에 있는가?
兩槳橋頭渡.　　두 삿대로 다리 머리까지 건너야지.
日暮伯勞飛,　　날 저물자 백로 나니,
風吹烏臼樹.　　바람이 오구수에 부네.

302 | 육구몽(陸龜蒙, ?~881) : 자(字)는 노망(魯望). 호는 천수자(天隨子) · 보리선생(甫里先生). 소주(蘇州)출생. 《춘추》에 조예가 깊었다. 송강(松江)의 보리(甫里)에 은거하며 농경을 장려하고 개간과 농업의 개량사업에 힘쓰는 한편 시서를 즐기며 유유자적한 생활을 보냈다. 친구인 피일휴(皮日休)와 서로 주고받은 화답시가 《송능창화집(松陵唱和集)》에 전하며, 농서(農書)인 《뇌사경(耒耜經)》 1권, 시문집 《당보리선생문집(唐甫里先生文集》 20권 · 《입택총서(笠澤叢書)》 4권 등의 저서가 있다.

303 | 〈도채(挑菜)〉 : 《전당시》에는 〈우연히 들나물을 뜯어 피일휴(皮日休)에게 보내며 지음 (偶掇野蔬, 寄襲美, 有作)〉으로 되어 있음.

304 | 행헐매의아구영(行歇每衣鴉舅影) 두 구 : 《전당시》 권624에 나오는 구절.

丹, 鴉舅亦當時木名.』 黃山谷詩曰 : 『鴉舅頗强聒.』306《韻府》云 : 『鴉也.』《唐類函》307 云 : 『荊州有樹名烏臼.』 臼與舅同音, 蓋一義也.

野園煙裏自幽尋, 　　들 동산 안개 속 스스로 그윽이 찾아 들어가니,
嫩甲香蕤引漸深. 　　어여쁜 껍질 향내 나는 풀 점점 깊이 이끌고 가네.
行歇每依鴉舅影, 　　가다가 쉴 때면 늘 아구의 그림자 밑에 있고,
挑頻時見鼠姑心. 　　자주 뜯다가 보면 때때로 모란 가시를 보네.
淩風藹彩初攜籠, 　　바람에 나부끼며 싱싱한 빛깔을 처음에는 바구니에 넣다가,
帶露虛疏或貯襟. 　　이슬 머금은 체 듬성듬성한 것을 더러 옷깃에 담기도 하네.
欲助春盤還愛否, 　　봄날 밥상을 도우려 할 것이니 그래도 사랑스럽지 않겠는가?
不妨蕭灑似家林. 　　산뜻함이 흡사 고향 숲에서 나는 것과 똑같을 것이니.

305 | 《운부(韻府)》 : 《운부군옥(群玉)》, 송나라 말기 음시부(陰時夫) 지음. 20권. 8,820글자를 시운(詩韻) 106(韻)의 순서에 따라 배열하고 설명한 책.

306 | 아구파강괄(鴉舅頗强聒) : 〈숙부 성모님께서 꾀꼬리가 골짜기를 옮김을 읊은 시의 각운자에 차운하여 (次韻叔父聖謨, 詠鶯遷谷〉에 나오는 구절.

鴉舅頗强聒, 　　아구는 자못 수다스럽고,
僕姑常勃磎. 　　복고는 늘 자리를 다투네.
黃鳥懷好音, 　　황조는 좋은 소리 간직하고,
秋菊染春衣. 　　가을 국화 빛으로 봄옷을 물들였네.
嚶嚶求朋友, 　　앵앵 울면서 친구를 구하니,
憂患同一枝. 　　근심 걱정 한 가지 위에서 똑같이 하네.
提壺要酤我, 　　제호는 나를 보고 술을 사오라 하고,
杜宇賦式微. 　　두우는 어찌 『돌아가지 않는가』라고 노래하네.

※성모(聖謨) : 이름은 양(襄), 호는 대원(臺源), 성모는 그의 자(字)임. 이 시는 작자가 17세 때 고향에서 친척들이 두루 모였을 때 지은 것으로 알려져 있음. 이 시에 나오는 『아구』『복고』『황조』『두우』는 모두 새 이름으로, 『복고』는 『발고(勃姑)』라고도 하며, 비둘기, 『황조』는 『황려(黃鸝)』 또는 『창경(倉庚)』이라고도 하며 꾀꼬리, 『제호(鵜鶘)』라고도 적으며, 사다새(펠리칸), 『두우』는 『두견(杜鵑)』 또는 『자규(子規)』라고도 하며, 뻐꾸기를 말함.

※제호(提壺) : 글자 그대로는 『술병을 들라』는 뜻인데, 이 새의 우는 소리가 『제호로, 고미주(提壺蘆, 沽美酒 : 술병 들고 술 사오라)』와 같기 때문에 이런 이름을 붙였다고 함.

※식미(式微) : 『식(式)』자는 뜻 없는 발어사(發語辭), 『미(微)』는 쇠했다는 뜻. 《시경. 패풍. 식미》에 『쇠하였구나! 쇠하였구나! 어찌 돌아가지 않는가(式微式微, 胡不歸)』라는 말이 있는데, 뻐꾸기 우는 소리가 『불여귀(不如歸 : 돌아감만 못하다)』 같이 들린다고 해서 《시경》의 이 구절 첫 두 글자를 이끌어 썼음.

307 | 《당류함(唐類函)》 : 명나라 유안기(兪安期)가 편집한 백과 사전류의 책. 200권으로,

고악부古樂府에 말하기를

彈去烏臼鳥.　오구조를 쏘아서 쫓으리.

라 하였고, 또

風吹烏臼樹.　바람이 오구수에 부네.

라고도 하였다. 육구몽陸龜蒙의 도채 〈나물을 뜯으며挑菜〉 시에 말하기를

行歇每依鴉舅影,　가다가 쉴 때면 늘 아구의 그림자 밑에 있고,
挑頻時見鼠姑心.　자주 뜯다가 보면 때때로 모란 가시를 보네.

라고 하였다. 《운부韻府》에 말하기를

鼠姑是牡丹,　서고鼠姑는 목단牡丹이고
鴉舅亦當時木名.　아구도 또한 당시의 나무 이름이다.

라고 하였다. 황정견黃庭堅의 시에는 말하기를

鴉舅頗强聒.　아구鴉舅가 자못 수다스럽다.

라고 하였는데, 《운부韻府》에서는 『까마귀다』라고 하였다. 《당류함唐類函》에는 말하기를 『형주에 나무가 있으니 이름을 오구라고 한다』고 하였다. 구臼는 구舅와 음이 같으니 아마 오구烏舅와 오구烏臼는 같은 뜻일 것이다.

43부분으로 나누어졌음. 당나라 사람들이 만든 사전류의 책들을 두루 모아서 중복되는 내용을 제거하고 체재와 내용을 통일한 책임. 《사고전서》의 유서류(類書類) 존목(存目)에 보임.

[70] 이백李白이 지은 악부시 평

李東陽[308]曰 : 『漢魏間樂府歌辭質而不俚, 腴而不艶, 有古詩言志依永[309]之遺意. 嗣是以還, 作者代出. 然或重襲故常, 或無復本義. 李太白才調雖高, 題與義多仍其舊. 延至於今, 此學之廢, 亦久矣.』[310] 余謂此言是, 但其所自爲擬古樂府諸篇[311], 雖或有警句, 未免俳優强作之態, 決非本色. 王世貞[312]云 : 『李文正爲古樂府, 一史斷耳.』[313]

이동양李東陽이 말하기를

한漢나라 위魏나라 사이의 악부가사는 질박하면서 속되지 않고, 아름답지만 화려 하지 않아서, 고시의 뜻을 말하고 길게 뽑아 노래한 맛이 있다는 뜻을 물려받고 있다. 그 이후로 훌륭한 작가가 대대로 나왔다. 그러나 어떤 이는 고상(故常 : 오래 되었으나 변하지 않은 것)을 거듭 습용하고, 어떤 이는 [악부

308 | 이동양(李東陽, 1447~1516) : 호남성(湖南省) 다릉(茶陵) 출생. 자 빈지(賓之). 호 서애(西涯) 《회덕당집(懷德堂集)》 100권과 《의고악부(擬古樂府)》 100권 등을 저술하였다.

309 | 언지의영(言志依永) : 《시전(詩傳)》의 〈대서(大序)〉에 『「시」라는 것은 사람의 뜻을 표현하는 것이고, 「가」라는 것은 표현되는 말을 길게 뽑아서 노래하는 것이다(詩言志, 歌永言)』에서 따온 말. 『의영』은 『길게 뽑는데 의지 한다』는 말이니 곧 『가(歌)』를 말함.

310 | 한위간악부(漢魏間樂府) : 이동양의 문집 맨 첫머리에 실린 〈옛날 악부체의 시를 모의하여 지은 작품의 서문(擬古樂府引)의 첫 부분에 나오는 이야기를 다소 축약하여 놓은 곳임.

311 | 의고악부제편(擬古樂府諸篇) : 주인빈(周寅賓) 점교(點校) 《이동양집(李東陽集)》(장사, 악록서사, 1983)에는 102편이 수록되어 있음.

312 | 왕세정(王世貞, 1526~1590) : 《학산초담(鶴山樵談)》 주 10) 참조.

313 | 사단(史斷) : 옛날 역사책에서 마음에 들지 않는 표현을 끊어 없애고 바꾸어 쓴다는 말. 공자가 《춘추》를 정리 할 때 그러한 태도를 취하였다고 함. 왕세정의 이 말은 《예원치언》 권3에 보이는데, 거기서는 『이문정공(李文正公 : 이동양)은 고악부를 짓는데 오로지 사단을 행하였을 뿐, [그의 작품에 있어서는] 열 가지 중 한 가지도 잘 되지 않았다(李文正公爲古樂府, 一史斷耳, 十不能得一)』이라고 하였음.

시] 본래의 뜻을 살릴 수 없었다. 이태백李太白의 재주는 비록 높으나 제목題目과 뜻을 옛 것 그대로 한 것이 많은데. 그런 풍습이 지금까지 연장되고 있으니. 이런 것을 배운 폐단이 정말 오래되었다.

고 하였다. 나는 말한다. 이 말은 옳다. 다만 그 스스로 의고악부擬古樂府라고 하는 여러 편도, 비록 혹은 경구警句도 있으나, 배우俳優가 억지로 모방하여 짓는 태도 같은 모습을 면할 수 없으니 결코 [악부시의] 본색을 갖추지는 못하였다. 왕세정王世貞이 말하기를 『이문정공李文正公이 지은 고악부古樂府시는 오로지 사단史斷일 뿐이다.』라고 말하였다.

[71] 의고악부의 귀도鬼道

何元朗[314]云 :『樂府以揚厲爲工. 詩餘以婉麗爲美.』[315] 王世貞云[316] :『擬古樂府, 務尋本色. 一涉議論, 便是鬼道.』[317] 余謂一涉議論, 便是鬼道. 凡詩皆然, 不但樂府而已.

하량준何良俊이 말하기를 『악부시는 양려한 것을 잘 지었다 하고, 시여는 완려한 것을 아름답다고 한다.』고 하였다. 왕세정王世貞이 말하기를 『고악

314 | 하원랑(何元朗) : 하량준(何良俊, 1506~1573) : 자(字)는 원랑(元朗), 호는 석호거사(柘湖居士), 또는 청계만사(靑溪漫士). 왕유, 장자, 백락천을 각각 불 · 도 · 유를 대표하는 벗으로 삼아, 자기의 서재를 『사우재(四友齋)』라고 불렀음. 20년 동안 학문에만 전념하였으나, 오랫동안 과거에 합격하지 못하다가 늦게야 특례로 남경(南京)의 한림원에 공목(孔目 : 도서담당관)으로 근무하였음. 청삼각(淸森閣) 이라는 개인 서재에 4만권이 넘는 장서를 소장하였으며, 문인으로, 또 서화 감상가로서 이름이 높았음. 문집 : 《하한림집(何翰林集》 28권, 《사우재총설(四友齋叢說)》 38권, 《하씨어림(何氏語林)》 30권 등.

315 | 악부(樂府) : 출전 미상

316 | 왕세정(王世貞) : 《학산초담(鶴山樵談)》 주 10) 참조.

317 | 의고악부(擬古樂府) : 《(예원치언(藝苑卮言)》 권 1에 나오는 말을 요약해 두었음. 거기는 『본색(本色)』 대신 『고색(古色)』으로 되어 있음.

부를 모의하여 지을 때에는 힘써 옛 본색을 찾아야 하는데, 만약 한번 의논에 들어서면, 그것은 문득 귀도라 하였다.』 나는 말한다. 한번 논리하는 버릇에 빠지면 문득 그것을 귀도라고 하는 것은 모든 시가 다 그러하다. 다만 악부만이 그런 것은 아니다.

VI. 고시古詩[318]

[72] 청사靑絲와 옥호玉壺

漢辛延年[319]詩曰 :『絲繩提玉壺.』[320] 古樂府曰 :『靑絲繫玉壺.』[321] 李

318 | 고시(古詩) : 고체시(古體詩). 근체시(近體詩)의 대가 되는 말로 성당(盛唐) 때 완성된 시구의 글자 수, 시구 수, 대구(對句), 평측(平仄), 각운(脚韻) 등에 규칙이 까다로운 시[율시] 보다는, 비교적 규칙이 덜 까다로운 시. 근체시가 완성되기 전에는 대개 고체로 시를 썼고, 근체시가 나온 뒤에도 고체시의 작품이 계속하여 지어졌음.

319 | 신연년(辛延年, ?~?) 동한(東漢)때의 시인이나 그의 이력은 전하는 것이 없고, 다만 〈우림랑(羽林郎)〉이라는 악부시 1수만 전함.

320 | 사승제옥호(絲繩提玉壺) : 바로 위에서 말한 〈우림랑〉의 한 구절.

昔有霍家奴, 옛날 곽 씨 댁에 한 종이 있었는데,
姓馮名子都. 성은 풍 가요 이름은 자도라.
依倚將軍勢, 장군님 댁 권세에 의거하여,
調笑酒家胡. 술집의 호녀(胡女)와 장난하려 하네.
胡姬年十五, 호녀 나이 열다섯,
春日獨堂壚. 봄날 혼자 술청에 나와 앉았네.
……
就我求淸酒, 나에게 다가와서 청주를 달라고 해서,
絲繩提玉壺. 실끈으로 옥 술병을 매어 들었다.
……

※우림랑(羽林郎)은 한 무제 때 설치된 황궁을 지키는 사람을 말하는데, 신연년이 이 시를 짓기 이전 이미 이런 한 악부시의 제목이 있었기 때문에, 그가 이 제목을 그대로 쓴 것이나, 이 시의 내용을 보면 이 제목과는 관계가 없이 한나라 때 한 권세가의 종에게 어떤 술파는 호녀(胡女 : 서북쪽 이민족 여자)가 부당하게 겁탈당하는 내용을 담고 있음.

白詩：『玉壺繫青絲.』[322] 岑參[323]詩曰：『絲繩玉壺爲君提.』[324] 蓋古者以青絲繩繫壺故也. 又古樂府曰：『青絲繫馬尾.』[325] 又『青絲爲籠係.』[326]

321 | 청사계옥호(青絲繫玉壺) : 원(元)나라 사람 호소제(胡小弟)의 〈감천의 우인에게 띄움(寄淦川友人)〉(《어선송금원명사조시(御選宋金元明四朝詩)》에 수록)에만 나오는 것으로 보아서, 고악부가 아닌 것 같음.

322 | 옥호계청사(玉壺繫青絲) : 〈술을 기다리나 오지 않음(對酒不至)〉에 나오는 구절.

玉壺繫青絲, 옥 술병을 푸른 실에 묶고서,
沽酒來何遲. 술을 사서 옴이 어찌 이리 늦은가?
山花向我笑, 산의 꽃은 나를 보고서 웃으니,
正好銜杯時. 꼭 술잔을 기울이기 좋을 때로구나.
晩酌東窓下, 늦게야 동창 아래서 잔질하리니,
流鶯復花玆. 날아가는 꾀꼬리 다시 여기 있겠지.
春風與醉客, 봄바람이 취한 나그네와 함께 하리니,
今日乃相宜. 오늘에야 이에 나와 잘 어울리겠지.

323 | 잠삼(岑參, 715~770) : 《지봉유설(芝峰類說)》 주 106) 참조.

324 | 사승옥호위군제(絲繩玉壺爲君提) : 〈서쪽 정자에서 이사마를 송별하며(西亭子, 送李司馬)〉

高高亭子都城西, 높고 높은 정자는 군청 소재지 성의 서쪽에 있는데,
直上千尺與雲齊. 곧 바로 천척이나 올라가 구름과 나란하구나.
盤崖緣壁試攀躋, 널찍한 낭떠러지 벽을 따라서 시험 삼아 오르고 싶으나,
羣山向下飛鳥低. 여러 산들 아래로 향하였는데 나는 새 나직하네.
使君五馬天半嘶, 사또의 다섯 마리 말 하늘 중턱에서 울며,
絲繩玉壺爲君提. 옥 술병 실끈으로 묶어 그대에게 달아주네.
坐來一望無端倪, 앉아서 바라보니 끝없이 아득한데.
紅花綠柳鶯亂啼. 붉은 꽃 푸른 버들에 꾀꼬리 어지러이 우네.
……

이 시는 저자가 괵주장사(虢州長史)라는 지방 수령을 하고 있을 때, 그의 부관(副官 : 司馬)이 사직하고 돌아감에 지어준 송별시임. 다섯째 구에 나오는 『사또[使君]』는 바로 저자 자신임.

325 | 청사계마미(青絲繫馬尾) : 〈밭 골 위의 뽕나무(陌上桑)〉

日出東南隅, 해가 동남쪽 구석에 돋아서,
照我秦氏樓. 나의 진 씨 집 다락을 비추는 구나.
秦氏有好女, 진 씨 집에 좋은 딸 있으니,
自名爲羅敷. 스스로 이름을 '나부' 라고 하였네.
羅敷喜蠶桑, 나부는 누에 뽕 먹이는 것을 좋아하여,
採桑城南隅. 뽕을 성 남쪽 구석에서 뜯네.

又 :『賚錢三百萬, 皆用青絲穿.』327 則非獨繫壺而已.

한나라 신연년辛延年의 시에

絲繩提玉壺.　실끈으로 옥 술병을 매어 들었다.

하였고, 옛날 악부시에는

青絲繫玉壺.　푸른 실로 옥병을 매었다.

라고 하였으며, 이백李白의 시에는

青絲爲籠系,　푸른 실로 뽕잎 바구니 묶는 끈을 삼고,
桂枝爲籠鉤.　계수나무 가지로 바구니 손잡이를 만들었네.
……
白馬從驪駒,　백마에 검은 망아지 따르고,
青絲繫馬尾.　푸른 실을 말 꼬리에 매였네.

326 | 청사위롱계(青絲爲籠係) : 바로위 이 시 제 7구에 나옴. 『계(係)』자가 『계(系)』자로 되었음.

327 | 뇌전삼백만(賚錢三百萬) : 고시 〈초중경의 아내를 위하여 지음(古詩爲焦仲卿妻作)〉.
孔雀東南飛,　공작은 동남쪽으로 날아가다가,
五里一徘徊.　오리에 한 번씩 배회하네.
……
躑躅青驄馬,　푸른데 흰빛 섞인 준마는 머뭇거리는데,
流蘇金鏤鞍.　다섯 가지 빛깔로 장식하고 금으로 아로새긴 안장하였네.
賚錢三百萬,　지참금은 3백만 량이나 실었는데,
皆用青絲穿.　모두 푸른 실로 꾸러미를 꿰었네.
雜綵三百疋,　온갖 비단 3백 필이나 되는데,
交廣市鮭珍.　또 교주와 광주에서 산해진미 사왔다네.
이 시는 저자를 알 수 없고, 제목도 〈공작동남비〉로 알려지기도 함. 후한말기에 여강부(廬江府 : 안휘성)의 하급 관리 초중경의 아내 유씨(劉氏)가 시어머니에게 쫓겨나서, 친정으로 가자, 친정에서 개가를 시키려 하므로 자살하자, 그 남편 초중경도 따라서 자살하게 되었다는 비극을 담고 있음. 여기에 인용한 구절은 개가 시키려 할 때, 그 신랑 될 집에서 준비 해오는 혼숫감을 과장스럽게 표현한 내용임.

玉壺繫靑絲.　　옥병을 푸른 실로 매었다.

하였고, 잠삼岑參의 시에는

絲繩玉壺爲君提.　　끈으로 맨 옥 술병을 그대 위해 갖고 왔네.

라고 하였다. 아마 옛날에는 푸른 실로 술병을 매었기 때문일 것이다. 옛날 악부시에 말하기를

靑絲繫馬尾,　　푸른 실을 말꼬리에 맨다.
靑絲爲籠係.　　푸른 실로 농籠을 묶는 끈을 하였다.

하였고, 또

賚錢三百萬,　　지참금 삼백만 이나 되는데,
皆用靑絲穿.　　모두 푸른 실로 꿰었다.

고 하였다. 그러니 푸른 실은 유독 술병 매는 데에만 쓰는 것은 아니었다.

[73] 석숭石崇의 〈명비곡明妃曲〉

王嬙, 字昭君,[328] 晉避文帝諱, 改明君, 亦曰 : 明妃. 石崇[329]作〈明妃曲〉[330], 略曰 : 『殊類非所安, 雖貴非所榮. 父子見凌辱, 對之慚且驚. 殺身

328 | 왕소군(王昭君) : 중국 역사상 이름난 미녀.
329 | 석숭(石崇, 248~300) : 서진의 유명한 장군이며 문인. 낙양에 금곡원(金谷園)이라는 별장을 세우고 환락을 즐긴 일로도 유명함. 문집 6권. 《전진시(全晉詩)》에 그의 시 8수가 수록되어 있음.
330 | 〈명비곡(明妃曲)〉: 《전진시》에는 『왕명군사(王明君辭)』로 되어 있음. 중간에 『부자견능욕(父子見凌辱)』이라는 말은 흉노족은 습관상 아버지가 죽으면 그 아들이 그

良不易. 默默以苟生. 苟生亦何聊, 積思常憤盈. 願假飛鴻翼, 乘之以遐征. 飛鴻不我顧, 佇立以屏營. 昔爲匣中玉, 今爲糞上英. 朝華不足歡, 甘與腐草並. 傳語後世人, 遠嫁難爲情.』[331] 其詞婉轉, 曲盡情意, 後之爲此曲者, 皆莫能及. 如王介甫[332] 『漢恩自淺胡自深』[333] · 『人生適意無南北』,[334] 固不足道也.

왕장王嬙의 자는 소군이다. 진晉나라에서는 문제文帝의 휘(諱 : 이름)를 피하여 명군이라 고쳐 부른다. 또 명비明妃라고도 한다. 석숭石崇이 명비곡明妃曲을 지었으니 대략 이러하다.

후궁을 상속하는 제도를 말함.

331 | 수류비소안(殊類非所安) : 이시의 후반 부분임.

332 | 왕개보(王介甫) : 왕안석,《백운소설(白雲小說)》 주 10) 참조.

333 | 한은자천호자심(漢恩自淺胡自深) : 〈명비곡(明妃曲)〉 2수 중 제2수에 나오는 구절이다.

漢宮侍女暗垂淚, 한 나라 궁중에서 온 시녀들 몰래 눈물 흘리고,
沙上行人却回首. 사막 위의 나그네들 도리어 고개 돌리네.
漢恩自淺胡自深, 한 나라의 은혜 저절로 옅어지고 호의 은혜 스스로 깊어지니,
人生樂在相知心. 인생의 즐거움은 서로 마음 알아주는데 있을 뿐.
可憐青冢已蕪沒, 가련하구나! 푸른 무덤 이미 잡초에 흔적 없으나,
尙有哀弦留至今. 아직도 그의 슬픈 노래 가락 지금까지 남아 있구나.

※청총(青冢) : 북쪽의 풀은 흔히 흰빛이나 왕소군의 묘에만 푸른 풀이 났다고 해서 『청총』이라고 불렀다함.

334 | 인생적의무남북(人生適意無南北) : 〈명비곡〉 2수 중 제1수의 끝 부분.

家人萬里傳消息, 집 사람들에게 만리 밖에서 소식 전하기를,
好在氈城莫相憶. 북녘 나라 왕궁에서 잘 있으니 나를 생각하지 말라고.
君不見, 그대는 보지 못하였는가?
咫尺長門閉阿嬌, 지척에 있는 장문궁에서 진왕후가 유폐되는 것을,
人生失意無南北. 인생에서 뜻을 잃기는 남쪽이나 북쪽이나 구별 없다는 것을.

※아교(阿嬌) : 한 무제의 왕비인 진황후(陳皇后)의 어릴 때 호칭. 원래 무제의 고종사촌 누이였으나, 황후로 맞이하였다가 나중에 사랑이 식어 황제의 어머니가 사는 장문궁(長門宮)에 시어머니를 모시라는 명분으로 유폐 시킴. 이《지봉유설(芝峰類說)》에는 『인생실의』가 『인생적의 (人生適意 : 인생에서 뜻이 맞으면)』로 되어 있음.

殊類非所安,	류가 다른 데서 마음 편안할 수 있는가,
雖貴非所榮.	선우의 아내, 흉노에선 비록 귀하나 영화스럽지 않네.
父子見淩辱,	부자에게 능욕을 당하니,
對之慚且驚.	그를 대하면 부끄럽기도 하고 또 놀랍기도 하네.
殺身良不易,	몸을 스스로 죽인다는 건 진실로 쉽지 않아서,
默默以苟生.	묵묵히 구차하게 살아간다오.
苟生亦何聊,	구차하게 살아감은 또한 무엇을 원함인가?
積思常憤盈.	생각이 쌓여 항상 분하고 원통하네.
願假飛鴻翼,	원컨대 날아가는 기러기의 날개를 빌려,
乘之以遐征.	그것을 타고 멀리 가고 싶구나.
飛鴻不我顧,	기러기는 나를 돌아보지 않고,
佇立以屛營.	멍청히 섰다간 방황하네.
昔爲匣中玉,	내 몸 옛날에는 궤 속의 옥이더니,
今爲糞上英.	지금은 썩은 흙 위의 꽃이 되었네.
朝華不足歡,	아침 꽃 아름다운 것 즐거울 것 없으니,
甘與腐草幷.	썩은 풀과 함께 함을 달게 여기리.
傳語後世人,	후세 사람들에게 말을 전하노니,
遠嫁難爲情.	먼 곳에 시집가면 정들기 어렵다네.

라고 하였다. 그 말이 순탄하면서 정과 뜻이 곡진하다. 그 뒤로 이에 대한 가곡을 지은 것이 있으나 모두 따르지 못한다. 왕개보王介甫의

漢恩自淺胡自深,	한나라 은총은 스스로 얕고, 오랑캐의 것은 깊어가니,
人生適意無南北.	인생이란 뜻에 맞으면 남북이 없는 것,

이라고 한 것 따위는 본래 말할 만한 가치가 없다.

[74] 결불해結不解

《選》詩[335]云 :『文采雙鴛鴦, 裁爲合懽被. 著以長相思, 緣以結不解.』[336] 按被中著緜,『長相思』乃綿綿不絶之意. 被四邊綴以絲縷, 故曰『結不解』.

《문선文選》 수록된 시에 말하기를

文采雙鴛鴦,　원앙새 한 쌍의 문채라,
裁爲合懽被.　끊어 함께 덮을 이불을 만들었네.
著以長相思,　길이길이 끊어지지 않을 실[생각] 을 다져 넣고,
緣以結不解.　굳게 다져 풀리지 않도록 가장 자리 꿰매었네.

라고 하였다. 상고하여 보니, 이불 속에 솜을 넣은 것이『장상사(長相思 : 잊지

335 | 《선》 시(《選》詩) : 《문선(文選)》에 수록된 시라는 뜻임.

336 | 문채쌍원앙(文采雙鴛鴦) : 《문선(文選)》 제 29권에 수록된 〈고시 19수(古詩十九首)〉의 제18수 〈손님이 먼 곳에서 와서(客從遠方來)〉.

客從遠方來,　손님이 먼 곳에서 와서,
遺我一端綺.　나에게 비단 반 필을 주네.
相去萬餘里,　나와 서로 만 여리나 떨어져 있어도,
故人心尙爾.　낭군님의 마음씨는 여전히 옛날 같구나.
文彩雙鴛鴦,　원앙새 한 쌍의 문채라,
裁爲合歡被.　끊어 함께 덮을 이불 만들었네.
著以長相思,　길이길이 끊어지지 않을 실[생각] 을 다져 넣고,
緣以結不解.　굳게 다져져 풀리지 않도록 가장 자리 꿰매었네.
以膠投漆中,　아교로 붙이고 옻칠을 한 격이니,
誰能別離此.　어느 누가 이렇게 붙은 것을 갈라놓을 수 있을까?

※일단(一端) : 반 필, 《좌전 · 소공26년》의 주석 :『2장을 한 단이라고 하는데, 그 2단이 한 양이 되니, 이른바 필이라는 것이다(二丈爲一端, 二端爲一兩, 所謂匹也).』

※주(著 : zhù) : 이불 속에다 솜을 넣는다는 뜻의 동사로 사용됨.

※장상사(長相思) : 무명, 솜, 실같이 길게 늘어질 수 있는 것의 대칭(代稱).『사(思)』자는『사(絲)』자와 음이 같고『장(長)』자는『면면(綿綿 : 길게 이어짐)』과 뜻이 서로 통하기 때문임.

※연(緣 : yuàn) : 가장자리를 꿰어 맨다는 동사.

않고 오래 생각함)』인데, 면면부절(綿綿不絶 : 솜에서 실을 뽑듯 길게 이어져 끊어지지 않는 것)의 뜻이다. 가장자리를 꿰맸다고 한 것은 사방을 비단실로 꿰맸기 때문에 『결불해結不解 맺은 것이 풀어지지 않는다.』라고 한 것이다.

[75] 《유양잡조酉陽雜俎》에서 말하는 석사昔邪

張華詩337 曰 :『昔邪生戶牖.』338 梁簡文帝339詩曰 :『依簷映昔邪.』340

337 | 장화(張華, 232~300) : 진(晉)나라의 고관(高官), 문인. 자(字)는 무선(茂先). 어릴 때에는 가난하였으나 오(吳)나라를 멸망시키는데 큰 공을 세워 광무현후(廣武縣侯)가 되고, 여러 요직을 지냈으며 문단의 영수가 되었음. 그러나 뒤에 조왕(趙王) 윤(倫)의 역모사건에 동조하지 않았다가 그에게 살해당함. 정치가로서나 장군으로서 역량이 뛰어났으며, 박문강기(博聞强記)하여 백과사전적인 저술《박물지(博物志)》를 짓고,《장사공집(張司空集)》1권이 전함. 그의 시는 아녀자의 감정을 노래한 것이 많고, 문장을 곱게 다듬은 것이 많을 뿐, 예술적으로 큰 성취는 없는 것으로 평가됨.

338 | 석사생호유(昔邪生戶牖) : 〈떠나간 남편을 그리는 시(情詩)〉 5수 중 제1수《전진시(全晉詩)》권 1에 수록됨.

北方有佳人, 북방에 아름다운님 떠나가 계신데,
端坐鼓鳴琴. 나 홀로 단정히 앉아서 금이 울리게 두드리는 구나.
……
君子尋時役, 군자는 그때의 병역을 찾아 가셨으니,
幽妾懷苦心. 나 혼자 몰래 괴로운 마음 품었구나.
初爲三載別, 처음에는 3년만 떠나가 계신다더니,
於今久滯淫. 지금까지 오랫동안 머물고 계시는구나.
昔邪生戶牖, 이끼가 창 마다 생겨나고,
庭內自成林. 뜰 안은 저절로 잡초 숲이 되었네.

339 | 간문제(簡文帝, 503~551) : 양(梁)나라 제2대 황제(재위 549~551). 무제(武帝) 소연(蕭衍)의 3남, 소명태자(昭明太子) 소통이 요절 한 후, 태자의 뒤를 이어서 아우인 소강(蕭綱)이 간문제(簡文帝)가 되었다. 548년 후경의 난에 충격을 받은 무제가 병사하자, 후경은 그를 맞아들여 즉위하게 하였으나 얼마 후 후경의 손에 죽었다. 중국 역대 제왕 중 뛰어난 문재(文才)를 지닌 것으로 알려졌으며 6세 때 글을 지어 무제를 놀라게 한 적도 있다.

340 | 의첨영석사(依簷映昔邪) :《당시기사(唐詩記事)》같은 책에서는 간문제가 쓴 〈장미를 읊도다(詠薔薇)〉라는 시에 나오는 구절이라고 적고 있으나,《전량시(全梁詩)》에는 보이지 않음.

按《酉陽雜俎》[341] : 『在屋曰昔邪. 在墻曰垣衣, 巖竇曰石髮, 在水曰陟釐. 松上衣曰艾納.』[342] 《本草》[343] : 『瓦衣謂之屋遊, 亦曰瓦松.』[344] 按韻書, 邪音斜, 魏明帝[345] 詩曰 : 『宿屋邪草生.』[346] 亦此也.

장화張華의 시에 말하기를

341 | 《유양잡조(酉陽雜俎)》: 당(唐)나라 때 단성식(段成式)이 쓴 수필. 전집(前集) 20권, 속집(續集) 10권으로 860년경에 완성하였다. 호남(湖南)의 소유산(小酉山) 밑에 1000권의 책을 감춘 구멍이 있다는 전설에서 책의 이름을 따왔다. 『유양(酉陽)』은 『유산의 남쪽』이란 뜻이고, 『잡조(雜俎)』는 제상에 제물은 이것저것 갖추어 놓는다는 뜻. 재상이며 장서가(藏書家)였던 아버지 밑에서 궁중의 도서계(圖書係)인 교서랑(校書郞)의 직에 있으면서 유례없는 독서가였던 저자가 해박한 지식으로 기사이담(奇事異談)에서 의식풍습(衣食風習) · 의학 · 종교 그리고 동식물에 이르기까지 세상만사에 대한 견문과 고증을 기록한 것이다. 이 가운데에는 비현실적인 내용도 찾아볼 수 있는데 전집에 있는 〈도협편(盜俠篇)〉 등에는 거의 소설이라고 해야 할 내용도 내포되어 있지만, 대부분이 당나라 때의 사회풍습을 알 수 있는 귀중한 기록이다.

342 | 재옥왈석사(在屋曰昔邪) 다섯 구 : 《유양잡조》 권 19, 〈초편(草篇) · 와송(瓦松)〉 : 《박아(博雅)》에 『집에 있으면 석사라고 하고, 담장에 있으면 원의라고 한다.(博雅 : 在屋曰 : 昔邪, 在墻曰 : 垣衣)」』라는 말이 보이나, 그 다음에 나오는 말은 없음. [아마 저자가 딴 책에서 보고 적어놓은 것 같음]

343 | 《본초(本草)》 : 책이름. 양(梁)나라의 완효서(阮孝緖)가 지은 《칠록(七錄)》에 《신농본초(神農本草)》 3권이라고 최초로 기록되어있다. 후대에 증보를 거듭하여 명(明)나라 이시진(李時珍)의 《본초강목(本草綱目)》으로 완성되었다.

344 | 와의위지옥유(瓦衣謂之屋遊) 두 구 : 이 말은 《유양잡조》에도 보이는데, 이것은 옛날 본초학 책에서 따온 것이고, 와송(瓦松)에 관련된 기록은 《본초강목》 권 21에 보임.

345 | 위명제(魏明帝) : 조예(曹叡, 204~239). 위문제 조비(曹丕)의 아들로 13년간 왕위에 있었으며 문집 7권이 있음.

346 | 숙옥사초생(宿屋邪草生) : 〈길게 한탄하는 노래(長歌行)〉

靜夜不能寐,	고요한 밤 잠 들 수 없어,
耳聽衆禽鳴.	귀로 새들 지저귐 듣는구나.
大城育狐兎,	큰 성에는 여우 기르고,
高墉多鳥聲.	높은 담에는 새소리 많네.
壞宇何寥廓,	허물어진 처마는 얼마나 썰렁한가?
宿屋邪草生.	묵은 집에는 와송이 났구나.
中心感時物,	마음은 때 따라 사물 변함 슬퍼져,
撫劍下前庭.	칼 어루만지며 앞뜰로 내려가네.

昔邪生戸牖.　　이끼가 창 마다 생겨나고,

고 하였고, 양간문제梁簡文帝의 시에는

依簷映昔邪.　　처마에 의지하여 석사가 비친다.

라고 하였다. 《유양잡조酉陽雜俎》를 보니, 이끼[태苔] 로서,

在屋曰昔邪.	집에 있는 것을 석사라 부르고.
在墻曰垣衣.	담에 있는 것을 원의垣衣라고 하며.
巖竇曰石髮.	바위틈에 있는 것을 석발石髮이라 하고.
在水曰陟釐.	물에 있는 것을 척리陟釐라고 하며.
松上衣曰艾納.	소나무에 입혀져 있는 것을 애납艾納이라고 한다.

고 하였다. 〈본초本草〉에서는『기와에 입혀진 이끼를 옥유라 하고 와송이라고도 하였다.』라 하였다. 운서韻書를 참고하여 보니, 사邪의 발음은 사斜다. 위명제魏明帝의 시에,

宿屋邪草生.　　묵은 집에는 와송이 났구나.

라고 한 것도, 또한 이것이다.

[76] 좌사左思의 〈교녀嬌女〉

左太冲[347] 〈嬌女〉[348] 詩曰 :『衣被皆重池.』[349] 宋子京[350]詩曰 :『曉日侵

347 | 좌태충(左太冲) : 좌사(左思, 250~305). 진(晉)나라의 문인, 삼국(三國)시대의 세 나라의 도읍을 읊은 〈삼도부(三都賦)〉를 지어, 낙양의 지가(紙價)를 올렸다는 사람. 가문의 배경이 시원치 않았기 때문에 큰 벼슬에 오르지 못하였고, 남아있는 작품도

簾壓, 春寒到被池.』[351] 按《侯鯖錄》[352] 以爲今人被頭別施帛爲緣者爲被池.

좌사左思의 〈교녀시嬌女詩〉에 말하기를

衣被皆重池.　　옷은 모두 바탕이 더러워지네.

라고 하였다. 송자경宋子京의 시에는 말하기를

많지 않으나, 그의 시는 힘이 넘치고 다듬은 흔적이 적으며, 대개 낭만적인 색채를 띄고 있음.

348 | 〈교녀(嬌女)〉 : 이 시는 《옥대신영(玉臺新詠)》이라는 시집에 보이는데, 어린 두 딸의 아름다운 모습을 자못 생동감이 넘치게 적고 있음.

349 | 의피개중지(衣被皆重池) : 〈교녀〉의 한 구절로, 시 전체는 다음과 같다.

吾家有嬌女,　　우리 집에 사랑스러운 딸들 있으니,
皎皎頗白皙.　　반짝 반짝하고 얼굴 자못 희네.
……
脂膩漫白袖,　　기름기 흰 소매에 온통 가득 끼고,
煙薰染阿錫.　　끄름이 비단 옷을 물들였네.
衣被皆重池,　　옷은 모두 바탕이 더러워져,
難與沈水碧.　　푸른 물에 넣어도 씻어낼 수 없겠네.
任其孺子意,　　어린 애들 하고 싶은 대로 놓아두니,
羞受長者責.　　어른이 꾸짖는 걸 부끄럽게 여기네.
瞥聞當與杖,　　별안간 매질한다는 소리 들을 때면,
掩淚俱向壁.　　모두 벽을 향하여 눈물 흘리네.

※아석(阿錫) : 『아』는 가는 비단, 『석(錫)』은 『석(緆)』으로 적는데, 가는 포목(布目).
※의피(衣被) : 의복.
※중지(重池) : 『지(池)』자 대신 『지(地)』, 또는 『시(施)』로 된 판본이 있음. 여기서는 『지(地 : 바탕)』로 보고 번역하였음.

350 | 송자경(宋子京) : 송기(宋祁, 998~1061) : 북송의 문인, 사학자. 시호는 경문(景文) 《신당서(新唐書)》의 열전(150권) 부분을 집필하였으며, 문집 《경문집(景文集)》(62권)을 남겼음. 《전송시(全宋詩)》에는 그의 시 22권이 수록되어 있음.

351 | 효일침렴압(曉日侵簾壓) 두 구 : 이 시구는 그의 문집에는 보이지 않고, 《역대시화》와 《후청록(侯鯖錄)》에만 인용되어 있음.

352 | 《후청록(侯鯖錄)》 : 북송 조령치(趙令畤) 저, 8권. 『후청』이라는 말은 고기를 잘게 썰어 정제(精製)한 식품이라는 뜻인데, 잡된 것을 기록한다는 뜻임. 여기 나오는 내용은 그 책 제1권에 보임.

曉日侵簾壓,　　아침 해는 염압(簾壓 : 발의 동요를 제압하는 기구)을 침노하고,
春寒到被池.　　봄추위는 피지에 도달한다.

라고 하였다. 〈후청록侯鯖錄〉에 말하기를 『지금 사람들이 이불 머리에 따로 명주로 가를 덧붙인 것을 피지라고 한다.』고 하였다.

[77] 도잠의 명자命子 시구

淵明《命子》[353] 詩云 : 『夙興夜寐, 願爾斯才. 爾之不才, 亦已焉哉.』[354] 蓋孟子所謂『父子之間不責善』[355] 也. 陸放翁以爲不責善, 非不示以善也, 不責其必從耳.[356]

연명의 명자命子 시에 말하기를

夙興夜寐,　　일찍 일어나고 늦게 잠드는,

353 | 〈명자(命子)〉: 사언시(四言詩) 10수. 원래 《의례 · 사관례(士冠禮)》편에 보면 아들이 20세 정도가 되면 성인식을 하고서 애칭(愛稱: 字)을 지어주는 것을 아들에게 자(字)를 명명(命名)한다는 뜻에서 『명자(命子)』라고 하는데, 도연명은 아들이 태어났을 때 이 시를 지은 것으로 보는 견해가 있음. — 양용(楊勇)의 《도연명집교전(陶淵明集校箋)》 p.32

354 | 숙흥야매(夙興夜寐) 네 구 : 《명자》 시 10수 중 제10수
日居月諸,　　나날과 다달이,
漸免於孩.　　점점 이 아이에게 스치어 가겠지.
福不虛至,　　복은 함부로 오는 것이 아니나,
禍亦易來.　　화는 정말 쉽게 닦쳐 온다네.
夙興夜寐,　　일찍 일어나고 늦게 잠드는,
願爾斯才.　　네가 그러한 인물이 되기를 원하네.
爾之不才,　　네가 그렇게 되지 못한다고 하여도,
亦已焉哉.　　정말 어쩔 수는 없는 일이겠지.

355 | 부자지간(父子之間) 두 구 : 《맹자 · 이루(離婁)》에 보임.

356 | 불책선(不責善) 세 구 : 육유의 《노학암필기(老學庵筆記)》 권 8에 보임.

願爾斯才.	네가 그러한 인물이 되기를 원한다.
爾之不才,	네가 그렇게 되지 못한다 하여도,
亦已焉哉.	정말 어쩔 수는 없는 일이겠지.

라고 하였다. 대체로 맹자가 『부자 사이에는, 책선(責善 : 옳은 일을 하지 않는다고 꾸짖는 것)을 하지 않는다.』고 한 것이 이것이다. 육방옹陸放翁은 말하기를 『책선하지 않는다는 것은, 선을 지시하지 않는 것이 아니고, 반드시 좇으라고 책망하지 않을 뿐이다.』라고 하였다.

[78] 도잠의 걸식시

陶潛《乞食》357 詩曰 :「饑火驅我去, 不知竟何之. 行行至斯里, 叩門拙言辭.」358 末云 :「銜戢知何謝, 冥報以相貽.」蘇東坡以爲淵明得一食至欲冥謝主人, 哀哉! 此大類丐者口頰也.359 余謂陶公甑石屢空, 不以介意, 而觀此詩語有行乞可憐之色, 殊可疑也.

도잠의 〈걸식시乞食詩〉에 말하기를

饑火驅我去,	굶주림의 불길 화(火 : 굶주림을 참지 못하는 불같은 마음)가 나를 몰고 가니,
不知竟何之.	마침내 어디로 가는지 알지 못하겠다.

357 | 〈걸식(乞食)〉 : 글자 그대로는 『밥을 구걸한다』는 뜻이나, 『남에게 무엇을 빌려다가 끼니를 때우려 한다』는 정도로 본 견해가 있음. — 위의 주 353)에서 인용한 책 p.70 참고.

358 | 기화구아거(饑火驅我去) 네 구 : 이 시는 14구로 되어 있는데, 여기서 인용된 부분의 이 시의 첫 부분과 끝 부분임. 『화(火)』자가 『래(來)』자로 된 책이 있음.

359 | 연명득일식(淵明得一食) 네 구 : 《동파제발(東坡題跋)》 권 2, 〈연명의 걸식시를 읽고 난 뒤에 적음(書淵明之食詩後)〉에 보임.

行行至斯里,　　가다가다 이 마을에 이르러,
叩門拙言辭.　　문을 두드렸으나 말은 서툴렀다.

하고는, 끝구에서 말하기를

銜戢知何謝,　　감사하게 생각하는 마음무엇으로 사례할까?
冥報以相貽.　　저승에서 은혜를 갚아 드리리다.

라고 하였다. 소동파가 말하기를 「연명이 한 끼의 밥을 얻어먹고, 주인에게 저승에서 은혜를 갚고자 하기에 이르렀으니, 가엾다! 이것은 거지의 입언저리에서 나오는 말과 매우 비슷하다.」고 하였다. 나는 말한다. 도공은 식량이 여러 번 떨어졌으나 개의치 않았는데, 이 시의 말을 보니 다니면서 한 가엾은 빛이 있으니 매우 의심할 만하다.

[79] 칠십이七十二의 의미

《玉臺新詠》[360] 曰:『鴛鴦七十二, 羅列自成行.』[361] 李白詩:『七十紫鴛

360 | 《옥대신영(玉臺新詠)》: 양(梁)나라의 간문제(簡文帝)가 태자 때 서릉(徐陵, 507~583)에게 편찬하게 한 시집, 10권. 《옥대집》, 《옥대신영집》이라고도 한다. 오언시(五言詩)가 대부분이며, 잡언(雜言)도 있다. 당시 동궁어소(東宮御所)를 중심으로 유행한 경염(輕艶)한 시 〈궁체(宮體)·서유체(徐庾體)〉를 비롯하여, 이와 비슷한 시를 한대(漢代)와 위대(魏代)까지 소급하여 고른 남녀의 상사가(相思歌)이며, 여성들의 작품도 포함되어 있다. 특히 제(齊)나라와 양나라의 시는 당시의 귀족적 문화생활의 의식주와, 여성의 규방(閨房)·복식(服飾)·화장에 관한 묘사에서 뛰어나다. 권혁석 교수의 한국어 완역본(3책)이 있음.

361 | 원앙칠십이(鴛鴦七十二) 두 구: 〈고악부시〉 6수 중 제2수.

相逢狹路間,　　좁은 골목 사이에서 서로 만났는데,
道隘不容車.　　길이 좁아 수레조차 다닐 수 없네.
如何兩少年,　　어찌하여 두 소년이,
狹轂問君家.　　수레바퀴를 끼고서 그대의 집을 묻는가?

鴦.』362 孟郊363詩 : 『花開七十有二行.』364 其謂七十二云者, 何義也? 或謂四氣365有七十二候, 五行四時, 各旺七十二日366, 疑取義於此也.《莊子》

......

入門時左顧, 문에 들어갈 때 왼쪽으로 보니,
但見雙鴛鴦. 다만 원앙새 한 쌍만 보이더니.
鴛鴦七十二, 원앙새 72마리가,
羅列自成行. 늘어서서 저절로 행렬을 이루었네.

362 | 칠십자원앙(七十紫鴛鴦) : 〈고풍(古風)〉 59수 중 제18수.

......

入門上高堂, 문에 들어서 높은 마루에 올라가니,
列鼎錯珍美. 여러 솥에 산해진미를 늘어놓았네.
香風引趙舞, 향내 나는 바람이 조나라의 춤 이끌고,
淸管隨齊謳. 맑은 젓대는 제나라의 노래를 반주하네.
七十紫鴛鴦, 70쌍의 자주 빛 원앙새들,
雙雙戲庭幽. 쌍쌍이 마당에서 그윽하게 노네.
行樂爭晝夜, 밤낮 없이 즐거운 놀이 일삼으며,
自言度千秋. 스스로 천추만세토록 산다고 하네.

363 | 맹교(孟郊, 751~814) : 당대(唐代) 중기의 시인 맹교(孟郊). 자는 동야(東野)이며, 시호(諡號)는 정요선생(貞曜先生), 절강성 호주(湖州) 사람. 46세에 겨우 진사(進士) 시험에 합격하여 변변찮은 관직들을 맡았고, 가정적으로 불우하여 빈곤 속에서 죽었다. 그의 글은 외면적인 고풍(古風) 속에 예리하고 창의적 감정과 사상이 담겨 있으며, 북송(北宋)의 강서파(江西派)에 영향을 끼쳤다. 작품은 악부(樂府)나 고시(古詩)가 많으며,《맹동야시집(孟東野詩集)》 10권이 있다.

364 | 화개칠십유이행(花開七十有二行) : 〈장미화의 노래에 화답하여(和薔薇花歌)〉.

仙機札札織鳳凰. 선녀의 베틀 찰깍 찰깍하며 봉황새 무늬 짜는데,
花開七十有二行. 아름다운 무늬 72줄이나 되었네.
天霞落地攢紅光, 하늘의 노을 땅에 떨어져 붉은 빛 모여들어,
風枝嫋嫋時一颺, 바람에 가지 하늘하늘 때때로 한번 씩 나풀거리며,
飛散葩馥遶空王. 꽃봉오리 향기 날아 흩어져 부처님을 감도네.
忽驚錦浪洗新色, 갑자기 비단 물결 새로운 빛깔에 씻기니 놀랍고,
又似宮娃逞妝飾. 또 궁녀들이 화장하고 치장하고 나타난 듯도 하네.
終當一使移花根, 끝내 한번 그 꽃 뿌리를 옮겨와 심게 한다면,
天比蒲桃天上植. 포도를 천산(天山) 지방에서부터 옮겨와서 심는 것과 비교되리.

※공왕(空王) : 불교에서는 세계 일체가 모두 『공(空)』하다고 하므로 부처님을 공왕이라고 부름.

※포도(蒲桃) : 원래 서역지방[천산산맥 서쪽]에서 나는 것인데, 한 나라 때 장건(張騫)이 그 지역에 사신으로 갔다가 그 종자를 얻어왔다고 함.

云孔子治詩書, 以奸七十二君[367]《管子》言封禪者七十二君[368]. 又孔子弟子七十二人[369]. 列仙 · 高士 · 隱逸等傳皆七十二人. 此則倣而爲之歟?

《옥대신영》에 말하기를

鴛鴦七十二,　　원앙 72마리가,
羅列自成行.　　벌여 서서 스스로 행렬을 이루었다.

라고 하였고, 이백의 시에는

七十紫鴛鴦.　　70마리의 자줏빛 원앙.

이라고 하였으며, 맹교의 시에는

花開七十有二行.　　아름다운 무늬 72줄이나 되었네.

라고 하였다. 그들이 칠십이 라고 말한 것은 무슨 뜻인가? 어떤 이는 말하기를

四氣有七十二候,　　사기는 72가 있고,
五行四時,　　오행은 사시에,
各旺七十二日.　　각각 72일씩 왕일旺日이 있다.

365 | 사기(四氣) : 사시의 음양의 변화, 즉 온열(溫熱), 한냉(寒冷)의 기운.
366 | 사기유칠십이후(四氣有七十二候) 두 구 : 출전 미상.
367 | 공자치시서(孔子治詩書) 두 구 : 출전미상.
368 | 봉선자(封禪者) 두 구 : 《사기》 권28 〈봉신서〉 제6.
369 | 공자제자(孔子弟子) : 《사기. 공자세가(孔子世家)》에 공자의 제자가 72인이라고 하였음.

라고 하였다. 의심컨대 여기에서 따온 뜻이 아닐까 한다. 《장자》에 말하기를 『공자孔子는 시서를 다스려서, 칠십이 임금을 간사한 자로 만들었다』라 하였고, 《관자》에는 말하기를 『봉선한 자가 72명의 임금이 있다』라 하였다. 또 공자의 제자는 칠십이인 이며 《열선전列仙傳》·《고사전高士傳》·《은일전隱逸傳》 등에도 모두 72명씩이다. 이것은 모방하여 한 것일까?

[80] 안연년 시의 『휘麾』자

顔延年[370]詩 : 『屢薦不入官, 一麾乃出守.』[371] 按 『麾』 是 『麾去』 之義,

370 | 안연년(顔延年) : 안연지(顔延之), 남조 송(宋)나라의 문인으로 사령운(謝靈運)과 명성이 비슷하여 「안사」로 병칭됨. 문집 30권.

371 | 누천불입관(屢薦不入官) 두 구 : 〈[죽림칠현중] 다섯 분을 읊음(五君詠)〉의 제 4수 〈완시평(阮始平)〉.

仲容青雲器, 완함은 높고 원대한 도량 지녔으니,
實稟生民秀. 정말 사람으로서 훌륭함을 타고 나셨네.
達音何用深, 음악에 통달하였으니 어찌 그리 깊은 이치로 따졌겠는가?
識微在金奏. 미묘함 알아냄 종을 치는 것 보고 짐작하였네.
郭奕已心醉, 곽혁은 이미 그에게 심취하였고,
山公非虛觀. 산도는 그를 헛본 것 아니었네.
屢薦不入官, 여러번 추천해도 중앙관직에 들여놓지 않고,
一麾乃出守. 한번 지휘하러 나가게 한 것도 바로 지방 태수로 쫓아낸 것이지.

※완시평(阮始平) : 죽림칠현의 한명인 완함(阮咸)을 말함. 그는 역시 죽림칠현의 한명인 완적의 조카로 자(字)는 중용(仲容), 시평(始平) 태수를 지냈기 때문에 이렇게 부름. 《진서(晉書)》 권49, 〈완적열전〉에 그의 전기가 부록되어 있음. 거기서 위의 시의 내용과 관련이 있는 부분만 요약하면 그는 술을 좋아하고 비파를 잘 탔으며 [중국의 현악기 중에서 그가 만들었다는 완함(阮咸)이라는 악기가 있음], 당시의 명사들인 산도(山濤)와 곽혁(郭奕)이 모두 그를 높이 평가하였다고 함.

※금주(金奏) : 종을 쳐 음악을 연주함. 당시 진나라의 조정에서 제작한 음악이 소리만 높고 우아하지 못함을 보고, 완함이 거기에 사용한 악기의 길이가 제대로 맞지 않음을 지적하였다고 함.

※일휘 (一麾) : 한번 지휘하자..... 역시 죽림칠현의 한명인 산도가 늦게 벼슬길에 올라서 이부상서가 된 뒤에 완함을 이부랑(吏部郎)으로 세 번이나 추천하였으나, 황제가 그가 술을 좋아하는 것을 알고 한 번도 기용하지 않았고, 당시 재상이면서

杜樊川[372]乃云『欲把一麾江海去』[373], 誤矣[374].

안연지顔延之의 시에

屢薦不入官, 여러 번 추천해도 중앙관직에 들여 놓지 않고,
一麾乃出守. 한번 지휘하러 나가게 한 것도 바로 지방태수로 쫓아낸 것이지.

라고 하였다. 상고하여 보니 휘麾라는 것은 지휘해 나간다는 뜻이다. 두목杜牧이

欲把一麾江海去. 지휘용 깃발 잡고 바닷가로 나갈까 해서.

음악 제도를 책임지고 있던 순욱(荀勖)은, 완함이 그의 음악 제작의 실수를 지적한 것에 반감을 갖고 지방관으로 좌천시켰다 함.

372 | 두번천(杜樊川, 803~853) : 두목(杜牧). 《보한집(補閑集)》 주 12) 참조.

373 | 욕파일휘강해거(欲把一麾江海去) : 〈장차 오흥으로 부임하여 가려고 하면서 낙유원에 올라서, 절구 한 수(將赴吳興, 登樂遊原, 一絶)〉

清時有味是無能, 밝은 세월에 흥미로움 많아야 하나 나는 바로 무능하여,
閒愛孤雲靜愛僧. 한가롭게 외로운 구름 사랑하고, 조용히 중들을 사랑하는구나!
欲把一麾江海去, 지휘용 깃발 잡고 바닷가로 나갈까 해서,
樂遊原上望昭陵. 낙유원에 올라와서 태종황제님의 소능을 바라보네.

이 시는 두목이 중앙 정부의 이부원외랑(吏部員外郎)으로 근무 하다가 오흥군(吳興郡)의 호주자사(湖州刺史) 직에 밀려 나가면서, 장안성 안에서 가장 높은 곳으로, 장안일대를 두루 살펴볼 수 있는 낙유원(樂遊原)이라는 고원에 올라가서, 사방을 둘러보면서 불만에 차서 지은 것으로 알려져 있음.

※유미(有味) : 《사기 · 풍당열전(馮唐列傳)》 『풍당공이 [황제께] 장군들을 거느리는 법을 논함이 흥미롭고 또 흥미롭다(馮公之論將率, 有味哉! 有味哉!)』 여기서는 자기 자신을 은근히 풍당에게 비유하고 있음.

※휘(麾) : 여기서는 지휘용 깃발.

※소릉(昭陵) : 당태종의 능. 그가 이룩한 『정관의 치(貞觀之治)』라는 성업을 그리워한다는 뜻이 담겨있음.

374 | 오의(誤矣) : 이와 같은 이야기는 송나라 심괄(沈括)의 《몽계필담(夢溪筆談)》(四)에도 보임.

라고 말한 것은 잘못이다.

[81] 장일障日

古詩 :『障日錦屠蘇.』[375] 按晉太康中, 天下商農通著大障日[376]. 童謠曰 :『屠蘇障日覆兩耳.』[377] 此也. 杜詩 :『走置錦屠蘇.』[378] 註 :『屋名.』[379]

375 | 장일금도소(障日錦屠蘇) : 남조의 송나라 유효위(劉孝威)의 〈협객들을 모아, 소년들이 노는 마당을 노래함(結客, 少年場行)〉 시의 한 구절.

少年本六郡, 　소년은 본래 육군 출신으로,
遨遊遍五都. 　다섯 도읍지를 두루 마음껏 돌아 다녔네.
揷腰銅匕首, 　허리에는 구리로 만든 비수 꼽고,
障日錦屠蘇. 　해는 비단 도소(屠蘇)로 가렸네.
……
昔爲北方將, 　예전에는 [그 소년이] 북방의 장군이 되었더니,
今爲南面孤. 　지금은 남쪽을 향해 앉는 제후 왕이 되었네.
邦君行負弩, 　지방 장관이 그의 화살을 지고 다니고
縣今且前驅. 　현의 원들이 또 앞에서 말을 몰아 드리네.

※육군(六郡) : 지금 감숙성 농서(隴西)지역의 여섯 군으로 한나라 때 명장이 많이 배출되었음.
※오도(五都) : 여러 번성한 도시들이라는 뜻. (구체적으로 다섯 도시이름을 드는 경우도 있으나, 그 도시들이 시대에 따라서 다름)
※도소(屠蘇) : 여기서는 앞창이 있는 모자란 뜻.

376 | 장일(障日) : 해를 가리는 너울 같은 것.

377 | 도소장일복양이(屠蘇障日覆兩耳) : 《진서(晉書) · 오행지(五行志)》『원강 연간에 천하의 상인들과 농인들이 모두 큰 장일을 착용하였는데, 그 때 〈동요〉에 「도소 장일로 두 귀를 덮으니, 틀림없이 장님이 천자가 됨을 보리라」라는 말이 있었는데, 조왕 윤이 황제자리를 찬탈함에 이르러 그 눈이 사실은 어둡게 되었다(元康中, 天下商農通著大障日, 時童謠曰 : 「屠蘇障日覆兩耳, 當見瞎兒作天下」 及趙王倫簒位, 其目實眇焉).』
※원문의『태강』은『원강』의 착오임

378 | 주치금도소(走置錦屠蘇) : 〈회나무 잎으로 만든 국수 즙(槐葉冷淘)〉

青青高槐葉, 　푸르고 푸른 높은 회나무 잎을,
采掇付中廚. 　뜯어다가 부엌에 놓았네.
新麵來近市, 　새로운 국수를 가까운 저자에서 사오니,
汁宛滓相俱. 　휫 잎 즙까지 완연히 서로 갖추어졌네.

恐不是. 蓋『屠蘇』有數義,[380] 與此義不同耳.

옛 시에

障日錦屠蘇.　　해는 비단 도소屠蘇로 가렸네.

라고 하였다. 상고하여 보니, 진晉나라 태강太康때에는 천하의 상인과 농민이 모두 큰 장일障日을 착용하였다고 한다. 동요童謠에

入鼎資過熟,　　솥에 넣어 바탕을 너무 익힌다면,
加餐愁欲無.　　실컷 먹으려 할 때 걱정할 것이 없지나 않을까?
碧鮮俱照筯,　　산듯함 젓가락에 두루 비추니,
香飯兼苞蘆.　　향기로운 음식에 갈대 순까지 갖추었구나.
經齒冷於雪,　　이에 닿으니 눈보다 더 차고,
勸人投比珠.　　남에게 권함에 구슬을 던져주는 것 같구나.
願隨金騕褭,　　원하노니 황금빛 천리마를 따라 가는데,
走置錦屠蘇.　　달려가며 아름다운 도소를 마련하였으면.
……

※향반(香飯) : 《유마경 · 향적품(香積品)》『이에 향적여래(중향(衆香) 세계의 부처님 이름)께서 여러 향기 나는 그릇에 향기나는 밥을 가득히 담아 보살들을 교화시킨다(於是香積如來, 以衆香鉢, 香飯與化菩薩)』 여기서 『향적지반(香積之飯 : 향적여래님의 밥)』이라는 말이 생겨나고, 이 말을 줄여 『향반』이라고 함. 『향적』이라는 말은 흔히 『스님들의 주방』이란 뜻으로도 사용됨.

379 | 옥명(屋名) : 송나라 때의 두수가(杜修可)라는 사람의 《속독두시(續讀杜詩)》에서 내린 주석인데, 같은 때 두전(杜田)의 《시주보유(詩注補遺)》에도 이렇게 되어있음. 여기서 『옥(屋)』이라고 한 것은 『뚜껑이 있는 장막』 혹은 『수레의 포장』 정도로 보면 꼭 틀린 주석이라고 볼 수도 없는데, 저자가 틀렸다고 지적한 것은 잘 납득되지 않음.

380 | 도소유수의(屠蘇有數義) : 도소에는 몇 가지 뜻이 있다. 1980년 북경, 상무인서관의 《사원(辭源)》(수정판)에 보면 『도소』란 말의 뜻을 다음과 같이 4가지로 풀이하였음. 1. 풀이름. 2. 집(房屋), 초암(草庵), 장막(帳幕), 3. 술 이름. 『도소(酴酥)』라고도 씀. (정월 초하루에 마심) 4. 옛날 앞창이 있는 모자. 『도소(塗蘇)』라고도 씀. p.913. [이와 같은 여러 가지 뜻에 관하여서는 송나라 곽지달(郭知達)의 《구가주두시(九家注杜詩)》(하버드엔칭 두시인덱스의 저본)의 이 시 주석에 이미 상세히 밝혀져 있으나, 저자가 아마 이 책은 보지 못하였던 것 같음]

屠蘇障日覆兩耳.　　도소장일로 두 귀를 덮었네.

라고 한 것이 그것이다. 두시杜詩의

走置錦屠蘇.　　달려가며 아름다운 도소를 마련하였으면.

라고 한 것의 주註에 『도소는 집 이름이다.』라고 한 것은 아마 옳지 않을 것이다. 대체로 도소에는 몇 가지의 뜻이 있으나, 이 『집이름』이라는 뜻과는 같지 않다.

[82] 천금千金으로 우선禹膳을 올리다

庾肩吾[381]詩 : 『千金登禹膳, 萬壽獻堯鍾.』[382] 唐李乂[383]詩 : 『水堂開禹

381 | 유견오(庾肩吾, 487~551) : 《지봉유설(芝峰類說)》 주 26) 참조.

382 | 천금등우선(千金登禹膳) 두 구 : 〈삼가 북서주로 나가는 사절의 보좌관으로서 모시고서 (奉使北徐州參丞御)〉

炎農稱卷領,　　염제 신농씨는 옷깃을 만든 것으로 일컬어지고,
唐勳載允恭.　　제요(帝堯) 도당씨(陶唐氏)는 정말 공손했던 일 전하네.
猶將表世盛,　　장차 태평 성세 들어나려 하고,
尙且號民從.　　또한 백성들 잘 복종함 크게 들리네.
……
過沛追鄕飮,　　패 땅을 지나다 들려 고향에서 마시던 일 추억하시고,
歸宛盛禮容.　　원 땅으로 돌아가서는 예절을 크게 갖추셨네.
千金登禹膳,　　천금으로 우선을 올리고,
萬壽獻堯鍾.　　만수를 빌어 요종을 드리네.

※권령(卷領) : 글자 그대로는 『옷깃[領] 으로 목을 감춘다 [卷]』는 뜻인데, 옛날에 짐승의 가죽을 손질하여 옷을 만든 것을 말함. 여기서 옛날 훌륭한 제왕이 나와서 중국의 문물을 제작하였다는 전설 중에서 신농씨가 의복을 만든 것으로 보았음.

※당훈(唐勳) : 당(唐) 나라의 방훈(方勳). 요임금이 세운 나라이름이 『당』, 요임금의 이름이 『방훈』임.

※과패(過沛) : 한 고조 유방(劉邦)의 고향인 패 땅[지금의 강소성 패현]을 지나는 길에 잠깐 들린다는 뜻.

膳, 山閣獻堯鍾.』[384] 乃全用庾語也. 禹膳, 蓋言水族耳.

※귀원(歸宛) : 원 땅으로 돌아가다. 여기서 『원』이라는 지역은 아마 이 시 제목에 보이는 『북서주(北徐州)』일 것으로 보임.

※요종(堯鍾) : 요임금의 술 그릇. 옛날 요임금과 순임금이 모두 술을 잘 마셨다하여 『요순천종(堯舜千鐘)』이라는 고사성어가 있음.

383 | 이예(李乂, 647~714) : 당나라 현종 때의 고관으로 형부상서까지 올랐음. 자(字)는 상진(尙眞), 형인 상일(尙一), 상정(尙貞)과 더불어 문장에도 능통하며, 형제의 문집인 《이씨화악집(李氏華蕚集)》 20권을 남겼음. 《전당시》 권 92 한 권이 그의 시로 되어 있는데, 대개 황제의 행사에 맞추어 지은 시들임. 여기 인용된 다음 시는 동시대의 시인인 심전기(沈佺期)가 지은 것으로 《전당시》 권 97에 수록되어 있고, 《전당시》 권 92에도 똑 같은 제목의 시가 있으나, 그것은 송지문(宋之問)이 지었다고도 하고, 또 여기 인용된 구절은 보이지 않음.

384 | 수당개우선(水堂開禹膳) 두 구 : 〈천자님이 위사립의 산장에 행차하심에 모시고서(陪韋嗣立山莊)〉

台陛好赤松, 계단에는 붉은 소나무 좋은데,
別業對青峯. 별장은 푸른 봉우리 마주 하였구나!
……
水堂開禹膳, 물가 마루에서는 우선을 열고,
山閣獻堯鍾. 산 정자에서는 요종을 바치네.
皇鑑淸居遠, 황제님은 맑은 별장 보시는 감식안 높으셔서,
天文睿奬濃. 천자님의 문자로 슬기로우신 칭찬 깊이 하셨네.
巖泉他夕夢, 암자 곁의 샘물 뒷날 밤 나의 꿈에 나타난 것이요,
漁釣往年逢. 내 배 타고 낚시 하던 지난 해 여기서 만난 것 같기도 하구나.
共榮丞相府, 우리 둘 다 승상부에서 영광을 누리고 있지만,
偏降逸人封. 그대 같은 빼어난 사람에게만 치우치게 아름다운 칭호를 내리시는 구나!

※위사립(韋嗣立) : 당나라 중종 때 황후 위 씨의 먼 친척으로 황제의 신임을 얻고 벼슬이 병부상서에 까지 오름. 여산(驪山)에 별장을 장만하였을 때 중종황제가 직접 행차하여 수행한 여러 신하들에게 축하시를 짓게 하고, 스스로 거기서 쓴 시를 모아 그 앞에 서문을 짓고, 사립에게 『소요공(逍遙公)』을 봉하고, 그 별장이 있는 곳을 『청허원(淸虛原) 유서곡(幽棲谷)』이라 명명하는 은전을 베풀었다고 함.

※우선(禹膳) : 사전적인 의미는 우왕의 음식, 뜻이 변하여 『훌륭한 음식』 정도이며, 딴 데 쓴 용례를 보아도 (《사고전서》에 39번 나옴) 대개 그러한 뜻으로 사용하고 있는데, 여기서 특별히 물고기 반찬으로 본 견해는 좀 독특하다. 아마 그 말에 『수당(水堂)』이라는 말이 있는 것으로 보아 그렇게 추측한 것 같으나, 꼭 그렇게 보아야 할 이유가 무엇인지 설명이 부족함.

유견오庾肩吾의 시에

千金登禹膳, 천금으로 우선禹膳을 올리고,
萬壽獻堯鍾. 만년수를 빌어 큰 종을 바친다.

라고 하였다. 당唐나라 이예李乂의 시에

水堂開禹膳, 물가 집에는 우선을 열고,
山閣獻堯鍾. 산 집에는 요종을 바친다.

라고 하여 유견오의 말을 그대로 옮겨 사용하였다. 우선禹膳이란 것은 대개 수족(水族 : 물고기)을 말한 것이다.

[83] 남의 글 답습

《玉臺新詠》蕭子範[385]詩 :『落花徒入戶, 何解妾床空.』[386] 唐詩曰 :『飛花入戶笑床空.』[387] 庾肩吾[388]詩 :『不及銜泥燕, 從來相逐飛.』[389] 唐詩曰

385 | 소자범(蕭子範, 486~549) : 육조 제나라 고제(高帝)의 손자로 문학에 조예가 있었으며, 양나라 간문제(簡文帝) 때 광록대부로 부름을 받았으나, 취임하지 못하고 죽음. 문집 14권이 있음.

386 | 낙화도입호(落花徒入戶) 두 구 : 〈봄날에 바깥을 바라보며, 옛 시의 뜻을 담아(春望, 古意)〉.

光景斜漢宮, 봄날 밝은 햇빛 궁전을 비스듬히 비치는데,
橫橋照新虹. 다리를 가로질러 아름다운 무지개를 만들었구나!
春情寄柳色, 봄 기분은 버들 빛깔에 살짝 스몄고,
鳥語出梅中. 새 소리는 매화 꽃 속에서 나오네.
氛氳閨裏思, 상서로운 기운 규방 안에서 생각나고,
逶迤水上風. 길고 긴 모습 물 위의 바람결이로구나!
落花徒入戶, 떨어지는 꽃 부질없이 창호 안으로 날아 들어오나,
何解妾床空. 어떻게 저의 침상이 빈 것을 이해할 수 있으리?

:『自恨身輕不如燕, 春來還繞御簾飛.』[390] 劉孝綽[391]詩 :『不見青絲騎, 空勞紅粉妝.』[392] 李白詩曰 :『君邊雲擁青絲騎, 妾處苔生紅粉樓.』[393] 古人蹈襲乃爾.

387 | 비화입호소상공(飛花入戶笑床空) : 이백(李白)의 〈봄날이 원망스러워(春怨)〉.

白馬金羈遼海東, 흰 말에 금 굴레하고 요동 바다 동쪽에 계신데,
羅帷繡被臥春風. 나 홀로 비단 장막 수놓은 이불에 봄바람 맞으며 누었네.
落月底軒窺燭盡, 지는 달은 난간 밑에서 촛불 짐을 엳보는데,
飛花入戶笑床空. 나는 꽃 창호로 들어와서 독수공방을 비웃네.

388 | 유견오(庾肩吾, 487~551) : 《지봉유설(芝峰類說)》 주 26) 참조.

389 | 불급함니연(不及銜泥燕) 두 구 : 〈〈생각함이 있어〉라는 노래의 형식으로 지음(賦得有所思)〉.

佳期竟不歸, 좋은 시기에 끝내 돌아오지 못하니,
春日坐芳菲. 나 홀로 봄날 향기 속에 앉아 있구나!
拂匣看離鏡, 문갑을 헤치고 떠날 때 남겨준 반쪽 거울을 들여다보기도 하다가,
開箱見別衣. 상자를 여니 떠날 때 남겨둔 옷가지가 보이기도 하네.
井梧生未合, 우물곁의 오동 나서 합해지지 않고,
宮槐卷復稀. 궁궐의 회나무 서로 어우러지기는 또한 어려우리.
不及銜泥燕, 아아! 우리들 신세는 진 흙 물고 나는 제비들,
從來相逐飛. 진작부터 서로 앞서거니 뒷서거니 하며 나는 것만도 못하구나!

※유소사(有所思) : 한나라 악부시 제목 중의 하나.

390 | 자한신경불여연(自恨身輕不如燕) 두 구 : 당나라 조하(趙嘏) [또는 맹지(孟遲)]의 시라고 알려진 〈장신궁(長信宮)〉

君恩已盡欲何歸, 임금님 은혜 이미 끝났으니 어디로 돌아가야 하나?
猶有殘香在舞衣. 아직도 남은 향기 춤추는 옷에 남아 있구나.
自恨身輕不如燕, 스스로 한스럽구나, 내 몸 재비와 같이 가볍지 못하여,
春來長繞御簾飛. 봄이 와도 임금님 침소의 주렴 곁에서 늘 날 수 없음이.

391 | 유효작(劉孝綽, 485~539) : 남조(南朝) 양(梁)의 문학가. 자 효작(孝綽). 소명태자의 신임을 받아, 그의 사후 그 문집을 편찬하고 그 서문을 지은 바 있다. 문집이 14권이 있으나 산실되었고, 명대에 집성한 《유필서집(劉祕書集)》이 남아있다. 그의 문장은 〈소명태자집서(蕭明太子集序)〉 등 10여 편이 남아 있으며, 시는 60여수가 있다. 셋째 동생인 효의(孝儀)는 문장을 잘 지었고, 여섯째 동생인 효위(孝威)는 시를 잘 지었다. 효작은 그 둘을 삼필육시(三筆六詩)라 칭했다.

392 | 불견청사기(不見青絲騎) 두 구 : 〈기수 곁의 사람이 방탕한 사내의 아낙네를 희롱하면서 〈늘 있는 사실〉 한 수를 지어보임(淇上人戲蕩子婦, 示行事,一首)〉

桑中始奕奕, 상중 땅에서는 처음에 빛나고 빛나더니,
淇上未湯湯. 기수 곁에서는 마음이 편하고 편하지는 못하구나!

《옥대신영玉臺新詠》의 소자범蕭子範의 시에

落花徒入戶，　떨어진 꽃이 부질없이 창호 안으로 날아 들어오나,
何解妾牀空.　어찌 나의 침상이 빈 것을 이해할 수 있으리.

라 하였고, 당시唐詩에는 말하기를

飛花入戶笑牀空.　나는 꽃 창호로 들어와서 독수공방을 비웃네.

라고 하였다. 유견오庾肩吾의 시에는

不及銜泥燕，　아아! 우리들 신세는 진 흙 물고 나는 제비들,

......
翠釵掛已落，　비취 비녀 꽂았으나 이미 떨어졌고,
羅衣拂更香.　비단 옷 털어도 다시 향기 있네.
如何嫁蕩子，　어떻게 방탕한 사나이에게 시집와서,
春夜守空牀.　봄날 밤에 홀로 빈 침상을 지키게 되었나?
不見青絲騎，　푸른 고삐 한 말 보이지 않으니,
徒勞紅粉妝.　붉은 분단장 헛수고만 되었네.

393 | 군변운옹청사기(君邊雲擁青絲騎) 두 구 : 〈〈옷을 다듬이질 하며〉라는 옛 악부시에 맞추어 지음(擣衣篇)〉.
閨裡佳人年十餘，　규방에 있는 아리따운 사람 나이 여나무 살 되었는데.
嚬娥對影恨離居.　그림자 대하고 찌푸리면서 남편과 이별 한스러워 하네.
忽逢江上春歸燕，　홀연히 강 곁에서 봄 제비 돌아옴을 만났는데,
銜得雲中尺素書.　구름 속에서 한자 흰 비단에 쓴 편지 물고 온 것 받았네.
玉手開緘長歎息，　섬섬 옥수로 편지 열어보고 길게 탄식하노니,
狂夫猶戍交何北.　미친 낭군님 아직도 교하의 북쪽에서 수자리 산다네.
萬里交河水北流，　만리 밖 교하의 물 북쪽으로 흐르니,
願爲雙燕泛中洲.　원컨대 두 마리 제비 되어 중국으로 넘어왔으면.
君邊雲擁青絲騎，　그대 주변에는 구름이 푸른 고삐한 말처럼 감싸고 있으나,
妾處苔生紅粉樓.　이곳은 붉은 분으로 단장하던 다락방에 이끼가 생겨났다네.
......

從來相逐飛.　진작부터 서로 앞서거니 뒷서거니하며 나는 것만도 못하구나!

라고 하였고, 당시唐詩에는

自恨身輕不如燕,　스스로 한스럽구나, 내 몸 재비와 같이 가볍지 못하여,
春來還繞御簾飛.　봄이 와도 임금님 침소의 주렴 곁에서 늘 날 수 없음이.

라고 하였다. 유효작劉孝綽의 시에

不見青絲騎,　푸른 고삐 한 말 보이지 않으니,
空勞紅粉妝.　붉은 분단장 헛수고만 되었네..

라고 하였고, 이백의 시에는

君邊雲擁青絲騎,　그대 주변에는 구름이 푸른 고삐한 말처럼 감싸고 있으나,
妾處苔生紅粉樓.　이곳은 붉은 분으로 단장하던 다락방에 이끼가 생겨났다네.

라고 하였다. 옛 사람들이 남의 글을 갖다가 씀이 이러하였다.

[84] 도곡度曲과 도무度舞

古詩曰 :『度曲翠眉低.』[394] 按歌終更授其次, 謂之度曲. 沈佺期[395]詩云

394 | 도곡취미저(度曲翠眉底) : 이 구절을 여기서는 『옛날 시(古詩)』라고 하였으나, 원나라 때 육선(陸宣)이라는 사람이 쓴 〈분하에서 놀다(遊汾河)〉 이외에는 잘 보이지 않음.
395 | 심전기(沈佺期) : 《지봉유설(芝峰類說)》 주 57) 참조.

:『度舞暗成行.』[396] 疑『度舞』字亦與『度曲』一義也.

옛 시에

度曲翠眉低.　　도곡하니 푸른 눈썹 다소곳이 숙여지고,

라고 한 것이 있다. 상고하여 보니, 노래를 마치고 다시 그 다음 곡조를 지정하여 주는 것을 도곡이라고 한다. 심전기의 시에

度舞暗成行.　　춤을 생각하여 몰래 행렬을 이루네.

라고 하였다. 이 도무라고 한 것도 또한 도곡처럼 춤이 끝나고 다음 춤을 지정한다는 뜻이 아닌가 의심된다.

396 | 〈도곡암성행(度曲暗成行)〉: 〈이원외랑 진원님의 댁에서 기생의 춤을 구경하다(李員外郎秦援宅, 觀妓)〉

盈盈粉署郎,　　훌륭한 관청의 원외랑님께서,
五日宴春光.　　5일에 봄 빛 아래서 연회를 여셨네.
選客虛前館,　　뽑힌 손님들을 위하여 맨 앞집 비워두었더니,
徵聲偏後堂.　　치성(徵聲)을 지르니 후당에 고루 들리네.
……
拂黛隋時廣,　　두 검은 눈썹 떨치니 수시로 넓어지고,
挑鬟出意長.　　머리 꼬리 힘차게 흔드니 생각보다 기네.
囀歌遙合態,　　노래 소리 구르는데 멀리까지 춤 모습이 합해지고,
度曲暗成行.　　춤을 생각하여 몰래 행렬을 이루네.
巧落梅庭裡,　　교묘한 매화 뜰에 떨어지는데,
斜光映曉妝.　　비낀 햇볕이 밝은 치장을 비치네.

※분서(粉署): 호분(胡粉: 연분)으로 흰 칠을 한 부서(部署)에 근무하는 손님들이라는 뜻으로 쓴 것. 참고: 강희황제《어선당시(御選唐詩)》(권25)

※《사원(辭源)》(1980년 수정판)에는『도곡(度曲)』의 발음을『도(度)』자를 입성[탁(度)]으로 보았고, ①음악을 제작함[製曲]. ②곡보를 보고 노래를 부름(按曲譜歌唱) 두 가지 뜻으로만 해석하였는데, 여기에 나오는 이수광의 해석은 퍽 특이하다.《한어대사전》에도 뜻은 마찬가지로 풀었으나,『도(度)』의 발음을 거성[도(度)]으로 보았음.

[85] 백락천의 미월초삼야微月初三夜

古詩云 : 『三五明月滿, 四五蟾兎闕.』[397] 杜詩曰 : 『闕月未生天.』[398] 按《禮運》曰 : 『月三五而盈, 四五而厥.』[399] 註 : 『望而盈, 晦而死也.』[400] 然則闕月, 晦時也. 白樂天詩曰 : 『微月初三夜.』[401] 微月乃指初月爾.

397 | 삼오명월만(三五明月滿) 두 구 : 〈고시 19수(古詩十九首〉 제 17수

孟冬寒氣至, 첫 겨울에 차가운 기운 닥아오니,
北風何慘慄. 북풍은 얼마나 썰렁한지?
愁多知夜長, 근심 많으니 밤이 김을 알겠구나,
仰觀衆星列. 쳐다보니 뭇 별들 늘어섰네.
三五明月滿, 보름날에는 밝은 달 가득차고,
四五蟾兎闕. 스무 날에는 두꺼비와 토끼 사라졌네.
客從遠方來, 손님이 먼데서부터 찾아와서,
遺我一書札. 나에게 편지 한 장을 전해주네.

398 | 궐월미생천(闕月未生天) : 〈상강에서 연회를 베풀어 배씨 댁 둘째 어른 규(虯)나리께서 도주자사로 부임해 가심을 전별함(湘江宴, 餞裴二端公, 赴道州)〉. 『궐(闕)』자가 딴 책에서는 『결(缺)』자로 되어 있음.

熱雲初集黑, 뜨거운 구름은 비로소 황혼의 검은 빛을 모으니,
缺月未生天. 스무날 달이 하늘에 떠오르지 않네.
白團爲我破, 흰 부채 나를 위하여 폈으나,
華燭蟠長烟. 화촉에는 긴 연기 서려있구나.
鴰鶡催明星, 파랑새는 샛별 짐을 재촉하니,
解袂從此旋. 서로 잡은 소매 놓고 이제부터 떠날 길 서두네.
上請減兵甲, 위로는 전쟁 위험을 줄이시고,
下請安井田. 아래로는 정전법을 안정시키소서.
永念病渴老, 언제나 나 같은 병들고 노쇠한 늙은 이 기억하시고,
附書遠山顚. 먼 산꼭대기로 편지 부쳐주소서.

※관갈(鴰鶡) : 파랑새.

399 | 월삼오이영(月三五而盈) 두 구 : 목 · 화 · 토 · 금 · 수를 토 위에 분배하면 사시와 24절기(節氣)가 된다. 15일이 한 절(節)이 되며, 또 12월이 한 기(氣)가 되는데, 절기가 고르게 조화를 이룬 뒤에야 12월이 될 수 있다. 그러니 12월 중에서 매 15일 동안에 달은 이지러진 데서 점점 둥글게 되고 또 다른 15일 동안은 둥근 데서 점점 이지러져 간다.[播五行於四時, [氣] 和而後月生夜. 是以三五而盈, 四五而闕] — 번역문은 왕몽구(王夢鷗) 교수의 《예기금주금역(禮記今註今譯)》의 백화문 번역을 그대로 옮겼음.

400 | 망이영(望而盈) : 《예기대전(禮記大全)》 권 9의 큰 주에 보임.

옛 시에

三五明月滿,　　보름날에는 밝은 달 가득차고,
四五蟾兎闕.　　스무 날에는 두꺼비와 토끼 사라졌네.

라고 하였다. 두시杜詩에는 말하기를

闕月未生天.　　스무날 달이 하늘에 떠오르지 않네.

라고 하였다. 《예기》의 〈예운禮運〉에 말하기를

月三五而盈,　　달은 삼오에 차고,
四五而厥.　　사오에 없어진다.

라고 하였다. 주註에 『보름에 차고, 그믐에 죽는다.』고 하였다. 그러니 궐월(闕月 : 달이 없어지는 것)은 그믐이다. 즉 백락천白樂天의 시에 말하기를

微月初三夜,　　가는 달 뜬 초사흘 밤에,

401 | 미월초삼야(微月初三夜) : 〈유월 삼일 밤에 매미 소리를 들으며(六月三夜聞蟬)〉.
荷香淸露墜,　　연 꽃 향기에 맑은 이슬 내리는데,
柳動好風生.　　버들 움직이니 좋은 바람 생겨나네.
微月初三夜,　　가는 달 뜬 초사흘 밤에,
新蟬第一聲.　　새로운 매미 처음 소리 나네.
乍聞愁北客,　　잠간 들으니 북쪽 나그네 근심,
靜聽憶東京.　　고요히 듣자니 동경이 생각나네.
我有竹林宅,　　나는 죽림에 집이 있는데,
別來蟬再鳴.　　떠나온 뒤에 매미 두 번 울었네.
不知池上月,　　못에 떠오른 달 알지 못하네,
誰撥小船行.　　누가 작은 배 끌고 가는지?

라고 하였다. 미월微月이란 것은 초승달을 가리킨 것이다.

[86] 수발함상백愁髮含霜白

尹式詩[402]曰 :『愁髮含霜白, 衰顔倚酒紅.』[403] 杜詩 :『髮短何勞白, 顔衰肯更紅.』[404] 鄭谷[405]云 :『衰鬢霜供白, 愁顔酒借紅.』[406] 白樂天云 :『鬢

402 | 윤식(尹式, ?~604) : 수나라의 문인. 벼슬이 한왕(漢王)의 기실(記室 : 비서)에 이르렀으나, 한왕이 정권 다툼에서 실각하자 자살하였음. 문집 5권이 있었다고 함. 《전수시(全隋詩)》에 시 2수만 전함.

403 | 수발함상백(愁髮含霜白) : 〈송상시를 이별하며(別宋常侍)〉.

遊人杜陵北, 니는 사람은 두릉 북쪽에 있으면서,
送客漢川東. 나그네를 한천 동쪽에서 송별하네.
無論去與住, 떠나가든 머물러있든,
俱是一飄蓬. 똑같이 바람에 굴러다니는 쑥대 같네.
愁鬢含霜白, 근심에 살적 털은 흰 서리를 지녔고,
衰顔倚酒紅. 노쇠한 얼굴은 술 때문에 붉어졌네.
別有相思處, 떠나 가셔도 나를 생각하는 곳에서는,
啼烏雜夜風. 울부짖는 까마귀들 밤바람에 모이리.

원문은《전수시》권3에서 인용. 이 책에서는『발(髮)』자 대신『빈(鬢)』자로 되어 있음.

404 | 발단하로백(髮短何勞白) 두 구 : 〈사마산인에게 띄움, 24구(寄司馬山人十二韻)〉.

闕內昔分袂, 장안에서 옛날 서로 이별하였더니,
天邊今轉蓬. 이 하늘 끝 성도 땅에서 지금 쑥대같이 뒹굴고 있구나.
驅馳不可說, 쫓겨 다닌 일 이루 다 이야기할 수 없으나,
談笑偶然同. 담소를 우연히 함께하게 되었구나.
……
髮少何勞白, 내 머리털 적으니 어찌 흰 것을 위로하시랴?
顔衰肯更紅. 얼굴 쇠하였으니 어찌 다시 화색이 돌겠는가?
望雲悲轗軻, 구름을 바라보니 내 역경에 빠진 것 슬프나,
畢景羨冲融. 해질 때까지 이야기 하시니 그대의 도 깊음 부럽구나.

※『단(短)』자는 다른 자료에는 모두『소(少)』로 되어있음.이 시는 두보가 성도(成都)에 있을 때 장안에서 알고 있던 도사를 만나서 지어준 것임. — 윗글은《전당시》(중화서국)에서 인용,『단(短)』자 대신에『소(少)』자로 되어 있음.

405 | 정곡(鄭谷, ?~896) : 당대 시인. 자는 수우(守愚), 원주(袁州) 의춘(宜春 : 지금의 강서성) 사람. 벼슬은 우습유(右拾遺), 도관원외랑(都官員外郎)을 지냈다. 영물시 중

爲愁先白, 顏因醉後赬.』[407] 陳後山[408]云 : 『鬢短愁催白, 顏衰酒借紅.』[409] 此詩語意相類. 必有定其優劣者.

특히 자고시(鷓鴣詩)에 뛰어나 정자고라 부른다. 시풍이 청완(清婉)하면서 명백하고 속되지 않고 절실하다. 저서로 《운대편(雲臺篇)》 3권, 《의양집(宜陽集)》 3권 등이 있으며 《전당시》(권674)에 시 4권이 수록됨.

406 | 쇠빈상공백(衰鬢霜供白) 두 구 : 〈어그러지고 게으름(乖慵)〉.

乖慵居竹裏, 어그러지고 게으르게 대나무 밭에 있으며,
涼冷臥池東. 서늘하고 차갑게 못 동쪽에 누었네.
一霎芰荷雨, 삽시간에 연잎에 비가 내리더니,
幾迴簾幕風. 몇 차례나 장막에 바람이 지나갔는가?
遠僧來扣寂, 먼 데 중이 와서 적막을 깨니,
小吏笑書空. 낮은 관리 웃으며 빌 공(空)자를 적네.
衰鬢霜供白, 노쇠한 살적 털에는 서리가 흰 빛을 제공하였고,
愁顏酒借紅. 근심스러운 얼굴엔 술이 붉은 빛을 빌려주었네.
……

407 | 빈위수선백(鬢爲愁先白) 두 구 : 〈어느 곳에든지 술을 잊을 수 없으니(何處離忘酒)(제4수)〉.

何處難忘酒, 어느 곳에든지 술을 잊을 수 없으니,
霜庭老病翁. 서리 내린 정원에 늙고 병든 늙은이로다.
闇聲啼蟋蟀, 숨은 소리는 귀뚜라미 울음이요,
乾葉落梧桐. 마른 잎은 오동 떨어짐이로다.
鬢爲愁先白, 살적 털은 근심 때문에 먼저 희게 되었고,
顏因醉暫紅. 얼굴은 술에 취하여 잠시 붉게 되었도다.
此時無一醆, 이때에 한 잔이 없다면,
何計乃秋風. 이 가을바람에 어찌 하리요?
※《전당시》에서 인용. 『정(赬)』자가 『홍(紅)』자로 되어 있음

408 | 진후산(陳後山, 1053~1102) : 《추강냉화(秋江冷話)》 주 33) 참조.

409 | 빈단수최백(鬢短愁催白) 두 구 : 〈섣달 그믐날 술을 대하고, 진관(秦觀)에게 드림(除夜對酒贈少章)〉.

歲晩身何託, 한 해가 늦었는데 이 몸을 어디 의탁할고?
燈前客未空. 등불 앞에는 손님이 비지 않았네.
半生憂患裡, 반생을 우환 속에서 지내다보니,
一夢有無中. 한 꿈이 있었든지 없었든지?
髮短愁催白, 머리털 짧아진데다 근심으로 더욱 희게 되고,
顏衰酒供紅. 얼굴은 노쇠했는데 술 때문에 붉어졌구나.

윤식의 시에 말하기를

愁鬢含霜白, 근심에 살적 털은 흰 서리를 지녔고,
衰顔倚酒紅. 노쇠한 얼굴은 술 때문에 붉어졌네.

라고 하였다. 두보의 시에는

髮短何勞白, 터럭이 짧으니 어찌 흰 것을 위로하시랴?
顔衰肯更紅. 얼굴 쇠하였으니 어찌 다시 화색이 돌겠는가?

라 하였고, 정곡이 말하기를

衰鬢霜供白, 노쇠한 살적 털에는 서리가 흰 빛을 제공하였고,
愁顔酒借紅. 근심스러운 얼굴엔 술이 붉은 빛을 빌려주었네.

라고 하였으며, 백락천은 말하기를

鬢爲愁先白, 살쩍 털은 근심 때문에 먼저 희게 되었고,
顔因醉後赬. 낯빛은 취한 뒤라야 붉어지네.

라고 하였고, 진후산이 말하기를

鬢短愁催白, 머릿털 짧아진데다 근심으로 더욱 희게 되고,
顔衰酒借紅. 얼굴은 노쇠했는데 술 때문에 붉어졌구나.

我歌君起舞, 내 노래하자 그대 일어나서 춤추니,
潦倒若相同. 흐트러지기는 서로 비슷하구나.
원문은 《전송시(全宋詩)》(북경대학출판부)에서 인용. 여기서는 『발(髮)』자가 『빈(鬢)』자 대신 사용되었음.

라고 하였다. 이 시들은 말이 서로 비슷하나, 반드시 그 우열愚劣을 평정評定하는 이가 있을 것이다.

[87] 무명씨의 송별시送別詩

《古詩紀》[410] 載無名氏詩曰：『楊柳青青著地垂, 楊花漫漫攪天飛. 柳條折盡花飛盡, 借問行人歸不歸.』[411] 按崔瓊[412]云, 此詩作於大業末年, 上二句指煬帝巡遊無度, 而倀人播弄威福；下句謂民財窮窘而望其返國也.[413] 余意以爲首句喩其盛, 第二句喩其亂.『柳條折盡』以下喩國亡, 而君不得歸也.

《고시기》에 무명씨의 시가 실려 있는데

楊柳青青著地垂,	버드나무는 푸르고 푸르러 땅에 닿도록 드리웠는데,
楊花漫漫攪天飛.	버들 꽃은 멀고 아득하고 어지럽게 하늘에 날리네.
柳條折盡花飛盡,	버들가지 꺾어 다하고 꽃은 날아서 없어졌는데,
借問行人歸不歸.	묻노니 가신님은 가고 못 오시는가?

라고 하였다. 상고하여 보니, 최경이 말하기를, 이 시는 대업 말년에 지어진 것으로서, 위의 두 글귀는 양제의 순유함이 절도가 없으매, 간사한 사람을 벌주고 복주는 임금의 권한을 농간하는 것을 가리킨 것이고, 아래 글귀

410 | 《고시기(古詩紀)》: 명나라 풍유눌(馮惟訥) 지음. 156권. 선진시대부터 수나라 때까지 시가와 민요를 수록하여 내용은 풍부하나, 작품의 진위를 가리지 않은 흠이 있음.

411 | 양류청청착지수(楊柳青青著地垂) 네 구 : 〈송별시(送別詩)〉의 전문임.

412 | 최경(崔瓊) : 미상.

413 | 차시작어대업말년(此詩作於大業末年) 네 구 : 이 말은 《전수시(全隋詩)》 권5에 인용된 이 시의 원문 하단에 각주로 적혀있는데, 최경의 《동허기(東虛記)》라는 책에서 인용한 것으로 되어 있으며, 내용은 이 보다 조금 더 상세하다.

는 백성들의 재산이 곤궁하여서 그의 국도로 돌아보기를 바라는 것을 말한 것이다라고 하였다. 나의 의견으로는 첫 글귀는 그 왕성함을 비유하였고, 둘째 글귀는 그 어지러움을 비유하였으며 『버들가지는 꺾어서 없어지다.』 라고 한 이하는 나라가 망하여 임금이 돌아올 수 없음을 비유한 것이라고 생각된다.

(崔貞順)

VII. 당시唐詩

[88] 우세남의 시구에 달月과 호胡의 침입

虞世南[414]詩：『全兵値月滿.』[415], 賀朝淸[416]詩：『朔胡乘月寇邊城.』[417]

414 | 우세남(虞世南, 558~638)：당나라 초기의 명신(名臣)이자 서예가. 자 백시(伯施). 여요(餘姚：浙江省) 출생. 6조(六朝)의 진(陳)나라 때부터 글씨와 학문으로 알려지기 시작하여 수(隋)나라의 양제(煬帝)를 받들었으나 그리 중용되지는 않았다.《공자묘당비(孔子廟堂碑)》가 유명하며, 행서로는《여남공주묘지고(汝南公主墓誌稿)》가 있다. 시에서도 당시 궁정시단의 중심을 이루었으며, 시문집《우비감집(虞秘監集)》, 편저《북당서초(北堂書鈔)》등이 있다.

415 | 전병치월만(全兵値月滿)：〈종군행(從軍行)〉(《전당시》 권36 제1수)의 일부이다.

劍寒花不落, 칼 차니 꽃도 떨어지지 않고,
弓曉月逾明. 활 빛나니 달빛에 더욱 밝네.
凜凜嚴霜節, 늠름하니 찬 서리 같은 절개는,
冰壯黃河絶. 얼음 웅장하게 얼어 황하수를 끊어버릴 것 같네.
蔽日卷征蓬, 해를 가린 말려 다니는 쑥 넝쿨은,
浮天散飛雪. 하늘에 떠나는 눈을 흩네.
全兵値月滿, 모든 군사는 달이 찰 때를 틈타고,
精騎乘膠折. 정예 기병들은 아교가 끊어질 때를 틈타리.

※교절(膠折)：가을이 되면 공기가 건조해져서 아교로 단단하게 붙여놓은 무기들이 꺾어지므로, 이때를 틈타서 적이 공격하기 쉽다고 함.

416 | 하조청(賀朝淸)：하조(賀朝)의 오기(誤記). 하조는 월주(越州) 사람으로 산음현위(山陰縣尉)를 지냈고,《전당시》에 시가 8수 전함.

張九齡[418]詩 :『候月期戡剪』[419] 按《綱目》[420] 註 :『胡人用兵, 以月爲候,

417 | 삭호승월구변성(朔胡乘月寇邊城) : 〈종군행〉(《전당시》 권117 제9수)의 일부이다.

朔胡乘月寇邊城, 북방오랑캐가 달 밝은 때를 노려 변성을 침구하니,
軍書插羽刺中京. 군사보고 깃털에 꽂히어 들어가 온 서울을 놀랍게 하는구나.
天子金壇拜飛將, 천자님은 황금단을 쌓고서 날랜 장군을 임명하고,
單于玉塞振佳兵. 흉노왕은 옥문관에서 훌륭한 병력을 떨치는구나.
……
烽沉竈滅靜邊亭, 봉화 사그라들고, 야영 줄어들며 길가 검문소 조용하고,
海晏山空肅已寧. 바다는 잔잔하고 산 텅 비어엄숙하기만 하던 분위기 이미 가라앉았구나.
行望鳳京旋凱捷, 황제님 계신 서울 바라보며 달려가니 이겼다고 개선문을 세우셨고,
重來麟閣畵丹青. 다시 기린각에 들어오니 공신으로 내 얼굴을 그려 붙이게 하시네.

418 | 장구령(張九齡, 673~740) : 당(唐)나라 현종(玄宗) 때의 재상. 광동성 곡강(曲江) 출생. 진사과를 거쳐 문인 재상 장열(張說)의 추천을 받아 중서사인(中書舍人), 중서시랑(中書侍郞)을 거쳐 재상이 되었다. 안록산(安祿山)이 위험인물임을 간파했다는 일화가 전해지며, 반대파인 이임보(李林甫)에게 미움을 받고 좌천되었다. 《곡강장선생문집(曲江張先生文集)》 20권이 현존한다.

419 | 후월기감전(候月期戡剪) : 〈여름날 서울의 성문에서 원외랑(員外郞)인 사마일객과 손전이 북쪽으로 원정나감을 전송하며(夏日都門, 送司馬員外逸客, 孫員外佺北征.)〉의 일부

日逐滋南寇, 날로 남쪽의 적이 많아지더니,
天威撫北垂. 천자님 위세 북쪽 변방에서 베풀어지는구나.
……
候月期戡剪, 달을 엿보아서 죽여 끊어버리기를 꾀하려하니,
經時念別離. 시간이 지나 갈수록 그대들 떠남이 걱정되는 구나.
坐聞關隴外, 갑자기 농산(隴山) 바깥소식 들으니,
無復引弓兒. 다시 궁수들을 끌어들이지 않는다는 구나.

이 시는 장구령의 문집에는 보이지 않고, 《문원영화(文苑英華)》에는 이예(李乂)의 작품으로 되어 있음.

※당나라 고종 때 토번(吐藩)이 침입하자 상왕(相王 : 뒤에 예종이 됨)을 양주도행군원수(凉州道行軍元帥)로 임명하여, 출전하려고 하였으나 곧 정세가 가라앉아 출전을 그만두었는데, 이 시 제목에 나오는 두 사람들은 그 출전에 막료로 선발된 사람들로 보임.

420 | 《강목(綱目)》 : 주희(朱熹)가 지은 중국(中國)의 역사책(歷史册). 59권. 《자치통감(資治通鑑)》을 강(綱)과 목(目)으로 나눈 것으로, 주희가 손수 만든 한 권의 범례에

月滿則入寇, 月虧則退.』[421] 此也.

우세남虞世南의 시에,

全兵值月滿, 　모든 군사는 달이 찰 즈음에,

라고 하였고, 하조賀朝의 시에는,

朔胡乘月寇邊城, 　북방 오랑캐가 달 밝은 때를 노려 변성을 침구한다.

라고 하였고, 장구령張九齡의 시에는,

候月期戡剪. 　달을 엿보아서 죽여 끊어버리기를 꾀한다.

라고 하였다. 강목《綱目》의 주註에, 「오랑캐가 용병하는 것은, 달을 기준하여 달이 차면 들어와 도둑질하고, 달이 이지러지면 물러간다.」고 한 것이 이것이다.

[89] 비린比隣의 비比자의 성조

王子安[422]詩曰 :『海內存知己, 天涯若比隣.』[423]『比』作去聲. 而杜詩

의거하여 그 문인 조사연(趙師淵) 등이 전편(全篇)을 작성했음.

421 | 호인용병(胡人用兵) 네 구 : 이 말은 《강목(綱目) · 후주기(後周記)》 권290의 주에 나온다. 《사기 · 흉노열전(匈奴列傳)》에도 이것과 비슷한 말이 나오는데, 『일을 일으킬 때에는 달을 보고서, 달이 차면 침략해 오고, 달이 이지러지면 퇴각한다.(擧事而候星月, 月盛壯則攻戰, 月虧則退兵.)』는 말이 보임.

422 | 왕자안(王子安) : 즉 왕발(王勃, 649~676). 자 자안(子安). 강주(絳州) 용문(龍門 : 山西省 河津縣) 출생. 일설에는 산서성(山西省) 태원(太原) 출생이라고 한다. 수(隋)나라 말의 유학자 왕통(王通)의 손자이다. 양형 · 노조린(盧照鄰) · 낙빈왕(駱賓王) 등

云：『不教鵝鴨惱比隣.』424 後人因此多作平聲用. 然按《周禮》『五家爲比』425, 乃去聲.426

왕발王勃의 시에 말하기를,

과 함께 초당(初唐) 4걸(四傑)이라 불리는 당나라 초기의 대표적 시인이다. 특히 5언절구(五言絶句)에 뛰어났으며, 시문집《왕자안집(王子安集)》16권을 남겼다.

423 | 해내존지기(海內存知己) 두 구 : 〈촉주로 부임하여가는 두소부를 보내며(送杜少府, 之任蜀州)〉 시의 일부이다.

城闕輔三秦, 삼진(三秦)을 거느린 성궐(城闕)에서
風煙望五津. 바람과 안개 너머로 오진(五津)을 바라보네.
與君離別意, 그대와 이별하는 마음 각별함은
同是宦遊人. 나 또한 벼슬살이로 떠돌기 때문일 것일세.
海內存知己, 세상에 자기를 알아주는 친구 있다면,
天涯若比隣. 그곳이 하늘 끝이라도 항상 내 곁에 있는 것이라네.
無爲在岐路, 이별의 갈림길에서
兒女共霑巾. 아녀자처럼 눈물로 수건 적시지는 마세나.

424 | 불교아압뇌비린(不教鵝鴨惱比隣) : 〈성도 초당으로 가려고 하면서 도중에서 지어 먼저 엄정공님께 띄움(將赴草堂, 途中有作, 先寄嚴鄭公) 다섯 수(五首)〉 중 제2수.

處處青江帶白蘋, 처처의 푸른 강 흰 마름을 띄고 있는데,
故園猶得見殘青. 옛 정원은 아직도 남은 봄을 보게 할 수 있게 하겠네.
雪山斥候無兵馬, 눈 깊은 산에는 정탐을 하였더니 적병들 없고,
錦里逢迎有主人. 금관리(錦冠里)에서 환영하리니 주인이 있기 때문일세.
休怪兒童延俗客, 아희놈들 속된 손님 맞이하는 버릇 괴이하게 보지 마소서,
不教鵝鴨惱比隣. 거위와 오리들로 하여금 이웃들에게 괴롭히지 않으리니.
習池未覺風流盡, 습씨(習氏)들 지당에서 풍류가 다함 깨닫지 못하게 해드리니,
況復荊州賞更新. 하물며 형주 도독께서 감상하실 것 다시 새로움이랴?

※습지(習池) : 습씨 집 못[習家池]. 호북성 양양현(襄陽縣)에 있는데 형주(荊州)의 명문인 습씨들이 가지고 있던 아름다운 못으로, 진(晋)나라때 문인이며 형주도독(荊州都督)이었던 산간(山簡)이 여기서 즐겁게 놀면서 대접을 잘 받은 것으로 유명함.

425 | 오가위비(五家爲比) : 《주례 · 지관 · 대사도(周禮 · 地官 · 大司徒)》에나옴. 『오가를 비(比)라고 하고, 오비는 려(閭)이고, 사려는 족(族)이며, 오족은 당(黨), 오낭을 주(州)라 한다.(令五家爲比,……五比爲閭,……四閭爲族,……五族爲黨,……五黨爲州)』

426 | 거성(去聲) : 비(比)자의 성조에 대해서, 여기 설명과 현대의 한어사전 등을 참조하면 왕발의 시에 나오는 比자는 bì[朏至切], 두보시에 나오는 比자는 bī[房脂切], 《주례》에 나오는 比자는 bǐ[比履切] 로 읽어야함.

海內存知己,　　세상에 알아주는 친구가 있다면,
天涯若比隣.　　그곳이 하늘 끝이라도 항상 내 곁에 있는 것이라네.

라고 하였다. 比隣의 比는 去聲이다. 그런데 두보시에,

不敎鵝鴨惱比隣.　　거위와 오리들로 하여금 이웃들에게 괴롭히지 않는다.

라고 하여, 比를 平聲으로 썼기 때문에 후인들이 그것에 따라 평성으로 쓴 이가 많다. 그러나 상고하여 보니, 《주례》에 『다섯 집을 비比로 한다』라고 한 비比는 거성去聲이었다.

[90] 왕발시의 옥급玉笈의 유래

王勃 〈道觀〉[427] 詩曰 : 『玉笈三山記, 金箱五嶽圖.』[428] 按《漢武內傳》[429],

427 | 〈도관(道觀)〉: 도교의 사원. 이 시에서 읊고 있는 도관은 후한 말에 도교를 일으킨 장도릉(張道陵) 장천사(張天師) 및 그의 후예들이 머물던 창리관(昌利觀)임.

428 | 옥급삼산기(玉笈三山記) 두 구 : 〈도교 절을 찾아서(尋道觀)〉 시의 한 구절이다.

芝廛光分野,　　향기로운 집은 이 분야(分野)를 빛내고,
蓬闕盛規模.　　신선의 궁궐은 규모가 성대하구나.
碧壇淸桂閾,　　푸른 제단은 계수나무 문턱 맑고,
丹洞肅松樞.　　붉은 동굴 소나무 문 축(軸) 엄숙하네.
玉笈三山記,　　옥상자에는 〈삼산기〉가 담겼고,
金箱五嶽圖.　　금상자에는 〈오악도〉가 들어있네.
蒼虯不可得,　　푸른 규룡을 얻을 수 없어,
空望白雲衢.　　부질없이 흰 구름길만 바라보는구나.

※분야(分野) : 하늘에 있는 별자리를 12등분하여 12분성(分星)이라고 부르고, 중국의 대륙도 12등분하여 12분야라고 부르는데, 12분성의 위치와 12분야의 위치는 서로 대응하여, 그 별자리의 움직임과 그 분야의 사건은 서로 감응하여 정조를 나타내는 것으로 보았음. 이때 『分』자는 발음이 거성[fèn] 임.

※완당인보(阮堂印譜) : 김정희(金正喜)가 사용한 도장을 모아 엮은 책)에 옥급삼산기금상오악도(玉笈三山記金箱五岳圖)라는 도장이 있음.

『西王母430授帝以瓊笈紫書, 及五嶽眞形圖431』云云. 詩語蓋用此, 而改瓊爲玉耳.

왕발의 〈도관〉 시에 말하기를,

玉笈三山記,　　옥상자玉笈에는 〈삼산기三山記〉가 담겼고,
金箱五嶽圖.　　금 상자에는 오악도五嶽圖가 들어있다.

라고 하였다. 고찰하여보니, 《한무내전漢武內傳》에, 『서왕모가 무제에게 경급(瓊笈 : 구슬함)에 든 붉은 책과 오악진형도를 주었다.』고 한 것이 있다. 이 시의 용어는 아마 이것을 인용한 것으로서 경급瓊笈을 옥급玉笈으로 고쳤을 뿐이다.

[91] 낙빈왕시의 미인의 달 같은 눈썹

駱賓王432 〈詠美人〉 云 : 『眉頭畫月新.』433 又 『寫月圖黃罷』434. 蓋畫眉

※삼산(三山) : 신선이 산다는 봉래산(蓬萊山), 방장산(方丈山), 영주산(瀛洲山).
※오악(五嶽) : 중국의 태산(泰山) · 화산(華山) · 형산(衡山) · 항산(恒山) · 숭산(嵩山)을 이름.

429 | 《한무내전(漢武內傳)》 : 제작연대는 확실치 않으나, 동진(東晉, 318~420) 이후의 작품일 것으로 생각된다. 명(明)나라 때에 이를 후한(後漢) 반고(班固)의 작품이라고 한 사람이 있었으나, 이는 짐작에 불과하다. 내용은 한 무제에 관한 것이며, 도술(道術)에 관심이 크고, 도사들을 측근에 두고 중용했다는 무제의 성벽과 생활을 소설화한 것이다. 곤륜산(崑崙山)에 산다는 여신 서왕모(西王母)가 무제를 찾아오는 이야기가 극치이며, 묘사도 자세하다. 무제와 그 시대를 다룬 비슷한 작품으로는 〈한 무제고사(故事)〉 〈십주기(十洲記)〉 등이 있다.

430 | 서왕모 (西王母) : 중국 고대의 선녀.

431 | 오악진형도(五嶽眞形圖) : 도교의 신선인 삼천태상대도군(三天太上大道君)이 지었다고 전해지고 있다. 도교에서의 오악은 인간의 길흉화복을 관장하는 산으로 믿어지고 있는데, 이 내용을 보면 태산을 동악, 형산을 남악, 숭산을 중악, 화산을 서악, 항산을 북악으로 설정하여 신격(神格)을 부여하고 있다.

之樣也. 樊川[435]詩 :『娟娟却月眉.』[436] 章碣[437] 詩 :『眉月連娟恨不開.』[438]

432 | 왕자안(王子安) : 본명 왕발(王勃, 649~676).《지봉유설(芝峰類說)》 주 422) 참조.

433 | 미두화월신(眉頭畫月新) : 〈천진교에 있는 미인을 노래함(咏美人在天津橋)〉 시 중의 한 구절이다.

美女出東鄰, 미녀가 동쪽 마을에서 나와서,
容與上天津. 천진교로 올라갈까 머뭇거리는구나.
整衣香滿路, 단정한 옷차림에 향기가 멀리까지 풍기고,
移步襪生塵. 발걸음 옮길때 마다 버선 끝에 먼지 생기네.
水下看妝影, 물아래 화장한 그림자를 보니,
眉頭畫月新. 미간에 달처럼 그려진 눈썹이 새롭구나.
寄言曹子建, 조자건에게 말을 전하고자 하노니,
個是洛川神. 이것이 바로 낙수의 여신이로세.

※천진교(天津橋) : 『천진』이라는 말은 은하수를 말하는데, 수 양제가 낙양으로 천도하고서 낙수물을 낙양 시가를 관통하도록 뚫고서, 은하수가 수도(首都)를 가로지르는 기상이 있다고 하여 천진교라는 부교(浮橋)를 놓았다고 함.

※조자건(曹子建) : 위나라의 조식(曹植)이 〈낙신부(洛神賦)〉를 지어 낙수의 여신을 읊었음.

434 | 사월도황파(寫月圖黃罷) : 〈악기로 서로 화답하는 노래의 가사 · 뱃노래의 가사(相和歌辭 · 棹歌行)〉(《전당시》 권20 제49수) 시 중의 한 구절이다.

寫月圖黃罷, 달처럼 그린 눈썹을 누른 이마 빛에 마음껏 그리고 나니,
淩波拾翠通. 일렁이는 파도를 타고 넘어 비취빛을 주워 모은 것과 같구나.
鏡花搖芰日, 꽃이 거울에 비치어 새발마름이 흔들리는 낮에,
衣麝入荷風. 사향 향기 나는 옷 입고 연꽃바람 부는 곳으로 들어가누나.
葉密舟難蕩, 잎이 빽빽하여 배가 마음대로 나아기기 힘드나,
蓮疏浦易空. 연꽃이 드문드문하여 포구가 쉬이 비어있구나.
鳳媒羞自托, 봉황을 매개로 하여 스스로를 의탁하려니 부끄럽고,
鴛翼恨難窮. 원앙새들과 같이 날개를 짝 이루어 다니려 하나 끝내 그렇게 할 수 없음이 한스럽네.
秋帳燈花翠, 가을날의 장막 안은 등불이 퍼럴뿐이나,
倡樓粉色紅. 기생들 누각에서는 분홍빛으로 붉어 졌겠지.
相思無別曲, 그대 생각하니 이별곡이 없어,
並在棹歌中. 뱃노래 빌려 이 노래 가사 지어 놓았네.

435 | 번천(樊川) : 두목(杜牧) : 《보한집(補閒集)》 주 12) 참조.

436 | 연연각월미(娟娟卻月眉) : 〈아낙네 마음(閨情)〉 시의 일부 이다.

娟娟卻月眉, 눈썹 곱고 고움은 반달눈썹 같고,
新鬢學鴉飛. 새로 난 살쩍은 까마귀 날아오름을 닮았구나.

又『兩痕鸞月眉邊照』439. 是也.

낙빈왕이 미인을 읊었는데,

眉頭畫月新. 미간에 달처럼 그려진 눈썹이 새롭구나.

라고 하였고, 또 그의 시에

寫月圖黃罷, 달처럼 그린 눈썹을 누른 이마 빛에 마음껏 그리고 나니,

暗砌匀檀粉, 어두운 댓돌에는 단 향나무 가루를 고르게 바르고,
晴窗畫夾衣. 맑게 갠 창가에서는 겹옷에 그림을 수놓는구나.
袖紅垂寂寞, 붉은 소매 적적함 드리워지고,
眉黛斂依稀. 검은 눈썹 희미하게 지워지는구나.
還向長陵去, 아직 장릉을 행해 가고 계시리니,
今宵歸不歸. 오늘밤 돌아오실지 알 수가 없구나.

437 | 장갈(章碣) : 당나라 말기의 전당(錢塘) 사람으로 문인인 장효표(章孝標)의 아들임. 《전당시》에 시1권이 수록되어 있으나, 그의 말년의 이력은 미상. 《당시기사(唐詩紀事)》에는 이 시와 관련하여 다음과 같은 일화가 전함. 그가 여러 차례 과거에 응시하여 낙제를 거듭하였으나, 함통(咸通) 말년에 글을 잘 짓는다고 명성을 얻었다. 다시 건부(乾符)연간에 시랑(侍郎) 고상(高湘)이 지방장관으로 좌천되었다가 풀려서 서울로 올라가는 길에 소안석(邵安石)이라는 사람을 데리고 서울로 와서 그를 급제시켜 주는 것을 보고, 장갈은 그 고상이 자기와 같은 사람을 알아주지 않는 데에 원망을 품었다. 이에 〈동도망행(東都望幸)〉이라는 시를 지어 자신의 심회를 토로하였다. 참고 : 《당재자전》.

438 | 미월련연한불개(眉月連娟恨不開) : 〈동도에서 돌아보아 주심을 바라며(東都望幸)〉 시의 한 구절.

懶修珠翠上高臺, 느릿느릿 치장하고 높은 누대에 오르니,
眉月連娟恨不開. 눈썹 달 아름다우나 내 한은 풀길이 없네.
縱使東巡也無益, 비록 저 동쪽으로 가본다 한들 이익 없으리,
君王自領美人來. 제후님께서 스스로 미인을 데리고 오실 터이니.

439 | 양흔란월미변조(兩痕鸞月眉邊照) : 『양만궁월미단조(兩彎弓月眉端照)』 구절의 잘못이다. 문맥으로 보아서는 역시 장갈의 작품에 나오는 문구로 볼 수 있으나, 원시 전문을 찾을 수 없음. 명대 중기 소설 《금곡회춘(金谷懷春)》 소설 속에 이 구절이 인용되어 있음.

라고 하였다. 대체로 눈썹을 그리는 모습이다. 번천樊川의 시에는,

娟娟却月眉, 눈썹 곱고 고움은 반달눈썹 같고,

라 하였고, 장갈章碣의 시에는,

眉月連娟恨不開. 눈썹 달 아름다우나, 내 한은 풀길이 없네.

라고 하였으며, 또

兩痕彎月眉端照. 구부러진 달의 두 흔적이 눈썹 가에 비친다.

라고 한 것이 이것이다.

[92] 이의毦衣와 앵무의 의미

沈佺期[440] 〈從幸香山寺〉[441] 詩曰 :『旃檀曉閣金輿度, 鸚鵡晴林采毦

440 | 심전기(沈佺期, 656?~714?) :《지봉유설(芝峰類說)》 주 57) 참조.

441 | 〈종행향산사(從幸香山寺)〉: 낙양의 서남쪽 용문석굴 근처에 있는 향산의 향산사에서 황제의 행차에 수행하여 황제와 수행한 신하들이 함께 지은 응제시(應制詩)의 한 수임.

南山奕奕通丹禁, 남쪽 산 빛나고 빛남 붉은 궁성과 통하고,
北闕峨峨連翠雲. 북쪽 궁궐 높고 높음은 푸름 구름과 연이었구나.
岭上樓台千地起, 고개위의 불탑들은 천개나 솟아나고,
城中鐘鼓四天聞. 성안의 종루와 고루에서도 사천왕의 법문 들리는 구나.
旃檀曉閣金輿度, 선단으로 지은 새벽의 불전에 금수레가 지나가고,
鸚鵡晴林采毦分. 앵무의 갠 숲을 채색한 이의(毦衣)가 가르네.
愿以醍醐參聖酒, 원하노니 세상에서 가장 맛있는 우유과자를 청주와 섞고,
還將祇苑當秋汾. 다시 불교의 기원정사를 〈추풍사〉지은 중국의 분하(汾河)가 되게 하였으면.

分』按旃檀, 香木名, 出佛經[442]. 旺當作毦, 音餌. 韻書云 : 『毦績羽爲衣, 一曰兜鍪, 上飾』[443] 『鸚鵡晴林.』按佛經, 菩薩爲鸚鵡王, 徒衆三千[444]. 高麗崔洪胤[445]文云 : 『鸚鵡園中, 摘盡釋林之勝果.』[446] 是也.

심전기의 〈황제님을 따라서 향산사에 와서從幸香山寺〉 시에 말하기를,

旃檀曉閣金輿度,	전단으로 지은 새벽의 불전에 금수레가 지나가고,
鸚鵡晴林采毦分.	앵무의 갠 숲을 채색한 이의毦衣가 가르네.

라고 하였다. 상고하여 보니, 전단旃檀은 향나무의 이름이니, 불경에 나온다. 旺는 마땅히 毦로 써야한다. 음은 이다. 운서에 말하기를, 『毦라는 것은 날개를 짜서 옷을 만든 것이다. 혹은 투구 위의 장식이라고도 한다.』라 하였다. 앵무의 갠 숲이라고 한 것은, 상고하여 보니, 불경에 『보살菩薩이 앵무새의 왕이 되니, 무리가 삼천이었다.』고 하였다. 고려 최홍윤崔洪胤의 글에 말하기를, 『앵무원 가운데서 석림釋林의 좋은 과실을 모두 따다』라고 한

442 | 전단(旃檀) : 단향(檀香)인데, 범어로는 전단나(旃檀那)라고 함. 당나라 스님인 혜림(慧琳)의 《일체경음의(一切經音義)》(27) : 《묘법연화경 · 서품 · 전단》 : 전단나는 우두(牛頭)선단 등을 이르는데, 붉은 것으로는 자단(紫檀)이 있고, 흰 것으로는 백단(白檀)이라고 부르는 것 등도 있다.
참고 : 《사원(辭源)》 p.1390에서 인용.

443 | 이(毦) : 여기서 인용한 말은 《[해설한 글과 여러 주석이 붙은] 예부운략(附釋文互註禮部韻略)》에서 인용한 것임.
참고 : 《사고전서》 본 p.237

444 | 앵무왕(鸚鵡王) : 《육도집경(六度集經)》: 보살이 앵무새의 왕이 되자 거느리는 부하가 3천이나 되었다. 그 중에 두 마리의 앵무새가 힘이 딴 놈들보다도 월등하여 입으로 대나무 막대기를 물어다가 수레를 만들었는데, 왕이 그 위에 여러 앵무새들을 모이게 하고서 날다가 그치다가 하면서 놀게 하였다.

445 | 최홍윤(崔洪胤, ?~1229) : 고려후기의 문신으로, 시호는 경문(景文)이다. 한림학사를 거쳐 평장사(平章事)에 올랐다.

446 | 석림(釋林) : 불교계. 이 말은 《동문선(東文選)》에 수록된 〈대장경도량소(大藏經道場疏)〉에 나옴.

것이 이것이다.

[93] 안당雁堂과 유래

沈佺期〈白鶴寺〉[447] 詩曰：『青雲起鴈堂.』[448] 韻書云：『毗舍[449]尼爲佛作堂, 形如鴈字.』又雁塔,〈西域記〉[450] 云：『昔比丘見一鴈投下自殞, 乃葬鴈建塔.』[451] 語本于此.

447 | 백학사(白鶴寺) : 절강성 온주부(溫州府)의 낙청현(樂淸縣)에 있는 절.

448 | 청운기안당(靑雲起雁堂) : 〈낙성의 백학사(樂城白鶴寺)〉에 나오는 구절.

碧海開龍藏,　　짙푸른 바다에 용장 열려 있고,
青雲起雁堂.　　푸른 구름은 안당에서 일어나네.
潮聲迎法鼓,　　파도소리는 법고 맞고,
雨氣濕天香.　　비 기운은 하늘의 향기 젖게 하네.
樹接前山暗,　　나무는 앞산의 어둠과 닿아있고,
溪承瀑水涼.　　시내는 떨어지는 물의 시원함 이었네.
無言謫居遠,　　귀양 와서 먼 곳에 거처함 말하지 말게나,
清淨得空王.　　맑고 깨끗함 하늘의 왕에게서 얻었다네.

참고 : 《초당시(初唐詩)》, 장세후 역, 중문출판사, 2000.

※용장(龍藏) : 용궁 보장(寶藏). 즉 불교의 절.

※안당(雁堂) : 불당(佛堂).

449 | 비사(毗舍) : 싼스크리트 Vaiśya의 역음. 옛 인도의 농.공.상업에 종사하던 서민계급. 이 말을 지금 운서에서는 찾을 길 없고, 다만 《금수만화곡(錦繡萬花谷)》이라는 전고를 모아 놓은 책[類書]에서만 찾을 수 있는데, 그 책에서는 《석씨요람(釋氏要覽)》이라는 책에서 인용한 것으로 되어있음. 여기에는 『니(尼)』가 『이(離)』자로 되어 있으며 내용은 다음과 같다. 『비사가 큰 숲을 떠나서, 부처님을 위하여 큰 집을 지었는데, 모양이 기러기와 똑같고, 모든 것이 구비하였다.(田比舍離於大林, 爲佛作堂, 形如雁字, 一切具定)』

450 | 〈서역기(西域記)〉 : 즉 〈대당서역기(大唐西域記)〉. 전 12권. 당(唐)나라 때(646) 편찬. 당나라 때 현장스님이 17년 동안, 즉 629년 8월부터 645년 2월에 걸쳐서 서역(西域) 지방을 비롯하여 인도(印度) 여러 나라들을 여행한 순례기이다. 본 문헌에서 언급하고 있는 나라들의 수는 대략 138개국에 이른다. 그 중에서 현장 스님이 직접 탐방했던 나라는 모두 110개국이며, 그 나머지는 다른 사람의 전언이나 다른 문헌들을 기록한 것이다. 여기에는 각 나라의 불교 유적과 불교 신앙의 정세 및 각국의 풍속 등이 상세히 기록되어 있는 대여행기로서 그 이름이 높다.

심전기의 〈백학사〉 시에 말하기를,

青雲起鴈堂.　　푸른 구름은 안당에서 일어난다.

고 하였다. 운서에 말하기를, 『비사니毗舍尼가 부처를 위하여 불당을 지으니 그 형상이 기러기와 같았다.』고 하였다. 또 안탑雁塔이라는 것이 있으니 〈서역기西域記〉에 말하기를, 『옛날에 비구比丘가 기러기 한 마리가 몸을 던져 내려와서 스스로 죽는 것을 보고 드디어 매장하여 주고 거기에 탑을 세웠다.』라 하였는데, 안탑雁塔이라는 말은 본래 이 일에 근본 한다고 하였다.

[94] 요신腰身의 출처

唐詩云 : 『自然衣帶緩, 非是爲腰身.』[452] 『腰身』二字未知出處. 後考《玉臺新詠》[453] 有曰 : 『袖小稱腰身.』[454] 又曰 : 『秋來應瘦盡, 偏自著腰身.』[455] 蓋出於此.

451 | 비구(比丘) : 출가하여 불교의 구족계(具足戒)인 250계(戒)를 받고 수행하는 남자승려.

452 | 자연의대완(自然衣帶緩) 두 구 : 동방규(東方虯)가 지은 〈소군원(昭君怨)〉 시의 일부분이다.

胡地無花草,　　오랑캐 땅에 화초가 없으니,
春來不似春.　　봄이 왔지만 봄 같지 않네.
自然衣帶緩,　　저절로 옷이 헐렁거리나,
非是爲腰身.　　허리를 가늘게 하려는 것도 아닌데.

이 시는 당나라때 시인 동방규가 흉노의 왕 선우(單于) 호한야(呼韓耶)에게 시집 간 왕소군(王昭君)을 생각하며 지은 것이다.

※요신(腰身) : 허리, 몸매와 같은 뜻으로 명사로 사용되지만 여기서는 『허리를 가늘게 한다』는 뜻으로 『요(腰)』자를 동사로 사용하였음.

453 | 《옥대신영(玉臺新詠)》 : 《지봉유설(芝峰類說)》 주 360) 참조.

454 | 수소칭요신(袖小稱腰身) : 『수소』는 말소(袜小)의 오기(誤記)임. 말(袜)은 가슴과 배를 가리는 장식. 이 구절은 《옥대신영》(권8)에 나오는 유완(劉緩)이 지은 〈〈유장사님께서 어떤 명사들이 온 성을 기울여 반할만한 미녀를 즐김을 노래하다〉란 시를 지으신 것을 보고 삼가 답하여(敬酬劉長史, 詠名士悅傾城)〉에 나오는 시구임.

당시에 말하기를,

自然衣帶緩,　　저절로 옷이 헐렁거리니,
非是爲腰身.　　허리를 가늘게 하려는 것도 아닌데.

라고 하였다. 요신腰身이라는 두 글자의 출처를 몰랐더니, 뒤에 《옥대신영玉臺新詠》을 보니, 『배두렁이는 작아서, 잘록한 허리와 어울리네.』라고 한 것이 있었다. 또 말하기를,

秋來應瘦盡,　　가을이오면 응당 모두 여위어질 것이니,

不信巫山女,　　무산의 신녀라고도 믿지 못하겠고,
不信洛川神.　　낙수의 여신이라고도 믿지 못하겠으니.
何關別有物　　무슨 다른 존재와 관련이 있는가?
還是傾城人.　　바로 성을 기울게 할 미인이라네.
……
遙見疑花發,　　멀리서 보니 피어 있는 꽃처럼 보이지만,
聞香知異春.　　향기를 맡아보니 봄꽃과는 다른 줄 알겠네.
釵長逐鬟髮,　　비녀는 길어 쪽진 머리와 다리 머리를 따라 질러져 있고,
袜小稱腰身,　　배두렁이는 작아서 잘룩한 허리와 어울리네.
참고 : 권혁석 역《옥대신영》3, p.82~3에서 몇 자 수정 인용

455 | 추래응수진(秋來應瘦盡) 두 구 : 역시 《옥대신영》(권8)에 나오는 서효릉의 시 〈붓을 달려 장난으로 적어 명령에 응함(走筆戲書, 應令)〉에 나오는 시구인데, 《사부총간》본에는 「착(着)」자가 「저(著)」로 되어 있음.
此日乍殷勤,　　오늘 문득 은근히 사랑의 감정 빠지니,
相嫌不如春.　　봄날 같지 않은 날 싫다네.
今宵花燭淚,　　오늘 밤도 꽃 등잔에 눈물 흐르건만,
非是夜迎人.　　임 모실 밤은 아니라네.
……
片月窺花簟,　　꽃무늬 돗자리를 조각달은 엿보고 비추고,
輕寒入帔巾.　　가벼운 한기는 숄 안으로 스며드네.
秋來應瘦盡,　　가을 되자 응당 몸은 야윌대로 야위어,
偏自著腰身.　　오직 잘록한 허리만이 저절로 뚜렷하네.
참고 : 권혁석 역,《옥대신영》3, p.106~7에서 인용.

偏自着腰身.　　치우치게 스스로 허리 가는 옷 만 착용하리라.

하였다. 이 시의 요신이란 말은 아마 여기에서 나왔을 것이다.

[95] 송지문 시와 두심언 시의 비교

宋之問[456]〈傷曹娘〉詩曰 :『獨憐脂粉氣, 猶著舞衣中.』[457] 杜審言[458]〈傷美人〉詩曰 :『應憐脂粉氣, 猶著舞衣中.』[459] 其句相犯而只換著一字, 不及宋矣.

송지문의 〈조씨 아가씨의 죽음을 슬퍼함傷曹娘〉시에 말하기를,

獨憐脂粉氣,　　홀로 연지와 분의 기운이,

456 | 송지문(宋之問, 656?~712) :《지봉유설(芝峰類說)》 주 64) 참조.

457 | 독령지분기(獨怜脂粉氣) 두 구 : 문집을 보면 가무에 능했던 조랑(曹娘)의 죽음을 슬퍼하는 시가 5언 절구 1수, 7언 절구 2수가 전하는데, 여기 인용된 것은 앞의 것임.

鳳飛樓伎絶,　　봉황새 날아가고 나니 청루의 솜씨 끊어졌고,
鸞死鏡臺空.　　난새가 죽고 나니 경대가 비었구나.
獨憐脂粉氣,　　홀로 연지와 분의 기운이,
猶著舞衣中.　　아직도 춤옷에 남아있는 것이 슬프구나.

458 | 두심언(杜審言, 648?~708) :《지봉유설(芝峰類說)》 주 55) 참조.

459 | 응령지분기(應怜脂粉氣) 두 구 : 〈장시어를 대신하여 미인을 애도하다(代張侍御傷美人)〉의 한 구절이다.

二八泉扉掩,　　이팔에 황천의 문 닫히니,
帷屛寵愛空.　　장막 병풍에는 총애하던 사람 없네.
淚痕消夜燭,　　눈물 자욱 밤 촛불 녹이고,
愁緖亂春風.　　슬픔의 실마리 봄바람 어지럽히네.
巧笑人疑在,　　귀여운 웃음 사람 살아 있는 듯하고,
新妝曲未終.　　새 화장은 노래 아직 끝나지 않은 듯,
應憐脂粉氣,　　연지와 분의 기운 응당 슬퍼하리니,
猶着舞衣中.　　아직도 춤출 때의 옷에 묻어 있다네.
참고 : 장세후 역,《초당시》, 중문출판사, 2000.

猶着舞衣中.　아직도 춤옷에 남아있는 것이 슬프구나.

라고 하였는데, 두심언의 〈미인의 죽음을 슬퍼함傷美人〉시에는,

應憐脂粉氣,　연지와 분의 기운이 응당 슬퍼하리니,
猶着舞衣中.　아직도 춤출 때의 옷에 묻어 있다네.

라고 하였다. 그 글귀는 송지문의 구절을 침범한 것이다. 다만 한 글자 독獨을 응應으로 바꿨을 뿐인데, 송지문의 시만 못하다.

[96] 오언율시로 잘못 기재

宋之問詩 『馬上逢寒食』460 · 『綠樹秦京道』461 · 『臥病人事絶』462, 王

460 | 마상봉한식(馬上逢寒食) : 〈귀양가는 길에 한식을 맞아서(途中寒食)〉 시의 한 구절이다.
馬上逢寒食,　말위에 한식날을 맞이했으니,
途中屬暮春.　나그네길 가는 도중에 늦봄 되었네.
可憐江浦望,　애석케도 강 포구를 바라보자니,
不見洛橋人.　낙양 사람들은 보이질 않네.
北極懷明主,　북극성 바라보며 밝은 임금님 그리워하나,
南溟作逐臣.　이 몸은 남쪽 바다로 쫓겨 가는 신하되었구나.
故園斷腸處,　고향 동산 생각해보니 간장이 끊어질 듯 그리운 곳에,
日夜柳條新.　밤낮으로 버들가지 새로워지고 있겠지.

461 | 녹수진경도(綠樹秦京道) : 〈아침에 소주에서 출발하다(早發韶州)〉 시의 한 구절이다.
炎徼行應盡,　불길이 이글거리는 변방 끝까지 응당 다 가야 되는데,
回瞻鄕路遙.　고향 길 뒤돌아 바라보니 멀기만 하구나
……
綠樹秦京道,　푸른 나무는 장안의 길에 늘어섰을 것이고,
青雲洛水橋.　푸른 구름 낙수교에 가득하겠구나.
故園長在目,　고향동산 항상 눈 안에 감돌다 보니,
魂去不須招.　넋이 나갔지만 꼭 찾아올 필요도 없구나.

462 | 와병인사절(臥病人事絶) : 〈두심언을 송별하며(送杜審言)〉 시의 한 구절이다.

維[463]詩『萬里春歸盡』,[464] 李義山[465]詩『遠客坐長夜』,[466] 皆本律詩, 而

臥病人事絶, 병들어 누웠으니 인사도 차릴 수 없는데,
嗟君萬里行. 듣자니 그대가 만 리길을 떠난다는구나.
河橋不相送, 하남교 다리에서 송별하지 못하니,
江樹遠含情. 강가 나무들까지 멀리 섭섭한 정을 머금겠구나.
別路追孫楚, 떠나가는 길에서 손초(孫楚)를 좇아가서 보고,
維舟吊屈平. 배를 매어놓고 굴평(屈平)의 혼을 조상하게나.
可惜龍泉劍, 안타깝도다! 용천검 같은 좋은 칼이,
流落在豊城. 풍성(豊城) 같은 시골 땅에 떠돌아 다니다니.

※손초(孫楚, 약218~293) : 서진의 문학가. 자는 자형(子荊), 태원(太原) 중도(中都) 사람으로서 재주가 탁월하고 품성이 발군이라 나이 마흔 무렵에 진동군장군(鎭東軍將軍) 석포(石苞)의 참군(參軍)이 되었으며, 혜제 시에 풍익군의 태수가 되었다. 명대의 사람이 모은《손풍익집(孫馮翊集)》이 있다.

※굴평(屈平) : 굴원(屈原), 평은 그의 이름임. 전국시대 초(楚)나라의 대부로 간신 근상(靳尙)과 자란(子蘭) 등의 참소를 받자, 이소(離騷)를 지은 뒤 스스로 멱라수(汨羅水)에 빠져 죽었음.

※용천검(龍泉劍) : 옛날 장수들이 쓰던 보검.

463 | 왕유(王維, 701~761) :《지봉유설(芝峰類說)》 주 107) 참조.

464 | 만리춘귀진(萬里春歸盡) : 이 구절은 왕유의 문집에서는 찾을 수 없고,《당음》에서는 장우(張祐)의 〈돌아갈 것을 생각하는 즐거움(思歸樂)〉이라는 이름으로 수록되어 있음.

萬里春歸盡, 만 리 타향에서 봄 다 가니,
三江雁亦稀. 삼강에 기러기조차 정말 드물구나.
連天漢水廣, 하늘에 이어져 한수 물 넓어지는데,
孤客未言歸. 외로운 나그네 돌아간다는 말 아직 못하네.

465 | 이의산(李義山, 812~858) :《오산설림(五山說林)》 주 122) 참조.

466 | 원객좌장야(遠客坐長夜) : 이 시구 역시 다음과 같은 이군옥(李群玉)의 〈비오는 밤에 장관님께 지어드림(雨夜贈長官)〉이라는 긴 시의 한 구절임.

遠客坐長夜, 멀리서 온 나그네 긴 밤에 앉았는데,
雨聲孤寺秋. 빗소리 들리는 외로운 절의 가을 깊어만 갑니다.
請量東海水, 청컨대 동해물이 더 불었을 것을 헤아려,
看取淺深愁. 저의 깊고 얕은 근심을 간취하여 주옵소서.
......
借問陶淵明, 실례지만 도연명에게 묻기를,
何物號忘憂. 어떤 물건이 근심을 잊을 수 있을는지요.
無因一酩酊, 술이 많이 취한 상태가 아니라도,
高枕萬情休. 높이 베고 누워 만 가지 일을 쉴 수는 없을 런지요.

《唐音》[467] 截作絶句, 何耶?

송지문의 시,

馬上逢寒食,　　말 위에 한식날을 맞이했으니,

라든가,

綠樹秦京道,　　푸른 나무는 장안의 길에 늘어섰을 것이고.

이라든가,

臥病人事絶.　　병들어 누웠으니 인사도 차릴 수 없는데.

라든가, 왕유의 시,

萬里春歸盡,　　만 리 타향에서 봄 다 가니.

라든가, 이의산의 시,

遠客坐長夜,　　멀리 온 나그네, 김 밤에 앉았는데,

※이군옥(李群玉, 813~860) : 당나라의 유명한 시인. 서예가. 자는 문산(文山). 예주(澧州 : 지금의 호남성 예현) 사람. 과거에 한번 떨어지고 나서 시험을 치루지 않고 단지 편안함을 즐겼다. 서민으로 장안을 떠돌다가 썼던 시 300편을 왕께 바쳤다. 그때 호남관찰사로 있던 배휴(裴休)가 그를 신임하여 홍문관교서랑(弘文館校書郞)으로 추천했지만 관직에 얼마 있지 않고 고향으로 돌아왔다. 그는 두목(杜牧)과 단성식(段成式) 등과 자주 왕래하였다. 저서로는 《이군옥집(李群玉集)》 3권, 《후집(後集)》 5권, 《이군옥시집》 3권이 있다.

467 | 《당음(唐音)》 : 원나라 양사홍(楊士弘)이 당나라 시를 엮은 책. 14권.

라든가 하는 글귀는 본래는 모두 오언율시인데 《당음》에서 반을 잘라 절구로 만들었으니 무슨 까닭인가?

[97] 이백의 교지지의 시 인용

喬知之[468]詩曰 :『草綠鴛鴦殿, 花紅翡翠樓.』[469] 按李白詩『水綠南薰殿, 花紅北闕樓.』; 又『玉樓巢翡翠, 金殿鎖鴛鴦.』[470] ; 蓋出於喬矣.

468 | 교지지(喬知之) : 당나라 풍익(馮翊) 사람. 벼슬은 좌사낭중(左司郎中). 시비(侍婢)의 일로 무승사(武承嗣)에게 살해되었다. 《전당시》에 시 한 권이 수록됨.

469 | 초록원앙전(草綠鴛鴦殿) 두 구 : 〈음악을 관장하는 이원의 정자에서 황제님을 모신 연회에 참석하여(梨園亭子侍宴)〉 시의 한 구절이다.

年光陌上發, 한해의 빛 논밭위에 펴나는데,
香輦禁中游. 향기로운 가마는 궁중에서 노니네.
草綠鴛鴦殿, 풀은 원앙전에 푸르고,
花紅翡翠樓. 꽃은 비취루에 붉네.
天杯承露酌, 천자님의 잔은 승로반(承露盤)의 이슬을 받아서 마시고,
仙管雜風流. 신선의 관악기는 풍류를 섞었구나.
今日陪歡豫, 오늘 모심이 기쁘고 즐거우나,
皇恩不可酬. 황제님의 은혜에 보답 할 길은 없구나.

※ 승로반(承露盤) : 하늘에서 내리는 장생불사의 감로수를 받아먹기 위하여 만들었다는 쟁반.

470 | 옥루소비취(玉樓巢翡翠) 두 구 : 〈궁중의 즐거움 8수(宮中行樂詞八首)〉 시의 일부분이다.

(제2수)
柳色黃金嫩, 버들은 여린 황금빛,
梨花白雪香. 배꽃은 향기로운 흰 눈.
玉樓巢翡翠, 옥루에 비취새 깃들이고,
金殿鎖鴛鴦. 구슬전각엔 원앙이 숨었네.
選妓隨雕輦, 기녀를 뽑아 고운 가마 쫓게 하고,
征歌出洞房. 명창 데리고 동방을 나선다네.
宮中誰第一, 궁중에선 그 누가 제일인가?
飛燕在昭陽. 비연이가 소양전에 살고 있네.
……

교지지의 시에,

草綠鴛鴦殿,　　풀은 원앙전에 푸르고,
花紅翡翠樓.　　꽃은 비취루에 붉다.

라고 하였다. 이백의 시에는

水綠南薰殿,　　물 푸른 남훈전이요.
花紅北闕樓.　　꽃 붉은 북궐루라.

라고 하였다. 또,

玉樓巢翡翠,　　옥루에 비취새가 깃들이고,

(제8수)
水綠南薰殿,　　물 푸른 남훈전이요.
花紅北闕樓.　　꽃 붉은 북궐루라.
鶯歌聞太液,　　꾀꼬리 노래 태액지에 들려오고,
鳳吹繞瀛洲.　　생황 소리 영주산을 감싸돈다.
素女鳴珠佩,　　하얀 궁녀는 패옥을 울리고,
天人弄彩球.　　천상 선녀는 채색공을 굴리난다.
今朝風日好,　　오늘 아침은 날씨가 좋으니
宜入未央游.　　미앙궁에 들어가 놀 만하구나.
참고 : 진옥경 역주 해설,《이태백 악부시》, 사람과 책, 1998.
※궁중행락사(宮中行樂詞) : 당현종이 봄날을 즐기다가 술취한 이백을 불러 짓게 하였다는 노래이다. 이백이 묘사하고자 한 것은 군왕의 화려하고 사치스러운 생활과 나른한 행복감이다.
※동방(洞房) : 깊숙이 자리 잡은 부인의 방.
※비연(飛燕) : 한(漢)나라 성제(成帝 : 기원전 32~기원전 7재위)의 애희(愛姬) 조비연(趙飛燕).
※소양(昭陽) : 조비연의 동생 합덕(合德)이 성제의 총애를 받아 거처하던 소양전(昭陽殿).
※태액(太液) : 윤택함이 널리 퍼진다는 뜻을 가진 장안 서쪽에 있는 연못.

金殿鎖鴛鴦.　구슬 전각엔 원앙이 숨었네.

라고도 하였다. 아마 모두 교지지의 시에서 나온 말일 것이다.

[98] 유화의 의미

李嶠[471]詩云 : 『天酒酌榴花.』[472] 又 『榴花養太和』.[473] 駱賓王文云 : 『泛榴花於祖道.』[474] 按榴花言酒色, 小說所謂唐人以紅酒爲尙,[475] 是矣.

471 | 이교(李嶠, 645~714?) : 자는 거산(巨山). 하북성(河北省) 찬황(贊皇) 출생. 20세에 진사에 급제, 측천무후(則天武后) 때에 봉각난대평장사(鳳閣鸞臺平章事), 즉 재상에 이르렀으며 또 수문전 대학사(修文殿大學士)를 겸하여 《삼교주영(三教珠英)》 1300권의 편찬총재(編纂總裁)에 임명되는 등, 정치 · 문화 양면으로 중용되었으나 측천무후가 죽은 후에는 실각하였다. 당시 궁정시인의 거두로서, 시집 《이교잡영(李嶠雜詠)》 2권이 전해진다.

472 | 천주작유화(天酒酌榴花) : 〈감로전에서 황제님을 모시고 연회를 베풀며 명령에 응하여 지음(甘露殿侍宴, 應制)〉 시의 한 구절이다.

月宇臨丹地,　달 같은 이 감로전은 붉은 궁궐 땅을 내려다보는데,
雲窗網碧紗.　구름 감도는 창문은 푸른 비단으로 덮였구나.
御筵陳桂醑,　황제님의 연회에는 월계수의 미주(美酒) 늘어놓았고,,
天酒酌榴花.　하늘 술로 석류꽃을 잔질하누나.
水向浮橋直,　물은 다리를 향해 곧장 흘러가고,
城連禁苑斜.　성은 궁중의 동산을 따라 굽어져 있구나.
承恩恣歡賞,　은혜를 입어 상을 내리심을 마음껏 기뻐하나니,
歸路滿烟霞.　돌아가는 길이 임금님의 은혜 같은 안개와 노을로 가득하리라.

473 | 유화양태화(榴花養太和) : 유장경(劉長卿)시 〈강준과 함께 배식미의 강소성 여간현의 동재를 제목으로 읊음(同姜濬, 題裴式微餘干東齋)〉의 한 구절이다.

世事終成夢,　세상일이 결국 꿈이 되어,
生涯欲半過.　생애 절반이나 지나가려 하네.
……
藜杖全吾道,　명아주 지팡이로 나의 길을 보전하고,
榴花養太和.　석류꽃 같은 술로 큰 화기를 길러야지.
……
屈平君莫吊,　굴원을 그대는 조상하지 말라!
腸斷洞庭波.　동정(洞庭)의 물결에 그대의 간장 끊어지리니.

이교의 시에,

天酒酌榴花.　　하늘 술로 석류꽃을 잔질한다.

라고 하였다. 또,

榴花養太和.　　석류꽃 같은 술로 큰 화기를 길러야지.

474 | 범류화우조도(泛榴花于祖道) : 낙빈왕이 육도사와 진문림을 송별하는 길에서 쓴 시가 〈가을날 육도사와 진문림을 전별하는 시(秋日, 餞陸道士, 陳文林)〉이다. 이 구절은 이 시의 서(序)에 보이는 구절중 하나이다.

『육도사는 장차 장안의 서쪽 지역으로 나가서 《장자》에서 말하는 뜬 기운 장악하는 이치에 통달하려 하고, 진문림은 동오 지방으로 돌아간다고 하며, 길을 나서서 낙성의 포구로 달리고 있다. 이때에 내가 금수에다가 배를 묶어 놓고 난야(蘭若 : 사원)를 빌려서 연회를 열었다. 튼튼한 제방에다 말을 묶어놓고 조도(絛道)에서 석류 빛깔의 붉은 술이 든 잔을 뒤집어 비웠다.(陸道士將游西輔, 通莊指浮氣之關, 陳文林言返東吳, 條途, 走落星之浦, 於星維단舟錦水, 藉蘭若以開筵. 紲騎金隅, 泛榴花於祖道.)』

青牛游華岳,　　푸른 소타고 육도사는 서쪽 화산을 누비고,
赤馬走吳宮.　　붉은 말 타고 진문림은 오나라 궁으로 달려가는구나.
玉柱離鴻怨,　　옥기둥 안에서는 떠나가는 기러기를 원망하는데,
金罍浮蟻空.　　금 술 잔속에는 개미 같은 거품만 떠오르는구나.
日霽崤陵雨,　　해가 효산 언덕에 내리던 비 그치게 하니,
塵起洛陽風.　　먼지는 낙양의 바람에 일어나는구나.
唯當玄度月,　　다만 오묘한 이치를 담은 달이 떠오를 때가 되거던,
千裏與君同.　　천리 밖에서 그대들과 더불어 함께 쳐다보게 되었으면.

※육도사(陸道士, 406~477) : 육수정(陸修靜)을 가리킨다. 중국최초의 도교경전 총목(總目)인 《삼통경서목록(三洞經書目錄)》을 집록, 찬정하고 도교의 의규(儀規)를 완비한 것으로 유명하다. 죽은 뒤 간적선생(簡寂先生)이란 시호가 붙여졌고, 나중에는 북송의 휘종(徽宗)에 의해 단원진인(丹元眞人)으로 봉해졌다. 그는 모산파의 7대 종사로 그의 제자가 8대인 손유악(孫游岳), 이 손유악의 제자가 9대 종사인 도홍경(陶弘景)이다.

475 | 홍주(紅酒) : 당나라 말기의 단성식(段成式)이 지은 《유양잡조(酉陽雜俎)》라는 책에는 다음과 같은 말이 나옴. 가장(賈鏘)이라는 사람의 집 종이 황하의 가운데로 들어가서 바가지로 황하수 근원지에부터 흘러오는 물을 떠다가 술을 담는데, 하룻밤이 지나면 그 빛깔이 빨갛게 되는데, 곤륜상(崑崙觴)이라고 하였다.

라고도 하였다. 낙빈왕의 글에 말하기를,

泛榴花于祖道. 　　조도에 유화를 띄운다.

하였다. 상고하여 보니, 유화는 술빛을 말한 것이다. 소설에 「당나라 사람들은 붉은 술을 귀중하게 여긴다.」고 한 것이 이것이다.

[99] 이교의 시

李嶠詩云 : 『西北雲膚起, 東南雨足來.』[476] 雨足, 猶言雨脚,[477] 詩家多用之. 『雲膚起』, 《公羊傳》[478] : 『泰山之雲, 膚寸而合』[479], 豈用此耶? 又李白詩云 : 『日足森海嶠.』[480] 日足, 亦猶日脚.

476 | 서북운부기(西北雲膚起) 두 구 : 〈비(雨)〉 시의 일부이다.

西北雲膚起, 　　서북에서 구름 살이 일어나고
東南雨足來. 　　동남에는 빗발이 온다.
靈童出海見, 　　민첩한 아이 바다에 나와 보니,
神女向臺回. 　　선녀가 천대(天臺)를 향하여 돌아가네.
斜影風前合, 　　남은 그림자 바람 앞에 합치고,
圓文水上開. 　　둥근 글자 물위를 가르는 구나.
十旬無破塊, 　　백일 동안이나 내려도 깨어진 땅 없으니,
九土信康哉. 　　구토(九土)가 강함을 믿도다.

477 | 우각(雨脚) : 빗발.

478 | 《공양전(公羊傳)》 : 공자(孔子)의 《춘추(春秋)》를 해석한 책 중 하나. 저자는 공양고(公羊高). 여기 인용된 부분은 이 책의 〈희공(僖公) 31년 4월〉 조에 나오는 말로 그 원문은 『[태산의 구름이] 돌의 곁을 스치면서 나오는데, 조금도 스치지 않는 곳이 없었다. 그러자 아침이 다 끝나기도 전에 온 천하에 비가 내렸으니, 오직 태산의 신령함인지고! 강과 바다가 천리나 불어났다.(觸石而出, 膚寸而合, 不崇朝而偏雨天下者, 唯泰山爾! 河海潤於千裏)』인데, 여기에서 인용한 것과 같은 이 『雲膚』이라는 말은 보이지 않는다. 아마 저자의 착오인지도 모르겠다.

479 | 부촌(膚寸) : 옛날 넓이의 단위로 손가락 하나 정도의 넓이를 1촌(寸)이라고 하고, 네 손가락이 합한 넓이를 1부(膚)라고 함.

480 | 일족삼해교(日足森海嶠) : 〈전란을 겪은 뒤에 장차 섬중으로 피해가는 도중에 선성

이교의 시에,

西北雲膚起,　　서북서 구름살이 일어나고,
東南雨足來.　　동남에는 빗발이 온다.

라고 하였다. 우족이란 말은 우각雨脚과 같은 것으로서 시인들이 많이 쓴다. 운부라는 말은 《공양전》에 『태산의 구름이 부촌에서 합한다.』라는 말이 있다. 혹은 이것을 인용한 것일까? 또 이백의 시에 말하기를,

日足森海嶠.　　햇발은 해변의 험준한 산에 빽빽하다.

고 하였다. 日足은 또한 日脚과 같다.

[100] 비단수레 단어의 인용

韋元旦[481] 〈送金城公主適西番〉 詩 : 『國命錦車傳.』[482] 李嶠詩 : 『絲言

현령 최흠(崔欽)님께 바치려고 남겨놓음(經亂後, 將避地剡中, 留贈崔宣城)〉
雙鵝飛洛陽,　　흰 거위, 푸른 거위 두 마리 낙양에서 날아오르고,
五馬渡江徼.　　다섯 마리 말들이 양자강 강변을 건넜구나.
……
赤霞動金光,　　아침에 붉은 안개 금빛이 일고,
日足森海嶠.　　햇발은 해변의 험준한 산에 빽빽하네.
……
華髮長折腰,　　늙어서도 늘 허리를 굽힌다면,
將貽陶公誚.　　도연명에게 비웃음을 사겠구나.
번역참고 : 이해선, 《이백의 삶과 문학》, 고려대출판부, 2004, p.280.

481 | 위원단(韋元旦) : 장안의 만년(萬年) 사람. 과거 급제하여 감찰어사가 되었으나, 측천무후의 총신인 장역지(張易之)와 사돈관계가 되었는데, 장역지가 패하자 위원단 또한 감의현위(感義懸尉)로 좌천되었다가 후에 다시 중서사인(中書舍人)이 되었다. 시는 10편이 《전당시》에 수록되어있다.

命錦輪.』[483] 唐遠抵[484]詩 :『驪駒送錦輪.』[485] 按《漢書[486]·西域傳》, 馮夫人名繚, 漢宮人, 爲烏孫公主侍者, 使之乘錦車持節, 和戎而歸[487] ; 詩

482 | 국명금거전(國命錦車傳) : 〈금성공주께서 서쪽 변방나라로 시집가심에 송별하는 황제님의 시에 삼가 화답하며, 명령에 응하여 지음(奉和送金城公主適西蕃, 應制)〉 시의 한 구절.

柔遠安夷俗, 먼 나라를 회유하는 것은 오랑캐를 편안케 하는 풍속이라,
和親重漢年. 화친을 도모함이 우리나라에서 중시하는 때가 되었구나.
軍容旌節送, 군대의 위용 갖추어 깃발과 부절을 호송하게 하고,
國命錦車傳. 나라의 명령을 비단 수레에 싣고 가서 전하게 하시네.
琴曲悲千裏, 가야금 소리 굽이굽이 천릿길 비통하게 울리고,
簫聲戀九天. 퉁소소리 황제님의 구중궁궐을 그리워하는 구나.
唯應西海月, 오직 서쪽 변방에 돋는 달이 틀림없이
來就掌珠圓. 와서 구슬을 둥글게 쥐는 것을 비추어 주었으면.

483 | 사언명금륜(綵言命錦輪) : 〈금성공주께서 서쪽 변방나라로 시집가심에 송별하는 황제님의 시에 삼가 화답하며, 명령에 응하여 지음(奉和送金城公主适西蕃, 應制)〉의 한 구절이다.

漢帝撫戎臣, 한나라 황제께서 군신들을 위로하시고,
綵言命錦輪. 조서를 내려 비단수레를 타게 하셨네.
還將弄機女, 다시 베 짜는 공주로 하여금,
遠嫁織皮人. 저 가죽을 짜는 사람에게 멀리 시집보내게 되셨네..
曲怨關山月, 노래 가락들은 변방지방의 산에 비친 달을 원망하고,
妝消道路塵. 화장은 길가 먼지 때문에 사라지네.
所嗟穠李樹, 안타까운 것은 아름다운 공주님께서
空對小楡春. 허무하게 봄을 보내시지나 않으실지?

484 | 당원철(唐遠抵) : 역시 당나라 중종 때 사람. 바로 위에 보이는 시의 제목과 같은 시 한 수만이 《전당시》에 전함.

485 | 여구송금륜(驪駒送錦輪) : 송별의 노래란 뜻.

皇恩眷下人, 제의 은혜가 아랫사람들을 돌보니,
割愛遠和親. 사랑을 나누어 먼 곳까지 친화를 도모하시네.
少女風游兌, 어린공주님 바람 따라 노는 것을 좋아하시니,
姮娥月去秦. 항아(달에 사는 선녀)가 달 따라 중국 땅을 떠남과 같네.
龍笛迎金榜, 용울음 젓대소리 황제님의 행차 맞이하고,
驪歌送錦輪. 여구를 노래하면서 비단수레를 송별하네.
那堪桃李色, 어떻게 복숭아 꽃 같고 오얏꽃 같은 아름다운 모습,
移向虜庭春. 오랑캐 왕궁에서 봄을 맞으러 가심을 견디랴?

486 | 《한서(漢書)》 : 《지봉유설(芝峰類說)》 주 129) 참조.

意以此. 又郎士元[488]〈送楊中丞和蕃〉詩曰：『錦車登隴日』[489] 蓋以和蕃, 故用錦車；而用之於此, 則似未穩.[490]

위원단의 〈금성공주가 서번에 가는 것을 전송하는 시〉에 말하기를,

國命錦車傳.　나라의 명령을 비단 수레에 실고 가서 전하네.

라고 하였다. 이교의 시에는,

綵言命錦輪.　조서를 내려 비단 수레를 타게 하였네.

487 | 풍부인명료(馮夫人名嫽) 다섯 구 : 역사에 밝고 일처리에 익숙하여, 공주의 사자로 서역의 여러 나라에 돌아다니며 선물을 전달하여 신임을 얻고, 오손국의 우대장(右大將)이 처가 되어 한나라를 위하여 서역안정에 큰 공로를 세움. 《한서 · 서역전》의 기록은 『풍부인 자신이 비단 수레를 타고 부절을 지니고(馮夫人錦車持節, 詔烏就屠...)』 나간 것으로 되어 여기의 인용문과 차이가 있음.

488 | 낭사원(郎士元) : 중당(中唐) 시기의 문인 관리. 진사를 거쳐 우습유(右拾遺), 정주(鄭州)자사를 지냄. 《전당시》에 시 1권이 수록됨.

489 | 금거등롱일(錦車登隴日) : 〈양중승께서 주변 나라에 화해사절로 나가심에 보내드리며(送楊中丞和蕃)〉의 한 구절이다.

錦車登隴日,　비단수레가 서북 고원으로 올라가는 날
邊草正萋萋.　길옆의 풀 바야흐로 무성하구나.
舊好尋君長,　이전의 친구들 그대의 장점 찾으나,
新愁聽鼓鼙.　새로운 근심 북, 징소리에 들리는구나.
河源飛鳥外,　황화의 발원지에 새날아가는 저 바깥에,
雪嶺大荒西.　눈덮힌 고개 황막한 서쪽이겠지.
漢壘今猶在,　한나라 성벽 지금도 아직 있으리니,
遙知路不迷.　멀리서도 길 잃어버리진 않을 줄 아네.

490 | 미온(未穩) : 앞의 용례는 모두 공주가 타는 수레였기 때문에 비단수레(錦車)라고 하였으나, 여기서는 남자 사신이 타고 가는 수레이기 때문에 비단수레를 탔다고 보는게 좀 온당하지 않다고 본 것 같음. 그러나 사신을 『금거사(錦車使)』라고 부른 용례가 일찍부터 있었음. — 《한어대사전》 11권 참조

라 하였고, 당원철의 시에는,

驪駒送錦輪.　　여구를 노래하면서 비단 수레를 송별하네.

라고 하였다. 《한서 · 서역전》을 보니, 『풍馮부인의 이름은 요繚이니, 한漢나라의 궁녀로서 오손공주의 시녀가 되었다. 공주를 비단 수레에 타게 하고, 한나라의 부절符節을 갖고 가서 오랑캐와 화호를 맺고 돌아오게 하였다.』고 하였다. 여기 시의 뜻은 이것을 인용한 것이다. 또 랑사원의 〈양중승이 번국을 화순케 하러 감을 송별하는 시〉에 말하기를,

錦車登隴日,　　비단 수레가 롱(隴 : 서북쪽 고원지대)에 올라가는 날에

라고 하였다. 아마 번국을 화순시키러 간다고 하여 비단 수레라는 말을 인용한 것 같으나, 여기에 인용하는 것은 온당하지 않은 것 같다.

[101] 낙제하고 낙향하는 사람의 시에 조朝 사용은 부적합

盧僎[491]詩 : 『抱玉三朝楚, 懷書十上秦. 年年洛陽陌, 花鳥弄歸人.』[492] 此言下第而歸, 爲花鳥所嘲弄. 著一『弄』字, 而無聊困頓之狀可掬, 妙甚, 妙甚. 但『三朝楚』,『朝』字似未穩.

491 | 노선(盧僎) : 성당시대 문관으로, 이부상서(吏部尙書)를 지낸 종원(從愿)의 삼촌임. 문희현위(聞喜懸尉)로부터 조정에 들어와서 학사가 되었고, 이부(吏部)의 원외랑(員外郞)으로 벼슬을 마쳤음. 《전당시》에 시 14수가 수록됨.

492 | 포옥삼조초(抱玉三朝楚) 네 구 : 초나라 사람 변화(卞和)가 산중에서 옥 덩어리를 얻어 임금에게 세 차례나 거듭 바친 것을 말함. 처음 두 번은 가짜를 바친 것이라고 오인되어 각각 한 쪽 다리가 잘리는 형벌을 받았음. 이 고사는 흔히 신하가 재주를 임금에게 바쳐 시험 받는다는 전고로 사용됨. 이 시는 노선이 쓴 〈[과거시험에 낙제하고] 낙향하는 도중에 입에서 나오는 대로 적음(途中口號)〉이라는 시의 전문인데, 어떤 책에서는 곽향(郭向)이 지은 시라고도 함.

노선의 시에 말하기를,

抱玉三朝楚,　옥을 안고 세 번 초나라에 조회하고,
懷書十上秦.　글을 품고 장안으로 가서 열 번이나 올렸구나.
年年洛陽陌,　해마다 낙양의 거리에서,
花鳥弄歸人.　꽃과 새가 돌아가는 사람을 조롱하네.

라고 하였다. 이것은 과거에 낙제하고 돌아가니 꽃과 새의 조롱하는 바가 된다는 것을 말한 것이다. 그런데 조롱한다는 농弄이란 글자 하나를 놓았을 뿐이나, 무료하고 괴롭고 궁한 형상이 손에 잡힐 듯하니 매우 묘하다. 다만 세 번 초나라에 조회하였다고 한 조朝라는 글자를 놓은 것은 온당하지 않은 것 같다.

[102] 장군초의 의미

郭元振[493]詩 : 『風吹大夫樹, 露下將軍藥.』[494] 按 〈本草〉[495], 大黃[496]號

493 | 곽원진(郭元振) : 당나라 현종 때의 장군으로 이부상서 · 병부상서가 되고 대국공(代國公)에 봉해짐. 저서로 문집 20권이 있음.

494 | 풍취대부수(風吹大夫樹) 두 구 : 이 시는 곽원진의 작품이 아니고 역시 같은 시기의 재상 이였던 장열(張說)이 쓴 〈약원연회에서 무로사 장군을 노래함. 각운자로 낙자를 얻어 읊음(藥園宴, 武輅沙將軍, 賦得洛字)〉의 한 구절이다.

東第乘餘興,　동쪽집의 여흥을 타고,
南園宴淸洛.　남쪽 정원 맑은 물가에서 연회를 여는구나.
文學引鄒枚,　문학은 추양(鄒陽)과 매승(枚乘)을 이끌고,
歌鐘陳衛霍.　노래는 위청(衛靑)과 곽거병(霍去病)을 읊는구나.
風吹大夫樹,　바람은 대부나무에 불고,
露下將軍藥.　이슬은 장군초에 내렸네.
待聞出塞還,　변새 밖을 나갔다가 돌아오셔서,
丹靑上麟閣.　장군님의 화상 기린각에 그려진다는 소문 기다리겠네.

495 | 《본초(本草)》 : 《지봉유설(芝峰類說)》 주 340) 참조.

將軍, 今俗亦呼爲將軍草[497], 是也. 大夫樹[498], 蓋指松耳.

곽원진의 시에,

風吹大夫樹,　　바람은 대부나무에 불고,
露下將軍藥.　　이슬은 장군초에 내렸네.

라 했다. 〈본초〉를 보니, 대황大黃을 장군이라고 부른다. 지금의 풍속에서도 장군초라고 부르는 것이 그것이다. 대부수大夫樹라고 한 것은 아마 소나무를 가리킨 것 같다.

[103] 진자앙 시의 치효鴟鴞와 미록麋鹿

陳子昂[499]詩曰 : 『鴟鴞悲東國, 麋鹿泣姑蘇.』[500] 上句言周公居東作〈鴟

496 | 대황(大黃) : 원산지는 중국 서장 · 청해 지방이다. 산골짜기의 습지에서 자란다. 굵은 황색 뿌리가 있고, 곧게 자란 원줄기의 높이는 1m에 달한다. 한방에선 약재로 쓰인다.

497 | 장군초(將軍草) : 중국의 유명한 약재중의 하나로. 사람의 심장, 위염 등에 좋은 약재의 원료로 사용되고 있다. 또한 황색 생산의 원료로 사용하고 있다.

498 | 대부수(大夫樹) : 소나무를 말함. 옛날 진시황이 진산에 올라 돌을 세우고 제사한 뒤에 내려오는데, 갑자기 바람과 비가 닥쳤으므로 큰 소나무 밑에서 비를 피하였다. 그로 인하여 그 소나무를 오대부(五大夫)의 작위에 봉하였다고 하는 고사에서 시작된 말.

499 | 진자앙(陳子昂, 661~702) : 자는 백옥(伯玉)이고 사천성(四川省) 사홍현(射洪縣) 출생. 682년 진사(進士)에 급제하고, 측천무후(則天武后)를 섬겨 벼슬이 우습유(右拾遺)에 올랐고 향리에 은퇴 후 무고한 죄명으로 옥중에서 죽었다. 당시의 시는 일반적으로 육조궁정시(六朝宮廷詩)를 계승하여 수사(修辭) 편중의 경향이 있었는데, 그는 '한위(漢魏)의 풍골(風骨)' 을 중히 여겨 강건중후한 시를 지음으로써 초당(初唐)에서 성당(盛唐)으로 넘어가는 시풍 전환에 커다란 영향을 끼쳤다. 대표작《감우(感遇)》38수는 시세(時世)에 대한 감개를 어두운 필치로 읊은 것으로, 위(魏)의 완적(阮籍)의《영회(詠懷)》82수를 이어받았고, 또한 성당의 이백(李白)의《고풍(古

鴞〉之詩而悲也, 下句言子胥以麋鹿將遊姑蘇而泣諫也. 若看作麋鹿泣, 則誤矣.

진자앙시에,

風)》59수도 그 영향을 받아 만든 것이라 한다. 문집으로 시를 포함한 《진백옥문집(陳伯玉文集)》 10권이 있다.

500 | 치효(鴟鴞) : 올빼미. 여기서는 《시경 · 빈풍(豳風)》의 편명. 성왕이 주공의 뜻을 알지 못하므로, 주공이 이 시를 지어 성왕에게 보냈다고 한다. 치효는 나쁜 새다. 주공이 어린 조카 성왕을 성심껏 보필했으나, 자기의 친동생 관숙(管叔)과 채숙(蔡叔)이 이를 도리어 중상하면서 은(殷)왕자 무경(武庚)을 추대하여 반기를 들었다. 이에 주공은 동정(東征)한지 2년만에 반란을 평정하였으나 성왕은 아직도 의심을 풀지 않기 때문에 치효라는 시를 지어 자기의 심정을 호소한 것이라고 한다.

〈만나는 일에 느낌을 적은 시(感遇詩) 28수 중 제15수〉

貴人難得意, 　귀인도 뜻을 얻기 힘들어,
賞愛在須臾. 　사랑 받음도 잠시로구나.
……
鴟鴞悲東國, 　치효의 시를 지어 주공은 동쪽나라에서 슬퍼하였고,
麋鹿泣姑蘇. 　오자서는 미록이 고소대에 놀것을 울었다네.
誰見鴟夷子, 　누가 보았는가? 치이자가
扁舟去五湖. 　일엽 편주를 타고 오호로 가고 있는 것을.

※오자서(伍子胥, 기원전 559(?)~기원전 484) : 이름이 원(員)이고, 자서(子胥)는 그의 자(字)이다. 춘추 말기 초(楚)나라 대부 오사(伍奢)의 둘째 아들인데, 그 아버지가 초나라에서 모함을 받아 죽게 되자, 오나라로 도망하여 재상이 되어 초나라를 치고 공로를 세웠으나, 그 자신도 역시 오나라에서 모함을 당하여 자살하자, 오왕 부자(夫差)가 그 시체를 가죽주머니[鴟夷子] 에 넣고 강물에 던졌다 함. 《한서(漢書) · 예문지(藝文志)》에는 오자서의 병서인 《오자서(伍子胥)》 10편이 있다고 하였으나 지금 전하지는 않고 있다.

※미록(麋鹿) : 고라니와 사슴.

※고소대(姑蘇臺) : 소주(蘇州)에 있는데, 오왕이 세웠다고 함.

※치이자(鴟夷子) : 본뜻은 가죽으로 만든 주머니란 뜻인데, 여기서는 월나라 임금 구천(句踐)에게 처음에는 신임을 받아 오나라를 정벌하는데 큰 공을 세웠으나, 돌아와서 의심을 받을까 두려워, 재상벼슬을 버리고서 스스로 호를 『치이자피(鴟夷子皮)』라고 한 범려. 그 자신도 오자서와 같이 치이자에 싸여 죽음을 당할 몸이라는 뜻으로 이러한 호를 쓰고, 이름 숨기고, 배를 타고 오호를 지나 제나라 해안지방으로 가서 몸소 농사를 짓고 살림을 이루어 큰 부호가 되었음.

鴟鴞悲東國,　　치효의 시를 지어, 주공은 동쪽 나라에서 슬퍼하였고,
麋鹿泣姑蘇.　　오자서伍子胥는 미록이 고소대에 놀 것을 울었다.

라고 하였다. 윗 글귀는 주공이 동쪽에 있으면서 〈치효〉의 시를 지어 슬퍼한 것을 말한 것이고, 아래 글귀는 오자서가, 장차 고라니와 사슴이 고소대에서 놀게 될 것이라고 울면서 간하였던 일을 말한 것이다. 만약 미록이 운다고 풀이 한다면 잘못일 것이다.

[104] 맹호연시의 잘못된 기棄자의 사용

孟浩然[501]詩：『不才明主棄.』[502] 明皇以爲朕未嘗用卿也. 李白〈贈浩然〉詩乃曰：『紅顔棄軒冕.』[503] 浩然本布衣, 未嘗棄官來隱, 則『棄』字未穩.

501 | 맹호연(孟浩然, 689~740) : 호북성(湖北省) 상양현(襄陽縣) 출생. 작품으로는 〈춘효(春曉)〉라는 시가 유명하다. 일찍이 왕유(王維)의 천거로 현종(玄宗)을 배알(拜謁)하였을 때 근작(近作)의 시를 올렸다가 『재능이 없으니 명주의 버림받았다(不才明主棄)』라는 구절 때문에 현종의 노여움을 사서 모처럼의 벼슬길을 놓쳤다는 일화가 전하나, 확인 할 수는 없다. 시집(詩集)으로 《맹호연집(孟浩然集)》 4권이 있으며, 약 200수의 시가 전한다.

502 | 부재명주기(不才明主棄) : 맹호연의 〈세모에 남산으로 돌아오며(歲暮歸南山)〉의 한 구절이다.

北闕休上書,　　북궐에 글월 올릴 일 그만두고,
南山歸敝廬.　　남산의 누추한 집으로 돌아왔노라.
不才明主棄,　　재능이 없으매 명주(明主)의 버림받았고,
多病故人疏.　　병마저 많아 벗들이 멀리 하누나.
白髮催年老,　　서리 낀 늙음을 재촉하건만,
青陽逼歲除.　　봄마저 한해가길 서두른다네.
永懷愁不寐,　　오랜 생각에 시름겨워 잠 못 이룰 제,
松月夜窗虛.　　솔 사이 달빛에 밤의 창가는 쓸쓸하기만.

참고 : 이성호 역,《맹호연(孟浩然) 전집》, 서울, 문자향, 2006, p.291

503 | 홍안기헌면(紅顔棄軒冕) : 존귀한 벼슬 〈맹호연님께 드리노라(贈孟浩然)〉

吾愛孟夫子,　　나는 맹부자를 사랑하나니,
風流天下聞.　　풍류는 천하에 들리네.

맹호연의 시에,

不才明主棄, 재능이 없으매 명주의 버림을 받았고,

라고 하니 명황제가 말하기를, 『짐은 일찍이 경을 쓴 일도 없노라』고 하였다. 이백이 〈호연에게 보낸 시〉에 말하기를,

紅顔棄軒冕, 홍안소년으로 좋은 벼슬을 버리고,

라고 하였다. 호연은 본래 벼슬한 일이 없고, 일찍이 벼슬을 버리고 물러와 숨은 일도 없는데, 버렸다는 기棄자를 쓰는 것은 온당하지 못하다.

[105] 왕유와 맹호연의 일시佚詩

王維詩曰 :『輕陰閣小雨, 深院晝慵開. 坐看靑苔色, 欲上人衣來.』[504] 又 :『人家在仙掌, 雲氣欲生衣.』[505] 孟浩然詩 :『微雲淡河漢, 疎雨滴梧桐.』[506] 皆佳, 而不載本集, 可惜. 孟詩主於恬淡,[507] 而讀王維『雲氣生衣』之句, 令人飄飄有凌雲想.

紅顔棄軒冕, 홍안 소년으로 좋은 벼슬을 버리고,
白首臥松雲. 백발로 소나무 구름아래 누워있고.
醉月頻中聖, 달에 취하여 자주 술을 들고,
迷花不事君. 꽃에 반하여 임금님 섬기지 않는구나.
高山安可仰, 높은 봉우리 어찌 우러러 볼 수 있으리?
徒此揖淸芬. 한갓 맑을 향기에 고개 숙일 뿐.
※헌면(軒冕) : 존귀한 벼슬.

504 | 경음각소우(輕陰閣小雨) 네 구 : 이시의 제목은 〈보이는 일을 적음(書事)〉이다. 《전당시》 권128 제64수.

505 | 선장(仙掌) : 화산(華山)의 두 봉우리가 마주선 곳. 《전당시》 권128에 여기 인용된 2구만 수록되어 있음.

506 | 하한(河漢) : 황하와 한수라는 뜻도 있고, 은하수라는 뜻도 있으나, 여기서는 후자의

왕유의 시에

輕陰閣小雨, 약간 흐리더니 누각에 가는 비 뿌리는데,
深院晝慵開. 깊은 사원의 문을 낮에 게을리 여네.
坐看青苔色, 앉아서 푸른 이끼 빛을 보노라면,
欲上人衣來. 어느덧 그 빛이 사람의 옷에 옮겨오려 하네.

라고 하였다. 또,

人家在仙掌, 사람의 집이 선장仙掌에 있으니,
雲氣欲生衣. 구름 기운이 옷에서 일어나려 하네.

라고 하였다. 맹호연의 시에,

微雲淡河漢, 조각구름은 은하수 보다 맑고,
疎雨滴梧桐. 성긴 비는 오동에 방울진다.

라고 하였다. 아름다운 작품이다. 그런데 본집에 실리지 않았으니 애석하다. 맹호연의 시는 읽는 데 염담함을 주로 하고 있으나, 왕유의, 『구름기운이 옷에서 일어난다.』고 한 글귀는 사람으로 하여금 구름을 헤치고 훨훨 날아갈 것 같은 생각을 갖게 한다.

[106] 왕유와 산곡의 시의 월지두月支頭

王維詩 : 『拔劍已斷天驕臂, 歸鞍共飮月支頭.』[508] 山谷[509]用之曰 : 『幄

뜻임. 맹호연의 문집에는 수록되어 있지 않고, 다만 그의 문집의 서문에만 이 2구가 인용되어 있음.

507 | 염담(恬淡) : 마음이 편안하고 담백함.

中已斷匈奴臂, 軍前更飮月支頭.』[510] 只換『幄中』『軍前』四字, 而優劣判矣. 山谷詩又曰 :『歸鞍懸月支.』[511] 則尤不成語矣.

508 | 발검이단천교비(拔劍已斷天驕臂) 두 구 : 〈연지의 승리를 노래함(燕支行)〉(전당시 권125 제91수) 시의 일부다.

漢家天將才且雄,	한나라의 곽거병(霍去病)은 하늘이 낸 장군으로 재주있고 또 우뚝한데,
來時謁帝明光宮.	돌아올 때 광명궁에서 황제님을 알현하였네.
……	
拔劍已斷天驕臂,	칼을 뽑아 이미 천교의 팔을 베고,
歸鞍共飮月支頭.	돌아오는 안장위에서는 함께 월지의 두개골로 술을 마셨내.
……	
敎戰雖令赴湯火,	전쟁을 가르칠 때는 비록 뜨거운 불로 들어가라고 하더라도,
終知上將先伐謀.	그래도 가장 훌륭한 장군은 먼저 꾀를 낸다는 것을 알겠네.

※언지(焉支) : 서역에 있는 산 이름. 이 산을 넘어 곽거병 장군이 흉노를 쳐 크게 이겼다함.

※천교(天驕) : 흉노를 일컫는 말. 천교라는 말의 뜻은 하늘이 그 모질고 교만한 것을 어쩔수 없는 놈이라는 의미.

※월지(月支) : 옛날 서역의 나라 이름. 월지(月氏)라고도 한다.

※벌모(伐謨) : 손자병법에『가장 훌륭한 전술은 꾀로서 치는 것이고, 그 다음은 외교로서 치는 것이고, 그 다음은 적군을 직접 공격하는 것이고, 그 다음은 적의 성까지 가서 치는 것이다.』라는 말이 있음.

509 | 산곡(山谷) :《파한집(破閑集)》주 19) 참조.

510 | 악중이단흉노비(幄中已斷匈奴臂) 두 구 : 〈유사웅(遊師雄)이 한달 안에 세 번이나 승리한 것을 축하하는 시에 화답함(和游景叔, 月報三捷)〉(《산곡내집시주(山谷內集詩注)》권8) 시의 일부다.

漢家飛將用廟謀,	한나라의 날랜 장수 이광(李廣) 장군께서 조정의 꾀를 사용하여,
復我匹夫匹婦讎.	온 나라의 모든 남자와 여자들의 원수를 갚았다네.
……	
幄中已斷匈奴臂,	장막 속에서는 이미 흉노의 팔을 베고,
軍前可飮月氏頭.	병사들 앞에서 다시 월지의 두개골로 술을 마셨다네.
願見呼韓朝渭上,	호한 선우를 장안의 위교(渭橋)로 데려와서 머리 숙임을 원할 뿐이지,
諸將不用萬戶侯.	모든 장군들은 만호를 거느리는 제후가 되는 것도 구하지 않네.

511 | 귀안현월지(歸鞍懸月支) : 〈각운자를 그대로 사용하여 삼가 사종(謝宗)을 송별하며(次韻奉送公定)〉(《산곡외집시주(山谷外集詩註)》권4) 시의 한 구절이다.

去年君渡河,	작년 그대가 강을 건널 때에는

왕유의 시에,

拔劍已斷天驕臂,　칼을 뽑아 이미 칼을 뽑아 이미 천교의 팔을 베고.
歸鞍共飮月支頭.　돌아오는 안장 위에서는 함께 월지의 두개골로 술을 마셨네.

라고 하였다. 산곡이 이것을 습용하여,

幄中已斷匈奴臂,　장막 속에서는 이미 흉노의 팔을 베고,
軍前更飮月支頭.　군대의 앞에 다시 월지의 두개골로 술을 마신다.

라고 하였다. 악중幄中과 군전이라는 네 글자만을 바꿨으나 우열이 스스로 판이하다. 산곡의 시에 또,

歸鞍懸月支.　돌아오는 안장에 월지를 거꾸로 달았네.

라고 한 것은 더욱 말이 되지 않는다.

棗下實離離.　대추나무 열매가 주렁주렁하였지.
今年君渡河,　금년에 그대가 강을 건널 때에는,
剝棗咏豳詩.　대추 떨어져 『8월에는 대추 떨어진다』는 《시경 · 빈풍 · 칠월》 장을 읊게 되네.
……
胜箭洗蹀血,　이긴 화살에 홍건한 피를 쓸어버리고,
歸鞍懸月支.　돌아오는 안장에 월지머리를 거꾸로 달았네.
……
短韻願成誦,　모자라는 시재주로나마 한 편의 시를 이루어,
時時寄相思.　시시때때로 내가 그대를 생각한다는 뜻을 띄워 보내길 원하네.

[107] 왕유의 〈칠원漆園〉시

王維 〈漆園〉[512] 詩曰 : 『昔人非傲吏, 自闕經世務. 偶寄一微官, 婆娑數枝樹.』 按莊周爲漆園吏. 詩意蓋謂莊周非傲世之人, 本無經世之才, 偶從末宦, 逍遙[513]於漆園中也.

왕유의 〈칠원〉 시에 말하기를,

昔人非傲吏, 옛사람이 오만한 벼슬아치가 아니라,
自闕經世務. 스스로 세상을 다스릴 역량이 없었던 것일세.
偶寄一微官, 우연히 한 작은 벼슬을 하기는 하였으나,
婆娑數枝樹. 두어 나뭇가지 사이에서 서성거렸을 뿐일세.

라고 하였다. 상고하여 보니, 장주가 칠원의 관리가 된 일이 있다. 시의 뜻은 아마, 장주는 오만하게 세상을 가벼이 여긴 사람이 아니라, 본래 세상을 다스릴 만한 재능이 없었는데, 우연히 작은 벼슬자리에 종사하게 되어 칠원 가운데에서 소요逍遙하였다고 말한 것 같다.

[108] 상의尙衣와 취운구翠雲裘

王維詩曰 : 『尙衣方進翠雲裘.』[514] 按 〈月令〉[515] : 『孟冬, 天子始裘.』 註

512 | 칠원(漆園) : 옻나무 밭. 전국시대 송(宋)나라에서 태어난 장주(莊周 : 장자)가 옻[漆] 나무를 재배하는 밭을 관리하는 벼슬인 칠원리(漆園吏)를 지낸 적이 있음.

513 | 소요(逍遙) : 마음 내키는 대로 슬슬 거닐며 다님. 산책.

514 | 상의방진취운구(尙衣方進翠雲裘) : 〈〈중서사인 가지님의 아침에 대명궁에 조회하다〉라는 시에 화답함(和賈至捨人, 早朝大明宮之作)〉이란 시의 한 구절.

絳幘鷄人送曉籌, 붉은 두건 쓴 시간 알리는 사람이 새벽 알리는 대가치 보내니,
尙衣方進翠雲裘. 상의가 바야흐로 임금님께 푸른 구름무늬 짜 넣은 갖옷을 올리네.
……

:『《周禮》季秋獻功裘, 至此月始衣之也.』[516] 觀賈至諸作, 皆是春候, 則此詩失之矣. 翠雲裘, 本出宋玉賦[517]. 尙衣, 蓋宮中女官名. 李逵[518]〈宮詞〉[519] 曰 :『宮女催呼進尙衣』[520] 謬誤可笑.

왕유의 시에 말하기를,

尙衣方進翠雲裘.	상의가 바야흐로 임금님께 푸른 구름무늬 짜 넣은 갖옷을 올리네.

고 하였다. 상고하여 보니, 〈월령〉에,

朝罷須裁五色詔,	조회마친 중서사인(中書舍人) 오색 조서(詔書)를 짓고는,
佩聲歸向鳳池頭.	패옥소리 찰랑찰랑 봉황지를 돌아온다네.

※취운구(翠雲裘) : 비취새의 깃을 가지고 푸른 구름의 모양을 수놓은 갖옷.

참고 : 이 시는《당시 300수》에도 수록되어 있고, 또《지봉유설(芝峰類說)》의〈시평〉부분에도 같은 제목으로 된 잠삼, 두보, 가지의 시가 이미 언급된 적이 있음.

515 | 〈월령(月令)〉:《지봉유설(芝峰類說)》주 213) 참조.

516 | 공구(功裘) : 주나라 때에 경대부(卿大夫)들이 천자에게 하사받아 입던 가죽 옷. 천자가 입던 양구(良裘)보다는 인공(人功)을 가함이 좀 덜하다고 함. 여기 인용된 주석원문은 조선판《예기집설대전(禮記集說大全)》에 보임.

517 | 옥부(宋玉賦) : 전국 말기 초나라 문인 송옥이 지은〈풍부(諷賦)〉를 말함.

518 | 이달(李達, ?~?) :《학산초담(鶴山樵談)》주 4) 참조.

519 | 〈궁사(宮詞)〉: 중국시(中國詩)의 한 체(體). 궁정 내부의 비사(秘事)나 유문(遺聞)을 칠언절구(七言絶句) 형식으로 읊은 것이다. 당(唐)나라 왕건(王建)이 유명한 현종(玄宗)의 궁정생활에 관해서 고로(古老)로부터 전해들은 것을 칠언절구로 읊고, 궁사 100수를 지은 것이 최초의 궁사이다. 그 뒤 오대(五代)의 후촉(後蜀) 때, 촉왕 맹창(孟昶)의 비(妃) 화예부인이 왕건의 궁사체(宮詞體)를 모방하여 자신이 경험한 궁정생활을 읊어 궁사 100수를 지었다. 이 왕건과 화예부인의 작품이 곧 궁사의 전형이다.

520 | 궁녀최호진상의(宮女催呼進尙衣) :《손곡집》권6, 칠언 절구〈장신궁의 사시(長信宮四詩詞)〉의 겨울 묘사에 보임.

苑樹寒鴉冬不飛,	동산의 겨울 까마귀 추워 날지 않고,
玉爐添炷篆煙霏.	옥화로에 불 돋우니 전자(篆字)체 같은 연기 피어오르네.
君王庫御通明殿,	임금님을 일찍이 통명전에 모시고,
宮女催呼進尙衣.	궁녀로 하여금 상의를 바치라고 재촉하네.

孟冬, 天子始裘.　　첫 겨울에 천자가 처음으로 갖옷을 입는다.

고 하였는데, 주註에 『《주례[의 천관天官 · 사구司裘]》에, 가을에 공구를 바치고 [반사 하시기를 기다리다.(以待頒賜)], 이 달에 이르러 비로소 이것을 입는다.』라고 하였다. 가지의 여러 작품을 보면 모두 봄철로 되어 있다. 그러니 이 시는 잘못된 것이다. 『취운구』라는 말은 본래 송옥宋玉의 부賦에서 나왔고, 『상의』는 대개 궁중의 여자 관직명이다. 이달李達의 〈궁사宮詞〉에 이르기를 『궁녀가 상의를 바치기를 재촉한다.』로 한 오류는 가소롭다.

[109] 왕창령 시의 『운화雲和』와 『소양昭陽』

王昌齡[521] 〈西宮春怨〉 詩 : 『斜抱雲和深見月, 朧朧樹色隱昭陽.』[522] 《唐詩解》[523] 云 : 『班婕妤[524]在長信, 其宮在西, 故日西宮.』 余按 《漢書》, 長秋, 皇后宮名, 在西, 秋之象也. 趙飛燕[525]爲皇后失寵, 而其第居昭陽宮. 此謂西宮, 指飛燕, 非班婕妤也. 《周禮》: 『雲和之琴瑟.』 註 : 『雲和, 地名, 產此良材.』[526], 飛燕善鼓琴, 故云. 『深見月』, 言宮殿深邃之意, 亦怨辭.

521 | 왕창령(王昌齡, 698~755?) : 《지봉유설(芝峰類說)》 주 125) 참조.

522 | 사포운화심견월(斜抱雲和深見月) 두 구 : 〈서궁에서 봄을 원망함(西宮春怨)〉 시의 일부.

西宮夜靜百花香,　　서궁에 밤은 고요한데 온갖 꽃향기 나고,
欲捲珠簾春恨長.　　주렴을 걷으려하니 봄날 원한이 기네.
斜抱雲和深見月,　　운화를 비껴 안고 깊은 곳에서 달을 보니,
朧朧樹色隱昭陽.　　흐릿한 나무 빛이 소양궁을 가리었네.

523 | 《당시해(唐詩解)》 : 50권. 명나라의 당여순(唐汝詢)이 명나라의 고정례(高廷禮)의 《당시정성(唐詩正聲)》과 이우린(李于麟)의 《당시선》 두 책을 손질하고, 자기의 견해를 주석에 좀 붙여둔 책인데, 그 주석이 정교하지 못함. 《사고전서 · 총집류 · 존목(存目)》에 수록됨.

524 | 반첩여(班婕妤) : 《동인시화(東人詩話)》 주 62) 참조.

525 | 조비연(趙飛燕) : 《역옹패설(櫟翁稗說)》 주 49) 참조.

526 | 운화(雲和) : 조선판 《찬도호주주례(纂圖互註周禮)》의 주석에 보임. 운화를 산명(山名)으로 본 주석도 있음.

왕창령의 〈서궁에서 봄을 원망하는 시〉에 말하기를,

斜抱雲和深見月, 운화를 비껴 안고 깊은 곳에서 달을 보니,
朧朧樹色隱昭陽. 흐릿한 나무 빛이 소양궁을 가리었네.

라고 하였다. 《당시해》에 말하기를, 『반첩여班婕妤가 장신궁에 었는데, 그 궁이 서쪽에 있었으므로 서궁이라고 하였다.』고 하였다. 내가 고찰하여 보니, 《한서》의 『장추』는 황후궁의 이름이다. 서쪽에 있는 것은 가을을 상징한 것이다. 조비연趙飛燕이 황후가 되었다가 총애를 잃었는데 그의 집이 소양궁에 있었다. 이것을 서궁이라고 하였다. 그러니 이 시에서는 비연飛燕을 가리킨 것이고 반첩여는 아니다.

《주례》의 『운화의 거문고와 비파』에 대한 주에, 『운화는 땅 이름이다.』라고 하였다. 금슬의 좋은 재목이 여기서 생산되고, 비연이 거문고를 잘 탔기 때문에 그렇게 말 한 것이다. 『깊이 달을 본다.』고 한 것은 궁전 깊숙한 곳에서 달을 본다는 뜻으로서, 역시 원망하는 말인 것이다.

[110] 이백 시의 고사 청우青牛

李白：〈尋雍尊師隱居〉詩曰：『花暖青牛臥, 松高白鶴眠.』[527] 註：『青

527 | 화난청우와(花暖青牛臥) 두 구 : 〈옹존사의 은거를 찾아(尋雍尊師隱居)〉 시의 일부분이다.
群峭碧摩天, 여러 봉우리들 퍼렇게 하늘에 닿았는데,
逍遙不記年. 여기 소요하면서 지난 햇수 모르겠네.
撥雲尋古道, 구름 해치고 옛길을 찾다가,
倚石聽流泉. 돌에 기대어 샘물소리 듣네.
花暖青牛臥, 꽃그늘 따뜻하여 검은 소 누웠는데,
松高白鶴眠. 소나무가지 높아 흰 두루미 조네.
語來江色暮, 이야기 하다 보니 강물 빛 어두워,
獨自下寒烟. 홀로 찬 안개 속으로 내려오나니.
※옹존사(雍尊師) : 산중에 은둔하고 있는 도교절의 도사, 자세한 것은 미상.

牛, 花葉上青盡蟲也. 有兩角, 如蝸牛. 故云.』[528] 余謂青牛蓋用老子事, 以尊師隱居不出, 故青牛閒臥[529]也, 註說誤矣. 于鵠[530] 〈贈王尊師〉[531] 詩『青牛眠樹影, 白犬吠猿聲』, 亦此意.

이백의 〈심옹존사은거尋雍尊師隱居〉의 시에 말하기를,

花暖青牛臥, 꽃그늘 따뜻하여 검은 소 누웠는데,
松高白鶴眠. 소나무가지 높아 흰 두루미 조네.

라고 하였다. 주에, 『푸른 소青牛라고 한 것은 꽃잎 위에 있는 푸른 벌레다. 두 뿔이 있어서 와우와 같기 때문에 그렇게 부른다.』고 하였다. 나는 말한다. 여기에서 푸른 소라고 한 것은 아마 노자의 고사를 인용하여, 존사尊師가 숨어 살면서 나가지 않기 때문에 청우가 한가하게 누웠다고 말한 것이다. 주설에 푸른 벌레라고 한 것은 잘못이다. 우곡于鵠이 〈왕존사王尊師에게 준 시〉에,

528 | 와우(蝸牛) : 달팽이. 이 주석은 《분류보주이태백집》에 인용된 송나라 양제현(楊齊賢)의 주석임.

529 | 청우한와(青牛閒臥) : 청우를 노자가 탔던 소로 보는 견해는 청나라 왕기(王琦)의 《이태백문집》의 이 구절 주석에서도 적혀 있음.

530 | 우곡(于鵠) : 당나라 대력(大曆), 정원(貞元) 기간의 시인. 일찍이 여러 지방 정부의 종사(從事)를 지낸 일이 있으나, 한양(漢陽)에 은거하였음. 시 한권이 《전당시》에 수록되어 있다.

531 | 〈증왕존사(贈王尊師〉 : 똑같은 제목의 시는 《전당시》에 몇 수보이나 모두 딴 사람이 지은 것이고, 우곡의 작품은 〈왕존사의 은거에 묵다(宿王尊師隱居)〉로 되어 있음.
夜愛雲林好, 밤에 구름 낀 숲 좋아,
寒天月裏行. 추운날 달 빛 속에 걷네.
青牛眠樹影, 푸른 소 나무그늘에서 자고,
白犬吠猿聲. 흰 개는 원숭이 소리 내네.
一磬山院靜, 경쇠 소리에 산 절 고요하고
千燈谿路明. 천개의 등불 계곡 길 밝아졌네.
……

青牛眠樹影,　푸른 소는 나무 그늘에 잠자고,
白犬吠猿聲.　흰 개는 원숭이 소리를 내네.

라고 한 것도 또한 이러한 뜻이다.

[111] 이백의 시의 곤계鵾鷄

李白詩 :『抱琴出深竹, 爲我彈鵾鷄.』532 註 :『鵾鷄, 曲名.』533 按琵琶絃用鵾鷄筋. 庾信534詩曰 :『一曲鵾鷄絃.』535 是也. 〈蜀都賦〉云 :『巴姬

532 | 포금출심죽(抱琴出深竹) 두 구 : 〈밤에 동정호에 배를 띄우고 배시어사님을 찾아가서 맑은 술잔을 함께함(夜泛洞庭, 尋裴侍御, 淸酌)〉 시의 일부분이다.
日晚湘水綠,　날이 저물어 상강(湘江)의 물색은 푸른데,
孤舟無端倪.　외로운 배 끝없이 떠도는 구나.
明湖漲秋月,　밝은 호수에는 가을 달 넘치는데,
獨泛巴陵西.　홀로 파릉 서쪽으로 떠가네.
過憩裴逸人,　배씨 은사 만나서 쉬니,
岩居陵丹梯.　토굴 단제산 구릉에 있구나.
抱琴出深竹,　거문고를 안고 깊은 대나무 밭에 나와서,
爲我彈鵾鷄.　나를 위해 곤계를 타네.
533 | 곤계곡(鵾鷄曲) : 위의 528)에서 말한 양제현의 주석.
534 | 유신(庾信, 513~581) : 자 자산(子山). 남양 신야(南陽新野 : 河南) 출생. 양(梁)나라의 간문제(簡文帝)가 태자로 있을 때 그의 아버지 유견오(庾肩吾)와 함께 두터운 신임을 받았으며, 그의 문풍(文風)은 서유체(徐庾體)로 일컬어져 후진들이 다투어 학습에 임했다고 한다. 48세 때 원제(元帝)의 명을 받아 북조(北朝)의 서위(西魏)에 사신으로 파견되어 그곳에서 억류당하였다. 평생토록 두터운 예우를 받았으나 양나라에 대한 연모의 정을 잊지 못해 그 비통한 심정을 청신한 형식의 시문으로 표현하였다. 그러한 작품은 양나라 시절의 화려한 작풍과는 전혀 그 형식을 달리하는 것으로 남북조의 시문을 집대성하고 당대(唐代) 율시(律詩)의 선구가 되었다. 이백(李白)의 청신성(淸新性)과 두보(杜甫)의 침울성(沈鬱性)이 상통하는 육조시대 최후를 장식하는 시인이었다. 문집에는 《유자산문집(庾子山文集)》(20권)이 있다.
535 | 일곤곡계현(一鵾曲鷄絃) : 〈봄날의 이합(春日離合)〉 시의 일부분이다.
田家足閒暇,　시골 집 아주 한가해서,
士友暫流連.　선비 벗들 잠시 머무네.

彈絃.』[536] 李白詩亦云 :『彈絃醉金罍.』[537] 以此觀之,『彈鵾鷄』, 卽絃也, 非曲名也.

이백의 시에,

抱琴出深竹,　거문고를 안고 깊은 대나무밭에 나와서
爲我彈鵾鷄.　나를 위하여 곤계鵾鷄를 타네

라고 하였다. 주에, 곤계는『가곡의 이름이다.』라 하였다. 그러나 상고하여

三春竹葉酒,　온 봄 동안 죽엽주 마시고,
一鵾曲鷄絃.　한 곡조 곤계의 줄.

536 | 〈촉도부(蜀都賦)〉: 서진(西晉) 좌사(左思)의 작품《삼도부(三都賦)》의 하나.
…………
三蜀之豪,　삼촉 지방의 호걸들은,
時來時往.　때때로 왔다 갔다 하네.
養交都邑,　도읍에서 교제술 익히고,
結儔附黨.　짝을 짓고 무리를 만드네.
…………
乃發巴姬彈絃,　이에 파촉의 아가씨들 현을 타고,
漢女擊節.　한수(漢水) 지방의 여자들 장단을 맞추네.
…………
樂飮今夕,　오늘 저녁에 즐겁게 마시니,
一醉累月.　한 번 취하자 몇 달이 가네.

537 | 탄현취금뢰(彈弦醉金罍) : 이백의 시 〈금릉의 봉황대에서 술을 놓고서(金陵鳳凰臺置酒)〉의 일부분이다.
置酒延落景,　술을 앞에 놓고서 지는 해를 맞이하니,
金陵鳳凰臺.　이곳이 바로 금릉에 봉황대로구나.
…………
豪士無所用,　호걸이라도 아무 소용이 없으니,
彈弦醉金罍.　현을 타고 황금 술잔에 취하는구나.
…………
置酒勿復道,　술을 앞에 놓았으니 다른 말은 말자고 하나,
歌鍾但相催.　시간이 울려서 내 일어나기를 재촉하는 구나.

보니, 비파의 줄은 곤계의 힘줄을 사용한다. 유신의 시에,

一鵾曲鷄絃, 　한 곡조 곤계의 줄

이라 한 것이 그것이다. 〈촉도부〉에 말하기를, 「파희가 줄을 퉁긴다.」하였고, 이백의 시에도 또한

彈絃醉金罍. 　현을 타고 황금 술잔에 취한다.

라고 하였다. 이것으로 보면 탄곤계彈鵾鷄라고 한 것은 바로 비파의 줄을 타는 것이고, 곡명은 아니다.

[112] 이백의 시 〈청평조淸平調〉의 뜻 분석

李白 〈淸平詞〉[538] 曰 : 『一枝濃艷露凝香, 雲雨巫山枉斷腸. 借問漢宮誰得似, 可憐飛燕倚新妝.』 唐汝詢[539] 云 : 『貴妃容色如花, 覺襄王雲雨之夢爲徒勞也, 或者以枉斷腸屬壽王,[540] 恐非李白本意.』 又 〈稗說〉 云 : 『倚者, 賴也. 謂趙后專寵漢宮, 只賴脂粉耳.』[541] 余謂倚, 猶恃也, 如中詩 『依

538 | 〈청평사(淸平詞)〉 : 전설에 의하면 당명황이 갑자기 이백을 찾아오라고 하여 양귀비의 아름다운 자태를 찬양하는 시를 쓰라고 해서 즉석에서 쓴 시가 바로 이 노래라고 하는데, 모두 3수가 있으나, 여기 인용된 것은 그 중 제2수임.

539 | 당여순(唐汝詢) : 명나라 문인. 자는 중언(仲言). 5세 때 눈이 멀었는데, 눈이 멀기 이전에 벌써 약간의 글자를 알았으며, 눈이 먼 뒤에는 여러 형들의 글 읽는 소리를 듣고 하나하나 다 기억하여 오래도록 잊지 않았다. 앞의 주 523)에 인용한 《당시해(唐詩解)》의 저자임.
참고 : 한국고전번역원(www.itkc.or.kr)

540 | 수왕(壽王) : 당 현종의 아들. 양귀비의 처음 남편.

541 | 패설(稗說) : 고려 이제현(李齊賢)이 지은 《역옹패설(櫟翁稗說)》에서 고려 때 대사성(大司成)벼슬을 한 설문우(薛文遇)가 한 말로 인용되어 있음. 자세한 내용은 앞서 역주한 《역옹패설(櫟翁稗說)》[6]을 참조하라.

倚將軍勢』[542] 之『倚』, 蓋言其倚恃妝粉而矜夸自得之意. 李詩又曰 :『自倚顔如花.』[543] 其義亦同.

이백의 〈청평사〉에 말하기를,

一枝濃艶露凝香,	한 가지 작약 꽃이 이슬 머금고 향기가 엉긴 듯,
雲雨巫山枉斷腸.	구름과 비가 되어 무산에서 애를 끊도다.
借問漢宮誰得似,	빌리어 물어 보노니 한나라 궁전에 누가 이와 비슷할 수 있을까?
可憐飛燕倚新妝.	비연이 새 단장에만 의지하는 것이 가련하도다.

라고 하였다. 당여순이 말하기를, 『귀비는 얼굴빛이 꽃과 같으니, 초나라 양왕이 꿈속에 무산의 선녀를 만나서 하룻밤 남녀의 정을 나눈 것이 한갓 부질없는 수고로움일 뿐인 것을 알겠다고 한 것이다. 부질없이 애태운다고 한 것을 어떤 이가 수왕에게 연결시키는 것은 아마 이백의 본뜻이 아닐 것이다.』라고 하였다. 또 〈패설〉에 말하기를, 『倚新妝의 의倚는 뢰賴와 같은 뜻이니, 조후 飛燕이 漢宮의 은총을 독차지한 것은 다만 연지분에 힘입은 것이라고 말한 것이다.』라 하였다.

542 | 의의장군세(依倚將軍勢) : 이 《지봉유설(芝峰類說)》주석 고시(古詩) 항목 주 316), 317)에 이미 인용된 바 있는 신연년(新延年)의 〈우림랑(羽林郎)〉에 나오는 구절임.

543 | 자의안여화(自倚顔如花) : 이백(李白)의 시 〈한단의 궁녀가 못난이의 아내가 되어(邯鄲才人嫁爲厮養卒婦)〉의 한 구절이다.

妾本叢臺女,	이 몸 본래 한단 땅의 여자로,
揚蛾入丹闕.	이마 활짝 펴고 궁궐에 들었네.
自倚顔如花,	꽃다운 얼굴만 흠뻑 믿었지.
寧知有凋歇.	시들 때 있을 줄 생각이나 했으리.
……	
君王不可見,	임금은 이제 뵈올 수 없고,
惆悵至明發.	비통한 마음에 먼동이 트네.

※총대(叢臺) : 한단 땅의 지명.

나는 말한다. 의라고 한 것은 시恃와 같은 뜻이다. 고시에서 『장군의 세력을 의지해 믿고』의 『의倚』와 같은 것으로써, 그가 화장의 힘만 믿고 스스로 잘난 체한다는 뜻이다. 이백의 시에 말하기를,

自倚顔如花.　　꽃다운 얼굴만 흠뻑 믿었지.

고 한 것도 또한 같은 것이다.

[113] 이백의 〈촉도난蜀道難〉의 의미

李白〈蜀道難〉,〈唐詩解〉以爲玄宗幸蜀. 太白作此詩, 首言蜀道之難, 非天子所宜幸 ; 未言蜀中險惡, 非王者所宜居 ; 蓋欲乘輿速返耳. 余謂此言似得. 按李白〈劍閣賦〉544 曰 :『送佳人兮此去, 復何時兮歸來. 望夫君兮安極, 我沉吟兮歎息.』亦此意也. 本註所云 : 爲子美在蜀545而作者, 恐非是.

이백의 시 〈촉도난蜀道難〉을 〈당시해〉에서 말하기를, 현종이 촉에 거둥하니, 이백이 이시를 지어, 첫머리에 촉나라의 길이 험난하여 천자가 거동할 것이 아니라는 것을 말하고, 끝에는 촉중의 험악한 것을 말하여 왕자가 살 곳이 아니라는 것을 말하였다. 대체로 임금의 행차를 속히 돌아오게 하려

544 | 〈검각부(劍閣賦)〉: 이 부와 이백의 유명한 다른 작품 〈촉도난〉과 〈촉으로 들어가는 친구를 보내며(送友人入蜀)〉과 내용이 서로 같은데, 이 세작품은 동일한 시기의 작품이다. 특히 검각부는 촉 땅으로 들어가는 친구 왕염(王炎)을 전송하는 시인데, 어떤 특정한 정치적인 암시를 주고 있다고는 말할 수 없지만, 검각의 험준한 산세 때문에 반란의 무리가 할거하여 화를 입기 쉽다는 경고의 메시지를 담고 있다고 할 수 있다.
참고 : 이해원,《이백의 삶과 문학》, 고려대출판부, 2004.

545 | 자미재촉(子美在蜀) :《이태백집주》의 〈촉도난〉 주석에 《홍구부시화(洪駒父詩話)》에 있는 말이라고 인용하여 두었으나 신뢰하지는 않고 있음.

고 한 것이다라 하였다. 나는 말한다. 이 말은 옳은 것 같다. 이백의 〈검각부〉에 말하기를,

送佳人兮此去, 가인을 보내어 여기에 가네.
復何時兮歸來. 다시 어느 때에 돌아오려는가.
望夫君兮安極, 임 기다리는 마음 어찌 가히 있으랴.
我沈吟兮歎息. 내 생각에 잠겨 탄식하네.

라고 한 것도 또한 이와 같은 뜻이다. 본 주에 자미子美가 촉에 있기 때문에 그를 위하여 지은 것이라고 한 것은 아마 옳지 않을 것이다.

[114] 이백의 아내에게 보낸 시의 소진蘇秦 처 고사

李白詩曰：『出門妻子强牽衣, 問我西行幾日歸. 來時倘佩黃金印, 莫學蘇秦不下機.』[546] 按不下機乃蘇秦妻事, 直謂蘇秦[547]不下機, 則未穩.

이백의 시에,

出門妻子强牽衣, 문을 나서니 처자들이 굳이 옷을 당기면서
問我西行幾日歸. 나의 서쪽 행각이 몇 달이면 돌아오느냐고 묻네.
來時倘佩黃金印, 돌아올 때는 혹시 황금인을 차고 올지도 모르니

546 | 출문처자강견의(出門妻子强牽衣) 네 구 : 이백(李白)이 쓴 〈아내를 작별하고 전쟁에 나감(別內赴徵) 三首)〉 시중 제2수의 전문임. 이 시는 이백이 두 차례에 걸친 영왕(永王)의 중용을 못 이겨 그의 막하로 들어가게 된 형편을 묘사한 시이다.

547 | 소진(蘇秦, ?~?) : 중국 전국시대(기원전 5세기~기원전 3세기) 중엽의 유세가(遊說家). 하남성(河南省) 낙양(洛陽) 사람. 그가 유세하러 나가서 벼슬을 얻지 못하고 집에 돌아오니, 아내가 멸시하여 남편이 와도 베틀에서 내려오지 않았고, 형수는 밥을 지어 주지도 않았다는 고사가 있음.

莫學蘇秦不下機.　　소진이 베틀에서 내리지 않던 일은 배우지 말라

라고 하였다. 고찰하여 보니, 베틀에서 내리지 않는다고 한 말은 바로 소진의 아내의 일을 말한 것인데, 바로 소진이 베틀에서 내리지 않았다고 쓴 것은 온당하지 못하다.

[115] 이백의 〈여산폭포〉 시 습용

李白 〈廬山瀑布〉[548] 詩曰 :『初驚銀漢落.』又曰 :『疑是銀河落九天.』蓋善形容矣. 陳摶[549]詩曰 :『銀河瀉落翠光冷.』[550] 石曼卿[551]詩 :『玉虹垂

548 | 〈여산폭포(廬山瀑布)〉: 이백의 문집에는 〈여산의 폭포를 바라보다(望廬山瀑布)〉라는 제목으로 시 2수가 수록되어 있는데, 여기에서 인용된 5언 시구는 그 첫째 수에 들어있고, 7언시는 그 두 번째 수에 들어있음. 특히 이 두 번째 시가 유명함.

(5언시)

西登香爐峰,　　서쪽으로 향로봉에 오르니,
南見瀑布水.　　남쪽으로 폭포수가 보이네.
掛流三百丈,　　흐름이 걸린 것이 삼백 길이나 되고,
噴壑數十裏.　　골짜기로 뿜는 것이 수 십리나 되네.
欻如飛電來,　　갑작스러움은 나는 우레가 나타난 듯 하고,
隱若白虹起.　　은은하기는 흰 무지개 선과 같네.
初驚河漢落,　　처음에는 은하수가 떨어지는가 놀랍더니,
半洒雲天裡.　　반쯤은 구름 낀 하늘에 뿌려지네.
……

(7언시)

日照香爐生紫烟,　　해가 향로봉을 비추니 자주색 안개가 생겨나고,
遙看瀑布挂前川.　　멀리 바라보니 폭포가 앞의 냇물처럼 걸려 있구나.
飛流直下三千尺,　　날아 흘러서 곧바로 삼천 척을 내려오니,
疑是銀河落九天.　　은하수가 구만 리 장천에 떨어지는 것 같구나.

549 | 진단(陳摶, ?~989) : 북송 때 도사. 자는 도남(圖南), 호는 부요자(扶搖子), 호주(亳州) 진원(眞源) 사람. 희이선생(希夷先生)으로도 불리었으며, 송대 유학자들이 발전시킨 〈태극도(太極圖)〉의 원본이 그에게서 나왔다고 함. 지은 시가 600여수나 된다고 하나 《전송시(全宋詩)》에 수록된 것은 16수뿐임.

550 | 은하사락취지랭(銀河瀉落翠支冷) : 〈돌바위 사이로 흐르는 여울(石水澗)〉 시의 한

地色, 銀漢落天聲.』[552] 皆襲李詩也.

이백의 〈여산폭포廬山瀑布〉 시에 말하기를,

初驚銀漢落.　　처음에는 은하가 떨어지는가 놀랐다.

고 하였고, 또,

疑是銀河落九天.　　은하수가 구만 리 장천에 떨어지는 것 같구나.

고 하였다. 대체로 잘 형용하였다. 진단陳摶의 시에 말하기를,

銀河瀉落翠光冷.　　은하가 쏟아져 내리니 푸른빛이 서늘하다.

구절이다.

銀河瀉落翠支冷,　　은하수 쏟아져 내리니 푸른빛 서늘한데,
一派回環識晚暉.　　한 가닥 되돌아 감기어 저녁볕에 짙어지네.
幾恨却爲石頑礙,　　몇 번이나 한스러워 하였던가? 도리어 돌이라 뻣뻣하기만 하다고,
琉瑲滑處玉花飛.　　유리알 흐르는 곳에 구슬 꽃 나는 것을.

551 | 석만경(石曼卿, 991~1041) : 석연년(石延年). 송나라의 송성(宋城) 사람. 자는 만경. 대리시승(大理寺丞), 태자중윤(太子中允) 등 벼슬을 역임하면서 강직한 주장을 펴기도 하고, 극단적인 호주가로 세칭 주선(酒仙)이라고 일컬어지며, 문필로는 소순흠(蘇舜欽), 매요신(梅堯臣) 등과 나란히 이름을 날렸다. 《송사》 권 422에 그의 전기가 보인다.

552 | 옥홍수지색(玉虹垂地色) 두 구 : 석연년(石延年, 994~1041)의 〈폭포(瀑布)〉 중의 한 구절이다.

飛勢挂岳頂,　　날아오는 세력은 높은 산 정상에 걸려있지만,
無時向此傾.　　무시로 이쪽으로 향하여 기울어지는 구나.
玉虹垂地色,　　옥무지개가 땅에 빛을 드리웠고,
銀漢落天聲.　　은하수가 하늘에 떨어지는 소리로구나.
……
滄浪何足羨,　　창랑지수를 족히 부러워 하리요?
就此濯塵纓.　　여기서 바로 티끌 묻은 갓끈을 씻어내겠구나.

하였고, 석만경石曼卿의 시에는,

玉虹垂地色, 옥무지개가 땅에 빛을 드리웠고,
銀漢落天聲. 은하수가 하늘에서 떨어지는 소리로구나.

라 한 것은 모두 이백의 시를 습용한 것이다.

[116] 〈음중팔선가〉의 선船자 해석

『天子呼來不上船.』[553] 乃李白實事, 所謂『龍舟移棹晩』[554], 此也.《古文大全》註以衣紐爲船[555],《冷齋夜話》[556] 亦云『襟紐是也』, 可笑.

553 | 천자호래불상선(天子呼來不上船) : 두보(杜甫)의 〈음중팔선가(飮中八仙歌)〉의 한 구절.

李白斗酒詩百篇, 이태백은 술 한 말에 시가 백편이라더니,
長安市上酒家眠. 장안(長安) 저자거리 술집에서 잠들었구나.
天子呼來不上船, 천자(天子)가 불러도 배에 오르지 않으며,
自稱臣是酒中仙. 신은 술에 빠진 신선이라고 스스로 일컫네.

554 | 용주이도만(龍舟移棹晩) : 두보의 〈이씨댁 열두째인 백이라는 분[이태백]에게 띄우는 시 40구(寄李十二白二十韻)〉 시의 한 구절이다.

昔年有狂客, 앞서 미치광이 나그네 있으니,
號爾謫仙人. 그대를 귀양 온 신선이라고 불렀지.
筆落惊風雨, 붓만 들면 풍우가 놀라고,
詩成泣鬼神. 시를 이루면 귀신이 곡하였지.
…………
文彩承殊渥, 빛나는 문채 임금님의 특별한 사랑 입었고,
流傳必絶倫. 전파됨이 그 전례가 없었지.
龍舟移棹晩, 임금님의 배조차 옮겨감이 늦었고,
獸錦奪袍新. 짐승 수놓은 어의(御衣)를 딴 사람에게 주셨다가 빼앗아 새롭게 그에게 주셨지.

555 | 《고문대전(古文大全)》 : 조선판 《상설고문진보대전(詳說古文眞寶大全)》. 이 책의 구주(舊注)에서는 『배에 오르지 않았다(不上船)』는 것을 당시 장안의 방언으로 선(船)이 옷깃이라 하여 옷깃을 풀어헤치고 황제를 뵈었다고 주석하였음.

556 | 《냉재야화(冷齋夜話)》 : 《파한집(破閑集)》 주 3) 참조.

天子呼來不上船,　　천자天子가 불러도 배에 오르지 않으며,

라고 한 글귀는 바로 이백에게 실지로 있었던 일이다. 이른바, 龍舟移棹晚(임금의 배 옮겨가는 것이 늦어졌다).라고 한 것이 이것이다. 《고문대전古文大全》의 주에 『옷끈은 [장안의 방언으로] 선船자 된다.』하였고, 〈냉재야화冷齋夜話〉에서도 또한 『옷깃 끈襟紐이 그것[船] 이다.』라고 하였는데 웃을 만하다.

[117] 이기의 〈노원외盧員外 송별시〉

李頎557 〈送盧員外〉 詩曰 : 『秦地立春傳太史, 漢宮題柱憶仙郎.』558 上句蓋古者太史掌天文曆象, 故言 ; 下句 『題柱』 或疑用司馬相如事, 非矣. 按漢田鳳559爲鳳書郎, 容儀端直, 靈帝目送之, 題柱曰 : 『堂堂乎張, 京兆

557 | 이기(李頎, 690~751?) : 성당의 변새파 시인으로서 동천(東川) 사람이며 주로 영양(潁陽)에서 살았다. 늦은 나이인 개원13년(725)에 진사에 급제하여 신향위(新鄕尉)를 지내는 한편 고적, 잠삼, 왕창령 등과 깊은 교분을 맺었다. 그는 시 125수를 남겼고 오언시와 칠언시가 주종을 이룬다.
참고 : 김원중, 《당시(唐詩)》

558 | 진지립춘전태사(秦地立春傳太史) 두 구 : 〈이조의 사훈원외랑 노씨께 띄움(寄司勳盧員外)〉 시의 한 구절이다.

流澌臘月下河陽,　　얼음녹아 흐르는 물 지난 섣달에 하양 땅으로 흘러내려오고,
草色新年發建章.　　풀색은 새해 들어 건장궁에 피어나는구나.
秦地立春傳太史,　　진나라 땅의 입춘은 태사에게 전해지고,
漢宮題柱憶仙郎.　　한나라 궁전의 제주는 선랑을 생각게 한다.
歸鴻欲度千門雪,　　돌아가는 기러기 천 개의 문을 넘으려 하는데,
侍女新添五夜香.　　시녀들은 오밤중에 향기를 새로이 더하는구나.
早晚　雄文似者,　　조만간에 영웅호걸과 글 잘 짓는 사람 추천된다니,
故人今已賦長楊.　　옛 벗 지금 이미 장양궁부(長楊宮賦)를 짓고 있겠지.

※제주(題柱) : 고향이 성도(成都)인 한나라 사마상여가 벼슬하기 이전에 서쪽으로 가면서 승선교(昇仙橋)를 건널 때 이 다리에다 쓰기를 『고거사마(高車駟馬)를 타지 않고서는 다시는 이 다리를 건너지 않으리라』는 고사가 있는데, 여기서는 취하지 않고 있음.

559 | 전봉(田鳳) : 경조전랑(京兆田郎). 경조는 서울이란 뜻, 전랑은 후한(後漢)의 전봉

田郞.』 錢起[560] 〈和王員外〉 詩：『題杜盛名兼絶唱, 風流誰繼漢田郞.』[561] 此也.

이기의 〈노원외盧員外를 송별하는 시〉에 말하기를,

(田鳳), 자는 계종(季宗), 『그가 상서랑(尙書郞)이 되어 용의가 단정하였는데 영제(靈帝)가 그를 보내며 멀리 보이지 않을 때까지 보고서는 기둥에 쓰기를 「의젓하도다 자장이여(《論語 · 子張》), 경조 전랑이여」라고 했다고 한다. (田鳳爲郞, 容儀端正, 靈帝目送之, 題柱曰：堂堂乎張, 京兆田郞.)』 — 《삼보결록(三輔決錄)》
참고 : 한자박사(www.hanjadoc.com)

560 | 전기(錢起, 722~780) : 당나라 시인. 자는 중문(仲文)이며 절강성 오흥(吳興) 사람. 벼슬이 고공낭중(考功郞中)까지 이르러 전고공(錢考功)이라고도 불린다. 청신수려한 시로써 『대력십재자(大曆十才子)』의 필두로 칭송받았고, 낭사원(郞士元)과 병칭되었다. 그는 친구들과 주고받은 이야기와 자연을 제재로 삼은 온화한 시를 많이 썼는데 근체시, 특히 오언율시에 뛰어났으므로, 당시의 사람들은 『앞에 심송(심전기와 송지문)이 있고, 뒤에 전낭(전기와 낭사원)이 있다』고 하였다. 문집으로는 《전고공집(錢考功集)》 10권과 부(賦) 13편이 남아 있다.

561 | 제주성명겸절창(題柱盛名兼絶唱) 두 구 : 전기(錢起)가 쓴 〈왕 원외랑이 이른 아침에 눈이 개다는 시에 회답하여(和王員外, 雪晴早朝)〉(《전당시》 권239 제21수)의 일부분이다.

紫微晴雪帶恩光,	자미궁 밝은 눈은 은혜의 빛을 띠었는데,
繞仗偏隨鴛鷺行.	황제님의 의장(儀仗)을 둘러싸고 나란히 따라가네.
長信月留寧避曉,	장신궁에 달이 남아 있다고 한들 어찌 새벽 옴을 피하겠는가?
宜春花滿不飛香.	의춘궁에 꽃이 가득하나 [바람 없어] 향이 날지 않네.
獨看積素凝淸禁,	홀로 쌓인 먼동 빛이 맑은 궁중 안에 퍼지는 것을 보고 있는데,
已覺輕寒讓太陽.	이미 가벼운 추위 햇볕에 물러남을 느끼네.
題柱盛名兼絶唱,	진나라 땅의 입춘은 태사에게 전해지고,
風流誰　漢田郞.	그대 말고 누가 감히 전봉(田鳳)같은 한나라 상서랑(尙書郞)의 뒤를 이으랴?

※장신(長信) : 장신궁(長信宮)을 가리킨다. 《삼보황도(三輔黃圖) · 한궁(漢宮)》에 『장악궁(長樂宮)에는 장신(長信), 장추(長秋), 영수(永壽), 영녕(永寧) 네 개의 궁궐이 있다. 고제(高帝)가 그 궁에 거했고 후에 태후가 자주 그곳에서 기거했다.』고 기록되어 있다.

※의춘(宜春) : 의춘궁(宜春宮)을 가리킨다. 《문선(文選) 〈상림부(上林賦)〉》의 곽박(郭璞)의 주석에 『의춘은 궁 이름이고 위(渭)강의 남쪽이고, 두현(杜縣)의 동쪽에 있다.(宜春, 宮名, 在渭南杜縣東)』라고 기록되어 있다.

秦地立春傳太史,　　진나라 땅의 입춘은 태사에게 전해지고,
漢宮題柱憶仙郎.　　한나라 궁전의 제주題柱는 선랑을 생각게 한다.

라 하였다. 윗 글귀는, 아마 옛날에는 태사가 천문 · 역상을 맡았기 때문에 그렇게 말한 것이고, 아래 글귀는 어떤 이가 사마상여의 고사를 인용한 것이 아닌가 하고 의심하는 것은 잘못이다. 상고하여 보니, 한나라의 전봉이 상서랑이 되었을 때에 얼굴과 몸 가진 태도가 단아하고 곧으니, 영제가 목송하고 기둥에, 『당당하게 몸을 폈구나, 경조전랑이여』하고 썼다 한다. 전기가 왕원외에게 화답하는 시에,

題柱盛名兼絕唱,　　진나라 땅의 입춘은 태사에게 전해지고,
風流誰繼漢田郎.　　그대 말고 누가 감히 전봉田鳳 같은 한나라 상서랑尚書郎의 뒤를 이으랴?

라고 한 것이 이것이다.

(蔡効廷)

[118] 『양지楊枝』의 의미

老杜〈別贊上人〉詩曰 : 『楊枝晨在手.』[562] 東坡詞曰 : 『盆水青楊枝.』[563]

562 | 양지신재수(楊枝晨在手) : 〈찬스님과 헤어지다(別贊上人)〉[《전당시》 권218 제17수]의 제9구이고, 아래는 시의 일부분이다.

贊公釋門老,　　찬공은 불문(佛門)의 장로인데도,
放逐來上國.　　경성(京城)에서 쫓겨나 이곳으로 왔네.
還爲世塵嬰,　　끝내 세속에 얽매임 면치 못하여,
頗帶憔悴色.　　안색이 자못 초췌한 빛을 띠고 있네.
楊枝晨在手,　　냇버들가지는 새벽에 손에 있고,
豆子雨已熟.　　콩은 비 내려 이미 익었네.
是身如浮雲,　　이 몸은 뜬구름 같으니,

按佛書『晨嚼齒木』[564] 註：『楊枝, 淨齒也.』[565] 又《隋書》云：『眞臘國[566]人每朝澡洗, 以楊枝淨齒, 讀誦經呪.』今俗呼齒木爲楊枝, 疑以此也. 或謂術家[567]以楊枝灑水[568]云, 恐不然.

두보의 〈찬스님과 헤어지다〉 시에

楊枝晨在手.　　냇버들나무 가지는 새벽에 손에 있네.

라 하였다. 소식의 사에 『동이의 물에 푸른 냇버들가지』라 하였다. 생각건대 불교 서적에 『새벽에 치목을 씹는다.』라 하였고, 주에 『냇버들나무 가지는 이를 깨끗이 하는 것이다.』라 하였다. 또한 《수서》에 『진랍국 사람은 매

安可限南北.　　어찌 동서남북에 제한이 있으랴.
— 왕력 지음, 송용준 옮김, 《중국시율학》 2, p.312~313.

563 | 분수청양지(盆水青楊枝) : 《동파전집(東坡全集)》 권38 〈대비각기(大悲閣記)〉의 한 구절이다.

564 | 신작치목(晨嚼齒木) : 당(唐)나라 의정(義淨)이 번역한 《약사유리광칠불본원공덕경(藥師瑠璃光七佛本願功德經)》(707년) 하(下)의 한 구절이다. — 《고려대장경(高麗大藏經)》 권10(영인본), p.1361.

565 | 양지정치(楊枝淨齒) : 이 문장의 문맥으로 보아서는 불경[藥師經] 의 주석에 나온 말로 적어두었으나, 이 책의 주석은 지금 찾을 수 없고, 이 말은 다음에 나오는 《수서》의 〈진랍국전(眞臘國傳)〉에 보이는데, 여기서 미리 적어둔 것은 저자의 착오인 것 같다.

566 | 진랍국(眞臘國) : 《수서(隋書)》 권82에 보인다. 7세기부터 17세기까지의 길멸(吉蔑) 왕국으로, 지금의 캄보디아에 위치하였다. 이 이름은 《수서》에 처음 보인다. 당나라 무덕(武德)년간 이후부터 중국과 여러 번의 사신 왕래가 있었고, 송 · 원 시기에는 이곳에 정착하여 장사하던 중국 상인이 많았다. 원나라 사람 주달관(周達觀)이 지은 《진랍풍토기(眞臘風土記)》는 진랍의 옛 역사를 연구하는 데 중요한 참고자료이다.

567 | 술가(術家) : 음양 · 오행 · 점술 · 복서(卜筮) 등의 원리로써 인사(人事)의 길흉화복을 예측하는 사람.

568 | 양지쇄수(楊枝灑水) : 송나라 진종(眞宗) 때 비를 내리게 하기 위하여, 용을 그려놓고 거위를 잡아 목의 피를 쟁반에 담고 버드나무 가지로 물을 찍어 뿌리니, 용이 실물같이 살아나서 비를 오게 하였다는 이야기가 《문헌통고(文獻通考)》 권77에 보인다.

일 아침 몸을 씻고, 버드나무 가지로 이를 깨끗이 하고 나서, 경전과 주문을 읽고 외운다.』라 하였다. 지금 세속에서 치목을 양지라고 부르는 것은 아마도 이 때문일 것이다. 혹자는 술가에서 버드나무 가지로 물을 뿌린다고 말하지만, 아마 그렇지 않을 것이다.

[119] 『위圍』의 정의

杜詩 : 『霜皮溜雨四十圍.』[569] 沈存中[570]云 : 『四十圍是七尺徑, 無乃太細長乎?』[571] 按《說?》[572] 曰 : 『以人兩手大指頭指相合爲一圍』[573], 一圍是

569 | 상피류우사십위(霜皮溜雨四十圍) : 〈늙은 측백나무(古柏行)〉[《전당시》 권221 제13수]의 제3구이다.

孔明廟前有老柏, 공명의 사당 앞에 늙은 측백나무 있는데,
柯如青銅根如石. 줄기는 청동 같고 뿌리는 돌 같네.
霜皮溜雨四十圍, 서리 맞은 껍질 빗물에 젖었는데 둘레는 40아름이고,
黛色參天二千尺. 검푸른 빛 하늘 뚫고 2천척이나 솟았네.
君臣已與時際會, 임금과 신하 이미 세상일 알맞은 때 만났었으니,
樹木猶爲人愛惜. 수목조차 오히려 사람들에게 사랑과 아낌 받네.
雲來氣接巫峽長, 구름 오면 그 기운 무협에까지 길게 이어지고,
月出寒通雪山白. 달뜨면 차가움 눈 덮인 산의 흰빛과 통하네.

— 황견 엮음, 이장우 · 우재호 · 장세후 옮김, 《고문진보》 전집, p.641~646.

570 | 심존중(沈存中) : 즉 심괄(沈括, 1031~1095). 중국 북송(北宋)의 학자 · 정치가. 자는 존중(存中), 호는 몽계옹(夢溪翁). 절강성(浙江省) 출신. 사천감(司天監: 천문대장)이 되어 천체관측법 · 역법(曆法) 등을 창안하였다. 그는 매우 박학하였는데, 특히 천문 · 수학 · 지리 · 본초(本草) 등 과학에 밝았다. 저서의 대부분은 없어졌으나, 《몽계필담(夢溪筆談)》 26권 · 《보필담(補筆談)》 3권에는 풍부한 과학적 기사가 실려 있다.

571 | 사십위시칠척경(四十圍是七尺徑) 두 구 : 《몽계필담》 권23의 한 구절이다.

572 | 《설부(說郛)》 : 중국 원말명초의 도종의(陶宗儀 : 浙江省 黃嚴縣 사람)가 편찬한 총서(叢書). 야사(野史) · 수필 · 경전(經典) · 전기(傳記) · 문집 · 소설 등 정통적인 것이 아닌 진기한 서적 1,000여 종을 초록(抄錄)하여 편찬한 것이다. 오랫동안 사본(寫本)으로만 전하여지고 있던 것을 1927년에 장종상(張宗祥)이 이들 사본 중 6종의 명나라 때 사본을 교정하여 《명초본설부(明鈔本說郛)》 총 100권을 출판하였다. 여기에는 109종의 서적이 수록되어 있으며, 원본에 가장 가깝다.

一小尺, 如〈泰山記〉泰山廟中柏皆二十餘圍[574]是也.

두보의 시에

霜皮溜雨四十圍.　　서리 맞은 껍질 빗물에 젖었는데 둘레는 40아름이네.

라 하였다. 심괄은 「40아름은 7자 지름이니, 너무 가늘고 길지 않은가?」라 하였다. 생각건대 《설부》에서 「사람의 두 손의 가운데 손가락과 엄지손가락을 합한 것이 한 아름이다」라 하였는데, 한 아름은 한 작은 자이니, 〈태산기〉에서 '태산묘 안의 측백나무는 모두 20여 아름이다' 라고 한 것과 같다.

[120] 흰 새[白鳥] 의 의미

杜詩『江湖多白鳥, 天地有蒼蠅.』[575] 以上句『冥冥欲避矰』觀之, 白鳥

573 | 이인량수대지두지상합위일위(以人兩手大指頭指相合爲一圍) : 《설부》 권27 하 〈감계록(鑑戒錄)〉의 한 구절이다.

574 | 태산묘중백개이십여위(泰山廟中柏皆二十餘圍) : 〈태산기〉에 나오는 말이 아니라, 〈종정기(從征記)〉에 나오는 말이다.

575 | 강호다백조(江湖多白鳥) 두 구 : 〈협주자사인 유백화 사또님께 띄움, 80구(寄劉峽州伯華使君, 四十韻)〉[《전당시》 권230 제7수]의 제79구와 제80구이고, 뒤 구절은 제78구이다.

政術甘疏誕,　　[사또님은] 정사에는 허술하다는 비판 달게 받으나,
詞場愧服膺.　　문학에서는 남들이 받아들임을 부끄러워하시네.
展懷詩誦魯,　　품은 뜻 펼침에 시로써 노나라의 덕을 읊고,
割愛酒如澠.　　아끼는 것을 나누어 주시니 술이 승수(澠水) 같네.
咄咄寧書字,　　쯧쯧 혀 차며 차라리 글자 연습하고,
冥冥欲避矰.　　먼 공중을 날아 주살을 피하려 하네.
江湖多白鳥,　　강호에는 흰 새 많고,
天地有青蠅.　　천지에는 쉬파리 많네.

※돌돌(咄咄) : 돌돌서공(咄咄書空). 즉 뜻을 잃고 후회하는 모습을 형용하는 말. 육조시대 남조의 송나라 장군 은호(殷浩)가 패전하고 돌아오자 감금되었는데, 온종일

乃指鷗鷺而言. 註者以白鳥爲蚊蚋576, 恐不是.

두보의 시에

江湖多白鳥, 강호에는 흰 새 많고,
天地有蒼蠅. 천지에는 쉬파리 많네.

라 하였다. 앞 구절인

冥冥欲避矰. 먼 공중을 날아 주살을 피하려 하네.

로 보면, 흰 새는 갈매기나 백로를 가리켜 말한 것이다. 주석한 사람은 흰 새를 모기라고 한 것은 아마도 옳지 않다.

[121] 생략 가능한 『모毛』자

杜詩 : 『戰連脣齒國, 軍急羽毛書.』577 註 : 『有急則挿羽於檄, 謂之羽

감방에서 글씨를 썼으나 글자가 되지 않고, 오직 『쯧쯧 괴상한 일인지고!(咄咄怪事!)』 4자만 글자가 되었다고 함.

576 | 이백조위문예(以白鳥爲蚊蚋) : 《집천가주두공부시집(集千家註杜工部詩集)》 권17에 나오는 구절이다. 『주석에서 혹자는 백조를 모기라고 한 것은 틀렸다. 어찌 두 구에서 모두 남을 헐뜯는다는 말을 넣어야만 무슨 규칙이 이루어진다는 것일까?(注或以白鳥爲蚊蚋, 非. 豈有兩句皆說讒, 成甚律度?)』

577 | 전련순치국(戰連脣齒國) 두 구 : 〈이씨댁 여덟째인 비서랑(秘書郎)에게 증정한 전별시 60구(贈李八秘書別三十韻)〉[《전당시》권230 제6수]의 제33구와 제34구이고, 아래는 시의 일부분이다.

消息多旗幟, 들리는 소식에 도처에 전쟁의 깃발 휘날린다하니,
經過嘆里閭. 지나는 마을마다 그 황폐함에 탄식이 나오네.
戰連脣齒國, 전쟁이 이웃나라의 군사까지 끌어들이니,
軍急羽毛書. 군대에 깃털 달린 서찰 급히 치닫네.

檄.』[578] 今加一『毛』字, 則乃剩語.

두보의 시에

戰連脣齒國,　　전쟁이 이웃나라 군사까지 끌어들이니,
軍急羽毛書.　　군대에 깃털 달린 서찰 급히 치닫네.

라 하였고, 그 주에 『급한 일이 있으면 격서檄書에 깃털을 꽂았으므로, 우격이라고 한다.』라 하였다. 지금 『모』 한 자를 더한 것은 군말이다.

[122] 『연옥燕玉』의 의미

杜詩 : 『煖老須燕玉.』[579] 按古樂府 『燕趙多佳人, 美者顔如玉』[580] 是也.

幕府籌頻問,　　군막에서는 번번이 작전을 물어오나,
山家藥正鋤.　　그대는 산골집에서 바야흐로 호미로 약재 심고 있었네.

578 | 유급칙삽우어격(有急則揷羽於檄) 두 구 : 《두시상주(杜詩詳註)》·《집천가주두공부시집》·《보주두시(補注杜詩)》에 보이는 주석이다. 『위무제가 일을 알릴 때 만약 급함이 있으면 격문(檄文)에 깃털을 꽂았으니, 이를 우격이라 한다.(魏武帝奏事, 若有急則揷羽於檄, 謂之羽檄.)』

579 | 난로수연옥(煖老須燕玉) : 〈홀로 앉아(獨坐)〉[《전당시》 권230 제44수] 2수 중 제1수의 제5구이다.

竟日雨冥冥,　　날이 다하도록 비 자욱하게 내려,
雙崖洗更青.　　구당(瞿塘)의 양 언덕이 말쑥이 씻겨 더없이 푸르네.
水花寒落岸,　　물가의 꽃은 싸늘히 언덕으로 떨어지고,
山鳥暮過庭.　　산속의 새는 저물녘에 뜰을 지나네.
煖老須燕玉,　　늙은 몸 덥히고자 연옥을 그리워하고,
充饑憶楚萍.　　주린 배 채우고자 초나라 마름 열매를 생각하네.
胡笳在樓上,　　호가 소리가 누상에서 일어,
哀怨不堪聽.　　애절하고 서글픈 가락 차마 듣지 못하겠구나.

— 李永朱 외 2명 譯解,《完譯 杜甫律詩》, p.632.

580 | 연조다가인(燕趙多佳人) 두 구 : 고시십구수 중 『동쪽 성은 높고도 길고(東城高且長)』로 시작하는 작품의 제11구와 제12구이고, 아래는 시의 일부분이다.

《白虎通》曰：『七十臥非人不煖, 適四方乘安車[581], 與婦人俱.』[582] 蓋用此意. 註者以寧王煖玉杯[583]爲證, 非也.

두보의 시에

煖老須燕玉. 　늙은 몸 덥히고자 연옥을 바라네.

라 하였다. 생각건대 옛 악부시에

燕趙多佳人, 　연나라 조나라에 미인이 많은데,
美者顔如玉. 　그 중 아름다운 자는 얼굴이 옥과 같네.

라 한 것이 이것이다. 《백호통》에서 『70세 노인이 눕는 데는 사람의 체온이 아니면 따뜻해지지 않고, 사방으로 다닐 때 안거를 타고 부인과 함께 한다.』라 하였으니, 대개 이 뜻을 썼다. 주석한 사람은 영왕이 옥잔을 따뜻하게 한 일을 증거로 삼았는데, 잘못된 것이다.

燕趙多佳人, 　연나라 조나라에 가인이 많아,
美者顔如玉. 　아리따운 얼굴은 옥과도 같고.
被服羅裳衣, 　화려한 비단옷 입고서,
當戶理淸曲. 　창가에 앉아 청상곡(淸商曲)을 익히네.
音響一何悲, 　울리는 소리 어찌 그다지도 슬픈지,
絃急知柱促. 　줄이 바쁘니 기러기발 죄는 줄 알겠네.
— 李桂柱 著,《古詩十九首 硏究》, p.96~102.

581 | 안거(安車) : 노인이나 여자들이 타는 수레로서, 옛날의 수레는 모두 서서 탔기 때문에 앉아서 타는 수레를 편안하게 탄다 하여 안거라고 하였다.

582 | 칠십와비인불난(七十臥非人不煖) 세 구 : 《백호통의(白虎通義)》 권上 〈관직의 은퇴(致仕)〉에 나오는 구절이다.

583 | 이영왕난옥배(以寧王煖玉杯) : 《보주두시》 권32에 나오는 말이다. 『당나라 영왕에게는 따뜻한 옥잔이 있는데 술그릇으로 쓰여 데우지 않아도 저절로 뜨거워진다.(唐寧王有煖玉盃, 以爲飮器不煖而自熱.)』

[123] 『생省』의 의미

杜詩 : 『畫圖省識春風面.』[584] 車復元[585]嘗謂 『省』 猶 『暫』[586] 也. 余按醫書有云 : 『省能轉側.』[587] 省當讀如減省之省. 李紳[588] 〈除江西觀察使

584 | 화도생식춘풍면(畫圖省識春風面) : 〈옛 유적에 대한 감회를 노래하다(詠懷古跡)〉 5수 중 제3수의 제5구이다.

羣山萬壑赴荊門,	온 산과 골짜기들 형문산으로 치닫고,
生長明妃尙有村.	왕소군이 나서 자란 곳엔 아직 마을이 있구나.
一去紫臺連朔漠,	한번 한나라 궁궐 떠나 줄곧 북방의 사막 떠돌다,
獨留靑塚向黃昏.	그저 푸른 무덤으로만 남아 황혼을 바라보는구나.
畫圖省識春風面,	화공의 그림만으로 봄바람의 얼굴 제대로 알지 못해,
環佩空歸月夜魂.	헛되이 환패 소리 짤랑이며 달밤의 원혼으로 돌아오게 했구나.
千歲琵琶作胡語,	천년의 비파 소리 오랑캐 말로 바뀌고,
分明怨恨曲中論.	또렷한 원한은 노래 속에서 울려 나오네.

※생식(省識) : 아는 것을 생략하게 하다. 즉 제대로 알지 못하게 한다는 말.

— 李永朱 외 2명 譯解, 《完譯 杜甫律詩》, p.815~816.

585 | 차복원(車復元) : 차천로(車天輅)를 가리킨다. 《오산설림(五山說林)》 주 2) 참조.

586 | 생유잠(『省』猶『暫』) : 출전 미상.

587 | 성능전측(省能轉側) : 《명의류안(名醫類案)》 권1 〈중풍(中風)〉에 나오는 구절이다. 『급히 소속명탕을 달이되, 마황을 배로 하여 연이어 두 번 복용하게 하고, 옷과 이불을 덮어 땀이 나게 하자, 점점 깨어나 한쪽으로 돌아누울 수 있게 되었다(急煎小續命湯, 倍麻黃, 連進二服, 覆以衣被, 得汗, 漸甦省, 能轉側).』 강관 지음, 구병수 옮김, 《명의류안》, p.30~31.

※우단(虞摶, 1438~1517)이라는 명나라 의사가 중풍에 걸린 50대 부인을 치료한 내용이 기록되어 있는데, 이수광은 이 구절을 잘못 해석한 듯하다.

※《명의류안》 : 명나라 의사인 강관(江瓘, 1503~1565)이 지었다. 전 12권으로, 명나라 가정(嘉靖)년간(1521~1566) 이전 역대 의가(醫家)의 의안(醫案)을 수집하고, 저자 본인의 치험례와 평가를 덧붙인 서적으로, 중국 최초의 계통적이며 완비된 내용을 담은 의안서적이다. 전 의안을 상한(傷寒) · 온병(溫病) · 잡병(雜病) · 외과(外科) · 오관(五官) · 부인(婦人) · 소아(小兒) 등으로 분류하고 그것을 다시 205문(門)으로 세분하였다.

588 | 이신(李紳, 772~846) : 자는 공수(公垂). 윤주(潤州) 무석(無錫) 사람. 목종(穆宗) 때 우습유(右拾遺) · 한림학사(翰林學士)가 되었고, 이덕유(李德裕) · 원진(元稹)과 함께 『삼준(三俊)』으로 불리었다. 무종(武宗) 때 중서시랑(中書侍郞) · 동중서문하평장사(同中書門下平章事)에 임명되었고, 여러 번 상서우복야(尙書右僕射) · 문하시랑(門下侍郞)으로 옮겼다. 백거이(白居易) · 원진과 매우 친하였고, 가장 먼저 〈악부신제(樂府新題)〉20수를 지어 신악부운동(新樂府運動)의 원동력이 되었다. 이 시

奉詔 不之任〉589 詩曰：『省拋雙旆辭榮寵.』是也.

두보의 시에

畫圖省識春風面.　　화공의 그림만으로 봄바람의 얼굴 제대로 알아보지 못하네.

라 하였다. 차천로는 일찍이 『생』은 『잠』과 같다고 하였다. 내가 생각건대 의서에 『생략하여 바꿔놓을 수 있다』라 하였다. 省은 마땅히 감생(減省 : 줄이다)의 생으로 읽어야 한다. 이신의 〈강서관찰사에 제수되었으나 조서를 받들고 부임하러 가지 않다〉는 시에

省拋雙旆辭榮寵.　　쌍 깃발 덜어서 버리고 영광스런 은총 사양하네.

라 한 것이 이것이다.

는 전해지지 않고, 《추석유시(追昔游詩)》 3권과 《잡시(雜詩)》 1권이 현존한다. 시호는 문숙(文肅).

589 | 〈제강서관찰사, 봉조, 부지임(除江西觀察使, 奉詔, 不之任)〉: 원 제목은 〈종릉을 지나다(過鍾陵)〉[《전당시》 권480 제12수]로 『장경 3년[823, 穆宗 3]에 내가 강서관찰사에 제수되었으나, 조서를 받고 부임하러 가지 않으면서 짓다.(長慶三年, 余除江西觀察使, 奉詔, 不之任而作)』라는 제주(題註)가 있고, 여기에 인용된 구절은 시의 제5구이다.

龍沙江尾抱鍾陵,　　북방 사막의 강 꼬리는 종릉을 안고,
水郭津橋晩景澄.　　수곽의 나루터 다리에 저녁 경치 맑네.
江對楚山千里月,　　강은 초산을 대하니 천 리 밖에서 보던 달이요,
郭連漁浦萬家燈.　　성곽은 고기잡이 포구에 이어져 만 집의 등불이라.
省拋雙旆辭榮寵,　　쌍 깃발 덜어서 버리고 영광스런 은총 사양하며,
遽落丹霄起愛憎.　　붉은 노을 급히 떨어지니 애증이 일어나네.
惆悵舊遊同草露,　　옛날에 같이 노닐던 친구들 풀잎 이슬처럼 사라진 것 슬퍼하다,
却思恩顧一沾膺.　　오히려 황제님 은혜 베푸심 생각해보니 가슴 한 번 촉촉해지네.

[124] 『희戱』를 쓴 의도

老杜 〈戲韋偃雙松圖歌〉[590] 末云:『我有一匹好東絹, 重之不減錦繡段. 已令拂拭光凌亂, 請公放筆爲直幹.』按韋偃工畵老松; 蓋畵大松爲難, 而非偃所長, 故極其贊美, 而以此終之, 所謂『戲』也.

두보의 〈위언이 한 쌍의 소나무 그림을 그림에 장난삼아 짓다〉라는 시 끝에

我有一匹好東絹,	내게 좋은 동견 한 필 있으니,
重之不減錦繡段.	소중함이 수놓은 채색 비단보다 못하지 않네.
已令拂拭光凌亂,	이미 털고 닦게 하여 빛 섞여 눈부시니,
請公放筆爲直幹.	청컨대 그대 붓 놀려 곧은 줄기만 그려주오.

라 하였다. 생각건대 위언은 [굽고 휜] 노송老松은 잘 그렸으나, 대개 [곧은] 대송大松을 그리는 것은 어려워하여 또 위언이 잘 하는 바가 아니었으므로, 그 찬미함을 지극히 하였으나, 이런 말로 끝을 맺었으니 『장난삼다』라고 말한 것이다.

590 | 〈희위언쌍송도가(戲韋偃雙松圖歌)〉: 《전당시》 권219 제9수로, 다음의 네 구절은 이 시의 제14구부터 제17구까지이다.

松根胡僧憩寂寞,	소나무 뿌리에 되중이 쓸쓸하게 쉬고 있으니,
厖眉皓首無住著.	흰털 섞인 눈썹 흰 머리 집착함이 없다네.
偏袒右肩露雙脚,	오른 어깨 한쪽 벗고 두 발 드러내었는데,
葉裏松子僧前落.	잎 속의 솔방울 중 앞에 떨어졌네.
韋侯韋侯數相見.	위후여 위후여 자주 이런 그림 보았다네.
我有一匹好東絹,	내게 좋은 동견 한 필 있으니,
重之不減錦繡段.	소중함이 수놓은 채색 비단보다 못하지 않네.
已令拂拭光凌亂,	이미 털고 닦게 하여 빛 섞여 눈부시니,
請公放筆爲直幹.	청컨대 그대 붓 놀려 곧은 줄기만 그려주오.

— 황견 엮음, 이장우 · 우재호 · 장세후 옮김, 《고문진보》 전집, p.565~568.

[125] 〈달月〉시 구절의 재해석

杜詩曰：『兎應疑鶴髮, 蟾亦戀貂裘.』[591] 註：『上句, 公自言其老；下句, 自言其貧.』[592] 余意以其月白, 故兎疑鶴髮；天寒, 故蟾戀貂裘. 結句云：『斟酌嫦娥寡, 天寒奈九秋.』亦承上之意也.

두보의 시에

兎應疑鶴髮, 　달 속 토끼는 응당 내 흰 머리칼을 의아해 할 것이고,
蟾亦戀貂裘. 　두꺼비는 또 내 담비 갖옷 부럽게 여기리라.

라 하였고, 주에 「위 구절은 공이 스스로 그 늙음을 말한 것이고, 아래 구절은 스스로 그 가난함을 말한 것이다.」라 하였다. 내 의견으로는 달이 희기 때문에 토끼가 흰 머리칼을 의심하고, 날이 차기 때문에 두꺼비가 담비 갖옷을 부러워한 것이다. [시의] 마지막 구절에

591 | 토응의학발(兎應疑鶴髮) 두 구：〈달(月)〉[《전당시》 권230 제67수]의 제5구와 제6구이다. 그 다음은 제7구와 제8구이다.

四更山吐月, 　4경에 산이 달을 토하여,
殘夜水明樓. 　다해 가는 밤, 물 위로 누각 그림자 밝게 비치네.
塵匣元開鏡, 　달은 본디 먼지 묻은 상자에서 꺼낸 거울이자,
風簾自上鉤. 　바람 발에 절로 걸린 갈고리네.
兎應疑鶴髮, 　달 속 토끼는 응당 내 흰 머리칼을 의아해할 것이고,
蟾亦戀貂裘. 　두꺼비는 또 내 담비 갖옷 부럽게 여기리라.
斟酌嫦娥寡, 　생각건대 항아는 홀로 살 것이니,
天寒奈九秋. 　날 차가운 늦가을을 어떻게 지낼꼬?

— 李永朱 외 2명 譯解, 《完譯 杜甫律詩》, p.665.

592 | 상구(上句) 네 구：《구가집주두시(九家集注杜詩)》에 나오는 말이다. 『조차공(趙次公：송나라의 두보시 주석가)이 이르기를 「윗 구절은 공이 늙음을 스스로 말한 것이고, 아랫 구절은 그 가난함을 스스로 말한 것이다」라 하였다. 흰 머리칼의 늙은이의 모습은, 유신의 〈죽장부〉에서 「나는 늙었도다. 학 같은 머리칼에 닭 같은 피부로다」라 하였다. 초구는 사신 소진(蘇秦)의 검은 담비 갖옷이다.(趙云：「上句則公自言其老, 下句言其貧.」鶴髮老者之狀, 庾信 〈竹杖賦〉 云：「余老矣. 鶴髮雞皮.」貂裘, 使蘇季子黑貂裘也.)』

斟酌嫦娥寡,　　생각건대 항아는 홀로 살 것이니,
天寒奈九秋.　　날 차가운 늦가을을 어떻게 지낼꼬?

라 한 것도 윗 구절의 뜻을 이은 것이다.

[126] 『선도仙桃』의 해석에 관하여 논함

杜詩 : 『九重春色醉仙桃.』[593] 蓋言桃花色紅如醉也, 或以爲仙桃. 謂桃實則可, 謂桃花則未穩云.

두보의 시에

九重春色醉仙桃.　　구중궁월의 봄빛에 복사꽃 취한 듯 붉구나.

라 하였다. 대개 복사꽃의 색깔이 붉어서 취한 것 같음을 말한 것이다. 혹자는 선도가 복숭아 열매를 말한다면 가능하나, 복사꽃을 말한다면 온당하지 않다고 여겼다.

593 | 구중춘색취선도(九重春色醉仙桃) : 〈중서사인 가지의 〈이른 아침 대명궁에서〉에 삼가 화답하다(奉和賈至舍人早朝大明宮)〉[《전당시》 권225 제19수]의 제2구이다.
五夜漏聲催曉箭,　　5경 물시계 소리 새벽을 재촉하는데,
九重春色醉仙桃.　　구중궁궐의 봄빛에 복사꽃 취한 듯 붉구나.
旌旗日暖龍蛇動,　　햇볕 따사로이 비춰 깃발에는 용과 뱀이 꿈틀대고,
宮殿風微燕雀高.　　바람 살며시 불어 궁전에는 제비와 참새 높이 나네.
朝罷香煙攜滿袖,　　조회를 끝내고 소매 가득 향기로운 연기를 담아와,
詩成珠玉在揮毫.　　시를 이루니 주옥이 휘두르는 붓 끝에 있어라.
欲知世掌絲綸美,　　대대로 칙서를 담당한 아름다움을 알고자 하는가?
池上于今有鳳毛.　　지금 연못 가 봉황의 깃털을 보시게나.
— 김만원 외 5명, 《두보 위관시기시 역해》, 서울대학교출판부, 2004.

[127]『헌지軒墀』의 적합성에 대하여 논함

杜詩云：『軒墀曾寵鶴.』[594] 按衛懿公[595]好鶴, 鶴有乘軒者. 說者以爲『墀』字誤, 改以『軒車』則善矣. 余謂說者之見是矣, 而『車』字亦未善. 韓昌黎〈詠孔雀〉[596] 詩云：『坐蒙恩顧重, 畢命守階墀.』『墀」字似或可矣.

두보의 시에

軒墀曾寵鶴.　　수레와 섬돌에 올랐던 학처럼 총애 받네.

594 | 헌지증총학(軒墀曾寵鶴) : 〈개부 가서한 장군께 드리는 시 40구(投贈哥舒開府翰二十韻)〉[《전당시》 권224 제3수]의 제23구이다.

受命邊沙遠,　　천자의 명을 받아 변경 사막으로 멀리 가더니,
歸來御席同.　　돌아와서는 천자와 자리를 같이 하였네.
軒墀曾寵鶴,　　수레와 섬돌에 올랐던 학처럼 총애 받고,
畋獵舊非熊.　　문왕이 사냥 나가 얻은 태공처럼 보필했네.

— 황견 엮음, 이장우 · 우재호 · 장세후 옮김, 《고문진보》 전집, p.214~220.

595 | 위의공(衛懿公, ?~기원전 660) : 춘추시대 위(衛)나라의 국군(國君). 이름은 적(赤). 혜공(惠公)의 아들이다. 학을 좋아하여 학에게 대부가 타는 헌거(軒車)를 타게 하였다. 의공 9년에 적(狄)이 위나라를 공격하여 의공이 싸우려 하자, 백성들은 모두 「학에게 봉록과 지위가 있으니, 학더러 싸우라 해도 되겠네.(鶴有祿位, 可使鶴戰.)」라 하였다. 마침내 적(狄) 사람들에게 죽임을 당하였다. 9년간 재위하였다.

596 | 〈영공작(詠孔雀)〉 : 원 제목은 〈무승상님께서 촉 땅에 절도사로 계실 적에, 절도사님 댁에 위태위님이 [앞서 절도사로 계실 때부터] 키우던 공작을 노래하신 시에 삼가 화답하여 짓다(奉和武相公, 鎭蜀時, 詠使宅韋太尉所養孔雀)〉[《전당시》 권342 제4수]이고, 그 다음은 제7구와 제8구이다.

穆穆鸞鳳友,　　화목하고 화목하구나! 봉황새들이여!
何年來止茲.　　어느 해에 이곳에 와 멈추었는가?
飄零失故態,　　떠돌다가 고향 모습 잃어버렸고,
隔絶抱長思.　　떨어져서 오랜 그리움 끌어안네.
翠角高獨聳,　　비취빛 뿔은 높고도 홀로 솟아있고,
金華煥相差.　　금빛 꽃 같은 깃털은 빛남이 서로 차이나네.
坐蒙恩顧重,　　은총으로 돌봐주심을 입음이 무거워서,
畢命守階墀.　　목숨이 다할 때까지 섬돌을 지키리.

라 하였다. 생각건대 위나라 의공이 학을 좋아하였는데, 학이 수레에 타기도 하였다. 해설하는 이는 『지』자는 잘못되었으니, 『헌거』로 고치면 낫다라 하였다. 내가 말하건대 해설하는 사람의 견해가 옳으나 『거』자 역시 나은 것은 아니다. 한유의 〈공작을 읊다〉는 시에

坐蒙恩顧重, 은총으로 돌봐주심을 입음이 무거워서,
畢命守階墀. 목숨이 다할 때까지 섬돌을 지키리.

라 하였는데, 『지』자는 아마도 괜찮을 것 같다.

[128] 의미를 풍부하게 하는 『야也』자

杜詩曰：『隣人有美酒, 稚子也能賒.』[597] 註：『放翁以「也」字作「夜」, 最得村意』[598] 云. 余謂詩意以爲隣家有酒, 故稚子亦能賒來, 此尤有味, 作『夜』字未穩.

597 | 인인유미주(隣人有美酒) 두 구 : 〈마음을 달래다(遣意)〉[《전당시》 권226 제39수] 2수 중 제2수의 제7구와 제8구이다.

簷影微微落, 처마 그림자 조금씩 떨어지고,
津流脈脈斜. 나루터 강물은 말없이 비껴 흐르네.
野船明細火, 들녘의 배에는 작은 불빛이 밝아,
宿鷺起圓沙. 잠들었던 해오라기 둥근 모래밭에서 일어나네.
雲掩初弦月, 구름은 초승달을 가리고,
香傳小樹花. 향기는 작은 나무 꽃에서 전해지네.
隣人有美酒, 이웃 사람에게 좋은 술이 있어,
稚子夜能賒. 아이가 밤에도 외상으로 받아올 수 있다네.

— 李永朱 외 2명 譯解, 《完譯 杜甫律詩》, p.515~516.

598 | 방옹~최득촌의(放翁~最得村意) : 《집천가주두공부시집(集千家註杜工部詩集)》에 나오는 구절이다. 《역대시화(歷代詩話)》 권37 『也音夜』 항목에서 오경욱(吳景旭)의 말로 살펴보면, 『가장 시골스러운 뜻을 얻는다(最得村意)』는 『가장 두보다운 뜻을 얻는다(最得杜意)』로 바꿔야 될 것 같다.

두보의 시에

隣人有美酒,　　이웃 사람에게 좋은 술이 있어,
稚子也能賖.　　아이라도 외상으로 받아올 수 있다네.

라 하였고, 주에 『육유는 「也」자를 「夜」자로 한다면, 가장 시골스러운 뜻을 얻는다.』라 하였다. 내가 말하기를 시의 뜻은 이웃집에 술이 있으므로, 어린아이라도 외상으로 사 올 수 있어, 이것이 더욱 의미가 있으니, 『夜』자로 한 것은 온당하지 않다.

[129] 『업공業工』에 대한 해석

杜詩 〈杜鵑行〉 曰 : 『業工竄伏深樹裡.』[599] 車天輅嘗言 : 『杜鵑雛曰業工, 出雜書』[600] 云. 而余意 『業工』 猶言 『能工』, 謂杜鵑善竄伏於深樹間也.

두보의 시 〈두견행〉에

業工竄伏深樹裡.　　업공이 깊은 나무에 숨네.

라 하였다. 차천로가 일찍이 말하기를 『두견의 새끼를 업공이라고 하는데, 잡서에 나온다.』라 하였다. 하지만 내 의견으로는 『업공』은 『능공[교묘하게 잘 할 줄 알다]』이라고 말하는 것과 같으니, 두견이 깊은 나무 사이에 숨어 엎드리기를 잘 함을 말하는 것이다.

599 | 업공찬복심수리(業工竄伏深樹裡) : 〈두견행〉[《전당시》 권219 제3수]의 제7구이다. 《오산설림(五山說林)》 주 126) 참조.

600 | 두견추왈업공(杜鵑雛曰業工) 두 구 : 차천로 《오산설림(五山說林)》의 한 구절이다. 『내가 옛날 젊었을 적에 일찍이 어떤 책을 보았는데, 「두견의 새끼를 업공이라 한다」고 하였는데, 지금 어느 책에서 나왔는지는 기억하지 못하겠다.(余昔少時曾見一書 : 「杜鵑雛曰 : 業工」, 今不記出自何書也.)』

[130] 『원소배袁紹杯』의 의미

杜詩曰 : 『籬邊老却淵明菊, 江上徒逢袁紹杯.』[601] 釋者以爲袁紹避暑, 爲河朔飮[602]. 此言盛暑爲客, 秋盡未廻也. 按華察[603]詩曰 : 『袁紹風流今寂寞, 何人江上更傳杯.』[604] 亦屬夏節, 故用此語. 然袁紹事恐別有出處, 非指河朔飮也.

두보의 시에

601 | 이변노각연명국(籬邊老却淵明菊) 두 구 : 〈가을이 저물다(秋盡)〉[《전당시》 권227 제39수]의 제3구와 제4구이다.

秋盡東行且未廻,	가을이 다해가건만 동쪽 여행길에서 아직 돌아가지 못하는데,
茅齋寄在少城隈.	초가는 여전히 작은 성 모퉁이에 기대어 있겠지.
籬邊老却淵明菊,	울타리 주위에는 도잠이 아끼던 국화가 시들어 갈 텐데,
江上徒逢袁紹杯.	하릴없이 강가에서 원소의 술잔만 만났구나.
雪嶺獨看西日落,	설령에 저무는 해 홀로 바라보는데,
劍門猶阻北人來.	검문은 여전히 북쪽 사람들의 방문을 막고 있구나.
不辭萬里長爲客,	먼 타향의 오랜 나그네 신세 벗어나지 못하고 있으니,
懷抱何時得好開.	마음의 포부는 언제나 환히 열릴 수 있을까?

※원소배(袁紹杯) : 《후한서(後漢書)》의 전기에 따르면, 원소가 기주(冀州)의 총병(總兵)이 되었을 때, 사람을 보내 당시의 저명한 학자인 정현(鄭玄, 127~200)을 초빙하고, 더불어 많은 손님을 초청하였다. 정현은 남들보다 늦게 도착하였는데, 원소가 그를 윗자리로 모셔 앉혔다. 정현은 키가 8척이나 되고, 술을 10말이나 마셨다고 한다. 후세에는 손님을 맞아 연회를 베푼다는 뜻으로 이 이야기를 자주 사용하게 되었다. 여기서는 두보가 부수(涪水)의 강가에 있는 재주의 관청에서 벌인 연회에 참석하였다는 뜻이다.

— 李永朱 외 2명 譯解, 《完譯 杜甫律詩》, p.777~778.

602 | 하삭음(河朔飮) : 더위를 피하기 위해 연 잔치. 또는 즐겁게 술을 마심. 후한(後漢) 말에 유송(劉松)이 원소(袁紹)의 제자들과 함께 하삭에서 삼복더위에 밤낮으로 술을 마신 데서 나왔다.

603 | 화찰(華察, 1497~1574) : 중종 때 우리나라에 왔던 명나라 사신. — 《송계만록(松溪漫錄)》 주 32) 참조.

604 | 원소풍류금적막(袁紹風流今寂寞) 두 구 : 시 전체에 대해서는 미상이다. 앞 구절은 《중종실록》 34년(1539) 기사에는 『袁紹風流今寂寞』으로 되어있고, 《선조실록》 39년(1606) 기사에는 『袁紹風流今已盡』으로 되어있다.

籬邊老却淵明菊,　　울타리 주위에는 도잠이 아끼던 국화 시들어 갈 텐데,
江上徒逢袁紹杯.　　강가에서 하릴없이 원소의 술잔만 만났구나.

라 하였다. 풀이하는 사람은 원소가 더위를 피하려 하삭음을 한 것으로 여겼다. 여기서는 한여름에 나그네가 되어 가을이 다 되도록 돌아가지 못하는 것을 말한다. 생각건대 화찰의 시에

袁紹風流今寂寞,　　원소의 풍류가 지금 적막하니,
何人江上更傳杯.　　어느 누가 강가에서 다시 술잔을 전하겠는가.

라 한 것도 여름철에 속하기 때문에 이 말을 쓴 것이다. 그러나 원소의 일은 아마 따로 출처가 있을 것이고, 하삭음을 가리키는 것은 아닐 것이다.

[131] 『홍건紅巾』·『홍라紅羅』·『향라香羅』의 의미

杜詩 : 『楊花雪落覆白蘋, 青鳥飛去銜紅巾.』[605] 註者曲爲卞[606]解[607]. 然

605 | 양화설락복백빈(楊花雪落覆白蘋) 두 구 : 〈고운 여인들을 노래함(麗人行)〉의 제23구와 제24구이다.
簫鼓哀吟感鬼神,　　피리와 북 슬피 읊어 귀신 감동시키고,
賓從雜遝實要津.　　빈객과 종자들 어지러이 오니 실로 요직에 있는 사람이로다.
後來鞍馬何逡巡,　　나중에 오는 말 탄 사람은 어찌 저리 어물거리는가?
當軒下馬入錦茵.　　헌함 앞에서 말을 내리더니 비단 자리에 드네.
楊花雪落覆白蘋,　　버들꽃 눈처럼 떨어져 흰 마름 덮고,
青鳥飛去銜紅巾.　　푸른 새 날아가는데 붉은 수건 물었다네.
炙手可熱勢絶倫,　　손 가까이 대면 데일라 권세 비할 무리 없으니,
愼莫近前丞相嗔.　　삼가 앞에 가까이 가지 말라 승상 노여워하실라.
— 황견 엮음, 이장우 · 우재호 · 장세후 옮김, 《고문진보》 전집, p.634~641.

606 | 변(卞) : 변(辨)의 뜻으로 쓴 것 같다. — 원주(原註). 저본인 鄺健行 외 2명, 《한국시화중논중국시자료선수(韓國詩話中論中國詩資料選粹)》, p.94.

607 | 곡위변해(曲爲卞解) : 홍건(紅巾)에 대한 곡해. 두보의 여러 가지 주석서에 인용된 송나라 조차공(趙次公)의 주석에는 홍건을 부인의 치장의 하나로 보았다.

余意『楊花雪落』云云, 蓋卽景說也. 『靑鳥飛去』, 乃宮使絡繹往來之意. 而『紅巾』, 唐時凡賜物, 以紅羅包裹. 故王建〈宮詞〉曰 : 『旋拭紅巾入殿門.』[608] 又曰 : 『緶得紅羅手帕子.』[609] 又曰 : 『重結香羅四出花.』[610] 是也.

두보의 시에

楊花雪落覆白蘋, 버들꽃 눈처럼 떨어져 흰 마름 덮고,
靑鳥飛去銜紅巾. 푸른 새 날아가는데 붉은 수건 물었다네.

라 하였고, 주석하는 사람이 [시어의 뜻을] 굽혀서 조급하게 풀이하였다. 그러나 나의 의견으로는 『버들꽃이 눈처럼 떨어지다』라 한 것은 대개 경치를 보고 말한 것이다. 『푸른 새가 날아가다』는 즉 궁중의 심부름꾼이 연달아 왕래한다는 뜻이다. 그리고 『붉은 수건』은 당나라 때 무릇 물건을 하사할 때 싸는 붉은 비단이다. 그러므로 왕건의 〈궁사〉에서

608 | 선식홍건입전문(旋拭紅巾入殿門) : 〈궁사 100수(宮詞一百首)〉[《전당시》 권302 제1수] 중 제45수의 제2구이다.
叢叢洗手遶金盆, 떼 지어 손 씻으러 금대야 곁에 둘러섰다가,
旋拭紅巾入殿門. 붉은 수건 재빨리 씻어들고 궁전 문을 들어가네.
衆裏遙抛金橘子, 궁녀 무리 속에다 멀리서 새로 난 귤 던져넣으니,
在前收得便承恩. 바로 앞에서 가지게 되면 곧 성은을 입네.

609 | 편득홍라수파자(緶得紅羅手帕子) : 〈궁사 100수〉 중 제47수의 제3구이다. 제4구가 『中心細畫一雙蟬』로 되어 있는 책도 있다.
移來女樂部頭邊, 여자 악공들을 맨 윗자리로 옮겨 앉게하고서,
新賜花檀木五弦. 화단목의 5줄 비파 새로이 하사하시네.
緶得紅羅手帕子, 붉은 비단 손수건에다 바느질하게 된다면,
當中更畫一雙蟬. 그 속에 매미 한 쌍 다시 그려 넣겠네.

610 | 중결향라사출화(重結香羅四出花) : 〈궁사 100수〉 중 제67수의 제2구이다.
黃金合裏盛紅雪, 황금 함 속에 화장품을 담고,
重結香羅四出花. 향기 나는 비단으로 거듭 묶어 네 귀에서 꽃모양 나네.
一一傍邊書敕字, 일일이 옆에다 칙자를 쓰니,
中官送與大臣家. 중관들을 시켜 대신들 집에 보내준다는 뜻이네.
※중관(中官) : 어명을 받든 환관.

旋拭紅巾入殿門.　　붉은 수건 빨리 씻어들고 궁전 문을 들어가네.

라 하였고, 또

緉得紅羅手帕子.　　붉은 비단 손수건에다 바느질하게 된다네.

라 하였으며, 또

重結香羅四出花.　　향기 나는 비단 거듭 묶어 네 귀에서 꽃모양이 나네.

라 한 것이 이것이다.

[132]『옥장玉帳』의 의미

杜詩曰:『空留玉帳術.』[611] 註云:『兵書也.』[612]《唐·藝文志》有《玉帳

611 | 공류옥장술(空留玉帳術):〈삼가 엄공이 조정에 들어가는 것을 송별하며 지은 20구(奉送嚴公入朝十韻)〉[《전당시》 권227 제25수]의 제13구이다.

空留玉帳術,　　괜스레 옥장술만 남겨두어,
愁殺錦城人.　　금성의 사람들을 애끓게 하네.
閣道通丹地,　　검각(劍閣)의 험한 길도 대궐로 통하건만,
江潭隱白蘋.　　강가의 흰 마름 같이 나는 숨겨져 있네.
此生那老蜀,　　이 생명 어찌하여 촉 땅에서 늙어,
不死會歸秦.　　죽어서도 장안으로 돌아갈 수 없는가.
公若登台輔,　　공께서 만약 재상 지위에 오르시면,
臨危莫愛身.　　위험에 직면하여도 당신 자신만 아끼지 마소서.

612 | 병서야(兵書也):《구가집주두시》의 한 구절이다.『《당서·예문지》에《옥장경》한 권이 있으니 병서이다. 조차공(趙次公)이 이르길 옥장이라는 것은 장군의 장막으로, 엄공이 조정으로 돌아가게 되어서 옥장의 술법을 괜히 남겨서, 금성의 사람들이 근심하여 그를 그리워함을 말한 것이다.(唐藝文志有玉帳經一卷, 兵書也. 趙云:玉帳者大師將軍之帳, 言嚴公之歸朝而空留玉帳之術, 則錦城人愁而思戀之也.)』

經》一卷, 古賦曰 :『轉絳宮之玉帳.』又曰 :『居貴神之玉帳.』宋張淏[613]曰 :『玉帳乃兵家厭勝[614]之方位, 主將於其方置帳, 則堅不可犯. 如正月建寅[615], 則爲玉帳, 主將宜居[616]. 詳見《符應經》.』李白詩 :『身居玉帳臨河魁.』[617]是也.

613 | 장호(張淏) : 송나라 문인. 자는 청원(淸源). 호는 운곡(雲谷). 무주(婺州) 무의(武義) 사람. 영종(寧宗) 경원(慶元)년간에 부친의 음덕(蔭德)으로 관직에 보충되었다. 여러 번 봉의랑(奉議郞)으로 옮겼고, 태사령(太史令)을 지냈다. 저서로 《보경회계속지(寶慶會稽續志)》 8권 · 《간악기(艮嶽記)》 1권 · 《운곡잡기(雲谷雜記)》 4권 등이 있다.

614 | 염승(厭勝) : 어떤 사람이나 물건을 대상으로 저주를 행함으로써 이를 제압하여 승리를 거두는 것을 말한다.

615 | 건인(建寅) : 북두칠성의 자루가 인방(寅方 : 북동에서 남쪽으로 15도 기운 방위를 중심으로 한 15도 각도 안의 방향)을 가리키는 달인 인월(寅月)로 세수(歲首)를 삼은 하(夏)나라 때의 역법. 곧 인월은 하나라 때의 정월이다. 건인은 정월의 다른 이름이기도 하다.

616 | 옥장~주장의거(玉帳~主將宜居) : 장호의 《운곡잡기(雲谷雜記)》[《설부》 권28 상]의 한 구절이다. 『생각건대 안지추의 〈관아생부〉에서 「쇠 같이 굳센 성의 뜨거운 못을 지키고, 붉은 칠 한 궁전의 옥 같은 장막을 도네」라 하였고, 또 원탁의 〈둔갑전정부〉에서 「혹은 직사(直使)의 유궁(遊宮)에 기대고, 혹은 존귀한 신의 옥장에서 기거하네」라 하였다. 대개 옥장은 병가가 염승하는 방위로, 주장이 그 방위에 군막을 치면 견고하여 침범하지 못하니 옥장과 같다. 그러나 그 병법은 둔갑에서 나온 것으로, 달로 앞의 세 방위를 세워 취하는데, 만약 정월이 인월이면 사방(巳方)이 옥장이 되니, 주장은 마땅히 [그 방위에] 있어야 한다. 이태백의 〈사마장군을 노래함〉에서 「장막 안에 거하면서, 하괴 앞에 서네」라 하였는데, 술방(戌方)이 하괴가 되고, 주장의 장막이 술방에 있는 것으로 그 병법을 깊이 알지 못하는 자는 이러한 말을 할 수 없다.(按顔之推 〈觀我生賦〉云 :「守金城之湯池, 轉絳宮之玉帳」, 又袁卓 〈遁甲專征賦〉曰 :「或倚直使之遊宮, 或居貴神之玉帳.」蓋玉帳乃兵家厭勝之方位, 謂主將於其方置軍帳, 則堅不可犯, 猶玉帳. 然其法出於遁甲, 以月建前三位取之, 如正月建寅, 則巳爲玉帳, 主將宜居. 李太白 〈司馬將軍歌〉 云 :「身居玉帳臨河魁.」戌爲河魁, 謂主將之帳在戌也, 非深識其法者, 不能爲此語.)』

617 | 신거옥장림하괴(身居玉帳臨河魁) : 〈사마장군을 노래함(司馬將軍歌)〉[《전당시》 권29 제14수]의 제11구이다.

揚兵習戰張虎旗,	병사 몰고 전쟁 치러 범 깃발을 펼쳐드니,
江中白浪如銀屋.	강의 흰 물결 은빛 집채 같도다.
身居玉帳臨河魁,	장막 안에 거하면서 하괴 앞에 섰자 하니,

두보의 시에

空留玉帳術. 괜스레 옥장술만 남겨두었네.

라 하였고, 주에서 『병서이다』라 하였다. 《당 · 예문지》에 《옥장경》 한 권이 있고, 옛 부에

轉絳宮之玉帳. 붉은 칠 한 궁전의 옥장을 도네.

라 하였고, 또

居貴神之玉帳. 존귀한 신의 옥장에서 기거하네.

라 하였다. 송나라의 장호는 『옥장은 병가가 염승하는 방위로, 주장이 그 방위에 장막을 치면 견고하여 침범하지 못한다. 만약 정월이 인월이면 [巳方이] 옥장이니, 주장은 마땅히 [그 방위에] 있어야 한다. 상세한 것은 《부응경》을 보라.』라 하였다. 이백의 시에

身居玉帳臨河魁. 몸은 옥장에 기거하여 하괴에 임하네.

라 한 것이 이것이다.

紫髯若戟冠崔嵬. 검은 수염 창 같고 관은 삐죽삐죽하네.
※하괴(河魁) : 장군의 장막은 서북방을 향해 쳐야 승리할 수 있다는데, 이를 하괴라 한다.
— 진옥경 역주 해설, 《완역 이태백 악부시》, p.262~265.

[133]『상번上番』의 의미

山谷詩：『根須辰日斸, 筍要上番成.』618 番, 平音. 而王建〈宮詞〉：『上番鐘聲619始得歸.』620 杜詩：『會須上番看成竹.』621 乃作仄聲用, 未知孰是? 按宋葉夢得622《玉澗雜書》623 曰：『筍唯初出者盡成竹, 次出者多爲

618 | 근수진일촉(根須辰日斸) 두 구 : 〈사후의 〈대나무를 심다〉는 시에 화답하다(和師厚栽竹)〉의 제3구와 제4구이다.

大隱在城市, 큰 은자는 저자에 숨어있으니,
此君眞友生. 이 사람이야말로 진짜 나의 벗일세.
根須辰日斸, 뿌리는 모름지기 진일에 깎아야 하고,
筍要上番成. 죽순은 처음에 이루어야 하네.
龍化葛陂去, 용은 변하여 칡덩굴 비탈로 가고,
鳳吹阿閣鳴. 봉새는 소리 내어 아각에서 우네.
草荒三徑斷, 풀이 무성하여 세 길이 끊어지나,
歲晚見交情. 한 해 저물자 그대와 맺은 우정 드러나네.

※아각(阿閣) : 네 기둥[四柱] 이 받치고 있는 고관(高館)을 아각이라고 한다. 황제(黃帝) 때에 봉황(鳳凰)이 아각에다 둥지를 틀고 살았다고 하였다.(《제왕세기(帝王世紀)》)

619 | 종성(鐘聲) : 원작에는 『聲鐘』이며, 별 의미가 없어 《전당시》에 의거하여 고침. — 원주(原註).

620 | 상번종성시득귀(上番鐘聲始得歸) : 〈궁사 100수〉 중 제36수의 제4구이다.

每夜停燈熨御衣, 매일 밤 등불 밝혀 임금님 옷 다림질 하는데,
銀熏爐底火霏霏. 은빛 안개 자욱한 화로 밑은 불이 활활 타네.
遙聽帳裏君王覺, 저 멀리 장막 안에서 임금님 기침(起寢)하시는 소리 들리니,
上番鐘聲始得歸. 입궁 알리는 종소리에 비로소 돌아갈 수 있네.

621 | 회수상번간성죽(會須上番看成竹) : 〈세 절구(三絶句)〉[《전당시》 권227 제8수] 중 제3수의 제3구이다.

無數春筍滿林生, 무수한 봄 죽순은 수풀 가득 생겨나니,
柴門密掩斷行人. 사립문 꼭꼭 가려져 행인의 발길 끊어졌네.
會須上番看成竹, 모름지기 처음에 모여서 다 자란 대나무를 보는데,
客至從嗔不出迎. 손 왔는데도 나와서 맞이하지 않는다고 종자를 꾸짖네.

622 | 섭몽득(葉夢得, 1077~1148) : 송나라 문인. 자는 소온(少蘊). 호는 석림(石林). 소주(蘇州) 오현(吳縣) 사람이다. 고종(高宗)이 즉위하였을 때 호부상서(戶部尙書)에 제수되었고 상서우승(尙書右丞)으로 옮겼다. 관직은 지복주겸복건안무사(知福州兼福建安撫使)로 마쳤다. 저서로 《건강집(建康集)》·《석림사(石林詞)》·《피서녹화(避暑錄話)》·《석림연어(石林燕語)》·《석림시화(石林詩話)》 등이 있다.

蟻蟲所傷, 十不得五六云』. 上番之義, 蓋以此也.

황정견의 시에

根須辰日斸,　　뿌리는 모름지기 진일에 깎아야 하고,
筍要上番成.　　죽순은 처음에 이루어야 한다.

라 하였다. 번은 평성이다. 그러나 왕건의 〈궁사〉에서

上番聲鍾始得歸.　　입궁 알리는 종소리에 비로소 돌아갈 수 있네.

라 하였고, 두보의 시에

會須上番看成竹.　　모름지기 처음에 모여서 다 자란 대나무를 보네.

라 하여 측성으로 썼으니, 누구의 말이 옳은지 모르겠다. 생각건대 송나라 섭몽득의 《옥간잡서》에 『죽순은 오직 처음으로 나오는 것만 모두 대나무가 되지만, 그 다음으로 나오는 것은 대부분 개미와 벌레가 상하게 하는 바가 되니, 열에 대여섯은 얻지 못한다.』라 하였다. 상번의 뜻은 대개 이것이다.

[134] 『어기御氣』·『함풍咸風』의 의미

杜詩 : 『御氣雲樓敞, 含風帳殿高.』[624] 註 : 『御氣·含風, 唐二殿名.』 然

623 | 《옥간잡서(玉澗雜書)》 : 1911년에 간행된 《고금설부총서(古今說部叢書)》에는 《옥간잡서(玉澗雜書)》로 기록되어 있다고 하나 미상.

624 | 어기운루창(御氣雲樓敞) 두 구 : 〈천추절에 느끼는 바가 있어(千秋節有感)〉[《전당시》 권233 제23수] 2수 중 제2수의 제1구와 제2구이다. 《전당시》에 제2구는 「含風綵仗高」로 되어있다. 이 시는 두보가 당 현종의 생일인 8월 5일 천추절을 회고하면서

沈佺期〈九日侍宴〉詩曰：『御氣向金方, 憑高薦羽觴.』[625] 宋之問詩曰：『御氣鵬霄近, 升高鳳野開.』[626] 御氣, 蓋是高爽之義, 非必殿名也. 含風若果殿名, 則不當言帳殿矣.

지은 것이다.

御氣雲樓敞, 기운을 부리니 구름 낀 누각이 탁 트이고,
含風帳殿高. 바람을 머금으니 장막 친 전각이 높았네.
仙人張內樂, 신선들은 궁정음악을 벌이고,
王母獻宮桃. 서왕모는 선도(仙桃)를 바쳤네.
羅韉紅蕖豔, 비단 버선 신은 계집은 붉은 연꽃 같이 곱고,
金羈白雪毛. 금빛 굴레 한 말은 눈처럼 흰 털이었네.
舞階銜壽酒, 말은 계단에서 춤추면서 장수 비는 술잔 입에 물었고,
走索背秋毫. 계집은 새끼줄 타고 가는 털끝 같은 데서 돌아서기도 하였네.

625 | 어기향금방(御氣向金方) 두 구 : 원 제목은 〈황제께서 9월 9일에 임위정에 거둥하시어 높은 곳에 오르셔서 지으신 시에 삼가 화답하여 지음(奉和九日幸臨渭亭登高, 應制)〉[《전당시》 권96 제6수]로, 이 시의 제1구와 제2구이다. 《전당시》에 제1구는 『御氣幸金方』로 되어있고, 제5구부터 제7구가 『가을날은 구릿빛으로 연못 색을 변하게 하고, 맑은 날은 은색 나무빛을 더하네. 해마다 중양절의 경사를 기뻐하고,(秋變銅池色, 晴添銀樹光. 年年重九慶,)』로 되어있는 판본도 있다. 《당시품휘(唐詩品彙)》 권57에는 〈9일에 연회에서 모시면서 [황제께서 지으신 시에] 응하여 짓다(九日侍宴應制)〉라는 제목으로 실려 있다.

御氣幸金方, 기운을 부려서 서쪽으로 가서,
憑高薦羽觴. 높은 곳에 기대 깃털 달린 술잔 올리네.
魏文頒菊蕊, 위 문제께서는 국화 꽃술을 나누셨고,
漢武賜萸囊. 한 무제께서는 산수유 주머니를 내리셨네.
去鶴留笙吹, 학 타고 떠났으나 생황 노래 남았고,
歸鴻識舞行. 기러기 돌아갔으나 춤추는 모습 알아보네.
臣驩重九慶, 신하들 중양절의 경사를 기뻐하며,
日月奉天長. 이 달 이 날에 천자님 오래 사시도록 받드네.

626 | 어기붕소근(御氣鵬霄近) 두 구 : 〈9월 9일에 자은사의 탑에 오르신 시에 삼가 화답하여 명령에 따라 지음(奉和九日登慈恩寺浮圖, 應制)〉[《전당시》 권52 제61수] 중 제5구와 제6구이다. 《전당시》 권58 제10수로 똑같은 제목과 내용으로 이교(李嶠)의 시가 있다.

瑞塔千尋起, 상서로운 탑은 천 길이나 일어났고,
仙輿九日來. 황제님의 수레는 9일에 이르렀네.
萸房陳寶席, 산수유 열매는 귀한 자리에 진설되었고,
菊蘂散花臺. 국화 꽃술은 화대에 흩뿌려졌네.

두보의 시에

御氣雲樓敞,　　어기 높은 누각이 탁 트이고,
含風帳殿高.　　함풍 장전이 높네.

라 하였고, 주에서 『어기 · 함풍은 당나라 두 궁전의 이름이다.』라 하였다. 그러나 심전기의 〈9일에 연회에서 모시다〉에서

御氣向金方,　　기운을 부려서 서쪽을 향하고,
憑高薦羽觴.　　높은 곳에 의지하여 술잔을 권하네.

라 하였고, 송지문의 시에

御氣鵬霄近,　　기운을 부리니 대붕이 나는 하늘이 가깝고,
升高鳳野開.　　높은 데 오르니 봉황이 노니는 들판이 열린다.

라 하였다. 어기는 대개 높고 상쾌하다는 뜻으로, 반드시 궁전의 이름이라는 것은 아니다. 함풍이 만약 궁전의 이름이라면, 마땅히 장전帳殿을 말해서는 안 된다.

[135] 『만안고滿眼酤』를 달리 해석함

杜詩 : 『爲君沽酒滿眼酤.』[627] 註 : 『滿前士卒皆勞之也.』[628] 又《韻府群

御氣鵬霄近,　　기운을 부리니 대붕이 나는 하늘이 가깝고,
升高鳳野開.　　높은 데 오르니 봉황이 노니는 들판이 열리네.
天歌將梵樂,　　천자님의 노래가 불교의 음악과 어울려서,
空裏共裴回.　　허공에서 함께 배회하네.

627 | 위군고주만안고(爲君沽酒滿眼酤) : 두보의 〈[두시어(竇侍御)님께서] 천자께 상주하

玉》曰：『滿眼, 酟酒器也.』[629] 余意此說恐未穩. 按蜀人以筒沽酒, 筒上有穿繩眼, 欲近其眼也. 所謂『酒憶郫筒不用沽』[630], 蓋是也.

두보의 시에

러 들어가심을 노래함(入奏行)〉[《전당시》 권219 제20수] 중 제25구이다.

江花未落還成都, 　강의 꽃 지지 않았으면 성도에 돌아올 것이니,
肯訪浣花老翁無. 　완화계 가의 이 늙은이 기꺼이 찾아 줄지 말는지?
爲君沽酒滿眼酟, 　그대 위해 술 사는데 눈에 차도록 사고,
與奴白飯馬青芻. 　종에게는 흰밥 주고 말에겐 푸른 꼴 주리라.

— 황견 엮음, 이장우 · 우재호 · 장세후 옮김, 《고문진보》 전집, p.666~672.

628 | 만전사졸개로지야(滿前士卒皆勞之也) : 《보주두시》의 한 구절이다. 『만안고는 눈앞에 가득한 병사들을 위로하는 것이다. 두보는 두시어가 돌아와서 자기와 같이 보잘것 없는 사람을 방문만 하여준다면, 마땅히 술을 사고 연회를 열 것이며, 두시어가 타고 온 수레 앞으로까지 내려가서 데리고 온 시종들과 종들에게까지 모두 특수한 대접을 할 것이라고 약속을 하는데, 이것은 모두 두씨를 존중하기 때문이다.(滿眼謂滿前士卒皆有勞也. 甫約竇歸來, 不遺寒賤, 儻賜光訪當酟酒宴集, 下至車, 從僕隸, 皆待以殊禮, 蓋所以尊重于竇故也.)』

629 | 만안고주기야(滿眼酟酒器也) : 《운부군옥》 권11의 한 구절이다. 『주만안(酒滿眼)』이라는 항목의 해설이다.

630 | 주억비통불용고(酒憶郫筒不用沽) : 두보의 〈장차 성도의 초당으로 [되돌아] 감에, 도중에 시를 지어, 먼저 정국공 엄무님께 부치다 다섯 수(將赴成都草堂, 途中有作, 先寄嚴鄭公五首)〉[《전당시》 권228 제29수] 중 제1수의 제6구이다.

得歸茅屋赴成都, 　띠 집으로 돌아가게 되어 성도로 가게 됨은,
眞爲文翁再剖符. 　정말 한나라 문옹과 같이 엄정공께서 또다시 부임해 오셨기 때문일세.
但使閭閻還揖讓, 　다만 여염집들과 여전히 공손히 절하고 사양하면서 사이좋게 지낼지언정,
敢論松竹久荒蕪. 　감히 송경(松徑)과 죽경(竹徑) 오랫동안 황폐하였음을 논하리?
魚知丙穴由來美, 　물고기는 병혈의 것을 알아주니 예로부터 맛있고,
酒憶郫筒不用沽. 　술은 비통주를 생각할 뿐 다른 것은 사지 말라.
五馬舊曾諳小徑, 　다섯 말 끄는 절도사님의 수레 일찍이 이 띠집 오는 오솔길 알 터이니,
幾回書札待潛夫. 　몇 번이나 서찰 보내 이 보잘 것 없이 숨은 사람을 기다리게 하리요?

爲君沽酒滿眼酤.　　그대 위해 술 사는데 눈에 차도록 사네.

라 하였고, 주에서 『앞에 가득한 사졸들을 모두 위로한다는 것이다.』라 하였다. 또 《운부군옥》에 『계명주鷄鳴酒 술그릇이 눈앞에 가득한 것이다.』라 하였다. 나의 의견으로는 이 견해가 아마도 온당하지 않다. 생각건대 촉나라 사람들은 통으로 술을 사는데, 통에 줄 꿰는 눈[구멍]을 뚫어서 그 눈[구멍]에 가깝게 하고자 하는 것이다. 소위

酒憶郫筒不用沽.　　술은 비통주郫筒酒를 생각할 뿐 다른 술을 사지 마라.

라 한 것이 대개 이것이다.

[136] 『용사원龍蛇遠』의 의미

〈送孔巢父〉詩云 : 『深山大澤龍蛇遠.』631 按《晉書》陸喜632曰 : 『孫皓633

631 | 심산대택룡사원(深山大澤龍蛇遠) : 원 제목은 〈병 때문에 강동으로 돌아가는 공소보를 송별하며 그 편에 이백님께도 드림을 겸하다(送孔巢父謝病歸遊江東, 兼呈李白)〉[《전당시》 권216 제24수] 로, 이 시의 제5구이고 아래는 시의 일부분이다.

巢父掉頭不肯住,　　공소보는 머리 흔들며 벼슬 살지 않으려 하고,
東將入海隨煙霧.　　동해로 돌아가 물안개를 보려 하네.
詩卷長留天地間,　　그의 시는 천지간에 길이 남아,
釣竿欲拂珊瑚樹.　　낚싯대로 산호나무 낚아 올린 듯하네.
深山大澤龍蛇遠,　　깊은 산 속 큰 못에 용과 뱀처럼 멀리 숨으려 하는데,
春寒野陰風景暮.　　봄은 쌀쌀하고 들은 어둑어둑 날이 저무네.

— 徐輔卿, 〈杜甫 詩에 나타난 달의 心象 硏究〉, p.43~44 참고, 일부분 수정 인용.

632 | 육희(陸喜) : 자는 공중(恭仲). 서진(西晉) 오군(吳郡) 사람. 여러 벼슬을 거쳐 이부상서(吏部尙書)로 옮겼다. 진(晉) 무제(武帝) 태강(太康)년간에는 산기상시(散騎常侍)가 되었다.

633 | 손호(孫皓, 242~284) : 오(吳)나라의 마지막 임금. 자는 원종(元宗). 일설에는 이름이 팽조(彭祖)이고 자가 호종(皓宗)이라고 한다. 손권(孫權)의 손자이자 손화(孫和)의 아들이다. 손권의 여섯 번째 아들인 손휴(孫休)가 옹립되자 손호는 오정후(烏程

無道, 若龍蛇其身, 沈默其質, 潛而勿用, 則第一人也.』[634] 詩語蓋出於此. 龍蛇蓋謂蟄藏之義.

〈공소보를 보내다〉라는 시에

深山大澤龍蛇遠. 깊은 산 속 큰 못에 용과 뱀처럼 멀리 숨으려 하네.

라 하였다. 생각건대 《진서》에서 육희가 말하기를 『손호가 무도하니, 만약 용과 뱀처럼 그 몸을 감추고 그 재능을 침묵하여 잠겨서 쓰지 않는다면, [그 사람은] 바로 당시에 첫째가는 사람인 것이다.』라 하였으니, 이 시어는 대개 여기서 나왔다. 용사는 대개 칩거하여 숨는다는 뜻을 말하는 것이다.

[137] 〈초승달[初月]〉에 대한 지나친 확대 해석

杜詩 : 『光細弦欲上, 影斜輪未安. 微升古塞外, 已隱暮雲端.』[635] 註者以

侯)에 봉해졌다. 손휴가 죽자 손호가 옹립되어 임금이 되었다. 재위기간 동안 난폭하고 사치스러웠으며 황음(荒淫)하여 민심을 크게 잃었다. 천기(天紀) 4년(280)에 진(晉)나라 무제(武帝)가 오나라를 공격하였는데, 왕준(王濬)이 먼저 건업(建業)에 도착하자 손호가 나와서 투항하여 귀명후(歸命侯)에 봉해졌고, 오나라는 망하였다. 284년에 진의 수도 낙양(洛陽)에서 사망하였다. 16년간[264~280] 재위하였다.

634 | 손호무도(孫皓無道) 다섯 구 : 《진서》 권54에 나오는 구절이다. 『손호가 무도하고 포악함을 함부로 하였으니, 만약 용과 뱀처럼 그 몸을 감추고 그 몸을 침묵하여, 잠겨서 쓰이지 않았더라면, 그 향할 곳을 예측할 수 없었을 [전 중국의 황제가 될 수도 있었을] 것이니, 이러한 모습이 바로 당시에 첫째가는 사람이었던 것이다(孫皓無道, 肆其暴虐, 若龍蛇其身, 沉默其體, 潛而勿用, 趣不可測, 此第一人也.)』

635 | 광세현욕상(光細弦欲上) 네 구 : 〈초승달(初月)〉[《전당시》 권225 제58수]의 제1구에서 제4구이고, 그 다음의 두 구는 제7구와 제8구이다.

光細弦欲上, 빛 희미하게 초승달 막 돋을 제,
影斜輪未安. 모습 기울어 달 모양 불안하네.
微升古塞外, 옛 요새 밖으로 잠시 올랐다가,
已隱暮雲端. 저녁 구름 끝으로 벌써 숨어버렸네.

爲首句喩肅宗位不正 · 德不充也. 頷聯喩卽位於靈武, 爲張后 · 李輔國[636] 所蔽也. 末句『庭前有白露, 暗滿菊花團』, 比成功之小也. 余謂此詩不過形容初月而記其所見, 註者好生牽合, 過矣.

두보의 시에

光細弦欲上, 빛 희미하게 초승달 막 돋을 제,
影斜輪未安. 모습 기울어 달 모양 불안하네.
微升古塞外, 옛 요새 밖으로 잠시 올랐다가,
已隱暮雲端. 저녁 구름 끝으로 벌써 숨어버렸네.

라 하였다. 주석한 사람은 첫 구절이 숙종의 자리가 바르지 않고 덕이 충분하지 않음을 비유한 것이고, 함련은 영무에서 즉위하였으나 장후 · 이보국에 의해 가려졌음을 비유한 것이며, 마지막 구절인

庭前有白露, 뜰 앞에 흰 이슬이 있어,

河漢不改色, 은하수는 그 빛 여전하건만,
關山空自寒. 관산은 괜스레 절로 차갑네.
庭前有白露, 뜰 앞에 흰 이슬이 있어,
暗滿菊花團. 어둑하게 국화에 가을 내리네.
— 李永朱 외 2명 譯解,《完譯 杜甫律詩》, p.363~364.

636 | 이보국(李輔國, 705~763) : 당나라 숙종(肅宗) 때의 환관. 본명은 정충(靜忠). 처음에는 고력사(高力士)를 섬겼고 후에 동궁(東宮)을 모시게 되었다. 숙종이 즉위하자 원수부행군사마(元帥府行軍司馬)로 뽑혀 호국(護國)이라는 이름을 하사받았고, 후에 이름을 보국으로 바꾸었다. 지덕(至德)연간에 성국공(郕國公)에 봉해졌고, 상원(上元)년간에는 병부상서(兵部尙書)에 임명되었다. 숙종의 총애를 받아 전횡을 일삼았다. 대종(代宗)이 즉위하자, 이보국은 상보(尙父)로 높여졌고 사공(司空) · 중서령(中書令)의 관직이 더해졌으며 박륙군왕(博陸郡王)에 봉해져서, 더욱 전횡을 일삼게 되었다. 후에 대종이 자객을 보내 이보국을 죽이게 하였다. 태부(太傅)에 추증되었고, 시호는 축(丑)이다.

暗滿菊花團.　　어둑하게 국화에 가득 내리네.

는 공을 이룬 것이 적음을 비유한다고 여겼다. 내가 말하건대 이 시는 초승달을 형용하여 본 바를 적은 것에 지나지 않으므로, 주석한 사람이 억지로 끌어다 합치기를 좋아한 것으로, 잘못되었다.

[138] 『막연幕燕』과 『하어河魚』에 대한 졸렬한 해석

杜詩 : 『震雷翻幕燕, 驟雨落河魚.』[637] 蓋以震雷, 故幕上之燕驚而翻翅 ; 驟雨, 故河魚隨之而落也 ; 以目前所見記之而巳. 註者謂幕燕, 幕上爲燕形, 以係飾者 ; 河魚乃水面之塵所結成者[638] ; 其見拙矣. 尾句 『相邀愧泥濘, 騎馬到階除』, 蓋以泥濘, 故欲其直到階除而下馬也 ; 不必引沈遜事矣.

두보의 시에

637 | 진뢰번막연(震雷翻幕燕) 두 구 : 〈비를 대하고서 마음을 적어, 사람을 보내 허주부를 청하다(對雨書懷, 走邀許主簿)〉[《전당시》 권224 제21수]의 제3구와 제4구이고, 그 다음은 제7구와 제8구이다.

東嶽雲峯起,　　동악에 구름 봉우리 피어올라,
溶溶滿太虛.　　넓게 퍼져 하늘에 가득 차네.
震雷翻幕燕,　　진동하는 우렛소리 장막 위의 제비 날갯짓 하게하고,
驟雨落河魚.　　급작스레 내린 비 강 속의 물고기 떨어지게 하네.
座對賢人酒,　　앉아서 현인의 술을 마주할 즈음이면,
門聽長者車.　　문가에서 장자의 수레 소리 들리겠지.
相邀愧泥濘,　　그대를 맞기에는 진흙탕이 부끄러우니,
騎馬到階除.　　말을 탄 채로 섬돌까지 이르시게나.

— 이영주 외 4명 역해, 《두보 초기시 역해》, p.44~47.

638 | 막연~소결성자(幕燕~所結成者) : 《보주두시》 권18에 나오는 구절이다. 『막연은 돛대위에 붙인 까마귀나 문에 장식된 거북이 따위와 같이 장막 위에 제비 모양을 만들어 매달아 꾸민 것이고, 하어는 수면의 티끌이 뭉쳐서 만들어진 것으로 가마솥에 사는 물고기와 같다.(幕燕猶檣烏門龜之類, 謂幕上爲燕形以係飾者, 河魚乃水面之塵所結成者, 如釜生魚也.)』

震雷翻幕燕,　　진동하는 우렛소리 장막 위의 제비 날갯짓 하게 하고,
驟雨落河魚.　　급작스레 내린 비 강 속의 물고기 떨어지게 하네.

라 하였다. 대개 진동하는 우렛소리 때문에 장막 위의 제비가 놀라서 날갯짓을 하고, 급작스런 비 때문에 강 속의 물고기가 따라서 떨어지는 것으로, 눈앞에 보이는 바를 적었을 뿐이다. 주석한 사람은 막연은 막 위에 제비 모양을 만들어 매달아 꾸민 것이고, 하어는 수면의 티끌이 뭉쳐서 만들어진 것이라 하였는데, 그 견해가 졸렬하다. 마지막 구절에

相邀愧泥濘,　　그대를 맞기에는 진흙탕이 부끄러우니,
騎馬到階除.　　말을 탄 채로 섬돌까지 이르시게나.

라 하였으니, 대개 진흙탕 때문에 곧바로 섬돌에 이르러 말에서 내리고자 한 것으로, 반드시 심손의 일을 인용할 필요는 없다.

[139] 오랑캐 사람들의 활과 말 쓰는 법

〈北征〉 詩云：『陰風西北來, 慘淡隨回鶻. 送兵五千人, 驅馬一萬匹.』639

639 | 음풍서북래(陰風西北來) 네 구 : 〈북쪽으로 가다(北征)〉[《전당시》 권217 제13수]의 제97구, 제98구와 제101구, 제102구이다.

至尊尙蒙塵,　　지존하신 천자는 아직도 피난 중이시니,
幾日休練卒.　　언제나 병졸들 훈련을 그만두리.
仰觀天色改,　　우러러보면 하늘빛 바로 잡혀서,
坐覺妖氛豁.　　곧장 요망한 병란의 징조 가실 것 같네.
陰風西北來,　　음산한 바람 서북에서 불어와,
慘淡隨回鶻.　　위구르족 따라 암담하게 몰려오네.
其王願助順,　　그들의 왕이 돕겠다 자청하였으니,
其俗善馳突.　　그들 기질 잘 뛰고 잘 싸우네.
送兵五千人,　　병졸 5천 명을 보내왔고,
驅馬一萬匹.　　말 만 필을 몰아서 보냈네.

是一胡二馬也. 馬永卿640曰 : 『用兵之法, 弓馬必有副.』641 詩云 : 『交韔二弓.』642 亦畏毁折也. 聞今西虜人皆二馬, 蓋自古然爾.

〈북쪽으로 가다〉는 시에

陰風西北來,　　음산한 바람이 서북에서 불어와,
慘淡隨回鶻.　　위구르족 따라 암담하게 몰려오네.
……
送兵五千人,　　병졸 5천 명을 보내왔고,
驅馬一萬匹.　　말 만 필을 몰아서 보냈네.

라 하였는데, 이것은 오랑캐 한 사람에 말 두 필씩인 것이다. 마영경은 『병

此輩少爲貴,　　그들은 젊은 사람을 높이나니,
四方服勇決.　　주변의 부족도 용맹에 굴복하여라.
— 張基槿 譯著,《新譯 杜甫》, p.268~280에서 몇 자 수정하여 인용.

640 | 마영경(馬永卿) : 자는 대년(大年). 일설에는 이름이 대년이고 자가 영경이라고도 한다. 양주(揚州) 사람. 영성주부(永城主簿)가 되었을 때, 유안세(劉安世)가 박주(亳州)로 귀양 오자 마영경은 그에게 가르침을 받고자 하여, 26년 동안 그에게서 배웠다. 강도승(江都丞)·석천령(淅川令)·하현령(夏縣令)을 두루 거쳤다. 저서로는 고종(高宗) 소흥(紹興)년간에 유안세의 말을 추록(追錄)하여 《원성어록(元城語錄)》3권을 지었고, 《나진자(懶眞子)》[《嬾眞子》라고도 함] 5권도 있다.

641 | 용병지법(用兵之法) 두 구 : 《나진자》 권3에 나오는 구절이다. 『이것은 한 사람에 말 두 마리가 있음을 아는 것이다. 중국에서도 말을 잘 준비하지 못한 것 같으니, 정치가 어찌 그들을 능가할 수 있겠는가? 대개 병사를 쓰는 법에는 활과 말은 반드시 예비의 것이 있어야 한다.(是知一人有兩馬也. 中國若不脩馬, 政豈能勝之? 蓋用兵之法, 弓馬必有副.)』

642 | 교창이궁(交韔二弓) : 《시경·국풍·진풍(秦風)》〈소융(小戎)〉의 일부분이다.
蒙伐有苑,　　여러 새깃이 그려진 방패가 고왔고,
虎韔鏤膺.　　호랑이 가죽 활집엔 중간에 조각한 쇠가 박혀 있었네.
交韔二弓,　　엇갈리게 활집엔 두 활이 꽂혀있고,
竹閉緄縢.　　활대엔 활도지게 대고 줄로 묶어 놓았었네.
— 金學主 譯著, 《新完譯 詩經》, p.266~267.

사를 쓰는 법에 활과 말은 반드시 예비의 것이 있어야 한다.』라 하였다. 《시경》에서 『두 활을 교대로 활집에 넣는다.』라 한 것도 훼손되어 꺾어질 것을 두려워한 것이다. 지금 서쪽 변방 사람들은 모두 말 두 필씩이 있으니, 대개 예부터 그러한 것일 뿐이다.

[140] 『채삭緌索』·『견삭罥索』의 의미

裴說[643] 〈寒食〉 詩云：『緌索高飛掌上身.』[644] 緌索, 卽鞦韆. 按北方山戎寒食日用鞦韆爲戲, 以習輕趫. 齊桓公時始傳中國, 唐天寶宮中號半仙戲. 又《事文類聚》曰：『《涅槃經》謂罥索[645]是也.』[646] 余意罥索似是優人走索掛跟之戲[647], 恐非鞦韆也. 樊川詩『誇趫索掛跟』[648] 卽是.

배열의 〈한식〉이라는 시에

643 | 배열(裵說) : 오대(五代) 때 계주(桂州) 사람. 당나라 애제(哀帝) 천우(天祐) 3년(906)에 동생인 배해(裵諧)와 함께 급제하여 진사가 되었다. 후량(後梁) 때 여러 번 보궐(補闕)로 옮겼고, 예부원외랑(禮部員外郎)으로 관직을 마쳤다. 배해와 시로써 유명하였는데, 시풍이 가도(賈島)에 가까웠다.

644 | 채삭고비장상신(緌索高飛掌上身) : 《전당시》 권720 제52수에 〈구(句)〉라는 제목으로 전시(全詩)는 전하지 않고, 몇 구절씩만 전하는 시구들 여러 구를 모았는데, 거기에 《사문유취(事文類聚)》를 출처로 하여 『畫毬輕蹴壺中地, 緌索高飛掌上身.』라는 구절이 보인다.

645 | 견삭(罥索) : 즉 견삭(羂索). 새나 짐승을 잡는 밧줄. 또는 불교에서 부처나 보살이 여러 방편으로 생사의 고해(苦海)에 떠도는 중생을 건져 제도하는 것을 상징하는 여러 색실로 꼰 줄.

646 | 《열반경》~시야(《涅槃經》~是也) : 《고금사문유취(古今事文類聚)》 전집 권8에 이 구절이 《세시기(歲時記)》를 출처로 하여 적혀있는데, 《열반경》에서 말하는 『견삭』이 그네뛰기를 지칭하는 것은 아니고 『밧줄을 던져 물건을 계속 취하는 것』을 말함. 惠琳, 《一切經音義》(한글대장경) 권3, p.198.

647 | 주삭괘근지희(走索掛跟之戲) : 이수광이 말하는 『견삭』은 외줄타기를 지칭하는 듯하다.

648 | 과교삭괘근(誇趫索掛跟) : 〈지난날 문황제님을 섬기다, 64구(昔事文皇帝三十二韻)〉[《전당시》 권521 제47수]의 제38구이다.

綵索高飛掌上身. 오색 비단의 새끼줄이 높이 나니 손바닥 위의 몸이 라네.

라 하였다. 채삭은 즉 그네이다. 생각건대 북방의 산 오랑캐는 한식날에 그네를 놀이삼음으로써 몸이 가볍고 재빨라지는 것을 익힌다. 제나라 환공 때에 처음으로 중국에 전해져서 당나라 현종 때에 궁중에서는 반선희라고 하였다. 또 《사문유취》에 『《열반경》에서 말하는 견삭이 이것이다.』라 하였는데, 나의 의견으로는 견삭은 광대가 발뒤꿈치를 걸어 줄을 타는 놀이 같은 것으로, 아마도 그네뛰기는 아닌 듯하다. 두목의 시에

誇趫索掛跟. 새끼줄에 발꿈치를 걸고 재빠름을 자랑하네.

라 한 것이 바로 이것이다.

[141] 『손櫾』·『매梅』·『수운水芸』·『선秈』에 대하여

元結〈大靈祠〉詩曰:『木孫爲桷兮木母榱.』[649] 又曰:『薦水芸兮飼霜秈.』

鬪巧猴雕刺, 원숭이를 가시에 조각하여 기교를 다투고,
誇趫索挂跟. 새끼줄에 발꿈치를 걸어 재빠름을 자랑하네.
狐威假白額, 여우의 위세는 흰 이마의 호랑이 위세를 빌리고,
梟嘯得黃昏. 올빼미 울음소리에 황혼이 되었네.

649 | 목손위각혜목모최(木孫爲桷兮木母榱): 원제목은 〈감회를 늘어놓다, 4수·처음 제사 올림(演興四首·初祀)〉[《전당시》 권240 제43수]이다. 이 구는 제2구이고, 다음 구는 제12구인데 첫 글자를 제11구의 첫 글자와 혼동한 듯하다.

山之乳兮葺太祠, 상여산(商餘山)의 서유봉(西乳峰)이여! 태령사(太靈祠)를 지으니,
木孫爲桷兮木母榱 은행나무로 가르새를 만듦이여! 매화나무로 서까래를 삼았네.
雲纓爲楣兮愚木楯. 구름 끈으로 지도리의 가로 들보를 삼았음이여! 나무들보 받침이 우습게 되었네.

按《韻府群玉》:『荷曰水芸[650], 秈音仙.』《本草蒙筌》[651] 曰『秈, 早稻也.』

원결의 〈태령사〉라는 시에

木孫爲桷兮木母榱.	은행나무로 가르새를 만듦이여! 매화나무로 서까래를 삼았네.

라 하였고, 또

洞淵禪兮揭巍巍.	골짜기 고요함이여! 높고 높게 달려있구나.
塗木蘭兮蒔粿蔫,	목란으로 도배질하였음이여! 잡되고 시든 것은 옮겨놓았구나.
被弱草兮禘礿聯.	여린 풀에 덮혔음이여! 봄 제사와 여름 제사에 이어지고,
仡渾洪兮馥闐闐,	흔들려 크게 뒤섞였음이여! 향기가 가득히 찼구나.
管化石兮洞剨天.	변한 돌을 대롱으로 삼았음이여! 잘라진 하늘을 통찰하려하니,
翹修釤兮棹蕪殳,	긴 낫 솟구쳤음이여! 더부룩한 잡초들을 자르는구나.
靈巫□兮舞顚千.	신령스러운 무당 기도함이여! 힘차게 춤추는구나.
薦天□兮酒陽泉,	하늘 고기 올림이여! 양천 물로 술 빚었구나.
獻水芸兮飯霜秈,	수운 향을 바침이여! 서리같이 흰 벼로 밥을 지었구나.
與太靈兮千萬年.	크게 영험한 환룡씨(豢龍氏 : 말 잘 기른 사람) 신이시여! 천 만 년 누리소서!

650 | 하왈수운(荷曰水芸) : 《운부군옥》 권5에 나온다. 『호(胡)자와 가(歌)자의 반절을 취하여 『하』로 발음되고, 연(蓮)과 운취가 비슷한 것이다. 함도 · 수운 · 수화초 · 부용이 있고, 육지에 난 것은 한련이라고 한다.(胡歌切. 與蓮韻通. 看曰 : 菡萏 · 水芸 · 水華草 · 芙蓉, 生於陸曰 : 旱蓮.)』 다음에 나오는 선(秈)자의 설명은 이 책에서는 보이지 않는다.

651 | 《본초몽전(本草蒙筌)》 : 명나라 세종(世宗, 1522~1566) 가정(嘉靖)연간 44년(1565)에 진가모(陳嘉謨)가 편찬한 12권의 약물학 서적. 치료법을 대구로 설명하여 아이들도 외우기 쉽게 했다는 뜻에서 『몽전』이라는 말을 썼음. 내용으로는 약(藥) 742종, 약의 산지 및 채집시기, 품종 감별과 포제(炮制 : 한약의 순도를 높이거나 부작용을 없애기 위해서 가하는 방법), 약의 성질과 오미(五味), 귀경(歸經, 약의 효과가 인체의 각 경락및 오장육부에 미치는 효과), 복용법 등을 기록했다.

獻水芸兮飼霜穰.　　수운 향을 바침이여! 서리같이 흰 벼로 밥을 지었구나.

라 하였다. 생각건대 《운부군옥》에서 『하(荷 : 연)는 수운이라 하고, 秈의 음은 선이다.』라 하였고, 《본초몽전》에서 『선은 이른 벼이다.』라 하였다.

[142] 『용종龍鍾』의 의미

岑參詩 : 『雙袖龍鍾淚不乾.』[652] 按 〈卞和歌〉 曰 : 『空山歔戲涕龍鍾.』[653] 詩語蓋出於此. 龍鍾, 未詳何義, 而似是淚貌 ; 與高適 『龍鍾還忝二千石』[654] 之意不同. 王半山詩云 : 『羔袖龍鍾手獨叉.』[655] 蓋襲唐詩而誤者也.

652 | 쌍수용종누불건(雙袖龍鍾淚不乾) : 〈서울 들어가는 사신을 만나다(逢入京使)〉의 제2구이다.

故園東望路漫漫,　　고향을 동쪽으로 바라보니 길은 먼데,
雙袖龍鍾淚不乾.　　두 소매에 줄줄 눈물 아니 마르네.
馬上相逢無紙筆,　　말 위에서 서로 만나 종이와 붓이 없으니,
憑君傳語報平安.　　그대 편에 말로만 전하니 나는 평안타 알려주게.

— 李容完 註譯, 《漢詩講》, p.296~297.

653 | 〈변화가(卞和歌)〉 : 전국 말기에 초나라 사람 변화(卞和)가 임금에게 옥을 바쳤으나, 가짜라는 의심을 받아 두 다리를 잘리는 형벌을 받고 물러났다가 나중에 명예가 회복된 뒤에 이 시를 지었다고 전하나, 이 시가 실제로 그의 작품 같지는 않다. 원제목은 〈옥을 바쳤다가 도리어 쫓겨남을 원망하는 노래(獻玉退怨歌)〉로 되어있고, 이 시의 제10구이다.

斷截兩足離余身,　　두 다리 끊어내어 내 몸에서 떨어졌으니,
俛仰嗟歎心摧傷.　　쳐다보며 내려다보며 한탄하니 마음 꺾어지는구나.
紫之亂朱紛墨同,　　자주 색이 붉은 색을 어지럽히니 분분하게 검게 되어,
空山歔戲涕龍鍾.　　빈 산에서 울부짖으니 눈물 홍건하네.
天鑒孔明竟以彰,　　하늘이 공명정대하게 감정하여 끝내 진실 드러났으니,
沂水滂沛流于汶.　　기슷물 넘쳐흘러 문수로 들어감 같네.

654 | 용종환첨이천석(龍鍾還忝二千石) : 〈인일에 두씨 댁 둘째 습유에게 부침(人日寄杜二拾遺)〉[《전당시》권213 제7수]의 제11구이다.

今年人日空相憶,　　올해 초이렛날엔 부질없이 그대 그리지만,
明年人日知何處.　　내년 초이렛날엔 어디 있을지 알겠는가?
一臥東山三十春,　　고향 동산 숨어산 지 어느덧 30년 지났는데,

잠삼의 시에

雙袖龍鍾淚不乾. 두 소매에 용종하게 눈물이 마르지 않네.

라 하였다. 생각건대 〈변화가〉에

空山欷戱涕龍鍾. 빈산에서 울부짖으니 눈물이 홍건하네.

라 하였는데, 시어가 대개 여기에서 나왔다. 용종은 무슨 뜻인지는 모르겠으나 눈물을 흘리는 모양인 듯한데, 고적의

龍鍾還忝二千石. 노쇠한 몸이 도리어 2천 석의 녹을 외람되게 하네.

에서의 뜻과는 다르다. 왕안석의

豈知書劍老風塵. 선비의 몸으로 풍진 속에서 늙을 줄을 어찌 알았으리.
龍鍾還忝二千石, 노쇠한 몸이 도리어 2천 석의 녹을 외람되게 하니,
愧爾東西南北人. 그대 동서남북을 떠돌아다니는 이에게 부끄럽기만 하네.
— 황견 엮음, 이장우 · 우재호 · 장세후 옮김, 《고문진보》 전집, p.285~287.

655 | 고수용종수독차(羔袖龍鍾手獨叉) : 〈소동파의 문집을 읽고서, 그의 〈설시[雪後書北臺壁]〉의 운자에 맞추어 짓다 5수(讀眉山集次韻雪詩五首)〉의 제1수의 제8구이다.
若木昏昏末有鴉, 약목은 어둑어둑해지고 그 끝에 까마귀 우는데,
凍雷深閉阿香車. 얼어붙은 우레 아향거조차 깊게 닫아버렸네.
摶雲忽散簁爲屑, 뭉쳐진 눈 홀연히 흩어져 체로 친 가루가 되니,
翦水如紛綴作花. 물을 면류관 끈 같이 흩었다가 다시 엮어 꽃을 만든 것 같네.
擁帚尙憐南北巷, 비로 쓸려니 아직도 남쪽 북쪽 골목길에 쌓인 것 아까운데,
持杯能喜兩三家. 몇몇 집에서는 이 풍경 즐길 수 있으리.
戲挼弄掬輸兒女, 어루만지고 지어 던짐 아희들에게 지나니,
羔袖龍鍾手獨叉. 양가죽 소매 너덜하게 유독 손만 맞물리네.
※약목(若木) : 해지는 곳에 있어 밤에 해를 묶어둔다는 나무 이름.
※아(鴉) : 해 속에 있다는 삼족오(三足烏).
※아향(阿香) : 전설에 우레 수레를 몰고 다닌다는 여신.

羔袖龍鍾手獨叉.　　양가죽 소매 너덜하게 유독히 손에 걸리네.

라 하였으니, 대개 당시를 답습하였지만 잘못한 것이다.

[143]『열해熱海』·『교하交河』의 위치

岑參〈熱海行〉656 云 :『蒸沙爍石然虜雲, 沸浪炎波煎漢月.』楊愼以爲此循名想說之誤, 岑未曾親到熱海也657. 余按《吾學編》658 :『亦力把力659 在沙漠間, 或曰焉耆, 或曰龜茲, 其地有熱海』660 云. 岑參爲安西判官, 其

656 | 〈열해행(熱海行)〉: 원 제목은 〈열해를 노래함, 최시어님이 서울로 돌아감을 송별하다(熱海行, 送崔侍御還京)〉이고, 다음 구절은 제7구와 제8구이다.

岸上青草常不歇,　　언덕 위엔 푸른 풀이 쉬지 않고 흔들리고,
空中白雪遙旋滅.　　하늘엔 하얀 눈이 아득히 나부끼네.
蒸沙爍石然胡雲,　　삶은 모래 달궈진 돌은 오랑캐 구름을 태우고,
沸浪炎波煎漢月.　　끓는 물결 뜨거운 파도는 달을 지지네.
陰火潛燒天地爐,　　음화는 천지로에서 몰래 타는데,
何事偏烘西一隅.　　어찌 서쪽 끝 이곳만을 태우는가.

－ 崔庚鎭,〈岑參邊塞詩硏究〉, p.53

657 | 차순명~친도열해야(此循名~親到熱海也) : 《승암집(升菴集)》 권76에 나온다.『잠삼의 〈열해행〉에서『삶은 모래 달궈진 돌은 오랑캐 구름을 태우고, 끓는 물결 뜨거운 파도는 달을 지지네.』라 하였다. 이는 땅이름을 따라 생각하여 말한 잘못으로, 잠삼이 비록 벼슬하여 변경의 막부를 따라 갔으나, 역시 일찍이 직접 열해에 가보지 못하였다.(岑參〈熱海行〉云 :『蒸沙爍石然虜雲, 沸浪炎波煎漢月.』此循名想說之誤, 參雖仕從邊幕, 亦未曾親到熱海也.)』

658 | 《오학편(吾學編)》: 명나라 사람 정효(鄭曉, 1499~1566)가 지었다. 기전체(紀傳體) 역사서로, 명나라 홍무(洪武)년간부터 가정(嘉靖)년간까지 각 조대의 역사 사실을 기록하였고, 기(記)·전(傳)·표(表)·술(述)·고(考)로 나누었으며, 전체 40편이다. 기사는 정치·군사에 치중되었고, 명대 장성(長城)을 연구하는 데 참고할 만하다. 이 책은 청나라 때 금서 목록에 들어 훼손되어서, 지금은 명나라 융경(隆慶) 원년(1567) 간행본과 만력(萬曆) 27년(1599) 정심재(鄭心材) 중간본(重刊本)이 전한다.

659 | 역력파력(亦力把力) : 《어정연감류함(御定淵鑑類函)》 권236에서 《증속문헌통고(增續文獻通考)》의 구절을 인용하여 화주(火州)를 설명하는 부분에 있다.『《증속문헌통고》에서 말하길 화주는 가욕관 바깥에 있고, …… 서쪽으로는 역력파력에 이어졌

集中有〈使交河郡〉661 · 〈經火山〉662 等詩. 交河卽高昌663, 與此地相近,

고, ……(《增續文獻通考》曰 : 火州地在嘉峪關外, …… 西連亦力把力, ……)』
※역력파력 : 명나라 때 신강(新疆) 지역에 있던 한 지방 정권의 이름으로, 지금의 신강 위구르 자치구 이녕시(伊寧市) 부근에 있었다. 역팔리(亦八里) · 역랄파리(亦剌把里) · 역력파리(亦力把里)라고도 한다.

660 | 재사막간, 혹왈언기, 혹왈귀자(在沙漠間, 或曰焉耆, 或曰龜茲) : 명나라 사람 장황(章潢, 1527~1608)이 엮은 《도서편(圖書編)》 권51에 액이파랍(額爾巴拉)을 설명하는 부분에 있다.
※언기(焉耆, 카라샤) : 중국 서역의 옛 나라 이름. 처음에는 흉노(匈奴)에게 속했다가 서한(西漢) 신작(神爵) 2년(기원전 60)에 서역도호부(西域都護府)에 속했고, 한나라 말에 다시 흉노에게 속했다가, 동한(東漢) 영원(永元) 6년(94)에 반초(班超)가 흉노를 물리치고 복속시켰다.
※구자(龜茲, 쿠차) : 굴지(屈支) 또는 구자(丘茲)라고도 한다. 중국 서역의 옛 나라 이름. 지금은 위구르 자치구의 고차현(庫車縣)으로 되어 있으며, 유명한 오아시스 쿠차(Kucha)가 있다. 구자는 고대에도 유력하였던 오아시스국으로, 천산(天山)산맥에서 채취되는 광물로써 경제적 기반을 굳혔으며, 또한 이 산맥의 남쪽 기슭을 동서로 잇는 국제 상로인 이른바 실크로드의 중요한 중계시장으로서 번영하였다.
※열해(熱海) : 함해(咸海) · 전지(闐池) · 대청지(大淸池)라고도 한다. 즉 지금의 키르기스스탄 이식쿨(Issyk Kul) 호수이다. 당나라 때 서역으로 가는 교통로에 위치하였다. 현장(玄奘)이 서역에서 불경을 가지러 갈 때 여기를 지났다.

661 | 〈사교하군(使交河郡)〉 : 《전당시》 권198 제81수로 시 일부는 아래와 같다.

奉使按胡俗, 왕명을 받들고 사신 나가 오랑캐 습관을 살피고자,
平明發輪臺. 이른 새벽에 윤대현(輪臺縣)을 떠났네.
暮投交河城, 저녁에 교하성에 투숙하니,
火山赤崔嵬. 화산의 붉은 기운 높고도 높네.
九月尙流汗, 9월에도 오히려 땀을 흘리니,
炎風吹沙埃. 더운 바람 사막의 티끌을 날리네.
何事陰陽工, 음양의 조화 왜 상관이 없는지?
不遣雨雪來. 비와 눈 몰아오지 않는지?

※교하군(交河郡) : 고창국(高昌國)에 설치한 것으로, 교하성(交河城 : 지금의 신강 투르판시 서북쪽 雅爾호수 부근)을 다스렸고 서주(西州)에 속하였다. 당나라 정관(貞觀) 14년(640)에 교하현(交河縣)으로 바꾸어 설치하였다.

662 | 〈경화산(經火山)〉 : 시 전문은 아래와 같다.

火山今始見, 화산이 바야흐로 처음 보이는데,
突兀蒲昌東. 우뚝 포창의 동쪽에 서 있네.
赤焰燒虜雲, 붉은 불꽃은 오랑캐 땅 구름을 불태우고,

雖非目見, 而耳聞必審, 恐非想說之誤也.

잠삼의 〈열해행〉이라는 시에

蒸沙爍石然虜雲,　　삶은 모래 달궈진 돌은 오랑캐 구름을 태우고,
沸浪炎波煎漢月.　　끓는 물결 뜨거운 파도는 달을 지지네.

라 하였다. 양신은 이것이 땅이름을 따라 생각하여 말한 잘못으로, 잠삼이 일찍이 직접 열해에 가보지 못하였다고 여겼다. 내가 생각건대 《오학편》에 『역력파력은 사막 사이에 있는데, 언기라고도 하고 구자라고도 하며, 그곳에 열해가 있다.』라 하였다. 잠삼이 안서판관을 지낼 때 지은 시집에 〈교하군에 사자로 가다〉·〈화염산을 지나다〉등의 시가 있다. 교하는 즉 고창으로 이곳에서 가까운데, 비록 눈으로 보이지는 않으나 반드시 자세히 들었을 것이므로, 아마도 생각만으로 말한 잘못은 아닌 듯하다.

炎氛蒸塞空.　　뜨거운 공기는 변새의 하늘을 삶네.
不知陰陽炭,　　음양탄을 알지 못하는데,
何獨然此中.　　어찌 홀로 이 가운데에서 타리오.
我來嚴冬時,　　나는 엄동 때 왔는데도,
山下多炎風.　　산 아래엔 뜨거운 기운도 많아라.
人馬盡汗流,　　사람과 말은 모두 땀을 흘리는데,
孰知造化功.　　누가 대자연의 조화를 알겠는가.
— 崔庚鎭, 〈岑參邊塞詩硏究〉, p.52.

663 | 고창(高昌) : 5~7세기 동투르키스탄의 투루판[吐魯番] 분지에 있던 한(漢)나라의 식민지국가. 한나라 때 차사전(車師前) 왕국이 있었는데, 천산북로(天山北路)의 출발점이면서 흉노족의 타림분지 침입의 입구에 해당하였기 때문에, 분지 중앙부 북쪽으로부터의 고창벽(高昌壁)에 둔전(屯田)을 경영하여 흉노 침입을 막았다. 그 뒤 고창벽은 고창성(高昌城)으로 불렸고, 오호십육국(五胡十六國) 소란기에는 한인(漢人)이 들어와 살았다. 또 북위(北魏)가 북량(北凉)을 멸망시키고 화북지방을 통일하자, 서쪽으로 도주해온 흉노족 출신의 저거씨(沮渠氏)가 이곳을 거점으로 하여, 450년 차사국(車師國)을 멸망시켰다. 이것이 고창국의 기원이다.

[144] 시에 고어古語를 인용함

郭受[664]詩：『蓮葉舟輕自學操.』[665] 按《莊子》, 顔淵『問焉, 曰：「操舟可學耶?」』[666] 此詩用古語, 故好耳.

곽수의 시에

蓮葉舟輕自學操.　　연잎 배 가벼우니 스스로 조종함 배우시리.

라 하였다. 생각건대《장자》에서 안연이『묻기를「배 젓는 솜씨를 배울 수 있습니까?」』라 하였다. 이 시는 고어를 인용하였으므로 듣기 좋다.

664 | 곽수(郭受)：두보가 사천 성도에 우거하고 있을 때 성도부의 판관(判官)으로 있던 사람이다.

665 | 연엽주경자학조(蓮葉舟輕自學操)：〈두보 원외랑님께 띄우노라. 원외랑님께서 시를 시범으로 보여주셨기에 이것을 지어 띄워 보내다(寄杜員外. 員外垂示詩, 因作此寄上)〉[《전당시》 권261 제15수]의 제6구이다.

新詩海內流傳久,　　그대의 새로운 시는 국내에서 유전된 지 오래되었지만,
舊德朝中屬望勞.　　그대의 훌륭한 덕 조정에서 촉망됨 힘들구나.
郡邑地卑饒霧雨,　　거처하시는 군과 읍에 땅 낮아 안개와 비 많고,
江湖天濶足風濤.　　강과 호수에 하늘 높으니 바람과 파도 많으리.
松花酒熟傍看醉,　　송화 술 익어 곁에서 보기에 취하였으나,
蓮葉舟輕自學操.　　연잎 배 가벼우니 스스로 조종함 배우시리.
春興不知凡幾首,　　봄날 흥취에 몇 수나 지으셨는가?
衡陽紙價頓能高.　　형양 땅의 종이 값 그대 시 때문에 갑자기 오르리.

666 | 안연~가학야(顔淵~可學耶)：《장자 · 달생(達生)》에 나오는 구절이다.『안연이 공자에게 물었다.「제가 일찍이 상심[송나라에 있던 못 이름] 의 못을 건넌 적이 있었는데, 사공이 배 다루는 솜씨가 귀신과 같았습니다. 제가 묻기를 배 젓는 솜씨를 배울 수 있습니까 하니, 그는 배울 수 있습니다. 헤엄을 잘 치는 사람은 쉽사리 배울 수 있고, 잠수를 잘하는 사람이라면 배를 본 일도 없는 사람이라 하더라도 곧 저을 수가 있을 것입니다 하고 대답하였습니다. 제가 그 까닭을 물었으나 제게 얘기해 주지 않았습니다. 감히 어째서 그런가를 여쭙고자 합니다.』(顔淵問仲尼曰：「吾嘗濟乎觴深之淵, 津人操舟若神. 吾問焉曰：操舟可學邪? 曰：可. 善游者數能, 若乃夫沒人, 則未嘗見舟而便操之也. 吾問焉而不吾告. 敢問何謂也?」)」

[145] 김운경金雲卿과 조형朝衡

陶翰[667] 〈送金卿歸新羅〉[668] 詩曰 :『鄕心遙渡海, 客路再經春. 禮樂夷風變, 衣冠漢制新.』所謂金卿是新羅人, 疑卽金雲卿[669]也. 又胡衡[670] 〈銜命使本國〉[671] 詩曰 :『銜命將辭國, 非才忝近臣. 天中戀明主, 海外憶慈

667 | 도한(陶翰) : 당나라 윤주(潤州) 단양(丹陽) 사람. 현종(玄宗) 개원(開元) 18년(730)에 진사가 되었고, 〈빙호부(冰壺賦)〉로 유명하였다. 관직은 예부원외랑까지 올랐다.

668 | 〈송김경귀신라(送金卿歸新羅)〉 : 《전당시》 권146 제16수이고, 다음 구절은 이 시의 제3구, 제4구와 제9구, 제10구이다.

奉義朝中國,	대의 받들어 중국에 조회하니,
殊恩及遠臣.	특수한 은혜 먼 나라 신하들에게까지 미쳤구나.
鄕心遙渡海,	고향 향한 마음은 멀리 바다를 건넜고,
客路再經春.	나그네 여정에서 두 번이나 봄을 지났네.
落日誰同望,	나는 지는 해 누구와 함께 바라보리?
孤舟獨可親.	외로운 배만 홀로 친할 만하리.
拂波銜木鳥,	파도를 스쳐갈 때는 나무를 입에 문 새처럼 조심스럽겠으나,
偶宿泣珠人.	우연히 묵게 된 집에서는 진주를 눈물로 흘려준 인어 같이 다정하겠네.
禮樂夷風變,	예악은 오랑캐의 풍속을 바꿀 것이고,
衣冠漢制新.	의관은 중국의 제도로 새롭게 되겠네.
青雲已干呂,	좋은 벼슬 이미 등에 지게 되었으니,
知汝重來賓.	자네가 다시 사신으로 오게 될 것을 알겠네.

669 | 김운경(金雲卿, ?~?) : 통일신라시대의 문신. 신라의 숙위학생(宿衛學生)으로, 821년(헌덕왕 13)에 당나라의 빈공과(賓貢科)에 급제하여 우감문위솔부병조참군(右監門衛率府兵曹參軍) · 연주도독부사마(兗州都督府司馬)를 지냈다. 841년(문성왕 3)에 선위부사(宣慰副使)로 귀국하여 문성왕에 대한 책봉칙서를 전달하였다.

670 | 호형(胡衡) : 즉 다음에 있는 조형(朝衡)이다. 《당시품휘》에는 호형으로 되어있고, 《전당시》에는 조형으로 되어있다. 조형은 일본인 아베노 나카마로(阿倍仲麻呂, 698~770)이다. 나라(奈良)시대의 승려이자 문인으로, 717년 기비노 마키비(吉備眞備, 695~775) 등과 함께 견당유학생(遣唐留學生)으로 당나라에 가서, 조형이라는 이름으로 당나라 조정에 출사하였다. 753년 당나라의 승려인 감진(鑑眞)이 일본으로 가는 것을 도와주면서 자신도 귀국하려 하였지만, 해상에서 풍랑을 만나 조난당해 지금의 월남인 안남(安南)으로 표류한 후 다시 당나라로 돌아가 비서감(秘書監: 국립 도서관장)이라는 높은 지위에 올랐다. 이백이나 왕유(王維) 같은 문인과도 교유하였다. 결국 고국 땅을 밟지 못하고 중국에서 죽었다.

671 | 〈함명사본국(銜命使本國)〉 : 《전당시》 권732 제10수로 제목이 〈[황제님의] 명을 받

親. 蓬萊鄕路遠, 若木故園鄰. 西望懷恩日, 東歸感義辰.』按《唐詩紀》[672] 作〈銜命使日本國〉[673].《通典》[674] 曰 :『天寶末, 衛尉少卿朝衡, 倭國人.』[675]《唐書》曰 :『朝衡入唐登第, 後還本國』云. 蓋卽此人也.

도한의 〈신라로 돌아가는 김경을 보내다〉라는 시에

鄕心遙渡海, 　고향 향한 마음은 멀리 바다를 건너고,
客路再經春. 　나그네 여정에서 두 번이나 봄을 지났네.
禮樂夷風變, 　예악은 오랑캐의 풍속을 바꿀 것이고,

아 귀국하면서 짓다(銜命還國作)〉로 되어있고, 다음 구절은 이 시의 제1구부터 제4구까지와 제7구부터 제10구까지이다.

銜命將辭國, 　황제 명령 받들어 장차 나라를 떠나려 하니,
非才忝侍臣. 　인재가 아님에도 근신의 자리 차지하였네.
天中戀明主, 　천하 가운데서는 밝으신 천자님을 사모하였고,
海外憶慈親. 　바다 밖으로는 자애로운 어버이를 그리워하네.
伏奏違金闕, 　엎드려 상주문 올리고 황금 궁궐을 나와서,
騑驂去玉津. 　곁말 타고서 옥잔 나루를 떠났네.
蓬萊鄕路遠, 　봉래산 쪽 고향 길은 멀고,
若木故園鄰. 　동쪽의 약목은 고향의 이웃이라네.
西望懷恩日, 　서쪽 바라보며 은총 그리워하는 날 있을 것이고,
東歸感義辰. 　동쪽으로 돌아가니 의로움을 느끼는 때라네.
平生一寶劍, 　평생동안 아끼던 한 보물 칼을,
留贈結交人. 　벗삼았던 사람에게 남겨 기증하네.

672 | 《당시기(唐詩紀)》 : 명나라 오관(吳琯)이 지음. 풍유눌(馮惟訥)이 지은 《고시기(古詩紀)》의 체제를 따라서, 초당과 성당의 시를 정리하여 170권으로 간행하였다.

673 | 〈함명사일본국(銜命使日本國)〉 : 《석창역대시화(石倉歷代詩話)》 권116에 이 제목으로 되어있다.

674 | 《통전(通典)》 : 당나라의 재상(宰相) 두우(杜佑, 735~812)가 편찬한 제도사(制度史) 관계 참고서. 200권으로, 구성이 질서정연하고 내용이 풍부하여, 중당 이전의 제도를 통람하는 데 가장 유용한 책이다. 이 책은 북송(北宋)의 송백(宋白) 등의 《속통전(續通典)》 · 남송(南宋)의 정초(鄭樵)의 《통지(通志)》 · 원(元)나라 마단림(馬端臨)의 《문헌통고(文獻通考)》 등에 큰 영향을 끼쳤다.

675 | 천보말~왜국인(天寶末~倭國人) : 《어정연감류함》 권231에 나오는 구절이다.

衣冠漢制新.　　의관은 중국의 제도로 새롭게 되겠네.

라 하였다. 소위 김경은 신라 사람으로, 아마도 김운경인 것 같다. 또 조형의 〈황제 명을 받들어 본국에 사신으로 가다〉는 시에

銜命將辭國,　　황제 명령 받들어 장차 나라를 떠나려 하니,
非才忝近臣.　　인재가 아님에도 근신의 자리 차지하였네.
天中戀明主,　　천하 가운데서는 밝으신 천자님을 사모하였고,
海外憶慈親.　　바다 밖으로는 자애로운 어버이를 그리워하네.
……　　……
蓬萊鄉路遠,　　봉래산 쪽 고향 길은 멀고,
若木故園鄰.　　동쪽의 약목은 고향의 이웃이라네.
西望懷恩日,　　서쪽 바라보며 은총 그리워하는 날 있을 것이고,
東歸感義辰.　　동쪽으로 돌아가니 의로움을 느끼는 때라네.

라 하였다. 생각건대 《당시기》에서는 『명을 받들어 일본국에 사신으로 가다』라 하였고, 《통전》에서는 『천보연간 말에 위위소경 조형은 왜국 사람이다.』라 하였다. 《당서》에서는 『조형이 당나라에 들어와 급제한 후에 본국으로 돌아갔다.』라 하였으니, 대개 이 사람이다.

[146] 위응물韋應物을 능가하는 구단丘丹의 시구詩句

韋蘇州 〈寄丘丹〉[676] 詩曰 : 『懷君屬秋夜, 散步詠涼天. 山空松子落, 幽人應未眠.』 丘[677] 答詩曰 : 『露滴梧葉鳴, 秋風桂花發. 中有學仙人, 吹簫

676 | 〈기구단(寄丘丹)〉 : 원 제목은 〈가을 밤 구 22원외[단(丹)] 님께 부치다(秋夜寄丘二十二員外)〉[《전당시》 권188 제55수] 로, 다음은 시의 전체이다.

677 | 구(丘) : 즉 구단(丘丹). 당나라 소주(蘇州) 가흥(嘉興) 사람. 제기령(諸暨令)을 맡았고, 상서랑(尙書郎)을 거쳤다. 평산(平山)에 은거하면서 위응물(韋應物) · 포방(鮑

弄明月.』678 丘丹在唐非有詩名, 而其工過蘇州679遠甚.

위응물의 〈구단에게 부치다〉는 시에서

懷君屬秋夜, 가을밤에 그대 그리워하여,
散步詠涼天. 이리저리 거닐면서 서늘한 날을 읊네.
山空松子落, 산이 비었는데 솔방울이 떨어지니,
幽人應未眠. 그윽하게 숨은 사람 아마도 잠 못 들었으리라.

라 하였다. 구단의 답시에서

露滴梧葉鳴, 이슬방울에 오동잎이 울고,
秋風桂花發. 가을바람에 계수나무 꽃이 피네.
中有學仙人, 그 가운데 신선을 배우는 사람 있어,
吹簫弄明月. 퉁소 불며 밝은 달을 즐기네.

라 하였다. 구단은 당나라에서 시로써 이름난 사람은 아니지만, 그 공교로움은 위응물을 능가함이 훨씬 심하다.

防)·여위(呂渭) 등과 교제하였다.

678 | 노적오엽명(露滴梧葉鳴) 네 구 : 시의 제목은 〈위소주에게 답하다(答韋蘇州)〉이고, 《전당시》[권307 제3수]에는 제목이 〈위사또님께서 가을밤에 띄워 보내신 시에 화답하다(和韋使君秋夜見寄)〉로 되어있으며, 제3구와 제4구는 『그 가운데 신선 배우는 벗 있어, 퉁소 불며 산의 달을 즐기네(中有學仙侶, 吹簫弄山月)』로 되어있다.

679 | 공과소주(工過蘇州) : 구단이나 배적(裴迪) 같이 후세에 전하는 시가 적은 작가라도 그 시가 훌륭하다는 것은 다음과 같은 송나라 시화에도 보인다. 《채관부시화(蔡寬夫詩話)》『왕유와 위응물의 문집에는 배적과 구단이 화답한 시가 실려 있는데, 그 말이 모두 맑고 아름다우며 격조가 높으나, 늘 자주 볼 수 없음이 한스럽다. …… 그 기운과 격조가 거의 [왕·위] 두 사람에게 뒤지지 않으니, 중엽 이후로 시끄럽게 시로 이름을 날리던 사람들과는 비교할 수가 없다(王摩詰·韋蘇州集載裴迪·丘丹唱和詩, 其語皆清麗高勝, 常恨不多見. …… 其氣格殆不減二人, 非唐中葉以來, 嘐嘐以詩鳴者可比.)』 — 《초계어은총화(苕溪漁隱叢話)》 전집(前集) 권15에서 재인용.

[147] 『약篛』과 『약箬』

張志和詩：『青篛笠, 綠蓑衣.』[680] 按韻書, 『篛』 本作 『箬』[681]. 《禮記》 註：『蒲篛可爲席.』 柳子厚詩：『青箬裹鹽歸峒客.』[682] 許渾詩：『箬葉沈溪暖.』[683] 是也. 一說云：青箬, 竹皮, 或曰竹葉.

680 | 청약립(青篛笠) 두 구 : 〈물고기 잡는 이의 노래(漁歌子)〉 5수 중 제1수의 제3구이다.

西塞山前白鷺飛, 서새산 앞에는 백로가 날고,
桃花流水鱖魚肥. 복사꽃 흐르는 물에 쏘가리가 살찌네.
青篛笠綠簑衣, 파란 대삿갓 쓰고 녹색 도롱이 입고는,
斜風細雨不須歸. 산들바람 가랑비에도 돌아갈 줄 모르네.

— 허세욱, 《허세욱의 중국문학기행》, p.323~324.

681 | 『약』 본작 『약』(『篛』 本作 『箬』) : 《설문(說文)》에 약은 약으로도 쓴다. 그 주석에 이르기를 『초나라에서는 대나무 껍질을 약이라고 한다.』(說文篛作箬, 注云 : 『楚謂竹皮曰 : 箬.』) — 《왕력고한어자전(王力古漢語字典)》 p.888에서 재인용.

682 | 청약과염귀동객(青箬裹鹽歸峒客) : 〈유주의 동굴 거주민(柳州峒氓)〉[《전당시》 권352 제5수]의 제3구이다.

郡城南下接通津, 성 남쪽 아래는 나루터로 이어져 통하나,
異服殊音不可親. 이상한 복장 다른 말투라 친해질 수 없네.
青箬裹鹽歸峒客, 푸른 대나무 껍질에 소금을 싸 동굴로 돌아가는 나그네요,
綠荷包飯趁虛人. 녹색 연잎에 밥 싸서 시장가는 사람들이라네.
鵝毛禦臘縫山罽, 거위 털로 추위 막고 산 털옷을 지으며,
雞骨占年拜水神. 닭 뼈로 한 해 점치고 수신에게 절하네.
愁向公庭問重譯, 근심스레 관청에 나가 거듭 통역에게 묻다보니,
欲投章甫作文身. 장보관 내던지고 문신 새기고 싶네.

※진허(趁虛) : 시장에 모이다.
※어랍(禦臘) : 추위를 막다.
※산계(山罽) : 산간에서 나는 일종의 모직품.
※장보(章甫) : 중국 은(殷)나라 때 머리에 쓰던 예관(禮冠). 공자가 장보관을 쓰자 후세 선비들이 이를 좇아 장보관을 많이 썼다. 장은 치포(緇布)로 만든 것이고 보는 성인 남자를 가리키는 말로, 유생(儒生) · 선비를 가리키는 말로도 쓰인다.

— 오수형 편저, 《유종원 시선》, p.57~58.

683 | 약엽침계난(箬葉沈溪暖) : 〈오흥으로 돌아가는 나그네를 보내다(送人歸吳興)〉[《전당시》 권531 제22수]의 제5구이다.

綠水棹雲月, 푸른 물 위 구름 낀 달 아래 배 저어 가니,
洞庭歸路長. 동정호 건너 돌아가는 길 멀기만 하네.
春橋懸酒幔, 봄 다리 위에는 술집 깃발 걸려 있고,

장지화의 시에

青箬笠綠蓑衣.　　파란 대삿갓 쓰고 녹색 도롱이 입네.

라 하였다. 살펴보건대 운서에서 『「篛」은 원래 「箬」이다』라고 하였다. 《예기》의 주에서 『蒲는 篛이니, 자리를 만들 수 있다.』고 하였다. 유종원의 시에

青箬裹鹽歸峒客.　　푸른 부들에 소금을 싸서 산골 손님이 돌아가네.

라 하였고, 허혼의 시에서

箬葉沈溪暖.　　부들 잎이 시내에 잠겨 따뜻하네.

라 한 것이 이것이다. 일설에 청약은 대나무 껍질이라 하고, 혹은 대나무 잎이라고도 한다.

[148] 『해장解裝』의 의미

韓昌黎詩：『解裝具盤筵.』[684] 註：『解裝, 典衣也.』余按〈陸賈傳〉[685]：

夜柵集茶檣.　　밤 목책 곁에는 차 파는 배 모여 있네.
箬葉沈溪暖,　　부들 잎 시내에 잠겨 따뜻하고,
蘋花遶郭香.　　사과 꽃은 성곽을 둘러 향기 나네.
應逢柳太守,　　틀림없이 유태수님 만나게 되면,
爲說過瀟湘.　　소상 땅에 잠깐 들리시라고 일러주게나.

684 | 해장구반연(解裝具盤筵) : 〈상에게 보이다(示爽)〉[《전당시》 권341 제2수]의 제4구이다.
宣城去京國,　　선성군을 떠나 서울로 가자니,
里數逾三千.　　이수로 3천 리가 넘네.
念汝欲別我,　　네가 나와 헤어지려는 것을 걱정하여,
解裝具盤筵.　　지니던 것 풀어서 술자리를 마련하네.
日昏不能散,　　날 어두워져도 흩어질 수 없어,

『賣橐中裝直千金.』裝者, 謂其所裝帶之物. 直謂之典衣, 則未穩.

한유의 시에

解裝具盤筵. 　지니던 것 풀어서 술자리를 마련하네.

라 하였다. 주에 『해장은 옷을 저당 잡히는 것이다.』라 하였다. 내가 생각건대 〈육가전〉에 『자루 속의 것을 파니 천금이나 한다.』라 하였다. 장이라는 것은 장착하고 휴대하는 물건을 말한다. 직접 옷을 저당 잡히는 것이라고 말한 것은 타당하지 않다.

[149] 『조궐처朝厥妻』라는 표현

韓昌黎〈朝賀〉詩云：『混蕩天門高, 著籍朝厥妻.』[686] 註：『公妻盧氏,

起坐相引牽. 　일어난 이 앉은 이 서로 끌어당기네.
冬夜豈不長, 　겨울밤은 어찌 이리 길지도 않은지,
達旦燈燭然. 　날이 밝을 때까지 등촉을 태우네.

685 | 〈육가전(陸賈傳)〉:《한서(漢書)》 권43에 있다.
※육가(陸賈) : 서한(西漢) 초기 초(楚) 사람. 유방(劉邦)이 천하를 평정하는 것을 따라다녔다. 말재주가 있어 명을 받아 남월(南越)에 사신으로 가서, 남월왕 조타(趙佗)를 신복(臣服)시켰고, 귀국하여 태중대부(太中大夫)에 임명되었다. 육가는 군인이었던 유방에게 《시경》과 《서경》등 유교를 자주 언급했지만, 유방은 『말 위에서 천하를 얻었거늘 어찌 《시경》과 《서경》을 일삼겠는가?(馬上得天下, 安事詩書?)』라고 비웃었다. 그러자 육가는 『말 위에서 천하를 얻을 수는 있지만 다스릴 수는 없다(居馬上得之, 寧可以馬上治之)』고 대답하였다. 혜제(惠帝) 때 여후(呂后)가 여씨들의 왕이 되려고 하자, 육가는 병을 핑계로 사직하였다. 후에 진평(陳平)을 위해 계획을 세워, 진평으로 하여금 주발(周勃)과 친선을 도모토록 하여, 마침내 여씨들을 죽이게 하였다.

686 | 황탕천문고(混蕩天門高) 두 구 : 원 제목은 〈남쪽 궁궐 안에서 명절 아침 하례를 올리고서 돌아와서 동료에게 올리다(南內朝賀, 歸呈同官)〉[《전당시》 권342 제12수]로, 이 시의 제13구와 제14구이다.

封高平縣君, 歲時入朝宮中, 故云.』[687] 按外命婦每正至參賀, 乃唐制也. 然『朝厥妻』三字不雅.

한유의 〈조정에 하례를 올리다〉라는 시에

滉蕩天門高, 넓고 먼 궁궐의 높은 문에,
著籍朝厥妻. 이름이 명부에 실려 그의 아내 조하하네.

라 하였고, 주에 『공의 아내 노씨는 고평현군에 봉해져서, 세시에 궁중에 들어가 조하하므로, 그렇게 말한 것이다.』라 하였다. 생각건대 외명부가 매년 정초와 동지에 조회에 참여하는 것은 당나라의 제도이다. 그러나 「조궐처」 세 글자는 아정雅正하지 못하다.

[150] 복사꽃과 자두꽃

韓詩曰 : 『江陵城西二月尾, 花不見桃惟見李.』[688] 楊誠齋[689] 言 : 『晩登

三黜竟不去, 세 번 축출되었으나 끝내 제거되지 않고,
致官九列齊. 벼슬 구경(九卿)의 지위에 올랐네.
豈惟一身榮, 어찌 다만 내 한 몸에만 영광이겠는가?
珮玉冠簪犀. 옥을 차고 관잠으로는 물소뿔 꽂게 되었네.
滉蕩天門高, 넓고 먼 궁궐의 문 높은데,
著籍朝厥妻. 이름 명부에 실려 내 아내까지 조하(朝賀)하네.
文才不如人, 내 글재주는 딴 사람만 못하고,
行又無町畦. 내 행동 또한 절도가 없네.

687 | 공처노씨~고운(公妻盧氏~故云) : 《오백가주창려문집(五百家注昌黎文集)》 권7에 나오는 말이다.

688 | 강릉성서이월미(江陵城西二月尾) 2구 : 〈자두 꽃, 장씨댁 열한 째 서에게 드리다(李花, 贈張十一署)〉[《전당시》 권338 제22수]의 제1구와 제2구이다.
江陵城西二月尾, 강릉 성 서쪽에 2월말에,
花不見桃惟見李. 복사꽃은 뵈질 않고 자두 꽃만 보이네.

碧落堂, 隔江桃皆暗而李獨明, 乃悟其妙』[690] 云. 余謂王荊公詩『積李兮縞夜, 崇桃兮炫晝』[691], 亦以是也. 然審此詩意, 則似謂桃未及開而李先花也. 或以其地適無桃花而獨有李花歟? 未知何者爲是.

한유의 시에

江陵城西二月尾, 강릉 성 서쪽의 2월 말에,
花不見桃惟見李. 복사꽃은 뵈질 않고 자두꽃만 보이네.

라 하였다. 양만리가 말하기를 『느지막이 벽락당에 올라가보니, 강을 사이

風揉雨練雪羞比, 바람이 어루만지고 비가 씻기어 눈이 비교를 부끄러워하고,
波濤翻空杳無涘. 파도가 허공을 뒤집듯 흩날리니 끝없이 아득하네.
君知此處花何似, 이곳의 꽃이 무엇을 닮았는지 그대는 아는가?
白花倒燭天夜明, 흰 꽃이 불 밝힌듯하여 밤하늘이 밝아지니,
羣雞驚鳴官吏起. 닭들이 놀라서 울어 관리들이 일어나네.

689 | 양성재(楊誠齋) : 《지봉유설(芝峰類說)》 주 31) 참조.

690 | 만등벽락당~내오기묘(晩登碧落堂~乃悟其妙) : 《성재집(誠齋集)》 권25 『한유의 자두 꽃 시를 읽고(讀退之李花詩)』 항목의 내용 중 일부이다. 『복사꽃과 자두꽃은 해마다 시기를 같이하여 함께 피는데, 한유의 시 중에 「복사꽃은 뵈질 않고 자두 꽃만 보이네.」라는 구절이 있는데, 특히 풀이할 수 없다. 느지막이 벽락당에 올라 강을 사이에 두고 복사꽃과 자두꽃을 보았는데, 복사꽃은 모두 어두우나 자두 꽃만 오직 밝았기 때문에, 그 오묘함을 깨달았다. 대개 자두꽃이 낮에는 빛나고 밤에는 환한 것을 말한다.(桃李歲歲同時並開, 而退之有「花不見桃惟見李」之句, 殊不可解. 因晩登碧落堂, 望隔江桃李, 桃皆暗而李獨明, 乃悟其妙. 蓋李花炫晝縞夜云.)』

691 | 적리혜호야(積李兮縞夜) 두 구 : 〈채씨집에 시집간 딸에게 띄우다(寄蔡氏女子)〉 2수 중 제1수의 제7구와 제8구이다.

積李兮縞夜, 가득한 자두 꽃 밤중이면 하얀 깁인 듯하고,
崇桃兮炫晝. 우뚝한 복사꽃은 햇빛 아래 눈부시게 반짝이네.
蘭馥兮衆植, 난초꽃 향기롭게 무리를 이루고,
竹娟兮常茂. 어여쁜 대나무 언제 보아도 무성하네.
柳蔫綿兮含姿, 버드나무 한들한들 자태도 고운데,
松偃蹇兮獻秀. 소나무 훤칠하게 빼어난 자태 드러내네.
— 柳瑩杓, 〈王安石 詩歌文學 硏究〉, p.233.

에 두고 복사꽃은 모두 어두운데 자두꽃만 홀로 밝아서, 그 오묘함을 깨달았다.』라 하였다. 내가 말하건대 왕안석의 시에

積李兮縞夜,　가득한 자두꽃 밤중이면 하얀 깁인 듯 하고,
崇桃兮炫晝　우뚝한 복사꽃은 햇빛 아래 눈부시게 반짝이네.

라 한 것도 역시 이 때문이다. 그러나 이 시의 뜻을 자세히 살펴보면, 복사꽃이 아직 피지 않았는데 자두꽃이 먼저 피었다고 말한 것 같다. 혹은 그곳에 마침 복사꽃이 없고 오직 자두꽃만 있었던 것인가? 어느 것이 옳은지는 모르겠다.

(朴韓圭)

[151] 환기喚起와 최귀催歸의 의미

昌黎[692]〈遊城南〉詩曰：『喚起窓全曙, 催歸日未西.』[693] 黃山谷[694]云：

692 | 창려(昌黎) : 한유(韓愈, 768~824), 자는 퇴지(退之), 시호는 문공(文公), 창려백(昌黎伯)에 봉해졌기 때문에 창려선생이라고도 부른다. 회주(懷州) 수무현(修武縣 : 河南省) 사람으로 3세에 아버지를 여의고 영남 지방으로 좌천되어 가는 형을 따라갔으나 곧 형이 죽어 형수의 손에 양육되었다. 각고의 노력 끝에 25세에 급제를 하였으나 벼슬길은 처음에는 순탄하지 못하였으나 792년 진사가 되었으며 감찰어사(監察禦史)등 여러 벼슬을 지냈고, 이부시랑(吏部侍郞)까지 이르렀다. 육조(六朝)이래 유행한 변려문(騈麗文)을 반대하고 유종원과 더불어 고문을 제창하고, 불교를 반대하고 유학을 크게 강조하여 신유학을 여는 기반을 조성하였다. 저서로는 작품은 《창려선생집(昌黎先生集)》 40) · 《외집(外集)》 10권 · 《유문(遺文)》 1권 등이 전한다.

693 | 환기창전서(喚起窓全曙) 두 구 : 한유의 〈성남에서 놀다 16수(游城南十六首) · 같이 놀던 이들에게(贈同游)〉로 아래는 이 시의 전문이다.
喚起窗全曙,　불러일으키니 창은 완전히 밝았고,
催歸日未西.　돌아가기를 재촉하나 해는 아직 서쪽에 기울지 않았네.
無心花裏鳥,　무심한 꽃 속의 새는,
更與盡情啼.　다시 더불어 정을 다하여 우네.

694 | 황산곡(黃山谷, 1045~1105) : 《파한집(破閑集)》 주 19) 참조.

『吾兒時每哦此詩, 而了不解意. 年五十八, 方悟「喚起」「催歸」二禽名. 催歸, 子規也. 喚起, 聲如絡絲[695], 偏於春曉鳴.』[696]《復齋?錄》[697] 云 : 『顧渚山中有鳥, 每正二月作聲曰 : 「春起.」[698] 呼爲喚春鳥.』 余意喚起 · 催歸非眞鳥名, 以鳥聲春起, 故曰喚起 ; 子規聲爲『不如歸』, 故曰催歸. 詩意蓋謂喚起而睡不覺, 催歸而遊未歸也 ; 如此看得尤有味. 以下句『無心花裡鳥, 更與盡情啼』觀之, 則似然矣. 山谷 · 復齋兩說恐猶未盡.

한유의 〈성남에서 놀다遊城南〉 시에 말하기를

喚起窓全曙, 불러일으키니 창은 완전히 밝았구나.
催歸日未西. 돌아가기를 재촉하나 해는 아직 서쪽에 기울지 않았네.

라고 하였다. 황정견이 말하기를 『내가 어릴 때 매번 이 시를 읽을 적마다 그 뜻을 이해하지 못하였더니, 나이 58세나 되어 비로소 환기와 최귀는 두 가지의 새 이름인 것을 깨달았다. 최귀는 두견새이다. 환기는 그 소리가 귀뚜라미와 같다. 유독 봄철의 새벽에 운다.』고 하였다. 《복제만록復齋謾錄》에는 말하기를 『고저산顧渚山속에 새가 있는데 매년 정월 2월이 되면 춘기라는 소리를 낸다. 그래서 봄을 부르는 새[喚春鳥] 라고 한다』고 하였다. 내 생각에는 환기와 최귀는 새의 참 이름이 아니다. 새 소리가 春起(봄에 일어나라)라고 하기 때문에 불러일으킨다는 뜻으로 환기라 한 것이고, 자규의 소

695 | 성여낙사(聲如絡絲) : 『如』의 뒤에 원래 『人』자 가 있었으나 더 들어간 것이다. 《시화총구(詩話總龜)》 전집 19권 《紀實門下》에 의거하여 삭제하였다. — 원주(原註)

696 | 최귀(催歸) : 《시화총구(詩話總龜)》 권19에 보인다.

697 | 《복제만록(復齋謾錄)》 : 황정견(黃庭堅)의 종손(從孫)인 황순(黃罃)이 지은 《복제만고(復齋謾藁)》로 짐작되나 자세한 것은 미상.

698 | 춘기(春起) : 《태평광기(太平廣記) · 보춘조(報春鳥)》에도 보이는 말이다. 『고저산 중에 새가 있는데, 매년 정월 · 이월에는 봄이 왔다고 울고, 삼월 · 사월에는 봄이 갔다고 운다. 그래서 차를 채집하는 사람들이 봄을 알리는 새라고 한다.(顧渚山中有鳥, 每正月二月鳴云 : 春起也. 三月四月鳴云 : 春去也, 採茶者呼爲報春鳥.)』

리는 불여귀라고 하기 때문에 돌아가기를 재촉한다는 뜻으로 최귀라고 한 것이다. 시의 뜻은 아마 일어나라고 부르건만 잠이 깨지 않고, 돌아가기를 재촉하건만 노느라고 아직 돌아가지 않았다는 것을 말한 것이리라. 그 아래 글귀의

無心花裡鳥, 　무심한 꽃 속의 새는,
更與盡情啼. 　다시 더불어 정을 다하여 우네.

라고 한 것을 보니 그럴 것 같다. 산곡이나 복제의 두 설은 아마 오히려 미진한 것 같다.

[152] 염신厭新과 엽적厭翟

韓詩曰：『少年樂新知, 衰暮思故友.』[699] 李慶詩曰：『醉輕浮世事, 老重故鄕人.』[700] 語皆切着. 漢竇玄妻[701]〈艶歌〉曰：『衣不厭新, 人不厭故.』

699 | 소년낙신지(少年樂新知) 두 구 : 한유의 〈새로운 벼슬을 받고 조정에 취임하러 가는 길에 강주에 이르러 악악관찰사 이대부 정에게 띄운다(除官赴闕, 至江州, 寄鄂岳李大夫)〉로 아래는 이 시의 일부이다.

我齒落且盡, 　내 이는 바야흐로 다 빠지려 하는데,
君鬢白幾何. 　그대 귀밑머리는 얼마나 희어졌는가.
年皆過半百, 　나이 오십이 넘었으니,
來日苦無多. 　살아갈 날 슬프게도 많지 않으리.
少年樂新知, 　젊을 때에는 새사람 아는 것이 기쁘지만,
衰暮思故友. 　늙어지면 옛 친구 그립다네.
譬如親骨肉, 　예컨대 친한 골육이라도,
寧免相可不. 　때로는 서로의 의견 어긋나는 일 없지 않다네.

700 | 취경부세사(醉輕浮世事) : 《사고전서》에는 이도(李度)의 시로 《송사(宋史)》 권440 열전(列傳) 제199에 이 구절이 언급되어 있다.

701 | 두현처(竇玄妻) : 두현은 모양이 잘 생겨, 천자가 그 본처를 내보내고 다시 공주에게 새 장가를 들게 하였다고 하는데, 그 본처가 지은 시를 〈고원가(古怨歌)〉 혹은 〈염가(艶歌)〉라고 하며 아래는 이 시의 일부이다.

山谷詩曰：『人故義當親, 衣故義當補.』[702] 此反其意而尤似有味.

한유의 시에 말하기를

少年樂新知,　　젊을 때에는 새 사람 아는 것이 기쁘지만,
衰暮思故友.　　늙어지면 옛 친구 생각 한다네.

라 하였고, 이경李慶의 시에는

醉輕浮世事,　　취하면 세상 일 가볍게 여기고,
老重故鄕人.　　늙으면 고향 사람 중히 여기네.

妾日以遠,　　저는 날로 멀어지고,
彼日以親.　　그 사람은 날로 가까워졌네.
何所控訴,　　어디에다 하소연 할까,
仰呼蒼旻.　　우러러 하늘에 하소연 할 뿐.
悲哉竇生,　　비통하구나! 두현씨여!
衣不厭新,　　옷은 새것이 싫지 않지만,
人不厭故.　　사람은 옛 사람이 싫지 않다네.

702 | 인고의당친(人故義當親) 두 구 : 황정견의 〈시진숙의 52구에 차운하여(次韻時進叔二十六韻)〉이고, 아래는 이 시의 끝부분이다.

朋友半山阿,　　벗들은 절반이나 산속에 살고 있는데,
光陰共行旅.　　시간은 나와 더불어 나그네같이 지나가네.
人故義當親,　　사람을 오래 사귀었으면 마땅히 친해야 도리이고,
衣故義當補.　　옷을 오래 입었으면 마땅히 기워야 도리일 것이리.
飛鳧王令尹,　　내 날아다니는 신발을 신었던 왕교와 같은 고을원이 되어,
期我向君所.　　나로 하여금 그대 있는 곳 향하게 하였네.
君爲拂眠床,　　그대 잠잘 침상을 털어놓으니,
淹留暮城阻.　　머물러 지체하자 섬으로 들어가는 길 막혔구나.

※비부왕령윤(飛鳧王令尹) : 후한 때 왕교(王喬)가 섭현령(葉縣令)이 되었는데, 신선술이 있어 날아다니는 오리 모양으로 된 신발을 신고서 늘 날아서 서울까지 내왕하였다는 고사가 있음. 이때 이 시의 저자 황정견이 이 섭현의 현위벼슬을 하고 있었기 때문에 자기자신을 이렇게 표현하였음.

라고 하였다. 말이 모두 절실하다. 한나라 두현의 아내가 〈염가〉에서 말하기를

衣不厭新, 옷은 새것이 싫지 않고,
人不厭故. 사람은 옛 임이 싫지 않네.

라고 하였는데, 산곡의 시에는

人故義當親, 사람을 오래 사귀었으면 마땅히 친해야 도리이고,
衣故義當補. 옷을 오래 입었으면 마땅히 기워야 도리일 것이리.

라 하였다. 이것은 그 뜻을 뒤집어 말한 것이나 더욱 맛이 있는 것 같다. 한유가 〈양국공주의 만가시〉에서 말하기를

龍轜非厭翟, 상여수레는 평소에 타던 염적이 아니고,
還輾禁城塵. 그대로 대궐의 먼지 위를 굴러가누나.

라고 하였다. 주에 이轜의 음은 이而니 상여수레喪車이다. 반악의 부에 『용이가 엄숙하게 새벽 일찍이 멍에 하였다』라고 한 것이 이것이다. 엽적의 厭은 입성이다. 《주례》에 『왕후는 수레가 다섯이니, 둘째를 엽적이라고 하는데, 꿩의 깃으로 장식한 수레이다』라 하였다. 엽적은 왕후가 타는 것인데, 공주에게 엽적이란 말을 사용하는 것은 온당하지 않다. 용이龍轜의 이轜를 세속에서 '輀'로 쓰는 것은 잘못이다.

[153] 용이龍轜와 엽적厭翟

韓退之〈梁國公主挽詩〉曰:『龍轜非厭翟, 還輾禁城塵.』[703] 註:『轜音

703 | 양국혜강공주만시(梁國惠康公主挽詩) 두 구 : 한유의 〈양국혜강공주만가시(梁國惠康公主挽歌)〉이고, 아래는 이 시의 일부이다.

而, 喪車也. 潘嶽[704]賦「龍轜[705]儼以星駕.」』是也. 厭入聲.《周禮》王后五輅, 二曰厭翟, 以雉羽飾車也.[706] 按厭翟乃王后所御, 則用之於公主未穩. 轜, 俗作輀, 非.

한유가 〈양국공주의 만가시〉에서 말하기를

龍轜非厭翟, 상여수레는 평소에 타던 엽적이 아니고,
還輾禁城塵. 그대로 대궐의 먼지 위를 굴러가누나.

라고 하였다. 주에 이轜의 음은 이而니 상여수레喪車이다. 반악의 부에 『용이가 엄숙하게 새벽 일찍이 멍에 하였다.』라고 한 것이 이것이다. 엽적의 厭은 입성이다.《주례》에 『왕후는 수레가 다섯이니, 둘째를 엽적이라고 하

定謚芳聲遠, 좋은 시호를 정하여 아름다운 명성 더욱 멀리 뻗혀지고,
移封大國新. 봉작을 옮겨 새로이 큰 나라로 봉하여 주셨네.
巽宮尊長女, 임금님의 장녀로서 존경을 받으셨고,
台室屬良人. 부마는 재상의 집안이었네.
河漢重泉夜, 은하수처럼 먼 황천길 밤마다 그리움 더하고,
梧桐半樹春. 부마 홀로 남으니 마치 짝 없는 오동나무의 봄인 듯하네.
龍轜非厭翟, 상여수레는 평소에 타던 엽적이 아니나,
還輾禁城塵. 그대로 대궐의 먼지 위를 굴러가누나.
※용이(龍轜) : 궁정에서 나온 상여수레를 말함.
※엽적(厭翟) : 평소에 타고 다니던 수레인데, 적(翟)이란 꿩 깃으로 수레를 장식한 것임.
※양국양국혜강공주(梁國惠康公主) : 헌종황제의 장녀로 당시의 재상이었던 우적(于頔)의 아들 계우(季友)에게 시집 갔는데, 처음에는 보녕군주(普寧郡主)로 책봉되었다가, 죽은 뒤에 양국공주로 승격되었고, 혜강(惠康)이라는 시호도 받았음. 이때 황제가 조정에 근무하는 모든 관리들에게 만사를 짓게 하였다고 함.

704 | 반악(潘嶽, 247~300) :《오산설림(五山說林)》 주 36) 참조.

705 | 용이(龍轜) : 명나라 때 나온《동아당창려집주(東雅堂昌黎集註)》(사고전서본)에 보임. 여기서는 『厭』자의 발음을 『업[於涉反]』으로 표기하고 있으나,《한한대사전》(단국대)에는 『엽[於葉切]』으로 적고 있어 거기에 따름.

706 | 《주례》~식차야(《周禮》~飾車也) :《사고전서 · 오례통고(五禮通考)》 권9에 나옴.

는데, 꿩의 깃으로 장식한 수레이다.』라 하였다. 엽적은 왕후가 타는 것인데, 공주에게 엽적이란 말을 사용하는 것은 온당하지 않다. 용이龍轜의 이轜를 세속에서 '輀'로 쓰는 것은 잘못이다.

[154] 한유와 단약丹藥

韓昌黎誌李于墓, 歷數藥敗者以爲世誡[707], 而〈寄周員外〉詩曰 : 『金丹別後知傳得, 乞取刀圭救病身.』[708] 其言之先後不同, 何耶? 白樂天[709]詩云 : 『退之服硫黃, 一病訖不痊.』[710] 蓋譏之也.

707 | 지이우묘(誌李于墓) 두 구 : 〈고태학박사이군묘지명(故太學博士李君墓誌銘)〉, 즉 태학박사 벼슬을 한 이우라는 사람이 죽자 지어준 묘지명인데, 이 글에서 이우가 평소에 수은(水銀)을 달여 만든 단약(丹藥)을 복용하다 중독되어 죽은 사실을 지적하고 그 당시에 같은 증세로 죽은 사람들 6, 7인의 사례까지 소상하게 적고 있음. 이우는 한유의 형님의 손서(孫壻)였음.

708 | 금단별후지전득(金丹別後知傳得) 두 구 : 이 시의 원제목은 〈원주자사로 좌천되었다가 서울로 돌아가면서, 안륙 땅에 이르러, 또 다시 수주자사인 주군소(周君巢) 원외랑님께 보내는 시([自袁州還京, 行次安陸] 先寄隨州周員外)〉이고, 아래는 이 시의 전문이다.

陸孟丘楊久作塵,	육장원(陸長源)·맹숙도(孟叔度)·구영(丘穎)·양응(楊凝) 같은 옛 친구들 죽은 지 오래되니,
同時存者更何人.	지금껏 살아있는 사람 다시 또 그대 말고 누구인가?
金丹別後知傳得,	헤어진 뒤에 그대가 금단을 전해 얻었다는 것을 알았으니,
乞取刀圭救病身.	빌건대 그 의약을 가지고 병든 이 몸을 구해 주게나.

※육맹구양(陸孟丘楊) : 한유가 젊었을 때 주군소와 함께 변주(卞州 : 지금의 開封)의 지방정부에 근무하였던 친구들임.

709 | 백낙천(白樂天, 772~846) : 《지봉유설(芝峰類說)》 주 144) 참조.

710 | 퇴지복류황(退之服硫黃) 두 구 : 백거이의 〈옛일을 생각함(思舊)〉이고, 아래는 이 시의 일부이다.

閒日一思舊,	한가한 날에 옛 일을 생각하니,
舊遊如目前.	옛날 노닐던 일이 눈앞에 선하네.
再思今何在,	다시 지금 어디에 있는가를 생각해보니,
零落歸下泉.	시들어져 샘 아래로 돌아와 있네.
退之服硫黃,	한유가 유황을 복용하더니,

한유가 이우의 묘지에서, 약을 잘못 쓰다가 실패한 자들의 일을 낱낱이 적어서 세상에 대한 경계를 삼았는데, 〈주원외에게 보낸 시〉에서는 말하기를

金丹別後知傳得,	헤어진 뒤에 그대가 금단을 전해 얻었다는 것을 알았네.
乞取刀圭救病身.	빌건대 그 의약을 가지고 병든 이 몸을 구해 주게나.

라고 하였다. 그의 말이 앞과 뒤가 같지 않은 것은 무슨 까닭인가? 백낙천의 시에 말하기를

退之服硫黃,	한유가 유황을 복용하더니,
一病訖不痊.	한번 병들자 끝내 낫지 않았다

고 한 것은 아마 이것을 나무란 것일 것이다.

[155] 유가와 구양수를 통해서 본 당시와 송시의 차이

唐劉駕[711]詩云：『醉臥芳草間, 酒醒日落後. 壺觴半傾覆, 客去應已久. 不記折花時, 何得花在手.』[712] 歐陽文忠[713]詩云：『有時醉倒臥溪石, 青山白雲爲枕屛. 花間有鳥喚不覺, 日落山風吹自醒.』[714] 歐詩固好, 而視劉作

一病訖不痊.	한번 병들자 끝내 낫지 않았다네.
微之煉秋石,	원진은 추석을 정제하였으나,
未老身溘然.	늙기도 전에 갑자기 죽었다네.

711 | 유가(劉駕, 822~?) : 자는 사남(司南), 강동(江東) 사람, 대중(大中) 6년(852)에 진사가 되고 국자박사를 지냄, 《전당시》에 시 1권이 수록됨.

712 | 취와방초간(醉臥芳草間) 여섯 구 : 유가의 〈취한 후에(醉後)〉이고, 본문에 인용된 부분이 전문이다.

713 | 구양문충(歐陽文忠) : 《지봉유설(芝峰類說)》 주 151) 참조.

714 | 유시취도와계석(有時醉倒臥溪石) 네 구 : 구양수의 〈심준에게 보내며(贈沈遵)〉이

似劣, 可知唐宋之辨矣.

당나라 유가의 시에 말하기를

醉臥芳草間,	취해 향기로운 풀 속에 누웠더니,
酒醒日落後.	해가 저문 뒤에야 술이 깨었네.
壺觴半傾覆,	술병과 잔이 반은 기울어지고 엎어지고 하였으니,
客去應已久.	손님이 간지도 아마 이미 오랜가 보다.
不記折花時,	꽃 꺾은 때를 기억하지 못하는데,
何得花在手.	어째서 꽃이 손에 있을 수 있을까.

라고 하였다. 구양수의 시에

有時醉倒臥溪石,	때로는 취해서 냇가의 돌 위에 누우면,
青山白雲爲枕屛.	푸른 산과 흰 구름은 베개가 되고 병풍이 되네.
花間有鳥喚不覺,	꽃 사이에 새가 있어서 부르건만 깨이지 않더니,
日落山風吹自醒.	해 저문 뒤 산바람이 부니 저절로 깨었다네.

라 하였다. 구양수의 시가 진실로 아름다우나 유가의 시에 비하면 떨어지는 것 같다. 가히 당나라 시와 송나라 시의 차이를 알 수 있다.

고, 아래는 이 시의 일부이다.

翁歡不待絲與竹,	나는 거문고와 피리소리를 기다리지 않아도 즐겁고,
把酒終日聽泉聲.	술잔을 들고 종일토록 물소리를 듣는다네.
有時醉倒臥溪石,	때로는 취해서 냇가의 돌 위에 누우니,
青山白雲爲枕屛.	푸른 산과 흰 구름은 베개가 되고 병풍이 된다네.
花間百鳥喚不覺,	꽃 사이에 새가 있어서 부르건만 깨이지 않더니.
日落山風吹自醒.	해 저문 뒤 산바람이 부니 저절로 깨었다네.
我時四十猶强力,	내 나이 사십이나 여전히 건재하니,
自號醉翁聊戲客.	스스로 취옹이라 부르며 객과 더불어 노닌다네.

[156] 국노國老와 교부巧婦

柳子厚[715] 〈從中丞過盧少府郊居〉 詩曰 : 『蒔藥閒庭延國老, 開樽虛室値賢人.』[716] 按國老, 甘草 ; 賢人, 濁酒 ; 蓋指座客而有兩意, 佳矣. 小說有題新居一聯曰 : 『但使一枝居巧婦, 不須大廈賀佳賓.』[717] 蓋巧婦, 鳩也 ; 佳賓, 雀也. 此用『大廈成, 燕雀賀』[718] 之語, 未知誰所作也.

유자후가 〈중승을 따라 노소부의 들집을 지나면서〉 시에서 말하기를

蒔藥閒庭延國老, 　　한가한 뜰에 약초를 심어서 나라의 원로님을 맞이하고,

715 | 유자후(柳子厚) : 중당의 시인 유종원(柳宗元, 773~819). 자후는 자이다. 장안(長安) 출생이며 관직에 있을 때 한유, 유우석 등과 친교를 맺었다. 고문의 대가로 한유와 병칭되었지만 사상적 입장에서는 서로 대립되어 합리적인 입장을 취했다. 〈천설(天說)〉과 〈비국어(非國語)〉 · 〈봉건론(封建論)〉등이 대표작이며, 저서에 《유하동집(柳河東集)》 45권과 《외집(外集)》 2권 《보유(補遺)》 1권 등이 있다.

716 | 시약한정연국노(蒔藥閒庭延國老) 두 구 : 유종원의 〈영주자사(永州刺史)이신 최어사 중승님을 따라 상원현위(湘源縣尉)인 노소부의 들집에 잠깐 들러(從崔中丞, 過盧少府郊居)〉이고, 아래는 이 시의 전문이다.

寓居湘岸四無鄰, 　상강기슭에 잠시 머무르니 사방에 이웃이 없으나,
世網難嬰每自珍. 　속세의 그물에 힘들게 얽혀있어 매번 스스로를 아끼고 살았네.
蒔藥閒庭延國老, 　한가한 뜰에 약초를 심어서 나라의 원로님을 맞이하고,
開樽虛室値賢人. 　빈 방에서 주전자를 여니 좌중의 현인들에게 들어맞네.
泉迴淺石依高柳, 　샘은 얕은 돌을 돌아 높은 버드나무에 의지하고,
逕轉垂藤間綠筠. 　좁은 길은 드리워진 등나무를 돌아 푸른 대나무 사이에 있네.
聞道偏爲五禽戲, 　듣자니 오금지희(五禽之戲)를 몹시 좋아하신다고 하니,
出門鷗鳥更相親. 　문을 나서면 갈매기와 새들이 더욱 그대들과 친하리.

※오금희(五禽戲) : 호랑이 · 사슴 · 곰 · 원숭이 · 새와 같은 동작을 하는 전신체조.

717 | 제신거(題新居) : 송나라 황철(黃徹) 《공계시화(鞏溪詩話)》 『내가 친구의 집을 제목으로 삼아준 시에 「다만 한 가지를 보내어 교부를 살게 할 뿐, 큰 집을 가빈에게 제공할 것은 없네(但遣一枝居巧婦, 不殊大廈賀佳賓)」이라 되어있다.』

718 | 대하성(大廈成) 두 구 : 《회남자(淮南子)》의 〈설림훈(說林訓)〉에 나오는 『큰 집이 지어 지면, 제비와 참새가 서로 축하한다(大廈成, 而燕雀相賀)』를 줄인 말이다.

開樽虛室値賢人.	빈 방에서 주전자를 여니 좌중의 현인들에게 들어 맞네.

라고 하였다. 살펴보니 국노는 감초이고, 현인은 탁주인데 대체로 좌석의 손님을 가리키는 뜻과 감초 · 탁주를 가리키는 두 가지 뜻이 있어서 아름답다. 소설에 새집을 제목으로 한 시의 한 구절에 이르기를

但使一枝居巧婦,	다만 한가지로 하여금 교부를 살게 할 뿐이고,
不須大廈賀佳賓.	큰 집에 가빈이 축하하는 것을 바라지 않는다.

라고 하였다. 교부巧婦는 비둘기이고, 가빈佳賓은 참새다. 이것은 「큰 집이 이루어지면 제비와 참새가 축하한다.」라는 말을 쓴 것이다. 누가 지은 말인지 알지 못한다.

[157] 유우석의 〈금릉오제金陵五題 · 생공강당生公講堂〉

劉禹錫[719]詩曰 : 『猊座寂寥塵漠漠, 一方明月可中庭』[720] 按佛家謂佛座爲獅子座.[721] 獅子一名狻猊, 故曰猊座, 恐未穩. 他本或作 『高座』[722], 似是.

719 | 유우석(劉禹錫, 772~842) : 《역옹패설(櫟翁稗說)》 주 50) 참조.

720 | 예좌적요진막막(猊座寂寥塵漠漠) 두 구 : 유우석의 〈남경의 다섯 유적(金陵五題) · 생공강당(生公講堂)〉이고, 아래는 이 시의 전문이다. 〈금릉오제〉의 다섯 개의 시 [〈石頭城〉 · 〈烏衣巷〉 · 〈生公講堂〉 · 〈臺城〉 · 〈江令宅〉] 중 세 번째 시에 해당한다.

生公說法鬼神聽,	생공이 불법을 말할 때 귀신도 와서 듣더니,
身後空堂夜不扃.	죽은 뒤 빈 집에 밤에도 문을 아니 닫네.
猊坐寂寥塵漠漠,	예좌는 적적하고 티끌만이 수북이 쌓였는데,
一方明月可中庭.	한 쪽으로 비치는 달빛만이 마당을 채울 수 있을 뿐.

※생공(生公, 335~434) : 양(梁)나라의 스님으로 이름은 축도생(竺道生). 본명은 위도생(魏道生). 일찍이 소주의 호구사(虎丘寺)에서 《열반경》을 강의할 때 사람들이 모두 믿지 않아 돌을 모아놓고 이야기를 하자 돌들이 모두 고개를 끄덕였다는 전설이 있음.

721 | 사자좌(獅子座) : 《대지도론(대지도론)》 7 『부처님은 사람가운데 사자시니, 부처님께서 앉아 계시던 곳은 상(牀)이든 땅 바탕이든 간에 모두 사자좌라고 한다.』

유우석의 시에 이르기를

猊座寂寥塵漠漠, 예좌는 적적하고 티끌세상도 막막한데,
一方明月可中庭. 한쪽의 밝은 달이 안뜰에 어울린다.

라고 하였다. 불가에 의하면 불좌를 사자좌라고 한다. 고로, 사자의 다른 이름을 산예狻猊라고 하기 때문에 예좌라고 한 것인데, 아마 온당하지 못한 듯하다. 다른 책에서는 『고좌』라고 썼는데, 옳은 것 같다.

[158] 원진의 연아憐我

元稹[723] 〈寄樂天〉 詩曰 : 『惟應鮑叔偏憐我, 自保曾參不殺人.』[724] 按元

722 | 고좌(高座) : 《당시품휘(唐詩品彙)》나 일반 시화(詩話)에 흔히 이렇게 되어있음.

723 | 원진(元稹, 779~831) : 자는 미지(微之). 당나라 하남(河南: 지금의 河南省 洛陽) 사람. 열다섯 살에 진사가 된 후 원화 원년(806) 대책에서 1등을 차지하여 좌습유가 되었다. 처음에는 환관을 반대하였으나 나중에는 환관에게 아부하여 재상인 동중서문하평장사(同中書門下平章事)에까지 올랐으나, 배도와 의견이 틀려 물러나 죽을 때까지 10년 동안 남쪽 지방의 지방장관으로 좌천되어 지내다가 죽었다. 백거이와 절친하게 지냈으며 문학 이론도 비슷하여 현실을 풍자하는 신악부 운동을 전개하였다. 세상에서는 이들을 원·백으로 병칭하고, 이들의 시를 원화체(元和體)라고 하였다. 시의 내용이나 표현이 백거이와 매우 가까우나 백거이보다는 한 수 아래다. 《원씨장경집》 100권(현재는 60권만 전함)과 《소집(小集)》 10권이 전한다.

724 | 자보증삼불살인(自保曾參不殺人) 두 구 : 백거이가 증삼처럼 어진 원진 같은 친구가 사람을 죽이지 않았을 것이라고 보증을 섰다는 뜻, 원진의 〈백낙천에게 보내며 두 수(寄樂天二首)〉 중 첫 수이고 아래는 이 시의 전문이다.

榮辱升沉影與身, 영욕에 시달리다 보니 오직 남은 것은 내 몸뿐인데,
世情誰是舊雷陳. 세태와 인정은 누가 옛날 뇌의(雷義)와 진중(陳重)처럼 바르다 할 수 있으리.
惟應鮑叔偏憐我, 오직 틀림없이 포숙아(鮑叔牙)같은 그대만이 나를 편애하여,
自保曾參不殺人. 스스로 증삼이 살인하지 않았다는 것을 보증 하였네.
山入白樓沙苑暮, 산에 들어서니 백루정(白樓亭)에서 호수들의 모래 동산 저물어 가는데,

稹爲相時, 李賞[725]告稹結客刺裴度, 及訊鞫無驗. 樂天嘗上書理之,[726] 故云. 余謂此聯用事精切, 但『憐』字非本語, 改以『知我』似當.

원진의 〈백거이에게 보내며〉라는 시에 이르기를

惟應鮑叔偏憐我,	오직 틀림없이 포숙아 같은 그대만이 나를 편애하여,
自保曾參不殺人.	스스로 증삼이 살인하지 않았다는 것을 보증 하였네.

라고 하였다. 원진이 재상으로 있을 때에 이상李賞이 원진이 자객과 결탁하여 배도를 암살하려한다고 고발하였다. 죄상을 조사하였으나 증거가 없었다. 백거이가 일찍이 글을 올려서 사리를 판정하였기 때문에 그렇게 말한 것이다. 나는 이 한 연은 고사의 인용이 정묘하고도 절실하다고 생각한다. 다만 『憐』자는 본래 글자가 아닐 것이니 『知我』로 고치는 것이 마땅할 것이다.

[159] 잘못 쓰인 『오주수五株樹』

陸贄[727] 〈禁中松〉[728] 詩云 : 『不羨五株樹.』 李商隱 〈五松驛〉[729] 詩云 :

潮生滄海野塘春.	조수는 생겨나니 푸른 바다 같고 들못에 봄빛이 완연하네.
老逢佳景惟惆悵,	늙어서 아름다운 모습 만나니 한없이 안타까울 뿐,
兩地各傷無限神.	그대와 나 두 곳에 각기 처해있는 슬픔에 정신 한없이 아득해지리.

725 | 이상(李賞) : 원진이 배도를 제거하기 위하여 자객을 고용하고 있다고 배도에게 밀고했던 사람. 구체적인 이력은 미상. 이 일은 허위로 밝혀졌으나 이를 계기로 원진과 배도 두 사람이 모두 재상자리에서 물러나게 되었음.

726 | 낙천상서(樂天上書) : 백낙천이 황제에게 글을 올리다. 이때 백낙천은 요직인 중서사인(中書舍人 : 황제의 문서담당비서)자리에 있었음. 그러나 그가 황제에게 건의하였다는 글은 지금 찾아볼 수 없음.

727 | 육지(陸贄, 754~805) : 당나라의 관료이자 학자. 자는 경여(敬輿)이고, 가홍(嘉興) 출신이다. 771년 진사가 되어 화주정현위(華州鄭縣尉)에 임명되고, 이후 여러 관직을

『五松不見見輿薪.』蓋出於庾信730『山封五樹松』731 之語也. 按《緗素雜

두루 지내고 한림학사가 되어 여러 번 중요한 정책을 건의하여 지주재상 물망에 올랐으나, 간신의 반대에 막혀 승진하지 못하다가 늦게 재상이 되었다. 시호는 선(宣)이다. 저서로 그가 쓴 정책 건의서를 모 《육선공주의(奏議)》가 전하고, 의서인 《육씨집험방(陸氏集驗方)》 50권, 《시문별집(詩文別集)》 15권이 있었지만 전하지 않는다.

728 | 금중송(禁中松) : 육지의 〈궁궐의 봄 소나무(禁中春松)〉이며 아래는 이 시의 전문이다.

陰陰淸禁裏,	깊숙하고 깨끗한 궁궐 안에,
蒼翠滿靑松.	새파란 기운 봄날 솔가지에 넘치도다.
雨露恩偏近,	비와 이슬 같은 황제님의 은혜 가까이서 유독 흠뻑 받고 있는데,
陽和色更濃.	밝고 화창하니 봄빛이 더욱 짙었구나.
高枝分曉日,	높은 가지엔 새벽의 햇살 갈라지고,
靈韻雜宵鐘.	신령한 운취 저녁의 종소리에 어울려 나네.
香助鑪煙遠,	향내는 향로의 연기퍼짐을 돕고,
形疑蓋影重.	자태는 천막 덮개 그림자가 겹쳤는가.
願符千載壽,	원컨대 천년의 수를 누리리니,
不羨五株封.	다섯 그루 봉해진 나무도 부럽지 않으리.
儻得廻天眷,	만약 지극히 큰 천자님의 돌보심을 입을 수만 있다면,
全勝老碧峰.	오랜 푸른 저 봉우리보다 더욱 우뚝하리라.

729 | 〈오송역(五松驛)〉 : 아래는 이 시의 전문이다.

獨下長亭念過秦,	홀로 10리 떨어진 역에서 말에서 내려 진나라 지나간 일 생각하니,
五松不見見輿薪.	다섯 소나무는 보이지 않고 수레에 실은 섶만 보이네.
只應旣斬斯高後,	다만 틀림없이 이미 이렇게 높이 잘리고 쪼개진 후라면,
尋被樵人用斧斤.	진나라 망하자 곧 땔감을 찾는 사람들에게 도끼로 베였었겠지.

730 | 유신(庾信, 513~581) : 《지봉유설(芝峰類說)》 주 534) 참조.

731 | 산봉오수송(山封五樹松) : 유신의 〈천자님께서 종남산에 나가심에 수행하여, 우문내사께서 지은 시에 화답하여(陪駕幸終南山和宇文內史詩)〉이고, 아래는 이 시의 일부이다.

飛狐橫塞路,	비호(飛狐)는 요새 길을 가로지르고,
白馬當河冲.	백마군(白馬郡)은 황하의 요충지에 해당하네.
水奠三川石,	물에는 낙수(洛水)의 돌에 제사지내고,
山封五樹松.	산에는 다섯 그루의 소나무를 봉작하였네.
長虹雙瀑布,	긴 무지개 쌍폭포에 드리우고,
圓闕兩芙蓉.	둥근 문 두 송이 연꽃 같이 보이네.
戍樓鳴夕鼓,	망루에는 저녁 북소리 울리더니,

記》[732] 曰：『《史記》封松爲五大夫，五大夫者，秦官名.』〈秦本記〉：『五大夫陵攻趙.』[733] 又〈范雎傳〉：『遣五大夫綰伐魏.』[734] 是也. 今謂五株松，則誤矣.

육지陸贄의 〈궁궐의 소나무〉 시에는 말하기를

不羨五株樹. 다섯 그루의 봉해진 나무가 부럽지 않다.

라고 하였고, 이상은의 〈오송역〉 시에는 말하기를

五松不見見輿薪. 다섯 소나무는 보이지 않고 수레에 실은 섶만이 보이네.

라고 하였다. 아마 유신庾信의

山封五樹松. 산에 다섯 그루의 소나무를 봉작하였네.

라고 한 시에서 나온 말일 것이다. 《상소잡기》를 보니 말하기를, 『사기에 소나무를 오대부에 봉작하였다고 하였는데, 오대부는 진나라의 벼슬이름이다. 진나라의 〈본기〉에 「오대부 능이 조나라를 치다.」라고 하였고, 또

山寺響晨鐘. 산사에는 새벽 종소리 울리네.
참고 : 《유개부집전주(庾開府集箋註)》(사고전서 수록) 권4.

732 | 《상소잡기(緗素雜記)》 : 즉 《정강상소잡기(靖康緗素雜記)》. 송나라 때 왕안석(王安石)의 학통에 속하는 황조영(黃朝英)이 편찬, 풍부한 훈고학적 자료를 포함하고 있어 송대 필기체중 중요한 저작으로 손꼽힌다. 10권. 《사고전서》의 잡기류에 수록됨. 여기 인용된 말은 이 책 권3의 〈오송(五松)〉이라는 조항에 보이며, 또 여기 인용된 육지 · 이상은의 시도 모두 같은 조항에서 여기서 이야기한 것 같이 잘못 인용된 것으로 논의되고 있음.

733 | 오대부릉공조(五大夫陵攻趙) : 《사기 권5 · 진본기 제5》에 나온다.

〈범저전〉에는 「오대부 관을 보내어 위나라를 치다.」라고 한 것이 이것이다.』라 하였다. 지금 다섯 그루의 소나무라고 한 것은 잘못이다.

[160] 이하의 시 〈오립송가五粒松歌〉

李賀[735]有〈五粒松歌〉[736], 李義山詩：『松暄翠粒新.』[737] 小說曰：『粒者,

734 | 견오대부관벌위(遣五大夫綰伐魏)：《사기 권 79 · 범저채택열전(范雎蔡澤列傳) 제19》. 《사고전서》에는 『使五大夫綰伐魏』로 되어 있음.

735 | 이하(李賀, 790~816)：《학산초담(鶴山樵談)》 주 42) 참조.

736 | 〈오립송가(五粒松歌)〉：〈다섯 갈기 작은 소나무(五粒小松歌)〉, 아래는 이 시의 전문이다.

蛇子蛇孫鱗蜿蜿,	뱀 새끼, 뱀 손자 같이 껍질 구불구불하기만 한데,
新香幾粒洪崖飯.	새 향기 난 잎사귀 몇 줄기나 신선 홍애의 밥이 되었던가?
綠波浸葉滿濃光,	푸른 물결 잎에 스며들어 짙은 광채 가득하고,
細束龍髥鉸刀剪.	용의 수염 가늘게 묶어 전도질 한 것 같네.
主人壁上鋪州圖,	주인의 벽 위에는 주와 읍의 지도 같은 속된 책만 늘어놓았고,
主人堂前多俗儒.	주인의 마루 앞에는 속된 선비들만 가득하니 어찌 이 고상함 감상하랴?
月明白露秋淚滴,	달 밝고 흰 이슬 내릴때 가을 눈물 흘릴 것인데,
石筍溪雲肯寄書.	높은 산의 석순과 시내 구름 편지 보내 위로할는지?

737 | 송훤취립신(松暄翠粒新)：이상은의 시 〈4년 겨울에 포(蒲)의 영락(永樂)에 물러나 있는데, 목마르게 농부들이 풍년이 들기를 바라는 뜻을 갖게 되었다. 드디어 〈눈을 생각 한다〉는 시를 짓고, 또 〈잔설〉이라는 시를 각각 100자씩 되도록 지어 옛 친구들에게 정을 담아 띄우노라 · 잔설(四年冬, 以退居蒲之永樂, 渴然有農夫望歲之志, 遂作憶雪, 又作殘雪詩, 各一百言, 以寄情于游旧 · 殘雪)〉의 한 구절이고, 아래는 이 시의 일부이다.

落日驚侵晝,	떨어지는 해는 낮을 침범하니 놀라고,
餘光悞惜春.	남은 빛은 봄을 아끼지 못하게 하네.
簷冰滴鵝管,	처마 끝에 매달린 얼음은 아관(鵝管)으로 방울지고,
屋瓦鏤魚鱗.	지붕의 기와에는 물고기 비늘을 그려놓았네.
嶺霽嵐光坼,	재 너머 날이 개이니 따스한 기운 퍼지고,
松暄翠粒新.	날이 따뜻하니 소나무의 푸른 갈기가 새롭네.
擁林愁拂盡,	숲을 끌어안고 근심스런 마음 모두 떨쳐낼 수 있으니,
著砌恐行頻.	섬돌이 밝게 드러나면 자주 걸음하게 될까 두렵네.

鬣也. 凡松葉皆雙股, 而高麗所産每穗五鬣』[738] 云. 此蓋我國之海松也.

이하의 시에 〈오립송가〉가 있고, 이상은의 시에는

松暄翠粒新.　날이 따뜻하니 소나무의 푸른 갈기가 새롭다.

라고 한 것이 있다. 소설에 이르기를 『粒이라고 하는 것은 갈기(鬣)이다. 모든 솔잎은 두 가닥인데 고려에서 생산되는 것은 이삭마다 다섯 갈기씩 이다.』라고 하였다. 이것은 아마 우리나라의 해송을 말한 것이리라.

[161] 〈흑운黑雲〉

李賀詩云 : 『黑雲壓城城欲摧, 甲光曜日金鱗開.』[739] 王荊公[740]譏之曰 : 『旣言黑雲壓城, 則安得甲光如許乎?』[741] 楊愼[742]以荊公之言爲不然, 余意此

738 | 오렵(五鬣) : 송나라 주밀(周密)이 지은 《계신잡지전집(癸辛雜識全集)》에 실린 〈송오립(松五粒)〉에 나오는 말이다.

739 | 흑운압성성욕최(黑雲壓城城欲摧)두 구 : 이하의 시 〈안문태수의 노래(雁門太守行)〉로, 당나라 군사들이 영웅적 기개를 묘사하면서 한편으로는 자신의 공명과 애국을 완수하고자 하는 염원을 표현하고 있다. 아래는 이 시의 전문이다.

黑雲壓城城欲摧,　먹구름이 성을 짓눌러 성은 무너질듯하고,
甲光向日金鱗開.　갑옷은 햇빛에 번쩍번쩍 금비늘 펼쳐놓은 듯하네.
角聲滿天秋色里,　호각 소리는 가을 빛 완연한 하늘에 가득하고,
塞上燕脂凝夜紫.　변방병사들의 피는 엉겨 붙어 연지처럼 붉도다.
半卷紅旗臨易水,　반쯤 말린 붉은 깃발 역수를 내려다보고,
霜重鼓寒聲不起.　된서리에 얼어붙은 북은 소리가 크지 않네.
報君黃金台上意,　황금대 지은 황제의 뜻에 보답코자,
提攜玉龍爲君死.　옥룡검 뽑아 들고 황제 위해 죽으리라.

※안문(雁門) : 지금의 산서성(山西省) 대현(代縣) 안문산(雁門山) 자락에 있음. 연지(燕脂)는 연지(胭脂)이다.

참고 : 《그림과 함께하는 당시산책》, 최경진, UCN, 2001년.

740 | 왕형공(王荊公, 1021~1086) : 《백운소설(白雲小說)》 주 10) 참조.

說似是. 按《唐類函》[743] 曰 : 『城內有黑雲, 大如火星, 名曰軍精, 勿犯.』[744] 又蔡琰[745]詩曰 : 『金甲曜日光.』[746] 概言光色之盛也. 詩語蓋本於此.

이하의 시에

黑雲壓城城欲摧, 검은 구름이 성을 누르니 성이 무너지고자 하고,
甲光曜日金鱗開. 갑옷 빛이 해에 빛나니 금비늘이 열린다.

라고 하였는데, 왕형공이 나무라기를 『이미 검은 구름이 성을 눌렀다고 말하였는데, 어떻게 갑옷의 광채가 그렇게 빛날 수 있는가?』라고 하였다. 양

741 | 갑광(甲光) : 사고전서 《문헌통고(文獻通考)》 권242 ; 『왕안석은 말한다. 이것은 아이들의 말과 같으니 앞뒤가 서로 부합하지 않는다. 바야흐로 검은 구름이 이와 같았다면 어찌 햇빛에 비치는 갑옷 빛이 있을 수 있겠는가?(王安石曰 : 是兒言不相副也. 方黑雲如此, 安得向日之甲光也?)』

742 | 양신(楊愼, 1488~1559) : 《지봉유설(芝峰類說)》 주 34) 참조.
여기 인용된 이야기는 《승암시화 · 권9》에 나오는데 다음과 같다. 『송나라의 늙은 두건쟁이는 시를 알지 못한다. 군대가 성을 둘러싸면, 반드시 괴상한 구름이 기상을 변화시킨다. 옛날 사람이 홍문(鴻門 : 항우와 유방이 대치하던 곳)을 읊었는데 「동쪽 용은 흰 햇빛에 나나 서쪽 용은 비에 젖네」라고 하는 구절이 있는데, 이러한 뜻을 이해하고 있다. 내가 전(滇 : 곤명시 서남쪽)에 있을때 마침 안 · 봉(安鳳)의 변이 나서 포위된 성안에 있는데, 해무리가 두겹이나 되었고 그 곁에는 검은 구름이 모기떼와 같이 몰려있는 것을 보고서 비로소 이하(李賀)시가 사물을 잘 묘사하고 있음을 믿게 되었다.(安老頭巾不知詩. 凡兵圍城, 必有怪雲變氣, 昔人賦鴻門有「東龍白日西龍雨」之句, 解此意矣. 余在滇, 値安鳳之變, 居圍城中, 見暉兩重, 黑雲如蛟在其側, 始信賀之詩善物狀也.)』

743 | 《당류함(唐類函)》 : 200권, 명나라 유안기(兪安期) 편. 당나라 때 나온 《통전(通典)》, 《예문유취(藝文類聚)》, 《초학기(初學記)》, 《북당서초(北堂書鈔)》, 《백공육첩(白孔六帖)》 같은 참고도서[類書類] 들 중에서 중복되는 내용을 삭제하고 당나라 때의 문물제도 같은 것을 이해하기 편하도록 엮은 책. 《사고전서》의 유서류(類書類)의 존목(存目)에 수록됨.

744 | 군정(軍精) : 여기에 인용된 말은 《북당서초》에 나온 말을 옮겨둔 것임. 『병서에 이르기를 구름이 해와 달 같이 밝고, 붉은 기운이 땅을 둘러쌀 때에는 공격하면 안된다. 성안에…(兵書云 : 雪如日月, 有赤氣繞地, 不可攻, 城內…)』

신은 형공의 말을 그렇지 않다고 하였다. 내 생각에도 양신의 설이 옳은 것 같다. 《당류함唐類函》에 따르면 『성 안에 검은 구름이 있으니, 크기가 화성과 같았다. 이름을 군정이라고 한다. 침범하지 말라.』고 하였고, 또 채염蔡琰의 시에 말하기를

金甲曜日光.　　　황금 갑옷이 햇빛에 빛난다.

라고 한 것은 대체로 광채와 빛이 성대한 것을 말한 것이다. 이 시의 말은 아마 여기에서 비롯되었을 것이다.

[162] 귀갑龜甲

李長吉詩曰 : 『龜甲屛風醉眼纈.』747 按《洞冥記》748, 漢武起神明臺, 臺

745 | 채염(蔡琰) : 《동인시화(東人詩話)》 주 61) 참조.

746 | 금갑요일광(金甲耀日光) : 채염의 〈비분시(悲憤詩)〉이고, 아래는 이 시의 일부이다.

卓衆來東下,　동탁의 무리 동으로 내려오니,
金甲耀日光.　황금 갑옷이 햇빛에 빛나네.
平土人脆弱,　중원의 백성들 취약한데,
來兵皆胡羌.　몰려오는 군사들은 모두 오랑캐들이라.
獵野圍城邑,　휘몰아쳐 성읍을 포위하니,
所向悉破亡.　향하는 곳마다 모두 폐허가 되네.
斬截無孑遺,　베이고 잘려 어느 것 하나 남아있지 않고,
尸骸相撐拒.　시체 해골들만 어지럽게 쌓여있네.

747 | 구갑병풍취안힐(龜甲屛風醉眼纈) : 이하의 시 〈나비는 날고(胡蝶飛)〉이고, 아래는 이 시의 전문이다.

楊花扑帳春雲熱,　버들 꽃 장막을 스쳐 봄날 구름 뜨거워지는데,
龜甲屛風醉眼纈.　거북장식 병풍 안에는 얼룩무늬 곱게 염색한 옷 입은 여인.
東家胡蝶西家飛,　동쪽 집 나비 서쪽 집으로 날아 들어오니,
白騎少年今日歸.　백마 탄 젊은이 오늘 돌아오겠네.

※취안힐(醉眼纈) : 취힐(醉纈)은 본래 긴 비단(綵)의 중간을 군데군데 묶어서 염료에 담갔다가 풀어내서 원래의 색깔과 염료의 색깔이 얼룩얼룩하게 어울리도록 염색하는 방법을 가리키나 여기서는 얼룩무늬로 곱게 염색한 옷을 입은 여인을 뜻한다.

上設金牀象席龜甲屛風[749]. 《述異記》[750] 云龜甲香, 卽桂香之善者.

이하의 시에 이르기를

龜甲屛風醉眼纈.　　귀갑병풍이 취한 눈에 무늬를 짓는다.

라고 하였다. 《동명기洞冥記》에 따르면 『한 무제가 신명대에 기거하는데, 대 위에는 금으로 만든 침상과 상아로 만든 좌석과 귀갑병풍을 설치해 놓았다』고 하였다. 《술이기述異記》에 말하기를 『귀갑향은 계향의 좋은 것이다.』라고 하였다.

[163] 고항의 〈신라 사신 가심을 송별하며送使新羅〉

顧況[751] 〈送使新羅〉[752] 詩曰 : 『鬒髮成新髻, 人參長舊苗.』 蓋東方俗以

748 | 《동명기(洞冥記)》 : 곽헌(郭憲)이 지은 지괴소설이다. 한(漢)대 작품이라 알려졌으나 후에 위진남북조 시기의 작품으로 확인되었다.

749 | 귀갑병풍(龜甲屛風) : 《동명기》에 따르면, 한 무제가 신명대(神明臺)라는 누대를 만들었는데, 그 위에 여러 가지 옥을 섞어서 거북 껍질처럼 장식한 병풍을 놓았다고 한다.

750 | 《술이기(述異記)》 : 기괴한 일을 기록한 소설. 남조(南朝) 양(梁)나라의 임방(任昉)이 지은 것으로 알려져 왔지만, 내용 가운데 그가 죽은 뒤의 글이 있어 후인이 편찬한 것으로 추정된다. 2권.

751 | 고황(顧況, 725~814) : 당 말기의 시인으로 신라의 최치원이 따랐던 선배임. 자는 포옹(逋翁), 호는 화양진일(華陽眞逸), 소주(蘇州) 해염(海鹽) 사람. 지덕(至德)연간에 진사가 되어 저작랑(著作郞)까지 지냈다. 성격이 해학적이어서 자주 시로써 권문세가들을 풍자하여 요주사호(饒州司戶)로 폄적되었다가 후에 아산(茅山)에서 은거하였다. 산수화를 잘 그렸으며 해서(楷書)와 행서(行書)에 뛰어났다. 그의 시는 평이하고 유창하였다. 시문집과 화평(畵評)이 있었으나 이미 산일되었다. 명대 사람이 집록한 《화양집(華陽集)》이 있다.

752 | 〈송사신라(送使新羅)〉 : 〈종형께서 신라사신으로 나가심에 송별하며(送從兄使新羅)〉이고, 아래는 이 시의 일부이다.

絲紒辮鬚, 其來久矣. 人參亦新羅所産, 故云.

고항의 〈신라의 사신으로 가는 것을 송별하며〉라는 시에 이르기를

鬚髮成新髻, 수염과 모발은 새로운 묶음을 이루고,
人參長舊苗. 인삼은 옛 싹이 길겠지.

라고 하였다. 아마 우리나라의 풍속에 실올로 엮머리를 땋는 것은 그 유래가 오래인 것 같다. 인삼도 또한 신라의 생산이므로 그렇게 말한 것이다.

[164] 반희의 〈도소부擣素賦〉

唐詩『復恐匆匆說不盡, 行人臨發又開封』[753], 世謂絶唱. 按班姬[754]〈擣

幾路通圓嶠, 몇 몇 길이나 발해의 신선산 원교와 통할 것인가?
何山是沃焦. 어느 산이 동해의 옥초산 일까?
颶風晴汩起, 폭풍우는 날 개었는데도 어지럽게 생겨날 것이고,
陰火暝潛燒. 귀신불은 컴컴한 데서 몰래 타고 있으리.
鬚髮成新髻, 수염과 모발은 새로운 묶음을 이루고,
人參長舊苗. 인삼은 옛 싹이 길겠지.
扶桑銜日近, 부상이 해를 물고 있는 곳에 가까워지고,
析木帶津遙. 석목땅 나루터를 끼고 있는 곳에서 멀어지겠네.

※옥초(沃焦) : 큰 바다 밑에 있다는 산인데, 아래에 있는 지옥의 불길로 인해 이 산의 돌들이 달구어져서 바닷물을 무한히 삼켜댄다고 한다.

※석목(析木) : 동쪽 하늘의 별자리 이름으로 중국의 동북쪽 연(燕)지방과 서로 통한다고 생각하는데, 그 지방에 석진(析津)이라는 지명이 지금의 북경시 안에 있었다고 함.

753 | 부공총총설부진(復恐怱怱說不盡) 두 구 : 장적(張籍)의 시 〈추사(秋思)〉로, 평담하고 자연스러우면서도 정련된 시어로 고향에 대한 그리움을 표현하고 있다. 아래는 이 시의 전문이다. 《그림과 함께하는 당시산책》, 최경진, UCN, 2001년, 참조.

洛陽城里見秋風, 낙양성에 가을바람 불어,
欲作家書意萬重. 고향집에 편지 쓰려하니 만감이 교차하네.
復恐怱怱說不盡, 서두르다 할 말 다 못했을까,

素賦〉云:『書旣封而重題, 笥已緘而更結.』[755] 乃知出於此也.

당시에

復恐匆匆說不盡, 서두르다 할 말 다 못했을까,
行人臨發又開封. 나그네 떠나려 하는데 봉함 뜯고 다시 읽어보네.

라고 한 것은 세상에서 절창으로 불린다. 반희의 〈도소부〉에 따르면

書旣封而重題, 편지를 이미 봉하였다가 다시 뜯어 거듭 적고,
笥已緘而更結. 옷상자 이미 닫았다가 풀어보고는 되묶어 봅니다.

라고 하였다. 이에 여기에서 나온 것임을 알 수 있다.

[165] 왕건의 〈궁사宮詞〉의 입월入月

王建[756] 〈宮詞〉[757] 曰:『密奏君王知入月, 喚人相伴洗裙裾.』[758] 按醫書

行人臨發又開封. 나그네 떠나려 하는데 봉함 뜯고 다시 읽어보네.
※장적(張籍, 766~830):《지봉유설(芝峰類說)》 주 138) 참조.

754 | 반희(班姬):《동인시화(東人詩話)》 주 61) 참조.

755 | 서기봉이중제(書旣封而重題) 두 구: 반첩여의 〈도소부〉 중 일부이다.
表織手於微縫, 알뜰히 꿰맨 것이어서 제 섬섬옥수를 움직인 표가 날 것이니,
庶見跡而知心. 바라옵건대 이 바느질 자취를 보고서 제 마음 알아주소서.
計脩路之遐夐, 긴 길 멀고도 아득함을 계산하여 보니,
恐芳菲之易泄. 아마도 향기로운 정성이 쉽게 흘러버릴까 두렵나이다.
書旣封而重題, 편지를 이미 봉하였다가 다시 뜯어 거듭 적고,
笥已緘而更結. 옷상자 이미 닫았다가 풀어보고는 되묶어 봅니다.
慙行客而無言, 이 길손에게도 부끄러워 말 못하고,
還空房而掩咽. 빈방에 돌아와서 목메어 웁니다.

756 | 왕건(王建, 767~830): 자는 중초(仲初)이고 하남성 영천(穎川: 현재의 許昌) 사람

以産滿[759]爲入月；而此入月，說者謂月事也.《堯山堂外紀》[760]：『陶穀奉使江南，韓熙載遣家妓奉盥匜. 及朝，以書謝曰：「巫山之麗質初臨，霞侵鳥道；洛浦之妖姿自至，月滿鴻溝.」擧朝不能會其辭，召妓訊之，云：「是夕忽當浣濯.」』[761] 是也.

이다. 대력(大歷) 10년(775)에 진사가 되어 섬주사마(陝州司馬)등의 관직을 했다. 장적과 나란히 악부시에 능하고 사회현실을 반영한 시가 많았다. 궁중안의 모습을 그린 〈궁사(宮詞)〉 100수가 유명하다. 문집으로는 《왕사마집(王司馬集)》 8권이 있으며 시집 10권이 전해진다.

757 | 궁사(宮詞) : 《지봉유설(芝峰類說)》 주 519) 참조.

758 | 밀주군왕지입월(密奏君王知入月) 두 구 : 왕건의 〈궁사 일백수(宮詞一百首)〉 중 제 59수이다.

禦池水色春來好,	궁궐 연못의 물빛은 봄이 되어 아름답고,
處處分流白玉渠.	곳곳에서 흘러나오는 물은 백옥으로 된 도랑에 넘치네.
密奏君王知入月,	남몰래 임금께 아뢰어 입월을 알리고,
喚人相伴洗裙裾.	사람을 불러서 서로 벗하여 치마의 뒷자락을 씻네.

759 | 산만(産滿) : 《부인대전양방(婦人大全良方) · 권16》의 〈입월예비약물(入月豫備藥物)〉을 보면 모두 아이를 낳을 때 준비하는 약물들이다.

760 | 《요산당외기(堯山堂外紀)》 : 《지봉유설(芝峰類說)》 주 63) 참조.

761 | 도곡~완탁(陶穀~浣濯) : 《요산당외기 권42 · 宋》에 나오는 말이다. 『도상서가 강남지역으로 사신으로 가던 날 한희재가 자기 집에 있는 기생을 보내어서 시중들게 했더니, 저녁에는 와서 수청을 들지 않고, 그 다음날 아침에야 편지로서 사죄하기를, 「무산의 선녀와 같은 아리따운 몸으로 처음 모실까 하였더니, 노을이 새 날아다니는 길을 침노하였고, 낙수 여신의 요염한 자태로 스스로 왔으나 달이 넓은도랑을 가득 채웠습니다」라고 하였다. 온 조정의 벼슬아치들이 그것이 무슨 뜻인지 알지 못하였는데, 한희재가 그 때문에 그 기생을 불러서 심문하니 「이 날 저녁에 갑자기 빨래거리가 생겼습니다」라고 하였다. (陶尙書奉使江南日，韓熙載遣家妓奉盥匜. 及旦，以書謝云：「巫山之麗質初臨，霞侵鳥道; 洛浦之妖姿自至，月滿鴻溝.」擧朝不能會其辭，熙載因召家妓訊之，云：「是夕忽當浣濯.」)』

※도상서(陶尙書) : 이름은 곡(穀), 자는 수실(秀實), 오대의 후주(後周)에서 병부시랑을 지냈는데, 송나라에 들어와서 호부상서를 받았으며 《청이록(淸異錄)》이라는 저서가 있음.

※한희재(韓熙載) : 오대시대의 재상으로 그가 평상시에 집에 여러 기생들을 데리고 잘 놀고 있다는 소문을 임금이 듣고 몰래 화공을 보내 그 광경을 그려서 바치게 하였다는 〈한희재야연도(夜宴圖)〉의 주인공.

왕건의 〈궁사〉에 이르기를

密奏君王知入月,　　남몰래 임금께 아뢰어 입월을 알리고,
喚人相伴洗裙裾.　　사람을 불러서 서로 벗하여 치마의 뒷자락을 씻네.

라고 하였다. 의서에 따르면 출산준비 하는 것을 입월이라고 한다. 여기에서 말한 입월은 월사를 말한다. 《요산당외기堯山堂外紀》에 『도곡이 봉명사신으로 강남에 가게 되었을 때에, 한희재가 자기 집 기녀를 보내어 시중들게 하였더니, 아침이 되어 편지로 사절하기를 「무산의 고운 자질이 처음 이르렀으나 놀이 조도를 침노하였고, 낙포의 요염한 자태가 스스로 왔으나, 달이 홍구에 가득하다.」라고 하였다. 온 조정이 그 말의 뜻을 알 수가 없어서 기녀를 불러 물으니, 「이날 저녁에 갑자기 세탁을 해야 할 일을 당하였습니다.」고 말하였다.』라고 한 것이 이것이다.

[166] 백타白打와 보타步打

王建〈宮詞〉:『寒食內人長白打, 庫中先與撒金錢.』[762] 韋莊〈淸明〉詩曰:『上相閒分白打錢.』[763] 是也. 白打, 蘇東坡以爲搏擊之意[764], 陸放翁

762 | 한식나인장백타(寒食內人長白打) 두 구 : 위의 시 〈궁사 일백수〉 중 제 88수이다.
宿妝殘粉未明天,　　밤 화장에 분 냄새 옅은 궁녀들 아직 날이 밝지 않았는데,
總在朝陽花樹邊.　　모두 조양궁의 꽃나무 곁에 서있네.
寒食內人長白打,　　한식에 나인들이 백타놀이에 뛰어나,
庫中先撒與金錢.　　창고 속에서 먼저 금전을 나누어 주네.
※백타(白打) : 공차기. 두 사람이 마주 서서 장난으로 차는 것을 『백타』라 하고, 두 사람이 평지에서 힘을 다투어 차는 것은 보타(步打)라고 하며, 세 사람이 힘을 다투면서 차는 것을 『관장(官場)』이라고 함. 일설에 따르면, 백타를 손으로 하는 무술로, 보타를 막대로 공을 치는 일종의 골프로 보는 견해도 있으나 여기에서는 공을 차며 노는 일종의 유희로 보는 것이 옳을 듯하다.

763 | 상상한분백타전(上相閒分白打錢) : 위장(韋莊)의 시 〈청명(淸明)〉으로, 아래는 이 시의 전문이다.

以爲似是博戱765,《稗史》766 以爲宮中鬪戱, 此皆臆料之言. 余按王建〈宮詞〉又曰 :『寒食宮人步打毬767.』768 侯喜詩曰 :『可惜寒食毬.』769 蓋唐

蚤是傷春夢雨天, 일찍이 봄의 꿈은 비가 내려 상하였으나,
可堪芳草更芊芊. 아름다운 꽃과 풀들 더욱 무성함을 견딜만하네.
內官初賜淸明火, 내관들에게는 먼저 청명화(淸明火) 내려주시고,
上相閒分白打錢. 높은 재상님 한가롭게 백타놀이 엽전 나누네.
紫陌亂嘶紅叱撥, 서울 큰집에서는 홍질발(紅叱撥) 시끄럽게 울고,
綠楊高映畵秋千. 푸른 버드나무는 높게 빛남이 꼭 그네를 그린 듯하네.
游人記得承平事, 놀던 사람들이 옛날 태평성세의 일 기억해낼 수 있어,
暗喜風光似昔年. 이 풍경 옛날과 흡사해 몰래 즐거워하리.

※청명화(淸明火) : 당나라 때 궁중에서 근신(近臣)들에게 느릅나무(楡柳) 불을 청명날 내려주는 습관이 있었는데, 양기(陽氣)에 잘 순응하라는 의미였다고 함.《산당사고(山堂肆考)》권10

※홍질발(紅叱撥) : 당 현종 때 대원(大苑)에서 진상한 천리마 6필 중 가장 좋은 말.

764 | 박격(搏擊) : 주먹으로 치는 것.

765 | 박희(博戱) : 놀음. 육방옹(陸放翁 : 육유)의 관련된 이야기는 미상.

766 | 패사(稗史) : 정사에 수록되지 않는 잡사를 말함. 명나라 왕기(王圻)가 지은《패사휘편(彙編)》(175권)이라는 책인지는 알 수 없음.

767 | 타구(打毬) : 말을 타고 공을 치며 노는 유희의 일종.

768 | 한식궁인보타구(寒食宮人步打毬) : 〈궁사 100수〉 중 제 13수이다.

殿前鋪設兩邊樓, 궁궐 앞 양쪽 누대에 전 펼쳐 놓고,
寒食宮人步打球. 한식에 궁인들이 보타구 놀이를 하네.
一半走來爭跪拜, 한 무리는 달려와 다투어 꿇고 절하고,
上棚先謝得頭籌. 누대로 올라가서 첫 번째 상에 감사를 드리네.

769 | 가석한식구(可惜寒食毬) : 《전당시》 권791 제12수 한유의 〈석정연구(石鼎聯句)〉 중 후희(侯喜)가 지은 부분이다. 연구(聯句)란 한시(漢詩)에서 여러 사람이 모여 구(句)를 이어가며 만드는 것으로 한 사람이 1구씩 만들거나 2구 또는 4구씩 만드는 것 등 여러 가지 형식이 있으며 한(漢)나라 무제(武帝) 때의 〈백량대연구(柏梁臺聯句)〉가 효시이다. 연구(聯句)는 당(唐)나라 때에 와서도 성행하였으며, 그 체(體)가 정해진 것은 한유(韓愈) 때이다. 위 시가 인용된 부분을 보면 아래와 같다.

可惜寒食毬, 안타깝구나 한식날의 엽전이,
擲此傍路坑. 이 곁길의 갱도에 버려져 있다니. 侯喜
何當出灰灺, 어쩌다가 재를 버릴 때를 만났는가,
無計離瓶罌. 구멍 속에서 꺼낼 계책이 없구나. 軒轅彌明
陋質荷斟酌, 보잘 것 없는 바탕은 짐작하기에도 부담스러워,
狹中愧提擎. 좋은데서 꺼낸다는 것도 부끄럽구나. 劉師服

俗以寒食打毬故也. 又小說, 唐僖宗能步打云云, 疑卽打毬也.

왕건의 〈궁사〉에

寒食內人長白打, 　한식에 나인들이 백타놀이에 뛰어나,
庫中先與撒金錢. 　창고 속에서 먼저 엽전을 나누어 주네.

라고 하였다. 위장의 〈청명〉시에 이르기를

上相閒分白打錢. 　높은 재상님이 한가롭게 백타놀이 엽전을 나눈다.

라고 한 것이 이것이다. 백타를 소동파는 친다는 뜻이라고 하였고, 방옹(放翁)은 도박인 것 같다고 하였다. 《패사稗史》에서는 궁중의 유희라고 하였다. 이는 모두 억측한 말이다. 왕건의 궁사에 또 말하기를,

寒食宮人步打毬. 　한식에 궁인들이 제기 차며 가네.

라고 하였고, 후희侯喜시에는 말하기를

可惜寒食毬. 　안타깝구나! 한식날의 엽전이.

라고 하였다. 아마 당나라의 풍속에 한식에는 제기차기打毬 놀이를 하였기

豈能煮仙藥, 　어찌 신선의 약 다릴 것인가?
但未汙羊羹. 　다만 양고기 국이라도 잘못되지 않았으면. 侯喜
※〈석정연구(石鼎聯句)〉: 형산(衡山)의 도사 헌원미명(軒轅彌明)과 진사 유사복(劉師服), 교서랑 후희(侯喜) 세 사람이 유사복의 집에서 돌로 된 솥(石鼎)을 소재로 지은 것으로 한유가 정리하고 서문을 썼는데, 흔히 도사 헌원미명은 곧 한유 자신일 것이라고 전함.

때문일 것이다. 또 소설에 당 희종僖宗이 보타步打를 잘하였다 운운 한 것이 바로 제기차기가 아닌가 생각한다.

[167] 옥노玉奴와 호금胡琴

牛僧孺[770]《周秦行記》曰 :『香風引到大羅天, 月地雲階拜洞仙.』[771] 東坡詩 :『月地雲階漫一樽, 玉奴終不負東昏.』[772] 此蓋用僧孺事. 玉奴作玉兒, 是也.

770 | 우승유(牛僧孺, 779~847) : 자는 사암(思黯), 안정(安定 : 지금의 甘肅省) 출생. 805년 진사에 급제하여 고공원외랑(考功員外郞). 어사중승(御史中丞)을 역임하고, 목종(穆宗)의 신임을 받아 823년 재상이 되었다. 이종민(李宗閔)과 손을 잡고 붕당(朋黨)을 만들어 이덕유(李德裕) 일파와 정쟁을 벌였다. 이것이『우이(牛李)의 당쟁』이다. 841년 무종(武宗)이 즉위하고 이덕유가 재상이 되자 실권을 잃고 한때 지방으로 좌천되기도 하였으나, 뒤에 다시 돌아와서 태자소사(太子少師)로 있었다. 전기소설《주진행기(周秦行記)》·《현괴록(玄怪錄 : 幽怪錄)》의 저자로 전하여지지만 확실하지는 않다.

771 | 향풍인도대라천(香風引到大羅天) 두 구 :《주진행기(周秦行記)》에 실려 있는 시로, 아래는 이 시의 전문이다.

香風引到大羅天, 향기로운 바람이 인도하여 대라천에 이르러,
月地雲階拜洞仙. 월세계와 구름의 계단에서 동선에게 절하네.
共道人間惆悵事, 함께 인간세상의 한탄스러운 일을 말하니,
不知今夕是何年. 오늘 밤이 어느 해인가 알 수 없다네.

※대라천(大羅天) : 도가에서 신선이 노는 하늘.
※동선(洞仙) : 신선. 흔히 동굴에 살기 때문에 동선이라고 함.

772 | 월지운계만일준(月地雲階漫一樽) : 소식(蘇軾)의 시 〈양공제 봉의님의 매화 십 수에 차운하다(次韻楊公濟奉儀, 梅花十首)〉 중 네 번째 수이다.

月地雲階漫一樽, 달세계 구름계단에서 술 한 주전자로 만유하니,
玉奴終不負東昏. 옥노가 마침내 동혼후를 저버리지 않았네.
臨春結綺荒荊棘, 봄 맞아 거친 가시나무에 비단 무늬 놓이니,
誰信幽香是返魂. 그윽한 향은 바로 그 영혼 불러왔음을 누가 믿으리오.

※옥노(玉奴) : 남조의 제(齊)나라의 마지막 황제 소보권(蕭寶卷)의 후궁인 범비(范妃)의 어릴 때 이름이 옥아(玉兒)였기 때문에 이렇게 부르기도 함.
※동혼후(東昏侯) : 소보권이 황음무도하여 나라를 잃고 죽음을 당한 뒤에 얻은 시호, 범비가 함께 죽었음.

우승유牛僧孺의 《주진행기周秦行記》에 이르기를 『향기로운 바람이 인도하여 대라천에 이르러, 월세계와 구름의 계단에서 동선에게 절하네』라고 하였다. 동파시에

月地雲階漫一樽, 달세계 구름계단에서 술 한주전자로 만유하니,
玉奴終不負東昏. 옥노가 마침내 동혼후를 저버리지 않았네.

라고 하였다. 이것은 아마 승유의 고사를 인용한 것일 것이다. 옥노는 옥아로 쓰는 것이 옳다.

[168] 호금과 비파

唐詩曰 : 『胡琴琵琶與羌笛.』773 按《韻府》曰 : 『琵琶本胡中馬上樂, 一

773 | 호금비파여강적(胡琴琵琶與羌笛) : 잠삼의 시 〈백설가, 무판관이 서울로 돌아감에 송별하며(白雪歌, 送武判官歸京)〉이고, 아래는 이 시의 일부이다. 이 작품은 잠삼의 변새시 중 대표작으로 변방지역에서 생활하는 시인의 고통과 송별의 정경을 핍진하게 묘사한 가행체 송별시이다. 천보 14년(755)에 지어진 것으로 추정된다.

將軍角弓不得控, 장군은 뿔 활시위를 당길 수 없고,
都護鐵衣冷難着. 도호는 쇠 갑옷 차가와 입기 어렵네.
瀚海闌干百丈冰, 큰 사막에는 백장 되는 얼음이 어지러이 널려 있고,
愁雲慘淡万里凝. 시름겨운 구름은 참담히 만 리에 엉켜 있네.
中軍置酒飲歸客, 중군에서 술을 내어 돌아가는 객에게 마시게 할 적에,
胡琴琵琶與羌笛. 호금과 비파에 오랑캐 피리소리 어우러지네.
紛紛暮雪下轅門, 저녁 눈이 어지러이 군문(軍門)에 내리고
風掣紅旗凍不翻. 바람 몰아쳐도 붉은 깃발은 얼어서 펄럭이지 않네.

※한해(瀚海) : 큰 사막.
※난간(闌干) : 종횡으로 어지러이 널려 있음.
※백장(百丈) : 얼음의 두께를 과장하여 한 말.
※호금(胡琴) : 당나라 때 『호인(胡人)의 현악기』라는 뜻으로 비파(琵琶)를 호금이라고 하였고, 원나라 때 호궁에 드는 현악기로서 호금이라는 악기가 처음 생겨났다. 형태는 숟가락 모양의 통으로 된 것과 원통 모양의 통으로 된 것으로 크게 나뉘며 숟가락 모양의 호금은 현이 두 개 있어 해금(奚琴)이라고도 하였으나 현재는 거의

名胡琴.』《唐・樂志》: 文宗朝, 內臣鄭中丞善胡琴, 卽琵琶也. 此詩乃以胡琴[774]・琵琶分而兩之, 何耶?

당시에 이르기를

胡琴琵琶與羌笛. 　　호금과 비파에 오랑캐 피리소리 어우러지네.

라고 하였다.《운부韻府》에 따르면『비파는 본래 오랑캐가 말 위에서 타는 악기이니, 다른 이름을 호금이라고 한다.』고 하였다.《당・악지唐・樂志》에『문종조에 내신 정중승이 호금을 잘 탄다. 호금은 즉 비파다.』라고 하였다. 이 시에서는 이에 호금과 비파를 두 가지로 나누었으니 무슨 까닭일까.

[169]『聞』자의 출처

白樂天詩曰 :『聞健且閒行.』[775] 又『園林亦要聞閒置』[776]. 張籍詩曰 :

쓰이지 않는다. 원통 모양의 호금은 명・청나라 때 널리 사용되어 중국극(中國劇)・속곡(俗曲) 등에서는 없어서는 안 되는 악기였으며 특히 경극(京劇)에서는 중심 악기가 되었다. 통의 모양과 크기, 현의 수 등에 따른 여러 종류가 있고 각기 별개의 이름을 갖고 있었으나 현재의 호금은 아주 작은 원통의 통으로 되었으며 경호(京胡)라고도 한다. 길이 약 50cm, 통의 윗면을 뱀가죽으로 메우고 말총으로 만든 약 70cm의 활로 탄다.

※비파(琵琶) : 한국・중국・일본등지에 분포되어 있는 발현악기로 거의가 비슷한 모양을 하고 있는데, 이는 상고시대에 중국을 정점으로 동남아 일대로 퍼져 나갔기 때문인 것으로 추측된다. 그러나 이도 중국 본래의 악기가 아니라 서역에서 건너온 것으로 여겨지며, 그 이름도 서방의 말을 한자로 옮긴 것이라는 설이 지배적이다.《석명(釋名)》에는『비파는 밖으로 내타면 비(琵)요, 안으로 디려타면 파(琶)라고 한 까닭에 붙여진 이름이다』라고 하였다.

774 | 차시내이호금(此詩乃以胡琴) : 사고전서에는 송나라 진양(陳暘)이 편찬한《악서(樂書)・권128》에 인용된 부분이 보인다.

775 | 문건차한행(聞健且閑行) : 백거이(白居易)의 시〈만기(晩起)〉이고, 아래는 이 시의 전문이다.

『聞晴曬曝舊芳茵.』777 王建詩曰 : 『聞身强健且爲, 頭白齒落難追.』778 又

起晩憐春暖, 늦게 일어남은 봄의 따스한 기운을 아까워하기 때문이고,
歸遲愛月明. 천천히 돌아감은 달의 밝음을 사랑하기 때문일세.
放慵長飽睡, 게으름을 피우며 실컷 잠을 자고,
聞健且閑行. 건강한 틈을 타서 그런대로 한가히 살아야지.
北闕停朝簿, 조정에서 관리의 명부에서 이름을 빼고는,
西方入社名. 불도 모임에 들어 이름을 올리네.
唯吟一句偈, 오로지 경문 한 구를 읊조리니,
無念是無生. 생각하지 않는 것이 바로 무념(無念) 무멸(無滅)이라는 것을.

776 | 원림역요문한치(園林亦要聞閑置) : 백거이의 시 〈호부양시랑에게 동쪽 인근의 왕씨의 집을 사도록 권하는 글을 시로써 대신하다(以詩代書, 寄戶部楊侍郞, 勸買東鄰王家宅)〉이고, 아래는 이 시의 전문이다.

勸君買取東鄰宅, 그대에게 동쪽에 인근한 집을 사라고 권하노니,
與我衡門相並開. 나와 나무로 가로지른 대문을 나란히 열어두고 살아보세.
雲映嵩峰當戶牖, 구름은 숭산 봉우리에서 집의 창문을 비추고,
月和伊水入池臺, 달은 이수에서 우리 연못으로 들어오리.
林園亦要聞閒置, 원림은 또한 한가로울 때 만들어 둘 필요가 있고,
筋力應須及健廻. 근력은 모름지기 건강하게 되돌려야만 하네.
莫學因循白賓客, 인순고식한 백낙천을 본받지 게나,
欲年六十始歸來. 나이 60에 비로소 돌아가고자 하는.

777 | 문청쇄폭구방인(聞晴曬曝舊芳茵) : 《사고전서》에는 장적이 아니라 왕건(王建)의 〈추일후(秋日後)〉로 되어 있다. 아래는 이 시의 전문이다.

住處近山常足雨, 집근처 산에는 늘 비가 흠뻑 내리기에,
聞晴煞曝舊芳茵. 날이 갠 틈을 타서 낡은 꽃방석을 쬐네.
立秋日後無多熱, 입추가 지난 뒤라 날은 많이 덥지 않지만,
漸覺生衣不著身. 차츰 얇은 옷에 맞지 않음을 깨닫네.
※생의(生衣) : 삶지 않은 명주로 만든 여름 옷.

778 | 문신강건차위(聞身强健且爲) 두 구 : 왕건의 시 〈강남삼대사 네수(江南三臺詞, 四首)〉이고, 아래는 이 시의 제3, 4수이다.

樹頭花落花開, 나무에는 꽃이 피고 지고,
道上人去人來. 길에는 사람들이 왔다 갔다 하네.
朝愁暮愁卽老, 아침저녁으로 근심스러운 것이 늙음이라,
百年幾度三臺. 일생에 삼대(三臺)를 몇 번이나 갈 수 있는가.
……
聞身强健且爲, 몸이 아직 강건할 때를 틈타 잠깐 가볼 것이니,
頭白齒落難追. 머리 희어지고 이 빠진다면 뒤좇아 가려 해도 어렵다네.

曰：『遇晴須看月, 聞健且登樓.』[779]『聞』字未詳出處, 而《韻府群玉》[780] 曰：『「聞閒」與「聞早」等意同, 蓋如「趁」字之義.』按道書云：『不如聞早樂淸閒.』又云：『聞身强體健』云云. 是也.

백거이의 시에

聞健且閑行.　　건장할 때 그런대로 한가하게 살아가야 하리.

라고 하고, 또

園林亦要聞閑置.　　원림은 또한 한가로울 때 설치해 두는 것이 필요하다.

라고 하였다. 장적의 시에는

聞晴曬曝舊芳茵.　　날이 갠 틈을 타 낡은 꽃방석을 쬔다.

라 하였고, 왕건의 시에는

準擬百年千歲,　　백년이고 천년이고 가늠하여 보지마,
能得幾許多時,　　얼마나 많은 시간을 얻을 수 있겠는가?

779 | 우청수간월(遇晴須看月) 두 구 : 왕건의 시 〈술 취한 뒤 산중의 옛 친구들을 기억하며(醉後憶山中故人)〉이고, 아래는 이 시의 전문이다.

花開草復秋,　　꽃 피었더니 풀은 다시 시들해지고,
雲水自悠悠.　　구름과 물은 스스로 유유히 흘러가네.
因醉暫無事,　　취하면 잠시 아무 일 없는 듯 하여도,
在山難免愁.　　산에 있다고 근심을 피하기 어렵네.
遇晴須看月,　　개었으니 모름지기 달을 보고,
聞健且登樓.　　건강한 틈을 타 또 누각에 올라보세.
暗想山中伴,　　산 속의 친구를 가만히 생각해보니,
如今盡白頭.　　지금 나와 같이 모두 백발이 되었겠지.

780 | 《운부군옥(韻府群玉)》: 《지봉유설(芝峰類說)》 주 305) 참조.

聞身强健且爲,	몸이 아직 강건한 틈을 타 짐짓 그렇게 할 것이니,
頭白齒落難追.	머리 희고 이 빠진다면 다시 그렇게 하려 해도 어렵다네.

라 하였으며, 또 이르기를

遇晴須看月,	개었으니 모름지기 달을 봐야겠구나.
聞健且登樓.	건강한 틈을 타 또 누대에 올라가 보아야지.

라고 하였다. 『聞』자의 출처를 알 수는 없다. 그러나 《운부군옥韻府群玉》에 이르기를 『「문한」과 「문조」 등은 의미가 동일하니 아마 「진(趁 : 틈타서)」자와 같은 뜻일 것이다.』라고 하였다. 도가들의 책에 따르면, 『이른 시간을 틈타서 청한을 즐기기만 못하다.』라 하였고, 또 『한가로운 틈을 타서 건강하게 해야한다.』 운운한 것이 이것이다.

[170] 속현교續弦膠

樊川[781]詩云 : 『天外鳳凰難得髓, 無人解合續弦膠.』[782] 按《十洲記》:

781 | 번천(樊川) : 두목(杜牧). 《보한집(補閒集)》 주 12) 참조.

782 | 천외봉황난득수(天外鳳凰難得髓) 두 구 : 두목(杜牧)의 시 〈한유와 두보의 문집을 읽고(讀韓杜集)〉이고, 아래는 이 시의 전문이다.

杜詩韓集愁來讀,	두보의 시와 한유의 글을 고민이 있을 때 읽다보면,
似倩麻姑癢處抓.	마치 마고의 손톱으로 가려운 곳을 긁어주는 듯하네.
天外鳳凰難得髓,	봉황이 하늘 밖에 있어 골수를 얻기 어려우니,
無人解合續弦膠.	속현교를 조합하는 법 아는 이 없으리.

※마고(麻姑) : 선녀의 이름. 한(漢)나라 환제(桓帝) 때에 고여산(姑餘山)에서 수도하였는데, 길고 새 발톱처럼 생긴 손톱으로 가려운 데를 긁어 주면 한없이 유쾌하였다 함.

※속현교(續弦膠) : 봉황의 부리와 기린의 뿔을 합하여 고아서 만든 아교, 이 아교는 활의 끊어진 줄도 이을 수 있다고 함.

『仙家煮鳳喙麟角作續弦膠.』杜詩曰：『麟角鳳觜世莫識.』[783] 是也. 然則『髓』字恐非, 或『觜』字之誤也.

두목의 시에

天外鳳凰難得髓,　　봉황이 하늘 밖에 있어 골수를 얻기 어려운데,
無人解合續弦膠.　　속현교를 조합하는 법 아는 이 없다.

라고 하였다. 《십주기十洲記》에 따르면 『신선은 봉황새의 부리와 기린의 뿔을 삶아서 속현교를 만든다.』라고 하였다. 두시에 이르기를

麟角鳳觜世莫識.　　기린의 뿔과 봉황의 부리를 세상에서는 알지 못한다.

라고 한 것이 이것이다. 그러한 즉 봉황의 골수라고 한 『髓』자는 아마 잘못된 것이며, 『觜』자의 오자일 것이다.

[171] 두목의 〈두추낭시杜秋娘詩〉와 치이鴟夷

樊川詩：『西子下姑蘇, 一舸逐鴟夷.』[784] 古今文人遂用爲故實. 而按

783 | 인각봉자세막식(麟角鳳觜世莫識) : 두보의 시 〈병후에 왕기를 만나 술 마시면서 주는 시(病後遇王倚, 飮贈歌)〉이고, 아래는 이 시의 일부이다.
麟角鳳觜世莫識,　　기린의 뿔과 봉황의 부리는 세상에서 알지 못하나,
煎膠續弦奇自見.　　아교를 끓여 줄을 이으니 기이함 스스로 드러나네.
尙看王生抱此懷,　　우러러 왕생을 보며 이러한 감정을 품으니,
在於甫也何由羨.　　내게 있어 무슨 까닭으로 부러워할 것이 있겠는가.
且遇王生慰疇昔,　　잠시 왕생을 만나 옛날 같은 우정으로 위로 받으니,
素知賤子甘貧賤.　　왕생은 내가 가난한 삶에 만족함을 알고 있네.
酷見凍餒不足恥,　　혹독하게 춥고 배고픈 것을 당함 부끄럽지 않으며,
多病沈年苦無健.　　병 많아 여러 해 동안 침체 되어 건강치 못함을 괴로워하네.

《墨子》曰：『西施之沈，其美也.』785《吳越春秋》786 曰：『吳亡，越浮西施

784 | 서자하고소(西子下姑蘇) 두 구 : 두목의 시 〈두추낭시(杜秋娘詩)〉이고, 아래는 이 시의 일부이다. 이 시는 전체 112구로 이뤄진 장편고시로서 두추낭이라는 궁녀의 불행한 일생을 기술하였다.

夏姬滅兩國, 하희는 양국을 멸하였고,
逃作巫臣姬. 도주하여 무신의 첩이 되었네.
西子下姑蘇, 서시(西施)가 고소대(姑蘇臺)에서 내려와,
一舸逐鴟夷. 한 척의 배를 타고 치이(鴟夷)를 쫓아갔네.
織室魏豹俘, 직실에 들어가고 위(魏)왕 표(豹)는 포로가 되었으나,
作漢太平基. 한(漢)왕실 태평성세의 기초가 되었네.
誤置代籍中, 두희(竇姬)는 대(代)왕의 명부에 잘못 입적되었지만,
兩朝尊母儀. 두 조정 어머니의 모범이 되었네.

※하희(夏姬) : 춘추시대 정(鄭)나라 목공(穆公)의 딸, 진나라의 대부 어숙(御叔)의 아내, 하징서(夏徵舒)의 어미, 진나라 영공(靈公)과 사통하자 징서가 영공을 죽였다. 초나라가 진나라를 정벌하고 양로(襄老)에게 주었는데, 양로가 죽자 정나라로 돌아왔다. 초나라의 신공(申公) 무신(巫臣)이 정나라로 가서 맞이하여 아내로 삼고 진(晉)나라로 도망하였음.

※치이(鴟夷) : 가죽 주머니, 술 담는 그릇이라는 뜻이나 여기서는 치이자피(鴟夷子皮)라고 호를 지은 춘추시대 월나라의 범려(范蠡)를 말함. 오나라의 임금이 대신인 오자서(伍子胥)를 죽여 그 시체를 치이에 넣어 강물에 띄워버린 일이 있는 것을 보고서, 범려도 그러한 신세가 되지 않을까 겁을 내어 스스로 『치이자피』라고 호를 하고서 제나라로 도망가 바닷가에서 농사를 지었다고 함. 여기서는 미색으로 오나라를 망친 서시(西施)를 월나라에 그냥 남겨두면 월나라조차 망할 것 같으므로 범려가 도망할 때 데리고 갔다고 보았음. 고소대는 서시를 데리고 오왕 부차(夫差)가 놀던 곳.

※직실(織室) : 길쌈하는 방. 한 문제(文帝)의 생모인 박희(薄姬)는 원래 위왕(魏王) 표(豹)의 후궁이었으나, 위왕이 초 · 한 싸움에서 중립을 지키다가 한에 사로잡히자 박희는 직실에 배속되었는데, 표가 죽은 뒤 한왕(유방)이 그녀를 후궁으로 삼았음. 문제는 처음에 대왕(代王)으로 봉해졌다가 황제가 됨.

※두희(竇姬) : 조(趙)나라 관진(觀津) 사람, 여후의 궁녀로 생활하다 후에 제후국의 후궁으로 보내질 때 고향인 조나라의 후궁으로 가고자했으나 담당관리의 실수로 대(代)나라의 후궁으로 가게 됨. 그러나 여후와 여씨 일족이 몰락하자 대나라왕이 황제로 즉위하고 두희는 황후가 되었으며, 두희의 아들은 후에 경제(景帝)가 되었다. 경제가 죽고 무제가 등극한 뒤까지 살면서 45년 동안 황궁 안에서 황 · 노(黃老) 사상을 크게 신장시켰음.

785 | 서시지침(西施之沈) 두 구 : 《묵자》 권1 〈친사(親士)〉 제1에 나오는 말이다.

786 | 《오월춘추(吳越春秋)》 : 6권 10편. 후한(後漢)의 조엽(趙曄)이 지었다. 춘추시대 말

於江, 令隨鴟夷以終.』[787]《稗史》曰 :『浮, 沈也. 反言耳.』[788] 子胥之?死, 西施有力焉, 沈之所以報子胥之忠, 故曰隨鴟夷以終. 牧之乃以鴟夷爲范蠡, 不精審之過也. 又按『吳王取子胥尸, 盛於鴟夷, 浮之江』[789] 云, 此浮字與浮西施之浮同意.《稗史》之言似然.

두목의 시에

西子下姑蘇,　　서시西施가 고소대姑蘇臺에서 내려와,
一舸逐鴟夷.　　한 척의 배를 타고 치이鴟夷를 좇아갔네.

라고 하였다. 고금의 문인들이 드디어 이것을 고사로 인용하게 되었다.《묵자》에 따르면『서시가 그 아름다운 모습을 물에 침몰시켰다.』고 하였고,《오월춘추吳越春秋》에 이르기를『오나라가 망하니 월나라가 서시를 강물에 띄워서 치이를 따라가 몸을 마치게 하였다』고 하였다.《패사稗史》에 이르기를『띄웠다고 한 것은 침몰시킨 것으로, 말을 반대로 한 것이다. 자서子胥를 참소하여 죽게 한 일에는 서시가 유력하였으므로 그를 물에 빠져 죽게 하여 자서에 대한 충성을 갚게 한 것이다』라 하였다. 두목이 치이를 범여范蠡라고 한 것은 자세히 살펴보지 않은 과실이다. 또『오왕이 자서의 시체를 가져다가 치이에 넣어서 강물에 띄웠다.』라는 구절에 따르면, 이 띄웠다는 浮는 서시를 강물에 띄웠다고 한 浮와 같은 뜻이다.《패사》의 말이 그러하다.

오(吳)와 월(越) 두 나라 사이의 투쟁사를 기술했다. 신빙성이 결여되어 있으며, 역사 소설적 경향을 띤다.

787 | 오망(吳亡) 세 구 :《오월춘추 · 일편(逸篇)》에 나오는 말이다.

788 | 부(浮) 세 구 : 청나라 풍집오(馮集梧)의《번천시집주》에 의하면 이 말은《오월춘추 · 일편(逸篇)》에 나오는 것으로 되어 있음.

789 | 오왕취자서시(吳王取子胥尸) 세 구 :《사기 · 오자서열전》에 나오는 말이다.

[172] 의전意錢

唐詩 : 『席上意錢來.』[790] 按意錢, 錢戲也, 出《漢 · 梁冀傳》, 俗謂攤錢, 一曰射意. 杜詩 『白晝攤錢高浪中』[791] 是也.

당시에

席上意錢來.　　자리 위에 의전이 오는 구나.

라고 하였다. 의전은 돈치기 유희이니, 《한서 · 양기열전漢 · 梁冀傳》에 나온다. 속된 말로 탄전攤錢이라 하고, 사의射意라고도 한다. 두시에서

白晝攤錢高浪中.　　밝은 대낮에도 높은 물결 가운데서 돈치기 하네.

라고 한 것은 이것을 말한다.

790 | 석상의전래(席上意錢來) : 장중소(張仲素)의 시 〈잡곡가사 · 춘유곡 3수(雜曲歌辭 · 春遊曲三首)〉이고, 아래는 이 시의 일부이다.

騁望登香閣,　　쳐다보며 말 달려 향각에 오르고자,
爭高下砌台.　　다투어 올라 섬돌 앞에서 내렸네.
林間踏青去,　　수풀 사이에 푸름을 밟고 나니,
席上意錢來.　　자리 위에 의전이 오네.
行樂三春節,　　행락에는 삼춘절이오,
林花百和香.　　수풀과 꽃이 백가지 향기로 어우러지네.
當年重意氣,　　이번에 더욱 의기충천하여
先占鬥雞場.　　투계장을 선점하네.

791 | 백주탄전고랑중(白晝攤錢高浪中) : 두보의 시 〈기주가, 절구 10수(夔州歌十絶句)〉 중 제7수이다.

蜀麻吳鹽自古通,　　촉의 삼베와 오나라의 소금은 예로부터 거래되었고,
萬斛之舟行若風.　　만곡의 곡식 실은 배는 바람처럼 운행하네.
長年三老長歌里,　　오랫동안 마을에는 노인들의 노랫소리 퍼지고,
白晝攤錢高浪中.　　밝은 대낮에도 높은 물결 가운데서 돈치기 하네.

[173] 청사青蛇

呂洞賓[792] 詩：『袖裏青蛇膽氣粗.』[793] 按陶貞白[794]隱居畜二刀, 往往飛去, 望之如二青蛇, 蓋用此也.

여동빈의 시에

袖裏青蛇膽氣粗.　　소매 속의 푸른 뱀 담력이 거칠어지네.

라고 하였다. 도정백이 은거할 때에 칼 두 자루를 지니고 있어 이따금 날아다니는데, 바라보면 두 마리의 푸른 뱀 같았다고 한다. 아마 이것을 인용한 것이리라.

[174] 자고鷓鴣

唐詩人鄭谷[795], 時稱鄭鷓鴣. 余嘗謂鷓鴣詩似非驚人語, 未知何以得名.

792 | 여동빈(呂洞賓) : 당나라 말 오대(五代)의 신선, 본명은 여암(呂巖), 동빈은 자(字). 장안사람으로 종남산(終南山)에 은거, 검술에 뛰어났음.

793 | 수리청사담기조(袖裏青蛇膽氣粗) : 여동빈이 동정호 곁의 악양루에 올라서 지었다는 절구시. (《전당시》 권858에서 인용)

朝游北越暮蒼梧,　　아침에는 월나라 북쪽, 저녁에는 창오산에서 노니니,
袖裏青蛇膽氣麤.　　소매 속의 푸른 뱀 담력이 거칠어지네.
三入岳陽人不識,　　악양루를 여러 번 지나갔으나 사람들은 나를 알아보지 못하고,
朗吟飛過洞庭湖.　　즐겁게 읊조리며 나는 듯이 동정호를 지나네.

※창오(蒼梧) : 즉 창오산. 순임금이 죽은 곳.

794 | 도정백(陶貞白) : 남조 양나라의 은사인 도홍경(陶弘景)의 시호, 여기 나오는 이야기는 《태평광기》(권231)에 보이는데 원문을 옮기면 다음과 같다. 『정백이 패도산(貝都山)에 은거하면서 늘 칼 두 자루를 비축하고 있었는데, 하나는 선승 하나는 보승이라고 하였다. 이따금 날아다니는데 사람들이 바라보면 두 자루의 푸른 뱀과 같았다.(貞白隱居貝都山中, 常畜二刀, 一名善勝, 一名寶勝. 往往飛去, 人望之如二條青蛇)』

795 | 정곡(鄭谷) : 《지봉유설(芝峰類說)》 주 405) 참조.

後見其〈絶句〉曰 :『座中亦有江南客, 莫向春風唱鷓鴣.』[796] 又曰 :『春遊鷄鹿塞, 家在鷓鴣天.』[797] 因以鷓鴣天爲曲名云. 其得名無乃以是耶?

당대 시인 정곡을 속칭 정자고鄭鷓鴣라 불렀다. 나는 일찍이 자고의 시는 사람을 놀라게 할 만한 작품은 아니나 어찌하여 명성을 얻었는지 알 수 없다고 말하였다. 〈절구絶句〉에 이르기를

座中亦有江南客, 좌중에는 또한 강남에서 온 나그네도 있으니,
莫向春風唱鷓鴣. 봄바람을 향하여 자고의 노래는 부르지 말라.

라고 하였다. 또 이르기를

春遊鷄塵塞, 봄에 계록새에 유람하지만,
家在鷓鴣天. 집은 자고가 우는 먼 남쪽 하늘 아래에 있다.

라고 하였다. 이로 인해 자고천이 가곡의 이름이 되었다고 한다. 그가 명성을 얻은 것은 이것 때문이 아닐까?

796 | 좌중역유강남객(座中亦有江南客) 두 구 : 이 시의 제목은 〈연회석에서 노래 부르는 자에게 지어 줌(席上貽歌者)〉이고, 아래는 이 시의 전문이다.
花月樓臺近九衢, 꽃과 달이 있는 누대 근처에는 아홉 개의 갈림길인데,
清歌一曲倒金壺. 맑은 노래 한곡에 금 술병을 다 비웠네.
座中亦有江南客, 좌중에는 또한 강남에서 온 나그네도 있으니,
莫向春風唱鷓鴣. 봄바람을 향하여 자고의 노래는 부르지 말라.
※자고(鷓鴣) : 월치(越雉) 또는 수양조(隨陽鳥)라고도 하며, 암탉같이 생겼는데 남방에 살며 스스로 제 이름을 부르면서 울고, 늘 해가 있을 때만 날고, 서리와 이슬을 싫어해서 계절이 이를 때나 늦을 때는 나오지 않음.

797 | 춘유계록새(春遊鷄鹿塞) 두 구 : 여기서는 정곡의 작품으로 보았으나 《사원총담(詞苑叢談)》 같은 책에서 정우(鄭嵎)가 지은 〈자고천(鷓鴣天)〉이란 사(詞)로 보았는데, 본문 가운데 여기 인용된 부분 2구만 전한다.
※정우 : 자는 빈광(賓光), 대중(大中) 5년 진사급제, 당 명황 때 일을 엮은 200구의 장편시 〈진양문시(津陽門詩)〉 1수만 전함.(《전당시》 권567)

[175] 두공의 칠언절구 네 수

《唐詩品彙》798 中竇鞏799七言絶僅七首, 而曰『寒鴉飛入上陽宮』800 · 『寒鴉飛去日銜山』801 · 『鷓鴣飛上越王臺』802 · 『黃鸝飛上海棠花』803. 四

798 | 《당시품휘(唐詩品彙)》: 90권, 습유(拾遺) 10권. 명(明)나라의 고병(高棅) 편. 1393년에 나왔으며, 습유는 1398년에 나왔다. 오언고시(五言古詩)부터 칠언율시(七言律詩)에 이르는 시를, 시체(詩體)에 따라 정시(正始) · 정종(正宗) · 대가(大家) · 명가(名家) · 우익(羽翼) · 접무(接武) · 정변(正變) · 여향(餘響) · 방류(旁流)의 9목(目)으로 분류하고, 대체로 초당(初唐) 때의 시는 정시에, 성당(盛唐) 때의 시는 정종 · 대가 · 명가 · 우익에, 중당(中唐) 때의 시는 접무에, 만당(晩唐) 때의 시는 정변 · 여향에, 승려 · 여류시인 등의 시는 방류에 각각 수록하였다. 그리하여 90권에는 620명의 시 5,769수, 습유 10권에는 61명의 시 950수가 수록되어 있다.

799 | 두공(竇鞏): 자는 우봉(又封), 원화연간에 진사가 되어 관직이 절도부(節度府)의 막료를 거쳐 중앙정부의 형부랑중에 까지 이르고, 원진이 관찰사로 나갔을 때, 그의 부사(副使)가 되었음. 성품이 온화하고 우아하였으며, 특히 오언시에 뛰어났다. 백거이와도 주고받은 시가 많음.

800 | 한아비입상양궁(寒鴉飛入上陽宮): 두공의 시 〈낙수 가운데에서 즉흥적인 일을 읊음(洛中卽事)〉이고, 아래는 이 시의 전문이다.

高梧葉盡鳥巢空, 높은 오동나무 잎은 다 떨어져 새집은 텅 비었고,
洛水潺湲夕照中. 낙수 졸졸 흐르는 물에 석양이 비치네.
寂寂天橋車馬絶, 적막한 천교에는 수레와 말 자취 끊어졌고,
寒鴉飛入上陽宮. 겨울 까마귀가 날아서 상양궁(上陽宮)으로 들어간다.

※상양궁(上陽宮): 당나라 때 궁전이름으로 고종 때 낙양에 건립하였다. 《신당서 · 지리지》에 보임.

801 | 한아비거일함산(寒鴉飛去日銜山): 두공의 시 〈남쪽을 유람하는 형제에게(寄南游兄弟)〉이고, 아래는 이 시의 전문이다.

書來未報幾時還, 편지에 언제 돌아올지 알리지 않았으니,
知在三湘五嶺間. 삼상(三湘)과 오령(五嶺)사이에 있는 것만 안다네.
獨立衡門秋水闊, 홀로 호젓한 집 대문 앞에 서니 가을 시내 모습 광활해지는데,
寒鴉飛去日銜山. 겨울 까마귀 해를 물고 있는 산으로 날아가네.

※오령: 월성(越城) · 도방(都龐) · 맹저(萌渚) · 기전(騎田) · 대유(大庾)의 다섯 고개에 대한 총칭으로 호남 · 강서와 광동 · 광서성의 경계에 있다.

802 | 자고비상월왕대(鷓鴣飛上越王臺): 두공의 시 〈남쪽을 유람하며 느끼다(南遊感興)〉이고, 아래는 이 시의 전문이다.

傷心欲問前朝事, 걱정스런 마음에 지난 조정 일을 물어보고자 하는데,
惟見江流去不回. 오직 강물은 흘러가서 돌아오지 않음만 보이네.

首一格, 豈嫌相犯而然耶?

樊川詩:『得年七十更萬日, 與子同於局上消.』[804] 宋馬永卿[805]曰:『牧之是時年四十二三, 得至七十, 猶有萬日』[806] 云. 余意百年三萬六千日, 則萬日爲三十年. 此詩得年七十, 更得萬日, 乃謂百年也.

《당시품휘唐詩品彙》가운데 두공竇鞏의 칠언절구는 겨우 일곱 수가 있을 뿐이다. 그러나

日暮東風春草綠, 해는 저물고 동풍은 불어 봄풀 더욱 푸른데,
鷓鴣飛上越王台. 자고새는 날아 월왕대로 올라가네.

803 | 황리비상해당화(黃鸝飛上海棠花) : 두공의 시 〈궁인들의 무덤(宮人斜)〉이고, 아래는 이 시의 전문이다.

離宮路遠北原斜, 궁을 떠나 먼 북쪽 들판의 비탈진 곳에서
生死恩深不到家. 생사의 은혜 깊으니 집에 이를 수 없네.
雲雨今歸何處去, 구름과 비는 지금 어디로 돌아갔는지,
黃鸝飛上海棠花. 누런 꾀꼬리만 날아서 해당화에 오르네.

804 | 득년칠십갱만일(得年七十更萬日) 두 구 : 두목의 시 〈장기의 고수인 왕봉에게 보냄(送國棊王逢)〉이고, 아래는 이 시의 전문이다.

玉子紋楸一路饒, 옥으로 된 바둑알로 오동나무 바둑판에 하나씩 더해가니,
最宜簷雨竹蕭蕭, 때마침 처마의 비에 쏴하고 울리는 대나무 소리 같네.
羸形暗去春泉長, 여윈 몸으로 몰래 쳐들어가니 봄날의 샘 더욱 흘러넘치고,
猛勢橫來野火燒. 맹렬한 기세로 가로질러 들불을 놓아 오두막집 태워버렸네.
守道還如周柱史, 도를 지키니 도리어 주하사(柱下史)와 같고,
鏖兵不羨霍嫖姚, 적을 무찌름에 곽표요가 부럽지 않네.
得年七十更萬日, 나이 70세가 되려면 다시 일만 날이 있으니,
與子期於局上銷. 그대와 더불어 같이 바둑판위에서 보내리.

※주하사(柱下史) : 중국 주나라 때 장서실을 맡아보던 관리. 특히 노자가 이 벼슬을 하여 노자를 이르기도 한다.

※곽표요(霍嫖姚) : 곽거병 (霍去病, 기원전 140~기원전 117)을 이르는 말. 중국 전한(前漢) 무제(武帝) 때의 명장. 일찍이 표요교위(嫖姚校尉)의 벼슬에 올라 곽표요라고도 함. 정예부대를 이끌고 대군보다 먼저 적진 깊숙이 쳐들어가는 전법으로 흉노토벌과 한제국의 영토 확대에 지대한 공을 세웠다.

805 | 마영경(馬永卿) : 《지봉유설(芝峰類說)》 주 640) 참조.

806 | 목지시시년사십이삼(牧之是時年四十二三) 세 구 : 마영경이 지은 《나진자(懶眞子)》 권5에 나오는 말이다.

寒鴉飛入上陽宮.　　겨울 까마귀가 날아서 상양궁上陽宮으로 들어간다.

라 하고,

寒鴉飛去日銜山.　　겨울 까마귀가 날아서 해를 물고 있는 산으로 날아가네.

라고 했으며, 또

鷓鴣飛上越王臺.　　자고새는 날아 월왕대로 올라가네.

라 하고

黃鸝飛上海棠花.　　꾀꼬리만 날아서 해당화에 오르네.

라 하여 네 수가 같은 격조로 되어 있다. 어찌 서로 범하고 있으면서 이렇게 될 수 가 있는가?

두목 시에

得年七十更萬日,　　나이 70세가 되려면 다시 일만 날이 있으니,
與子同於局上消.　　그대와 더불어 같이 바둑판위에서 보내리.

라고 하였다. 송나라 마영경馬永卿이 말하기를 『두목지의 이때의 나이가 마흔 두세 살이었으니 70세 까지 살 수 있다면 오히려 만 일이 있다고 말한 것이다.』라고 하였다. 나의 의견으로는 백년이면 삼만 육천 날이다. 그러니 만일은 30년이 된다. 이 시에서 나이 70이 되었고 만 일을 더 산다는 것은 곧 백년을 말한 것이다.

[176] 이상은의 〈한궁시漢宮詩〉

李商隱詩曰 : 『靑雀西飛竟未回. 君王長在集靈臺. 侍臣最有相如渴, 不賜金莖露一杯.』[807] 羅大經《鶴林玉露》[808] 以爲靑雀不回, 神仙無可致之理, 而武帝不悟, 猶徘徊臺上, 庶幾見之. 此言然矣. 又以爲相如正苦消渴, 何不以一杯賜之, 驗其眞妄乎?[809] 余謂此言非是. 蓋言武帝惑於長生之說, 侍臣有相如之渴, 而惜一杯金露, 不肯賜之也 ; 詩意恐只如此.

이상은 시에 이르기를

靑雀西飛竟未回,	청작이 서쪽으로 날아가고 마침내 돌아오지 않는데,
君王長在集靈臺.	임금은 길이 집령대에 있네.
侍臣最有相如渴,	모시는 신하 중에 상여가 가장 목말라 하건만,
不賜金莖露一杯.	금경金莖의 이슬 한 잔도 내려주지 않네.

라 하였다. 나대경羅大經의 《학림옥로鶴林玉露》에 이르기를 『청작이 돌아오지 않으니 신선을 이룰 길이 없건만, 무제가 깨닫지 못하고 오히려 대臺 위에 배회하면서 보기를 바라고 있다』고 하였다. 이 말은 그러하다. 또 『상여가 바로 그때에 소갈증(消渴症 : 당뇨병) 때문에 고통 받고 있었는데 어째서 승로대의 이슬 한 잔을 주어 신선이 된다는 말이 진실인지 망언인지를 실험해보지 않았던가?』라고 하였다. 나는 이 말은 잘못된 것이라 생각한다. 아마 무제가 장생설에 미혹하여 시신侍臣 중에 상여가 소갈증에 걸려 있지만 한 잔의 금경위의 이슬도 아껴서 주려 하지 않았음을 말하는 것으로 시의 의미는 아마 다만 이와 같을 것이다.

807 | 청작서비경미회(靑雀西飛竟未回) 네 구 : 이상은의 〈한궁시(漢宮詩)〉이고, 본문에 인용된 부분이 전문이다.
808 | 《학림옥로(鶴林玉露)》:《지봉유설(芝峰類說)》 주 157) 참조.
809 | 상여정고소갈(相如正苦消渴) 세 구 :《학림옥로》 권6에 나오는 말이다.

[177] 이상은의 〈무릉茂陵〉

義山詩 :『內苑只知銜鳳觜, 屬車無復揷鷄翹.』[810] 按漢武時西海獻膠, 帝弦斷, 以膠續之, 終日射不斷, 帝大悅.《十洲記》:『仙家煮鳳觜麟角作膠, 名續弦膠.』《漢 · 輿服志》:『鸞旗曰 : 鷄翹, 編羽爲之.』[811] 上句蓋譏帝好遊獵, 下句譏帝好微行也.

이상은의 시에

內苑只知銜鳳觜,　　내원에서는 다만 시위에 봉자鳳觜가 덕인 줄 알고,
屬車無復揷鷄翹.　　속거屬車에는 다시 계교鷄翹를 꽂지 않네.

라고 하였다. 한 무제 때 서해에서 아교풀을 바쳤는데, 임금의 시위가 떨어진 것을 이 아교풀로 붙였더니 온종일 쏘아도 끊어지지 않아서 임금이 매우 기뻐하였다고 한다.《십주기十洲記》에『신선의 집에서는 봉의 부리와 기린의 뿔을 삶아서 아교를 만들고 이름을 속현교라 한다.』고 하였다.《한서 · 여복지漢 · 輿服志》에『난기를 계교라고 한다. 새의 날개를 엮어서 만든다.』고 하였다. 이 시의 윗 글귀는 아마 임금이 사냥을 좋아함을 충고하고,

810 | 내원지지함봉자(內苑只知銜鳳觜) 두 구 : 이상은의 시 〈무릉(茂陵)〉이고, 아래는 이 시의 전문이다.

漢家天馬出蒲梢,　　한왕실의 귀한 말 서역의 포소라는 말인데,
苜蓿榴花遍近郊.　　목숙과 석류꽃 같은 서역 식물도 장안 근교에 가득했다네.
內苑只知含風觜,　　궁의 시종은 수렵할 때 입으로 아교를 녹일 줄 알 뿐,
屬車無復揷鷄翹.　　황제의 수레꾼은 궁중 수레 깃털 꽂지 않았다네.
玉桃偸得怜方朔,　　서왕모의 선도(仙桃) 애석하게도 동방삭이 훔쳤고,
金屋修成貯阿嬌.　　금으로 된 집 지어서 황후를 살게 했다네.
誰料蘇卿老歸國,　　그러나 누가 알았으랴. 소무(蘇武)가 백발되어 환국할 때,
茂陵松柏雨蕭蕭.　　한 무제의 능이 송백으로 싸여 쓸쓸할 줄을!

※5 · 6구는 다음 [178] 을 참고할 것.

811 | 난기왈계교(鸞旗曰:鷄翹) 두 구 :《후한서 · 지(志) 제29 여복상(輿服上)》에 나오는 말이다.

아래 글귀는 임금이 미행微行을 좋아함을 나무란 것이리라.

[178] 시를 보는 관점

李商隱詩曰 : 『夕陽無限好, 只是近黃昏.』812 楊誠齋謂此句喩唐祚之將衰亡也813. 余則以爲不過吟暮景耳. 僧無可814詩曰 : 『聽雨寒更盡, 開門落葉深.』815 古人謂此詩以落葉爲雨聲, 余則以爲落葉深乃雨後景耳. 唐

812 | 석양무한호(夕陽無限好) 두 구 : 이상은의 시 〈낙유원(樂游原)〉으로, 정치적으로 불여의한 자신의 상황을 결코 부정적이거나 소극적인 자세로 인식하지 않는 시인의 마음을 표현하였다. 아래는 이 시의 전문이다. 《중국명시감상》, 명문당, 2005년, 참조.

向晩意不適, 저녁 무렵 마음이 울적하여,
驅車登古原. 수레 몰아 낙유원에 올랐다네.
夕陽無限好, 석양은 한없이 아름답건만,
只是近黃昏. 오로지 황혼임이 아쉽구나.

※낙유원(樂游原) : 장안 남쪽으로 8리 떨어진 곳에 있는 유명한 명승지 중의 한 곳으로 장안에서 제일 높은 곳에 위치하고 있다고 한다. 전하는 바에 의하면 일찍이 한(漢) 선제(宣帝) 때에 이곳에 낙유묘(樂游廟)를 건립하였기에 이로부터 낙유원이라 칭하였다고 한다.

813 | 유당조지쇠망(喩唐祚之將衰亡) : 『5 · 7언으로 된 절구는 글자는 가장 적지만 잘 짓기는 가장 어려운데, 정말 4구가 다 좋기는 어렵다. 만당인 들이나 왕안석만이 이런 데 가장 능하였는데, 이상은이 당나라가 쇠망할 길을 걱정하여 지은 「석양은 무한히 좋으나…」 같은 것이 있다.(五七字絶句, 最少而最難工作者, 亦難得四句全好者, 晩唐人如介甫最工於此者, 如李義山憂唐之衰亡 : "夕陽無限好…".)』 — 《성재집(誠齋集)》 권115 시화(詩話)

814 | 무가(無可) : 중당시인, 범양(范陽) 사람, 속성은 가(賈)이고 가도(賈島)의 종제로 가도와 함께 시의 명성이 나란했다.

815 | 청우한갱진(聽雨寒更盡) 두 구 : 무가의 시 〈가을날 종형 가도에게 부침(秋寄從兄賈島)〉이고, 아래는 이 시의 전문이다.

暝蟲喧暮色, 어두워지자 벌레 울음소리 저물도록 그치지 않고,
默思坐西林. 조용히 서림에 앉아 생각에 잠기네.
聽雨寒更徹, 빗소리를 들으니 추위가 더하나,
開門落葉深. 문을 여니 낙엽이 가득 하네.
昔因京邑病, 옛날에는 도읍으로 인해 근심하여,
並起洞庭心. 동정호 가운데에서 함께 일어났네.

人作詩多在有意無意間, 情景宛然, 而觀者輒以有意求之, 恐不免穿鑿. 他如『微陽下喬木, 遠燒入秋山』[816], 亦以卽景看得何害?

이상은의 시에 이르기를

夕陽無限好,　석양이 무한히 좋으나,
只是近黃昏.　다만 황혼이 가깝구나.

라고 하였다. 양만리楊萬里는 이 글귀가 당나라 국운이 장차 쇠망할 것을 비유한 것이라고 하였다. 나는 저녁때의 경치를 읊은 것에 지나지 않는다고 생각한다. 승려 무가無可의 시에 이르기를

聽雨寒更盡,　빗소리를 들으니 추위가 더하나,
開門落葉深.　문을 여니 낙엽이 가득 하네.

亦是吾兄事,　또한 나의 형의 일이라,
遲回共至今.　지금에 이르도록 더디게 돌아오네.

816 | 미양하교목(微陽下喬木) 두 구 : 당대 마대(馬戴)의 시 〈지는 해를 슬프게 바라봄(落日悵望)〉으로 아래는 이 시의 전문이다.
孤雲與歸鳥,　외로운 구름과 돌아가는 새에게는,
千里片時間.　천릿길도 잠깐만 일세.
念我一何滯,　생각건대 나는 어찌 이리도 침체되어,
辭家久未還.　떠나서 오래도록 돌아가지 못하였는가.
微陽下喬木,　가냘픈 볕은 교목에 내려오고,
遠色隱秋山.　멀리 보이는 색은 가을 산을 숨겼네.
臨水不敢照,　물가에 이르러 감히 비춰볼 엄두도 못 냄은,
恐驚平昔顔.　예전의 얼굴일까 두려워서일세.
※마대(?~?) : 만당시기 시인, 자는 우신(虞臣), 곡양(曲陽 : 지금의 강소성 東海) 사람. 시집 1권이 전한다.
※《사고전서 · 어정전당시(御定全唐詩)》에는 『遠燒入秋山』이 『遠色隱秋山』으로 되어있다.

라고 한 것을 옛 사람이 말하기를 『이 시는 낙엽 소리를 빗소리로 표현하였다』고 하였다. 나는 『낙엽심落葉深』이라 한 것이 바로 비가 온 뒤의 경치일 뿐이라 생각한다. 당대 사람들이 지은 시에는 뜻이 있는 듯 없는 듯한 사이에서 정경이 완연한 것이 많다. 그런데 보는 이가 곧 뜻이 있다고 하여 그것을 찾는다면 아마 천착임을 면치 못할 것이다. 가령

微陽下喬木, 가냘픈 볕은 교목에 내려오고,
遠燒入秋山. 멀리 보이는 들불은 가을 산에 들어가네.

라고 한 시구도 또한 경치로 직접 본들 무엇이 해롭겠는가.

[179] 요지연瑤池宴

楊愼[817]曰：『李義山詩：「瑤池宴罷留王母, 金屋妝成貯阿嬌.」[818] 俗本作「玉桃偸得憐方朔」, 眞似小兒語耳.』[819] 余謂瑤池宴乃周穆王事[820], 而語句亦不佳, 楊說恐未是. 但其曰『玉桃』, 乃强對未穩. 又『金屋妝成』, 一本作『修成』.

양신楊愼이 말하기를 『이상은의 시에

瑤池宴罷留王母, 요지의 잔치가 끝났는데 왕모는 머물고,
金屋妝成貯阿嬌. 금옥에 장식이 이루어지니 아교를 기르네.

817 | 양신(楊愼, 1488~1559) : 《지봉유설(芝峰類說)》 주 34) 참조.
818 | 요지연파유왕모(瑤池宴罷留王母) 두 구 : 앞의 [173] 이상은 시 〈무릉〉의 5·6구이다.
819 | 옥도투득(玉桃偸得) : 《승암집(升菴集)》 권60에 인용된 부분이 보인다.
820 | 요지연내주목왕사(瑤池宴乃周穆王事) : 주나라 목왕 35년에 왕이 곤륜산에 불사약을 가지고 있다는 여신선 서왕모를 만나러가 요지연에서 대접을 받았다고 하는 고사.

라고 하였는데, 세속의 책에는 「옥도를 훔쳐 얻은 동방삭이 가엾다」라고 하였다. 진정어린애 같은 소리다』라고 하였다. 나는 요지연瑤池宴은 주周 목왕穆王의 고사인데 어구 또한 아름답지 않으니 양신의 말은 아마 아닐 것이라 생각된다. 다만 그 옥도라고 한 것은 억지 대구로서 온당치 않다. 또 『금옥장성金屋妝成』을 어떤 책에서는 『수성修成』이라 쓰고 있다.

(石文珠)

[180] 이상은李商隱의 〈공자公子〉시와 신라주

李商隱〈公子〉詩曰：『一盞新羅酒, 凌晨恐易銷.』[821] 蓋唐時以新羅酒爲貴耳. 按《酉陽雜俎·酒食篇》[822] 有樂浪酒法. 所謂新羅酒, 疑亦用其法造酒也.

이상은李商隱은 〈공자公子〉시에서,

821 | 일잔신라주(一盞新羅酒) 두 구 : 이상은이 지은 〈공자(公子)〉(《전당시》 권539 제76수)의 제1구와 제2구이며, 아래는 전문이다.

一盞新羅酒,	한 잔 신라주의 기운이,
凌晨恐易銷.	새벽바람에 쉽게 사라질 것이 두렵구나.
歸應衝鼓半,	집으로 돌아갈 때는 응당 통금 북소리 반쯤 쳤을 때이고,
去不待笙調.	다시 나갈 때에는 생황의 곡조를 기다리지도 않는구나.
歌好惟愁和,	노래가 좋으니 오직 타인이 화답할 것이 걱정이고,
香濃豈惜飄.	향이 진하나 어찌 날아 흩어질 것을 애석해 하리요.
春場鋪艾帳,	봄 사냥터에 쑥잎으로 장막을 펼치게 하고,
下馬雉媒嬌.	말에서 내리니 들꿩을 유인하기 위한 집꿩이 귀엽네.

※신라주(新羅酒) : 청(淸)나라 풍호(馮浩)의 《옥계생시전주(玉谿生詩箋注)》에는 신라를 지명으로 보지 않고 술을 거를 때 사용한 섬세한 비단 천으로 보았다.

※생조(笙調) : 손님을 맞는 노래. 『내 아름다운 손님 있으니 슬을 튕기고 생을 불어주리(我有嘉賓鼓瑟吹笙)』《시경·소아·녹명(詩經·小雅·鹿鳴)》.

※치매(雉媒) : 사냥할 때 들꿩을 유인하기 위해 집에서 기른 꿩.

822 | 《유양잡조(酉陽雜俎)》 : 《지봉유설(芝峰類說)》 주 341) 참조.

一盞新羅酒, 　한 잔 신라주의 기운이,
凌晨恐易銷. 　새벽바람에 쉽게 사라질 것이 두렵구나.

라고 하였다. 대체로 당나라 때에는 신라주를 진귀한 것으로 여겼던 것이다. 《유양잡조 · 주식편(酉陽雜俎 · 酒食篇)》에 낙랑주를 빚는 법이 있다. 소위 신라주라는 것도 그 법을 써서 빚은 것은 아닌지 의심된다.

[181] 허혼許渾의 시에 나오는 연煙자에 대하여

許渾[823]詩 :『湘潭雲盡暮煙出.』[824] 楊愼[825]曰 :『「煙」字極妙. 湘水多煙, 張泌[826]詩「中流欲暮見湘煙」[827] 是也. 後山[828]改「煙」作「山」, 無

823 | 허혼(許渾, 791~854?) : 《지봉유설(芝峰類說)》 주 117) 참조.

824 | 상담운진모연출(湘潭雲盡暮煙出) : 허혼이 지은 〈능효대(凌歊臺)〉(《전당시》 권533 제3수)의 제3구이며, 아래는 시의 전문이다.

宋祖凌高樂未回, 　송나라 시조 높은데 올라 즐거워 돌아가지 않으니,
三千歌舞宿層臺. 　삼천의 노래와 춤이 층대에서 머물렀네.
湘潭雲盡暮煙出, 　상수(湘水)에 구름이 다하니 저녁 안개 피어오르고,
巴蜀雪消春水來. 　파촉의 눈이 녹아 봄물이 불어 왔네.
行殿有基荒薺合, 　행궁은 터만 남았는데 황량한 냉이 풀로 덮여 있고,
寢園無主野棠開. 　침원에는 주인 없고 야당만 피어있네.
百年便作萬年計, 　일생 동안 만년의 계획을 세웠으나,
巖畔古碑空綠苔 　바위 옆의 오래된 비석만이 푸른 이끼에 공허하네.

※능효대 : 송나라 무제가 안휘성 당도현(當塗縣) 양자강 연안에 지은 높은 전각. 효는 여름의 더운 기운이라는 뜻이며, 능효는 더위를 삭인다는 뜻이다.

825 | 양신(楊愼, 1488~1559) : 《지봉유설(芝峰類說)》 주 34) 참조.

826 | 장필(張泌) : 자(字)는 자징(子澄). 회남(淮南) 출신. 남당(南唐)에서 감찰어사(監察御使)를 지냈고, 송(宋)에서 우부랑중(虞部郎中) 벼슬을 지냈다. 현재 27수의 사(詞)가 전해진다. 대부분 염정사(艶情詞)이며 풍격은 온정균(溫庭筠)이나 위장(韋莊)과 비슷하다.

827 | 중류욕모현상연(中流欲暮見湘烟) : 장필이 지은 〈상강 입구에서 벗을 보내며(湘口送友人)〉(《전당시》 권587 제1수)의 제1구이며, 아래는 전문이다.

中流欲暮見湘烟, 　중류에 해지는데 상수에 안개가 나타나고,

味』[829] 云. 未知然否, 余意以爲『山』字似勝.

허혼許渾의 시에,

湘潭雲盡暮煙出. 　상수湘水에 구름이 다하니 저녁 안개가 피어오르네.

라고 하였다. 양신楊愼이 평하여 말하기를, 『「연煙」자가 매우 묘하다. 상수에는 연기가 많다. 장필張泌의 시에,

中流欲暮見湘煙. 　중류에 해지는데 상수에 안개가 보이네.

라고 한 것이 그것이다. 후산後山이 「연煙」을 「산山」으로 고친 것은 맛이 없다.』고 하였다. 그런지 그렇지 않은지 모르겠다. 내 생각에는 『산山』자를 쓰는 것이 더 좋을 것 같다.

[182] 강돈江豚과 나부유懶婦油

許渾詩曰 : 『石燕拂雲晴亦雨, 江豚吹浪夜還風.』[830] 按零陵[831]石燕, 風

葦岸無窮接楚田. 　갈대 기슭은 끝도 없이 초나라의 밭과 맞닿아 있네.
去雁遠冲雲夢雪, 　돌아가는 기러기 멀리 운몽택의 눈을 뚫을 것이나,
離人獨上洞庭船. 　떠나는 사람은 홀로 동정호의 배에 올랐네.
風波盡日依山轉, 　바람과 파도는 날이 다하도록 산에 의지해 돌고,
星漢通霄向水連. 　은하수는 하늘을 통하여 물과 연결되어 있네.
零落梅花過殘臘, 　영성한 매화꽃 마지막 겨울 지내고 있으니,
故園歸醉及新年. 　고향 동쪽으로 돌아가서 취해서 새해를 맞이하겠네.

828 | 후산(後山, 1053~1101) : 《추강냉화(秋江冷話)》 주 33) 참조.

829 | 연자극묘~무미(煙字極妙~無味) : 양신의 《승암집(升菴集)》 권58에 나오는 구절로, 《전자판 사고전서》에는 『후산(後山)』을 『후인(後人)』으로 적고 있다.

830 | 석연불운청역우(石燕拂雲晴亦雨) 두 구 : 허혼이 지은 〈금릉회고(金陵懷古)〉(《전당시》 권533 제1수)의 제5구와 제6구이며, 전문은 아래와 같다.

雨作則飛. 江豚鼻中爲聲, 出入水上, 舟人候之, 知風雨, 所謂『吹浪』是矣 ;『拂雲』二字似未穩. 又江豚腹中脂, 照樗[832]博卽明, 照讀書及紡績卽暗, 俗謂懶婦所化, 故呼爲懶婦油.《韻府》[833] 又曰 :『照宴樂則明, 故謂之饞燈.』[834]

허혼許渾의 시에

石燕拂雲晴亦雨, 석연이 구름을 떨치어 나니 갠 날도 또한 비가 오고,
江豚吹浪夜還風. 돌고래가 물결을 부니 밤에는 도로 바람이 분다.

玉樹歌殘王氣終, 옥수의 노래는 남아 있는데 왕의 기운은 다하고,
景陽兵合戍樓空. 경양의 병사들은 모여 합하였으나 망루는 비어있었네.
松楸遠近千官冢, 소나무와 가래나무 먼 곳에서 가까운 곳까지가 천관들의 무덤이요,
禾黍高低六代宮. 벼와 기장 높은 데서 낮은 곳 까지가 육대의 궁이었네.
石燕拂雲晴亦雨, 석연이 구름을 떨치어 나니 갠 날도 또한 비가 오고,
江豚吹浪夜還風. 돌고래가 물결을 부니 밤에는 도로 바람이 분다.
英雄一去豪華盡, 영웅이 한 번 가버리고 호화스러움이 다하니,
惟有青山似洛中. 오직 푸른 산만이 있음이 낙양 가운데와 비슷하구나.

※옥수가(玉樹歌) : 진(陳)나라 후주(後主)가 지은 〈옥 같은 나무와 뒤뜰의 꽃(玉樹後庭花)〉라는 노래다. 왕의 기운이 다했다는 것은 수(隋)와 진남조(陳南朝)가 이곳에 이르러 멸망하였다는 것을 말한다.

※경양(景陽) : 초나라의 맹장. 지략과 기개가 뛰어나 한나라와의 전투에서 여러 번 승리를 이끌었다고 전해진다.

※송추(松楸) : 산소 둘레에 심는 나무를 통틀어 이르는 말. 주로 소나무와 가래나무를 심는다.

※석연(石燕) :《상주기(湘州記)》에『영릉산(零陵山)에 돌로 만든 제비가 있는데 비가 오면 난다(零陵有石燕, 遇雨卽飛)』고 되어 있다.

831 | 영릉(零陵) : 영릉산. 지금의 호남성(湖南省) 시안현(始安縣) 북쪽에 있다.

832 | 저(樗) : 저포(樗蒲 : 가죽나무와 부들). 쌍륙 · 노름 · 도박 등을 뜻하기도 하는데, 옛날에 저포의 열매로 도박기구를 만들었다.

833 |《운부(韻府)》:《운부군옥(韻府群玉)》.《지봉유설(芝峰類說)》 주 305) 참조.

834 | 조연~참등(照宴~饞燈) :《운부군옥(韻府群玉)》 권7에 보인다.

라고 하였다. 생각건대 영릉산零陵山에 석연(제비 형상으로 생긴 돌)이 있으니 비바람이 일면 날아다닌다고 한다. 강돈(江豚 : 돌고래)이 콧속으로 소리를 내면서 물 위에 나왔다 들어갔다 하면, 뱃사공들이 그것을 보고 바람과 비가 있을 것을 안다고 한다. 소위 『물결을 분다[吹浪]』고 한 것은 이것을 말한 것이다. 여기서 『구름을 떨치고拂雲』라고 한 것은 적당하지 않다. 또 강돈의 배로 만든 기름으로 저포나 장기의 도박판을 비치면 밝게 보이지만, 그것으로 비추어 책을 읽거나 길쌈하기에는 어둡다고 하였다. 그래서 세속에서는 게으른 여자의 화신이라고 하여 나부유(懶婦油 : 게으른 여자의 기름)라고 부른다. 《운부韻府》에 또 말하기를 『잔치하고 즐겨하는 곳을 비치면 밝기 때문에 참등(饞燈 : 먹을 것을 탐내는 등불이라는 뜻)이라고 한다.』고 하였다.

[183] 내붕來鵬의 시와 대나무

來鵬[835]詩云 : 『藕穿平地生荷葉, 筍過東家作竹林.』[836] 按《齊民要術》[837]

835 | 내붕(來鵬, ?~883) : 내곡(來鵠)이라고도 함. 자(字)는 알려지지 않고, 예장(豫章, 강소성 남창현) 사람이다. 일생이 순탄치 않았으며 객사했다고 전해진다. 《신당서 · 예문지(新唐書 · 藝文志)》에 그의 시집 한 권이 보인다.

836 | 우천평지생하엽(藕穿平地生荷葉) 두 구 : 내붕이 지은 〈병에서 일어나(病起)〉의 제5구와 제6구이며, 전문은 아래와 같다. 《전당시》 권642-5.

春初一臥到秋深,	초봄에 한 번 누우니 병이 깊은 가을까지 가고,
不見紅芳與綠陰.	붉은 향기풀과 녹음이 보이지 않네.
窓下展書難久讀,	창 아래 책을 펼치나 오래 보기가 어려워,
池邊扶杖欲閑吟.	연못가에 장대 짚고 한가로이 읊조리고자 하네.
藕穿平地生荷葉,	연뿌리는 평지를 뚫어 연잎을 내고,
筍過東家作竹林.	죽순은 동쪽 집을 지나가서 대숲을 이루었네.
在舍渾如遠鄉客,	집에 있는 것이 여전히 고향 멀리 떠나온 손님 같고,
詩僧酒伴鎮相尋.	시 짓는 스님과 술벗하고자 하나 서로 찾는 마음 억누르네.

837 | 《제민요술(齊民要術)》 : 전10권. 북위(北魏)의 북양태수(北陽太守)였던 가사협(賈思勰)이 저술하였으며, 6세기 전반에 간행하였다. 제민은 서민을 말하며, 농업기술의 안내서로 오곡 · 야채 · 과수 · 향목(香木) · 상마(桑麻)의 종식법(種植法), 가축의 사육법, 술 · 간장의 양조법 그리고 가공 · 판매 · 조리의 과정에 이르기까지 상세

曰：『竹性愛東南引.』838 又小說839曰：『西家種竹, 東家治地.』840 詩意以此. 余聞非但竹也, 如菖蒲與莞草皆喜東引云.

내붕來鵬의 시에 말하기를,

藕穿平地生荷葉, 연뿌리는 평지를 뚫어 연잎을 내고,
筍過東家作竹林. 죽순은 동쪽 집을 지나가서 대숲을 이루었네.

라고 하였다. 상고하여보니 《제민요술齊民要術》에 말하기를, 『대나무의 성질이 동남쪽으로 뻗어가기를 좋아한다.』고 했다. 또 소설에 『서쪽 집에서 대나무를 심으면 동쪽 집에서 땅을 정리한다.』라고 하였다. 시의 뜻은 이것을 말한 것이다. 내가 듣기에 비단 대나무만이 아니고 창포나 완초(돗자리의 원료가 되는 풀) 같은 것도 모두 동쪽으로 뻗어가기를 좋아한다고 한다.

[184] 슬퍼하고 탄식하게 만드는 시구절

陸龜蒙841詩：『日長似歲閒方覺, 事大如山醉亦休.』842 韓偓843詩：『四

히 기술하고 있다. 참고문헌도 많으며 당시의 학설들을 모았다. 조·수수로 대표되는 화북(華北)의 건조농법을 전하는 중요한 자료이며, 12세기 이후 화중(華中)의 벼농사에 관한 책이 나오기까지는 중국의 대표적인 농업기술서였다.

838 | 죽성애동남인(竹性愛東南引) : 《전자판 사고전서》《제민요술(齊民要術)》 권5에는 『대나무의 성질이 서남쪽을 향해 뻗어가기를 좋아한다(竹性愛向西南引)』고 되어 있다.

839 | 소설(小說) : 원래 제자(諸子) 10가(家) 중의 하나를 이르는 말이며 잡다한 저작을 이른다.

840 | 서가종죽(西家種竹) 두 구 : 책에 따라 『서가종죽, 동가치지』라는 말과 『동가종죽, 서가치지』라는 말이 혼용되고 있다. 아마도 동과 서를 서로 혼동한 것 같다. 하지만 대나무의 성질에 따르면 뿌리가 서쪽으로 향하는 습성이 있으므로 『동가종죽, 서가치지』가 합당한 것 같다.

841 | 육구몽(陸龜蒙, ?~881) : 《지봉유설(芝峰類說)》 주 302) 참조.

842 | 일장사세한방각(日長似歲閒方覺) 두 구 : 이 시는 육구몽이 지은 것이 아니라 육유가 지은 것이다. 시제는 〈가을 심사(秋思)〉이며 그 중 제3구와 제4구이다. 전문은 아래와 같다.《검남시고(劍南詩稾)》제46권.

利欲驅人萬火牛, 사리와 사욕 사람 쫓기를 불붙은 소가 뒤쫓듯 하나,
江湖浪迹一沙鷗. 강호의 느긋한 발자취 한 마리 갈매기 같구나.
日長似歲閒方覺, 하루의 길이가 한 해 같으니 한가로움 바야흐로 깨닫고.
事大如山醉亦休. 일의 크기가 산과 같으나 취하고 보니 정말 그만인 것을.
衣杵相望深巷月, 서로 바라보며 옷 다듬이질하는데 깊은 골목길에 달 떠오르고,
井桐搖落故園秋. 우물 옆 오동나무 흔들려 떨어지니 고향의 정원에도 가을이 졌지.
欲舒老眼無高處, 늙은이 눈을 편안케 하고자 하나 내려다 볼 높은 곳 없는데,
安得元龍百尺樓. 어찌 원룡의 백 척 높이의 누각을 얻을 수 있으리.

※육유(陸游, 1125~1210) : 자는 무관(務觀)이고 호는 방옹(放翁). 절강성 산음(山陰) 출생. 진사시에 실패하고 각지의 지방관을 전전하면서 때로는 중앙의 역사 편집관으로 일하는 등 불우한 일생을 보냈다. 금(金)나라에 대하여 철저한 항전주의자로 일관한 격렬한 기질의 소유자였으며, 65세 때에 향리에 은퇴하여 농촌에 묻혀 지냈다. 32세부터 85세까지의 약 50년간에 1만 수(首)에 달하는 시를 남겨 중국 시사상(詩史上) 최다작의 시인으로 꼽히고 있으며, 당시풍(唐詩風)의 강렬한 서정을 부흥시킨 점이 최대의 특색이라 할 수 있다. 자신의 파란만장한 생애와 국토회복의 절규를 담은 비통한 우국의 시를 짓는가 하면, 가난하면서도 평화스러운 전원생활의 기쁨을 노래하는 한적한 시를 짓는 등 작품의 내용이 매우 폭넓은 시인으로 알려져 있다. 저서에《검남시고(劍南詩稾)》85권이 있다.

※화우(火牛) : 여러 제후국이 동맹을 맺어 제(齊)나라를 공격했을 때, 제나라 민왕은 70여개의 제나라 성을 모두 빼앗기고 남은 성은 즉묵성 하나 밖에 없었다. 연합군 60만이 즉묵을 포위하고, 마지막 공격을 감행할 무렵, 제나라는 전단(田單)을 장군으로 세우고 5000여명의 결사대를 조직하여 즉묵에서 항쟁하였다. 전단은 소 1000여 마리를 마련하여 괴물처럼 보이게 꾸민 다음 꼬리에 기름을 묻히고 돌격했다. 결사대 5000명이 그 뒤를 따라가다가 적진 가까이 오자 소의 꼬리에 불을 붙였다. 그러자 소는 미친 듯이 적진을 유린했다.《사기 · 전단열전(史記 · 田單列傳)》

※원룡(元龍) : 동한(東漢) 진등(陳登)의 자. 동한 말기 혼란한 시국에 조정의 관리 중 한사람인 허사(許汜)가 농민의 습격을 받아 진등의 집을 찾았으나 진등이 자기는 높은 침대에서 자고 허사는 땅바닥에 누워 자게 하였다는 원룡고와(元龍高臥)라는 고사가 유명하다. 훗날 허사가 유비에게 이 일을 불평하자 유비 역시『진등은 그대가 나라를 생각하여 개인의 집과 개인의 안전을 잊어버리고 나라와 백성을 구해 주기 바랬을 것이오. 하지만 그대는 자신의 안전만을 위해 진등의 집을 찾았으니, 진등은 이를 매우 마음 아프게 생각하였을 것이오. 이럴진대 그대를 상대할 무슨 이유가 있었겠오? 만약 내가 그대 같은 소인을 만났다면, 나는 백 척 높이의 누각에 올라가서 자고, 그대는 땅바닥에서 자게 해 줄 것이오』라고 하였다고 한다.

時最好是三月, 一去不回惟少年.』[844] 李山甫[845]詩 : 『老逐少年終不放, 辱隨榮後定須匀.』[846] 又 『能讀書人天下少, 不如意事世間多』[847]. 又 『少日

843 | 한악(韓偓, 844~923) : 당 말기의 시인으로서, 자는 치요(致堯)이다. 장안(長安) 출생. 한림학사승지(翰林學士承旨) · 병부시랑(兵部侍郎)을 지냈다. 염체(艶體)의 시집《향렴집(香奩集)》으로 유명하며, 온정균 · 이상은 만큼의 깊이는 없으나 보다 관능적인 정경을 염려(艶麗)하게 직설적으로 나타냈다는 평가를 받는다. 그 시풍은 후세에 『향렴체(香奩體)』로 불렸다. 또 염체 이외의 작품집으로는《옥초산인집(玉樵山人集)》1권 ·《한내한별집(韓內翰別集)》1권이 있다.

844 | 사시최호시삼월(四時最好是三月) 두 구 : 한악이 지은〈삼월(三月)〉(《전당시》권682 제10수)의 제3구와 제4구이며, 아래는 전문이다.

辛夷才謝小桃發, 자목련이 방금 시드니 봉선화가 피고,
蹋青過後寒食前. 답청이 지나고 나니 한식이 앞에 있네.
四時最好是三月, 사계절 중에 가장 좋은 때는 바로 이런 춘삼월이고,
一去不回惟少年. 한번 가면 돌아오지 않는 것은 오직 젊은 시절일세.
吳國地遙江接海, 오나라의 땅은 먼데 강은 바다로 접하고,
漢陵魂斷草連天. 한나라 무덤의 혼이 끊어지니 풀만 하늘에 잇닿았네.
新愁舊恨眞無奈, 새로운 시름과 오래된 한은 정말 어찌할 수가 없으니,
須就鄰家甕底眠. 이웃집 독 밑으로 가서 잠이나 자야겠네.

※신이(辛夷) : 자목련. 2월에 꽃이 피고, 꽃이 필 때 마치 붓 모양으로 나온다고 해서 북방인들은 목필(木筆)이라고 부른다.

※답청(蹋青) : 봄날 청명절을 전후하여 교외로 나가 산보하며 즐기는 것. 이 때 『청』은 『청초(青草)』를 말함.

※인가옹저면(鄰家甕底眠) : 진(晉)나라 필탁(畢卓)이 이부랑(吏部郎)으로 있을 때 술을 좋아해서 자주 직무를 방기하곤 했다. 비사랑(比舍郎)이 빚어놓은 술이 다 익었다는 소리를 듣고, 필탁이 취해 밤에 독간으로 가서 몰래 훔쳐 마셨다. 술을 뜨러 온 자가 도둑인줄 알고 묶어놓고 보니 이부의 필탁이었다.《자치통감(資治通鑑)》권82.

845 | 이산보(李山甫) :《백운소설(白雲小說)》주 21) 참조.

846 | 노축소래종불방(老逐少來終不放) 두 구 : 이산보가 지은〈감회를 적는다(寓懷)〉(《전당시》권643 제17수)의 제5구와 제6구이며, 아래는 전문이다.

萬古交馳一片塵, 영원한 세월동안 번갈아 달린 게 모두 티끌이 되었으니,
思量名利孰如身. 명리를 헤아려 보려한들 내 몸보다 더 소중한 게 있겠나?
長疑好事皆虛事, 오랫동안 좋은 일이 아닌가 여겼던 일 모두 헛된 일되었고,
却恐閒人是貴人. 볼일 없는 사람인가 여겼더니 바로 귀한 사람일세.
老逐少來終不放, 늙음이 젊음을 좇아와서 마침내 놓아주지 아니하고,
辱隨榮後定須勻. 욕됨이 영화 뒤를 따르니 반드시 균평한 것일세.

爲名多檢束, 長年無與可顚狂』848. 又『兒童問我悲何事, 此意他年汝自

勸君莫謾誇頭角, 그대는 남보다 뛰어남을 자랑하지 말게나,
夢裏輸贏總未眞. 일장춘몽 중에 이기고 짐은 정말 참된 것 아닐지니.

847 | 능독서인천하소(能讀書人天下少) 두 구 : 송대의 유극장(劉克莊)이 지은 〈왕매(王邁)가 지은 〈봄날〉에 차운하여 2수(次韻實之春日, 二首)〉(《전송시》 권3043 제21수) 중 제2수의 제5구와 제6구이다. 아래는 전문이다.

梅釀朝衣塵滿靴, 조회 때 입는 옷에 매화모양 곰팡이 피고 신발에는 먼지 가득하지만,
曾穿細仗對延和. 일찍이 세장을 지나 연화전에서 천자님을 응대했었네.
角巾久已尋初服, 각건을 하고서 오래전에 이미 초심을 구하였는데,
錦帳何須戀舊窩. 수놓은 장막 안에서 어찌 반드시 오래된 움집을 사모해야 하겠는가?
能讀書人天下少, 글을 능통하게 읽은 사람은 천하에 적고,
不如意事世間多. 뜻대로 되지 않는 일은 세상에 많다.
半生寂寂因迂闊, 반평생 세상물정에 어두워 적적하게 살았는데
垂老方驚歲月蹉. 늙음이 드리워져서야 비로소 세월이 지나가버림에 놀라네.

※세장(細仗) : 의장의 명칭. 고대에 황제가 순례를 돌거나 조회 때 사용하였다. 궁의 수비대 중에 세장대(細仗隊)라고 있었다.

※각건(角巾) : 일반적인 문인이 평상시에 쓰던 건.

※유극장(劉克莊, 1187~1269) : 어릴 때 이름은 작(灼), 자는 잠부(潛夫), 호는 후촌(後村)이며 보전(莆田, 현재 복건성) 사람이다. 세도 있는 가문 출신으로 아버지의 덕으로 관리가 된 뒤 건양(建陽)과 선도(仙都)의 현령을 지냈다. 강호시파(江湖詩派)를 주도했으며 젊은 시절에는 군(軍)으로 강회(江淮), 양호(兩湖), 영남(嶺南) 등지를 떠돌다가 건양령(建陽令)으로 재직하던 때 시화(詩禍)로 파면을 당해 좌절을 겪었다. 이종(理宗)이 그를 사면하고 비서소감 겸 중서사인, 병부상서 등에 중용하였다. 《후촌선생대전집(後村先生大全集)》(196권)에 48권의 시를 남겼다. 그가 죽은 지 10년 만에 송나라가 멸망하여, 그는 문천상(文天祥)과 함께 송시의 최후를 장식한 시인이 되었다. 만당의 요합(姚合)·가도(賈島)·이하(李賀) 등의 시풍을 광범위하게 배워 경쾌한 필치를 보이고 있으나 시의 정신은 육유(陸游)를 본받아 시국을 걱정하는 작품이 적지 않다.

848 | 소일위명다검속(少日爲名多檢束) 두 구 : 이 시는 백거이가 지은 〈꽃 앞에서 느낀 바가 있어 지어서 최군(崔群) 상공님과 유우석(劉禹錫) 낭중님에게 바침(花前有感, 兼呈崔相公·劉郎中)〉(《전당시》 권448 제66수)의 제3구와 제4구이며, 전문은 아래와 같다.

落花如雪鬢如霜, 떨어지는 꽃잎 눈 같고 내 귀밑머리 서리 같은데,
醉把花看益自傷. 취해서 꽃을 보니 저절로 상심이 더하네.

知』[849]. 此則未知誰作, 而語皆切著, 足令人嗟惋.

육구몽陸龜蒙의 시에 말하기를,

日長似歲閑方覺,	하루의 길이가 한 해 같으니 한가로움 바야흐로 깨닫고
事大如山醉亦休.	일의 크기가 산과 같으나 취하고 보니 정말 그만인 것을.

라고 하였다. 한악韓渥의 시에는,

少日爲名多檢束,	젊었을 때에는 명성을 위하여 억제하고 구속함이 많았고,
長年無興可顚狂.	늙어지니 미친 듯 놀만한 흥도 없네.
四時輪轉春常少,	네 계절이 돌아가며 반복되어도 봄은 항상 짧고,
百刻支分夜苦長.	하루를 가르고 나눠도 밤의 고민은 정말로 길기만 하네.
何事同生壬子歲,	임자년에 같이 태어났는데도
老于崔相及劉郞.	최상공과 유낭중보다 늙었음은 어쩐 일인가?

※백각(百刻) : 고대의 시간 측정법. 옛날에는 물병에 눈금을 새겨놓고 흘러나오는 양으로 시간을 측정했다. 100개의 눈금이 하루이다.

849 | 아동문아비하사(兒童問我悲何事) 두 구: 이 시는 송대의 호시중(胡時中)이 지은 〈청명날 노래(淸明行)〉(《전송시》 권481 제23수)의 제7구와 제8구이며, 아래는 전문이다. 《전송시》에는 제7구에 아동(兒童)이 아니라 아아(皃皃)로 되어 있다.

憶昔父母康健時,	예전에 부모님이 건강했을 때를 생각하니,
淸明攜我上丘壟.	청명 때 나를 데리고 언덕위에 올라갔었네.
如今淸明我獨來,	지금은 청명이 되어도 부모님 없이 올라가는데,
却將小兒拜先冢.	그래도 아들에게 선친의 무덤에 절을 시키리.
凝情東風淚滿衣,	동풍에 감정이 북받쳐 눈물로 옷을 적시니,
江山雖是昔人非.	강산은 비록 그대로 일지라도 옛 어른들 그렇지 않네.
皃皃問我悲何事,	아이들이 나에게 무슨 일로 슬퍼하는지 묻는데,
此意他年汝自知.	이 뜻은 다른 때에 너희가 스스로 알게 되겠지.

※호시중(胡時中) : 자는 백정(伯正)이고 기양(祁陽 : 지금의 호남성) 사람이다. 송(宋) 영종(英宗) 치평(治平) 4년(1067)에 진사가 되었다. 《전송시(全宋詩)》에 시 2수가 있다.

四時最好是三月, 사계절 중에 가장 좋은 때는 바로 이런 춘삼월인데,
一去不回惟少年. 한번 가면 돌아오지 않는 것은 오직 젊은 시절일세.

라고 하였다. 이산보李山甫의 시에는,

老逐少年終不放, 늙음이 젊음을 쫓아와서 마침내 놓아주지 아니하고,
辱隨榮後定須匀. 욕됨이 영화 뒤를 따르니 반드시 균평한 것일세.

라고 하였다. 또,

能讀書人天下少, 글을 능통하게 읽은 사람은 천하에 적고,
不如意事世間多. 뜻대로 되지 않는 일은 세상에 많다.

고 하였고,

少日爲名多檢束, 젊었을 때에는 명성을 위하여 억제하고 구속함이 많았고,
長年無興可顚狂. 늙어지니 미친 듯 놀만한 흥도 없네.

또

兒童問我悲何事, 아이들이 나에게 무슨 일로 슬퍼하는지 묻는데,
此意他年汝自知. 이 뜻은 다른 때에 너희가 스스로 알게 되겠지.

라고 하였다. 이것은 누구의 작품인지 알 수 없으나, 말들이 모두 절실하여서 사람으로 하여금 슬퍼하고 탄식하게 만들기에 족하다.

[185] 팔행서八行書와 구국도九局圖

韓偓詩曰：『手風慵展八行書, 眼暗休尋九局圖.』[850] 按八行書, 如邢邵[851]

850 | 수풍용전팔행서(手風慵展八行書) 두 구 : 한악이 지은 〈가난을 편안해하며(安貧)〉(《전당시》 권681 제45수)의 제1구와 제2구이며, 전문은 아래와 같다.

手風慵展八行書, 손이 떨리어 팔행서 펴는 것도 게으르고,
眼暗休尋九局圖. 눈이 어두워 구국도 보는 것도 쉬네.
窓裏日光飛野馬, 창안으로 들어오는 햇볕에 아지랑이가 피어오르고
案頭筠管長蒲盧. 책상머리 대나무 필통에는 나나니 벌이 자라네.
謀身拙爲安蛇足, 이 몸 도모함이 졸렬하기가 사족을 그리는것 같고,
報國危曾捋虎鬚. 나라에 보답함이 위험하기가 호랑이 수염 잡아당기는 것 같네.
擧世可能無默識, 온 세상에 묵묵히 알고 있는 사람이 없을 수도 있지만,
未知誰擬試齊竽. 누가 다시 제나라 문왕처럼 악사들을 시험할지 모르겠구나.

※팔행서(八行書) : 옛날에 편지를 쓸 때 붉은 색 종이를 많이 썼는데, 대개 8줄로 나누었다. 그래서 팔행서는 편지를 말한다. 『마융(馬融)이 두장(竇章)에게 보내는 편지에서 말하기를 「맹릉(孟陵)의 노비가 와서 편지를 주었는데 그의 필적을 보니 기쁘기가 한량없고 마치 얼굴을 보는 듯하였네. 편지는 종이 두 장에, 장마다 여덟 줄이었고, 한 줄에 일곱 자씩 있었네」(融集與竇伯向書曰 : 孟陵奴來, 賜書, 見手跡, 歡喜何量, 見於面也. 書雖兩紙, 紙八行, 行七字)』라는 이야기가 《후한서(後漢書)》 제 53권에 보인다.

※구국도(九局圖) : 기보(棋譜)를 말하는데, 이수광은 이를 둔갑술의 구국과 착각한 것으로 보인다.

※야마(野馬) : 《장자 · 소요편(莊子 · 逍遙篇)》에 『아지랑이가 먼지처럼 대지에 가득차 있네(野馬也, 塵埃也)』라고 되어 있고 그 주석에 『야마는 아지랑이다(野馬者, 遊氣也)』고 하였다.

※포로(蒲盧) : 《이아(爾雅)》에 『포로는 나나니벌』이라고 되어 있다. 《시소(詩疏)》에는 『벌과 비슷하며, 허리가 가늘다』라고 되어 있다. 《모시소의(毛詩疏義)》에는 『애벌레는 꿈틀거리며 기어가고 색은 푸르다, 땅벌이 이를 취해 빈 나무속이나 책 사이 또는 필통 중에 놓으면 7일 후에 성충이 된다. 포로는 땅벌이다(《爾雅》 蒲蘆, 也. 《詩疏》 似蜂而細腰. 《毛詩疏義》 曰 : 螟蛉似步屈. 其色青. 土蜂取之置空木中或書卷間筆筒中, 七日化成子. 蒲盧, 土蜂也)』라고 되어 있다.

※사족(蛇足) : 《사기(史記)》 제 40권에 진진(陣軫)이 초나라 소양(昭陽)에게 한 이야기에 나온다. 『어떤 사람이 사인(舍人)에게 술 한 병을 주었는데, 그 사인이 사람들에게 말하기를 「여러 명이 마시기에는 부족하니 땅에 뱀을 먼저 그리는 사람이 혼자 다 마시기로 하자」고 하였다. 어떤 한 사람이 뱀을 먼저 그리고 술병들 들면서 「나는 능히 뱀의 발까지도 그릴 수 있어 발도 그렸다」고 하였다. 그 다음에 그림을 다 그린 사람이 술병을 뺏으면서 「뱀에게는 본래 발이 없는데, 발을 그리면 뱀이 아니다」고 했다(人有遺其舍人一卮酒者. 舍人相謂曰 : 「數人飮此不足, 以徧請遂畫地爲蛇, 蛇先成者, 獨飮之.」 一人曰 : 「吾蛇先成」, 擧酒而起曰 : 「吾能爲之足, 及其爲之足」 而後成人, 奪之酒而飮之曰 : 「蛇固無足, 今爲之足, 是非蛇也」)』

※날호수(捋虎鬚) : 《장자 · 도척편(莊子 · 盜跖編)》에 『공자가 도척에게 말했으나 도척이 이에 따르지 않고 말하기를 「공자가 말한 것이 틀리지는 않았지만 스스로

詩 : 『獨寄八行書.』[852] 劉禹錫詩 : 『方見八行書』[853] 是也. 九局圖, 蓋《符

자신을 해치는 것이다. 빨리 달리면서 호랑이 머리를 당기고 호랑이 수염을 잡아당기면 거의 호랑이 입에 들어가는 것을 면할 수 없다(丘所謂, 無病而自灸也. 疾走料虎頭, 編虎須, 幾不免虎口哉)」라고 했다』고 되어 있다.

※묵지(默識) : 《논어(論語)》에 『말을 하지 않고도 그것을 알고 있다(默而識之)』고 되어 있다.

※제우(齊竽) : 『제(齊)나라 선왕(宣王)이 우(竽)를 연주하는 사람이 반드시 300명이 되도록 했다. 남곽처사(南郭處士)가 왕에게 우를 연주하기를 청하였고, 선왕은 수백 명에게 녹읍을 주었다. 선왕이 죽고 민왕(湣王)이 즉위하여 한 명씩 들어보게 하니, 처사는 도망갔다(齊宣王, 使人吹竽必三百人. 南郭處士, 請爲王吹竽. 宣王說之, 廩食以數百人. 宣王死, 湣王立, 好一一聽之, 處士逃)』는 내용이 《한비자 · 내저설 상편(韓非子 · 內儲說上)》에 보인다.

851 | 형소(邢邵, 496~?) : 자는 자재(子才). 하간(河間) 정(鄭) 사람. 어려서부터 문장에 능하고 언변에 뛰어 났다. 여러 번 중서시랑(中書侍郎)을 지냈으며, 북제(北齊) 때에는 황문시랑(黃門侍郎), 국자좨주(國子祭酒) 등을 역임했다. 항상 검소하게 생활했다고 전해진다. 저작으로는 문집 30권이 있다.

852 | 독기팔행서(獨寄八行書) : 형소가 지은 것이 아니라 위도손(韋道遜)이 지었다. 시제는 〈늦봄의 연회(晚春宴)〉(《전당시》 권770 제45수)이며 제8구이다. 전문은 아래와 같다.

日斜賓館晚, 햇살 비껴져 손님 모신 연회장에 날이 저물고
風輕麥候初. 바람 가벼워 보리 익는 계절이 되었네.
簷喧巢幕燕, 처마에는 천막에 깃들이는 제비가 지저귀고
池躍戲蓮魚. 연못에는 연꽃을 희롱하는 물고기 뛰어오르네.
石聲隨流響, 돌 치는 소리는 흐르는 물 따라 울리고
桐影傍巖疎. 오동나무 그림자는 바위 옆으로 트이네.
誰能千里外, 누가 능히 천리 밖에서
獨寄八行書. 홀로 팔행서를 부치겠는가.

853 | 방견팔행서(方見八行書) : 유우석이 지은 〈영호복야는 나와 마음이 잘 맞아서 비록 산과 강이 멀고 막혀있어도 서로 소식은 계속 이어졌다. 올해 11월에 복야가 병으로 일어나지 못한다는 말을 들었는데, 내가 이윽고 부고장을 받아들고는 침실 문에서 큰 소리로 울었다. 후에 심부름꾼 두 명이 편지와 시를 가지고 왔는데, 그 때를 계산해보니 병들어 누워있을 때였다. 글씨가 한 폭 가득차고 먹 냄새 아직 새로웠다. 사한 편의 음운은 두루 절실해서, 눈물을 거두고 붓을 들어 답하는 글을 완성했다. 비록 광릉곡은 지금 끊어졌지만 개산(蓋山) 서고천(舒姑泉)의 노래 같은 느낌은 그대 들어주기를 바라면서, 상갓집 장막 앞에서 이것을 태우게 하고, [그 초고는 나의] 옛 원고의 말미에 붙여놓는다(令狐僕射, 與余投分素深, 縱山川阻峭, 然音問相繼, 今年十一月, 僕射疾不起聞. 予已承訃書, 寢門長慟. 後日有使者兩輩,持書并詩. 計其日時,

應經》854 : 『陽遁 · 陰遁皆九局.』855 故云. 按《符應經》遁甲之法856, 世

已是臥疾. 手筆盈幅, 翰墨尙新. 詞一篇, 音韻彌切. 收淚握管, 以成報章. 雖廣陵之絃, 於今絶矣, 而蓋泉之感, 猶庶聞焉. 焚之繐帳之前, 附于舊編之末)〉(《전당시》 권362 제22수)의 제4구이며, 아래는 시의 전문이다.

前日寢門慟, 전날에 침실 문에서 큰 소리로 울었지만,
至今悲有餘. 오늘날까지도 그 슬픔 아직 남아있네.
已嗟萬化盡, 이미 만 가지가 모두 변했음을 슬퍼하는데,
方見八行書. 방금 팔행서를 보았네.
滿紙傳相憶, 편지지 가득히 나에 대한 기억을 전하고,
裁詩怨索居. 시를 지으며 쓸쓸히 산 것을 원망했네.
危絃音有絶, 위태롭구나, 현악기 소리 끊어질 것이고,
哀玉韻由虛. 슬프구나, 옥악기 소리 헛된 것이 되리.
忽歎幽明異, 홀연 유명을 달리함에 탄식하고,
俄驚歲月除. 갑자기 세월이 지나감에 놀라네.
文章雖不朽, 문장은 비록 썩지 않지만
精魄竟焉如. 혼백은 끝내 어디로 갔는가.
零淚霑青簡, 조용히 흐르는 눈물로 편지지를 적시니,
傷心見素車. 아픈 마음에 상여 수레 나타나네.
悽涼從此後, 처량하구나, 이 후로는
無復望雙魚. 다시는 편지를 볼 수 없으리.

854 | 《부응경(符應經)》: 《경우둔갑부응경(景祐遁甲符應經)》을 말한다. 송(宋)나라 인종(仁宗)때 양유덕(楊維德)이 편찬한 책으로 3권이다. 《둔갑옥함부응경(景祐遁甲玉函符應經)》이라고도 한다.

855 | 양둔 · 음둔개구국(陽遁 · 陰遁皆九局) : 둔갑서에 의하면 양둔에 9국이 있고, 음둔에도 9국이 있다.(《어정월령집요》) 동지이후 양둔은 6의(儀)와 역순의 3기(奇)가 분포하고, 하지이후 음둔은 3기와 역순의 6의가 분포한다(《역학상수론》)(增遁甲書, 陽遁九局, 陰遁九局, 自冬至以後用陽遁, 夏至以後用陰遁(《御定月令輯要》卷一). 冬至後, 陽遁順數自一至九, 夏至後陰遁逆數自九至一. 冬至後, 順布六儀, 逆布三奇. 夏至後, 順布三奇, 逆布六儀.(《易學象數論》 卷五).

856 | 둔갑지법(遁甲之法) : 술수의 일종이다. 십간(十干) 중 『을(乙), 병(丙), 정(丁)』을 삼기(三奇)라고 하고 8괘의 변상 『휴(休), 생(生), 상(傷), 두(杜), 경(景), 사(死), 경(驚), 개(開)』를 팔문(八門)이라고 한다, 그래서 『기문(奇門)』이라는 말이 생겼다. 십간 중 『갑(甲)』은 가장 존귀해서 드러나지 않는데, 항상 『무(戊), 기(己), 경(庚), 신(申), 임(壬), 계(癸)』의 『육의(六儀)』의 안에 숨겨져 있다. 삼기와 육기는 구궁(九宮)에 분포되어 있으며, 『갑』은 홀로 하나의 궁을 차지하지 않으며 『둔갑(遁甲)』이라고 한다. 술수를 믿는 사람들은 기문둔갑에 근거하여 길흉화목을 점칠 수 있다고 생각한다.

傳作於黃帝風后. 分門定局, 避凶趨吉, 最切於日用, 故古人以之應變制敵. 其法十干中甲常隱藏, 故謂之遁甲. 俗以遁甲爲隱形, 非矣.

한악의 시에 말하기를,

手風慵展八行書,　손이 떨리어 팔행서 펴는 것도 게으르고,
眼暗休尋九局圖.　눈이 어두워 구국도 보는 것도 쉬네.

고 하였다. 상고하여 보니, 팔행서는 형소邢邵의 시에,

獨寄八行書.　홀로 팔행서를 부치겠는가?

고 한 것이나, 유우석劉禹錫의 시에,

方見八行書.　방금 팔행서를 보았네.

고 한 것이 그것이다. 구국도九局圖라는 것은 대체로 《부응경符應經》에 『양둔陽遁 음둔陰遁은 모두 구국이 있다』라고 했는데 그래서 그리 말한 것이다. 상고하여보니, 《부응경》의 둔갑법遁甲法은 세상에 전하는 말로는, 황제黃帝 때에 풍후(風后 : 황제의 정승)가 지었다고 한다. 문을 나누고 국을 정하여 흉한 것을 피하고 길한 데에 나아가게 함이 가장 일용에 요긴하다. 그런 까닭에 옛 사람들이 이것으로써 임기응변하고 적을 제압하였다고 한다. 그 법이 십간十干 가운데서 갑은 항상 감추어 두었기 때문에 이를 둔갑이라고 했다. 세속에서 둔갑을 형체를 숨기는 것이라고 하는 것은 잘못이다.

[186] 육구몽陸龜蒙의 궁인사宮人斜

陸龜蒙〈宮人斜〉詩曰 :『草樹愁煙似不春, 晩鶯哀怨向行人. 須知一種埋香骨, 猶勝昭君作虜塵.』[857] 意好.

육구몽이 〈궁인사(宮人斜 : 당나라 때의 궁인의 묘지를 읊은 시)〉에 말하기를,

草樹愁煙似不春,	풀과 나무에 근심 어린 안개끼니 봄 같지 않고,
晩鶯哀怨向行人.	늦은 꾀꼬리 나그네를 향해 슬퍼하고 원망하네.
須知一種埋香骨,	반드시 알아야 하리, 향기로운 뼈를 묻을 수 있다는 것이
猶勝昭君作虜塵.	왕소군이 오랑캐 땅의 먼지가 된 것보다 오히려 낫다는 것을.

이라고 하였다. 시의 뜻이 좋다.

[187] 『방두方頭』의 의미

陸魯望詩云 : 『方頭不會王門事, 塵土空緇白苧衣.』[858] 按趙令時[859]《侯鯖錄》[860] 曰 : 『今人謂拙者爲方頭.』[861]《稗史》[862] 曰 : 『方頭, 言不通時宜而無顧忌者也.』

육구몽의 시에 말하기를,

857 | 초수수연사불춘(草樹愁煙似不春) 네 구 : 육구몽이 쓴 〈궁인사(宮人斜)〉(《전당시》 권629 제9수) 시의 전문이다. 《전당시》에는 제 2구의 향(向)이 문(問)으로 되어 있다.

858 | 방두불회왕문사(方頭不會王門事) 두 구 : 육구몽이 쓴 〈회시(懷詩)〉(《전당시》 권630 제30수)의 일부이다. 《전당시》에는 뒤에 『가을이 오자 느지막이 일어나 오정으로 향하네(秋來懶上向吳亭)』라는 구절이 더 있으며 전문은 전해지지 않는다.

859 | 조영치(趙令時, 1061~1134) : 《지봉유설(芝峰類說)》 주 205) 참조.

860 | 《후정록(侯鯖錄)》 : 송나라 조영치(趙令時)가 선배들의 고사(故事)와 시화(詩話)를 수록한 책.

861 | 금인위졸직자위방두(今人謂拙直者爲方頭.) : 《후정록》 권8에 이 구절이 있으며 육구몽의 시구를 인용하여 방두를 설명하고 있다.

862 | 《패사(稗史)》 : 원의 구원(仇遠)이 지은 원대의 잡사소설집(雜事小說集).

方頭不會王門事,　　방두가 왕가의 일에는 보이지 않고,
塵土空緇白苧衣.　　흙먼지로 공연히 흰 모시옷만 검게 더럽히네.

라고 하였다. 상고하여보니 조영치趙令時의 《후정록侯鯖錄》에 말하기를 『오늘날 사람들은 옹졸한 자를 방두라고 한다.』고 하였다. 《패사稗史》에 말하기를, 『방두라는 것은 시의時宜에 통하지 않고 돌아보거나 꺼림이 없는 자를 말한다.』고 하였다.

[188] 시에서 드러나는 농민들의 생활고

聶夷中[863] 〈傷田家〉 詩 : 『二月賣新絲, 五月糶新穀.』[864] 說者以爲二月新絲未出, 恐當作四月. 按《稗史》云 : 『此蓋謂絲未出, 穀未熟, 而貧民預借債負而已先賣之矣, 卽諺稱「寅年喫了卯年糧」之意. 若絲出穀熟而賣之, 乃常理也, 何足以見貧民之極耶?』 此說似是. 陸宣公[865]文曰 : 『蠶事

863 | 섭이중(聶夷中, 837~?) : 자는 원지(垣之). 당나라 의종(懿宗) 함통(咸通) 12년(871)에 진사에 급제하였으나, 당시 전쟁으로 인해 혼란하였으므로 관리에 임용될 겨를이 없어 오래도록 빈궁하게 지내다가 화음현위(華陰縣尉)라는 지방관에 부임하였다. 악부시(樂府詩)를 잘 지었으며, 특히 농민의 고통을 대변하는 시를 많이 지었다.

864 | 이월매신사(二月賣新絲) 두 구 : 섭이중이 지은 〈농가를 애달파하며(傷田家)〉의 제1구와 제2구이며, 아래는 시의 전문이다. 《전당시》 권636 제7수

二月賣新絲,　　이월에는 새로 나올 고치실을 팔아먹고,
五月糶新穀.　　오월이면 새로 수확할 곡식으로 돈을 빌리네.
醫得眼前瘡,　　눈앞의 부스럼은 고칠 수 있겠지만,
剜却心頭肉.　　심장의 살을 도려내는 것 같네.
我願君王心,　　내 바라옵나니, 임금님의 마음이
化作光明燭.　　밝게 비추는 촛불이 되시어,
不照綺羅筵,　　비단으로 만든 부자들의 자리는 비추지 마시고,
偏照逃亡屋.　　빚에 쫓겨 도망가는 농가를 두루 비추소서.

865 | 육선공(陸宣公, 754~805) : 당나라 명재상인 육지(陸贄)이며 선공은 시호이다. 자는 경여(敬輿)이고 가흥(嘉興 : 지금의 절강성) 출신이다. 771년에 진사가 되었으며 792년에 중서시랑동문하평장사(中書侍郎同門下平章事)에 임명되었다가 794년에 호부시랑의 모함으로 재상의 자리에서 물러나 태자빈객(太子賓客)에 임명되었다.

方輿, 已輸縑稅 ; 農功未艾, 遽斂穀租.』[866] 此也.

섭이중聶夷中이 〈농가를 애달파하며傷田家〉란 시에서,

二月賣新絲,　　이월에 새 고치실을 팔아먹고,
五月糶新穀.　　오월에 새 곡식으로 돈을 빌리네.

라고 하였다. 논평하는 자는 이월에는 아직 새 고치실이 나오지 않으니, 아마 마땅히 사월이라 써야 할 것이라고 생각하였다. 《패사稗史》에 말하기를, 『이것은 대체로 새 고치실도 나오지 않았고 곡식이 익지도 않아서 가난한 백성이 빚을 지면서 미리 먼저 파는 것이다. 즉 속담에 「인년寅年에 묘년卯年의 식량을 다 먹어버렸다.」는 말과 같은 뜻이다. 만약 고치실이 나오고 곡식이 익은 뒤에 그것들을 판다면 그것은 당연한 이치이니, 어떻게 가난한 백성의 극한적인 모습을 보여 줄 수 있겠는가?』라고 하였다. 이 말이 옳은 것 같다. 육지陸贄의 글에 『누에 칠 일이 이제 막 한창인데 이미 비단 세금을 물었고, 농사지은 것을 베기도 전에 재빨리 곡식세금을 걷어 가는구나.』라고 한 것이 이것이다.

[189] 두상杜常의 〈화청궁華清宮〉

杜常[867] 〈華淸宮〉 詩曰 :『行盡江南數十程, 曉風殘月入華淸. 朝元閣上

다음해 충주(忠州 : 지금의 四川省 忠縣) 별가(別駕)로 좌천되어 그 곳에서 10년을 보내면서 비방을 피하기 위해 더 이상 저술하지 않았다. 재주가 남달랐으며 민정(民情)을 몸소 살폈고 성품이 강직했다. 한림학사에 재임하였을 때 덕종(德宗)의 신임을 얻었으나 황제에게 직언을 잘하여 점차 덕종의 불만을 사기도 했다. 저서로 《육씨집험방(陸氏集驗方)》 50권과 《육선공주의(陸宣公奏議)》가 있으며, 《시문별집(詩文別集)》 15권이 있었으나 전하지 않는다.

866 | 잠사방흥(蠶事方興) 네 구 : 육선공의 〈세금징수 기한을 정하는 데 대해 아뢰는 글(奏定徵稅期限)〉에 나온다. 《통감총류(通鑑總類)》 10권 상편.

西風急, 都入長楊作雨聲.』[868] 此詩非但疊字[869]爲病, 華淸宮在驪山, 而曰 : 『行盡江南』云云, 未穩. 按楊愼云, 杜常乃宋歐陽脩一時人, 非唐人也. 然則此詩誤入《唐詩集》中耳.[870]

두상杜常의 〈화청궁華淸宮〉 시에 말하기를,

行盡江南數十程,	강남의 수십 역참을 다 가서야,
曉風殘月入華淸.	새벽바람 이지러진 달에 화청궁 들어가네.
朝元閣上西風急,	조원각 위에 서풍이 급하더니,

867 | 두상(杜常) : 자는 정보(正甫), 위주(衛州 : 지금의 河南省 衛輝) 사람. 영종(英宗) 치평(治平) 2년(1065에 진사가 되었고, 신종(神宗) 희녕(熙寧) 말에 유주단련추관(濰州團練推官) 등을 지냈다. 개봉부판관(開封府判官) · 지재주(知梓州) · 지청주(知青州) 등을 역임했고, 79세에 죽었다. 《전당시》 권731에 시 한 수가 있고 《전송시》 권781에 시 3수와 구 1수가 전해진다. 《송사(宋史)》 권330에 전기가 있다.

868 | 행진강남수십정(行盡江南數十程) 네 구 : 두상(杜常)의 〈화청궁(華淸宮)〉이며 시의 전문이다. 《전당시》 권731 제20수 및 《전송시》 권781에 보인다.

869 | 첩자(疊字) : 첩자는 같은 글자를 중첩해서 사용하는 것을 뜻하나, 여기서는 한 수의 시 안에서 같은 글자가 여러 번 사용되었다는 의미이다.

870 | 두상내송구양수(杜常乃宋歐陽脩) 네 구 : 이 글귀는 찾을 수 없고, 양신이 쓴 《승암집(升庵集)》 58권에 두상에 대해 쓴 글에 비슷한 내용이 나온다. 『시화에서 말하기를 두상과 방택은 당나라 시인 중에서는 그 이름이 보이지 않으나 시구는 사람을 놀라게 한다고 했다. 현재 〈화청궁〉 한 수만이 남아있다. 《손공담포(孫公談圃)》 또한 그를 송나라 사람으로 여겼다. 근래에 《당시삼체(唐詩三體)》에 주석을 단 자가 있었는데 《손공담포》의 말을 인용하면서도 당나라 사람이 아니라는 것을 정확하게 지적하지는 않았는데, 아마도 편찬자의 실수를 드러내지 않으려는 생각이었던 것 같다. 내가 또 《범촉공문집(范蜀公文集)》 중의 《수기(手記)》에 당시 교류했던 명사 중에 두상이라는 이름을 보았다. 또 《송사(宋史)》에 〈두상전〉이 있고, 두상이 태후의 조카이며 시에 능하다고 되어 있다. 역사사료와 《손공담포》와 《수기》를 참고하면 그가 송나라 사람인 것은 의심할 바 없다.(詩話云 : 杜常方澤, 在唐詩人中, 名姓不顯, 而詩句驚人. 今惟存 〈華淸宮〉一首. 《孫公談圃》亦以爲宋人. 近註《唐詩三體》者亦引《談圃》, 而不正指其非唐人, 蓋不欲顯選者之失耳. 予又見《范蜀公文集》中有《手記》, 一時交游名流中有杜常名姓. 又《宋史》有〈杜常傳〉, 云 : 杜常太后之姪 能詩. 以史與《談圃》《手記》參之, 爲宋人無疑矣.)』

都入長楊作雨聲.　　장양에 들어가니 빗소리가 들리네.

라고 하였다. 이 시는 첩자를 사용하여 잘 못 지어졌을 뿐만 아니라, 화청궁은 여산(섬서성 서안)에 있는데, 『강남을 다 가서行盡江南』운운한 것은 온당하지 않다. 상고하여 보니, 양신楊愼이 말하기를 『두상은 송나라의 구양수와 동시대 사람으로서 당나라 사람이 아니다. 그러니 이 시는《당시집》에 잘못 들어간 것이다.』라고 했다.

Ⅷ. 오대시五代詩

[190] 구양형歐陽炯의 시 몇 구절

歐陽炯[871], 蜀孟昶[872]時人, 有詩曰 :『樓上醉和春色寢, 綠楊風送小鶯聲.』又『青娥紅臉笑相迎, 又向海棠花下飮.』[873] 又『日高猶未起, 爲戀鴛

871 | 구양형(歐陽炯, 895~971) : 오대(五代)의 사가(詞家). 익주(益州) 화양(華陽) 사람. 젊어서는 전촉(前蜀)을 섬겨 중서사인(中書舍人)이었으며, 촉이 망하자 후당(後唐)으로 가서 진주종사(秦州從事)가 되었다. 맹지상(孟知祥)이 다시 후촉(後蜀)을 세우자 다시 중서사인(中書舍人)이 되었다. 광정(廣政) 12년(949)에 한림학사(翰林學士)가 되었다. 문하시랑(門下侍郎) · 호부상서동평장사(戶部尙書同平章事) · 감수국사(鑒修國史)가 되었다. 후에 맹창(孟昶)을 따라서 한림학사를 지냈고, 좌산기상시(左散騎常侍)가 되었다. 피리를 잘 불어서 태조(太祖)가 편전에서 연주하게 하였다. 후에 일로 인해 파직되고 본관분사(本官分司)로서 서경에서 죽었다. 시와 노래를 잘 하였는데, 일찍이 백거이를 모작해 50편을 지었고, 사(詞)는 48편이 전해진다. 〈무신군아기(武信軍衙記)〉 · 〈화간집서(花間集序)〉가 전해진다.

872 | 맹창(孟昶, 919~965) : 오대(五代) 후촉(後蜀)의 군주. 시호는 명효황제(明孝皇帝)이며 년호는 광덕(廣德)이다. 재위 30년 간 중원의 많은 적들을 잘 막아내었지만 사치가 아주 심했다. 《구오대사(舊五代史)》 권136에 전한다.

873 | 누상취화춘색침(樓上醉和春色寢) 네 구 : 구양형이 지은 사 〈목란화(木蘭花)〉의 제2수의 제2구와 제3구 및 제7구와 제8구로 아래는 제2수의 전문이다. 《전당시》 권896 제25수

鴦被』·『鸚鵡語金籠, 道兒還是慵』[874], 儘好.

구양형歐陽炯은 촉蜀나라 맹창孟昶과 동시대 사람이다. 그의 시에 이런 것이 있다.

樓上醉和春色寢,	누각 위에서 취해 봄빛에 잠겨서 잠을 자네.
綠楊風送小鶯聲.	푸른 버들에 바람 불어 작은 꾀꼬리 보내는 소리 나네.

또

靑娥紅臉笑相迎,	푸른 눈썹 붉은 뺨으로 웃으며 서로 맞으니,
又向海棠花下飮.	또 해당화 꽃 아래 가서 마시네.

라고 하였다. 또

日照玉樓花似錦,	햇살 비치니 옥루의 꽃은 마치 수놓은 듯하고
樓上醉和春色寢.	누각 위에서 취해 봄빛에 잠겨서 잠을 자네.
綠楊風送小鶯聲,	푸른 버들에 바람 불어 작은 꾀꼬리 보내는 소리 나는데,
殘夢不成離玉枕.	꿈 미처 다 꾸지 못했는데 옥베개에서 일어나네.
堪愛晩來韶景甚,	저녁 되니 아름다운 봄 풍경 아름다워 사랑할만하니,
寶柱秦箏方再品.	보석 안족 진나라 아쟁 바야흐로 다시 감상하네.
靑娥紅臉笑相迎,	푸른 눈썹 붉은 뺨으로 웃으며 나를 맞으니,
又向海棠花下飮.	또 해당화 꽃 아래 가서 술을 마시리.

874 | 일고유미기(日高猶未起) 네 구 : 구양형이 지은 사 〈보살만(菩薩蠻)〉의 제1수의 하반부이며, 아래는 제1수 전문이다. 《전당시》 권896 제27수

曉來中酒和春睡,	새벽이 오니 술이 취해 봄과 함께 잠드니,
四支無力雲鬢墜.	사지가 무력해지니 구름 같은 쪽찐 머리 떨어지네.
斜臥臉波春,	비껴 누운 얼굴에 봄이 일렁이니,
玉郎休惱人.	옥 같은 낭군은 번뇌를 모르는 사람일세.
日高猶未起,	해가 높이 올랐는데 아직도 일어나지 않음은,
爲戀鴛鴦被.	원앙금침에 연정이 아쉽기 때문이라네.
鸚鵡語金籠,	앵무가 황금 새장에서 말하기를,
道兒還是慵.	도아도 역시나 게으름쟁이라네.

日高猶未起,　해는 높이 솟아올랐는데 아직도 일어나지 않음은,
爲戀鴛鴦被.　원앙금침에 연정이 아쉽기 때문이라네.
鸚鵡語金籠,　앵무가 황금의 새장에서 말하기를,
道兒還是慵.　도아도 역시나 게으름쟁이네.

진실로 좋다.

IX. 송시宋詩

[191] 구준寇準의 시에 나타난 재상의 뜻

寇萊公[875]詩云：『野水無人渡, 孤舟盡日橫.』[876] 全襲韋蘇州[877]『野渡

875 | 구래공(寇萊公, 961~1023) : 구준(寇準). 북송(北宋) 초의 정치가이며 시인. 자는 평중(平仲)이고 시호는 충민(忠愍)이다. 하규(下邽 : 지금의 섬서성 華州) 사람. 979년에 진사에 급제하여, 대리평사(大理評事), 추밀원직학사(樞密院直學士), 염철판관(鹽鐵判官) 등을 역임하면서, 태종(太宗)의 두터운 신임을 받았으나, 지나치게 강직하였기 때문에 지방으로 좌천(左遷)되었다. 진종(眞宗) 즉위 후 중앙에 복귀하여 1004년에 재상이 되어 거란(契丹)의 침입 때 많은 공을 세웠다. 그 후 내국공(萊國公)에 봉해져서 구래공(寇萊公)이라고도 하였다. 그러나 다시 좌천되어 호남성 형주사마(衡州司馬)로 있다가 죽었다. 시인으로서는 당시의 고관들 사이에서 유행하던 서곤체(西崑體)와 약간 다른 시풍(詩風)을 가졌으며, 자연의 애수(哀愁)를 읊은 시가 많다. 시집으로 《구충민공시집(寇忠愍公詩集)》이 있고, 《전송시》에 시집 4권이 있다.

876 | 야수무인도(野水無人渡) 두 구 : 구준이 지은 〈봄날 누각에 올라 옛일을 생각하며(春日登樓懷歸)〉의 제3구와 제4구이며 전문은 다음과 같다.

高樓聊引望,　높은 누각에 올라 애오라지 끌어 당겨 바라보니,
杳杳一平川.　아득하니 곧바른 개천만 보이네.
野水無人渡,　들판의 물에는 건너는 사람 없어,
孤舟盡日橫.　외로운 배만 날이 다하도록 가로놓여 있네.
荒村生斷靄,　황량한 마을에 아지랑이 피어오르다 끊어지고,
古寺語流鶯.　옛 절에는 꾀꼬리만 지저귀며 날아다니네.

無人舟自橫』[878] 之句, 而後人獨稱萊公爲有相業, 何歟?

구준의 시에 말하기를,

野水無人渡,　　들판의 물에는 건너는 사람 없어,
孤舟盡日橫.　　외로운 배만 날이 다하도록 가로놓여 있네.

라고 하였다. 온전히 위응물의 시

野渡無人舟自橫.　　들에는 물 건너는 이 없어 배만 홀로 가로놓여 있네.

라는 글귀를 습용한 것이다. 그런데 후세 사람들은 유독 구준의 글만을 칭찬하여 재상의 뜻이 있다고 한 것은 무슨 까닭인가.

[192] 곤체崑體같지 않은 안수晏殊의 시

晏元獻[879]詩有曰 : 『梨花院落溶溶月, 柳絮池塘淡淡風.』[880] 又 『樓臺冷落

舊業遙淸渭,　　옛날 일하던 곳은 아득히 먼 맑은 위강이었는데,
沉思忽自驚.　　골똘히 생각하다가 홀연 스스로 놀라네.

877 | 위소주(韋蘇州, 737~792) : 위응물(韋應物). 《지봉유설(芝峰類說)》 주 89) 참조.

878 | 야도무인주자횡(野渡無人舟自橫) : 위응물이 지은 〈저주 서쪽 시냇가에서(滁州西澗)〉의 제4구이며, 작자가 저주에 재임해 있던 기간에 쓴 산수시다. 아래는 전문이다. 《전당시》 권193 제25수

獨憐幽草澗邊生,　　시냇가에 자란 그윽한 풀 유달리 아끼는데,
上有黃鸝深樹鳴.　　그 위에 노란 꾀꼬리 깊은 나무속에서 울고 있네.
春潮帶雨晩來急,　　봄 물길은 비가 오자 저녁 되니 급히 흐르고,
野渡無人舟自橫.　　들에는 물 건너는 이 없어 배만 홀로 가로놓여 있네.

879 | 안원헌(晏元獻, 991~1055) : 안수(晏殊), 송나라 임천(臨川) 사람. 자는 동숙(同叔)이다. 경덕(景德) 초에 신동(神童)으로 천거되었으며 진종(眞宗)이 불러 진사(進士)와 더불어 궁궐안에서 시험을 보게 하였는데 붓을 잡자마자 글을 완성했다. 벼슬이 중서문하평장사(中書門下平章事)에 이르렀다. 원헌(元獻)은 그의 시호(謚號)이다.

收燈夜, 門巷蕭條掃雪天』[881]. 又『已定復搖春水色, 似紅如白野棠花』[882]. 此等句語不似崑體[883], 可誦.

《전송시》에 시집 3권이 실려 있다.

880 | 이화원락용용월(梨花院落溶溶月) 두 구 : 안수가 지은 〈멀리 있는 이에게 부침(寄遠)〉의 제3구와 제4구이다. 아래는 전문이다. 《전송시》 권171 제6수

油壁香車不再逢, 향기로운 아녀자 수레 다시 못 만나고,
峽雲無迹任西東. 골짜기의 구름은 종적도 없이 동서로 떠도는 구나.
梨花院落溶溶月, 배꽃 핀 정원에는 달빛이 조용히 흐르고,
柳絮池塘淡淡風. 버들개지 날리는 연못에는 바람이 담박하네.
幾日寂廖傷酒後, 며칠 동안 적적하여 마음 상해 술 마신 데다,
一番蕭索禁煙中. 한식이라 한 차례 더 쓸쓸하기만 하다.
魚書欲寄何由達? 편지를 부치려 해도 어찌 전하리오?
水遠山長處處同. 물과 산이 멀고 험한 건 곳곳마다 같구나.

※유벽향차(油壁香車) : 수레의 벽을 기름으로 칠한 것. 특히 아녀자들이 타는 수레. 말 2~3마리가 끈다.

※원락(院落) : 울안에 본채와 따로 떨어져 있는 정원이나 부속 건물.

※금연(禁煙) : 한식날은 연기를 피우지 않고 찬 음식을 먹는다. 그래서 금연절(禁煙節)이라고도 한다.

※어서(魚書) : 옛날 사람들이 기밀서신을 기름종이로 잘 봉한 다음 물고기 뱃속에 넣어서 위장한 후에 보냈다. 훗날에 이를 흉내 내어 나무로 만든 물고기모양의 통을 사용했는데, 이를 어서통(魚書筒)이라고 한다.

881 | 누대냉락수등야(樓臺冷落收燈夜) 두 구 : 안수가 지은 〈정월 십팔일 밤(正月十八夜)〉의 제3구와 제4구이며, 아래는 전문이다. 《전송시》 권171 제5수

槿戶茅齋雅自便, 무궁화나무 문과 띠로 엮은 집 아담해서 스스로 편안하고,
京華風味入新年. 수도의 전통음식 먹으며 신년을 맞이하네.
樓臺冷落收燈夜, 밤에는 등을 거두니 누대가 스산하고,
門巷蕭條掃雪天. 낮에는 눈을 쓰니 문 앞 골목이 쓸쓸하네.
病酒不聞花外漏, 술병 들어 꽃향기 바깥으로 새어나와도 맡지 못하고,
放朝仍得日高眠. 아침에야 겨우 풀려나서 해가 높을 때까지 자네.
何妨靜習閒中趣? 조용히 배우면서 흥취에 빠져드는 것을 어찌 방해하리?
欲問林僧結淨緣. 숲속의 스님께 맑은 인연을 맺는 것에 대해 물어보고 싶네.

882 | 이정부요춘수색(已定復搖春水色) 두 구 : 안수가 지었으며, 이 두 구절만 전한다. 《전송시》 권173.

883 | 곤체(崑體) : 서곤체(西崑體). 만당의 감상적이고 유미주의적인 시풍을 계승한 송대 초기의 시체이다. 양억(楊億) · 전유연(錢惟演) · 유균(劉筠)등이 대표적인 작가로 이들을 『서곤파』라 부른다. 진종(眞宗)의 경덕(景德) 연간[1004~1007] 에 그 때의 대

안수의 시에 이런 것이 있다.

梨花院落溶溶月，　배꽃 핀 정원에는 달빛이 조용히 흐르고,
柳絮池塘淡淡風，　버들개지 날리는 연못에는 바람이 담박하네.

또

樓臺冷落收燈夜，　밤에는 등을 거두니 누대가 스산하고,
門巷蕭條掃雪天，　낮에는 눈을 쓰니 문 앞 골목이 쓸쓸하네.

라고 하였다. 또

已定復搖春水色，　이미 멈추었다가 다시 흔들리니 봄의 물빛이고,
似紅如白野棠花.　붉기도 하고 희기도 한 것이 들에 핀 해당화라네.

라고 하였다. 이러한 글귀들은 곤체崑體 같지 않다. 외워 볼만하다.

[193] 임금님 병풍에 사용된 양휘지楊徽之의 시 구절

宋楊徽之[884], 太宗時人, 以能詩聞, 其警聯[885]曰 :『犬吠竹籬沽酒客, 鶴

표적인 시인 15명이 작품을 모아《서곤수창집(西崑酬唱集)》2권을 펴낸 데서 생겨난 호칭이다. 이들은 한결같이 만당의 이상은(李商隱)을 본떠서 대우(對偶)를 중시하고 전고를 많이 쓰며 감상적이고 화려한 시들을 짓기에 힘썼다.

884 | 양휘지(楊徽之, 921~1000) : 자(字)는 중유(仲猷). 건주(建州) 포성(浦城: 지금의 복건성) 사람이다. 후주(後周) 현덕(顯德) 2년(955)에 진사가 되었다. 송대에 들어 태조(太祖) 건덕(乾德)초에 천흥령(天興令)과 아미령(峨眉令)을 역임하였고, 지전주(知全州)를 거쳐 좌습유(左拾遺)와 우보궐(右補闕)로 옮겼다. 태종(太宗) 태평흥국(太平興國) 초년에 시어사(侍御史)로 승진했다가 형·병부랑중(刑·兵部郎中)으로 옮겼다. 순화(淳化) 5년(994)에 개봉부판관이 되었고, 급사중(給事中)·공부시랑

隨苔岸洗衣僧.』『浮花水入瞿塘峽, 帶雨雲歸越嶲州.』『戍樓煙自直, 戰地雨長腥.』『新霜染楓葉, 皓月借蘆花.』886

(工部侍郎) · 추밀직학사(樞密直學士) · 비서감(秘書監)을 지냈다. 진종(眞宗) 함평(咸平) 원년(998)에 병부시랑과 비서감을 겸하였다. 이듬해 한림시독학사(翰林侍讀學士)가 되었다. 휘호는 문장(文莊)이다. 문체가 출중하여《문원영화(文苑英華)》의 시가부분 편집을 맡았고, 송 진종(眞宗)때에는 비서감(秘書監), 한림시독학사(翰林侍讀學士) 등의 직을 역임했다. 송 태종(太宗)이 그의 시를 무척 좋아하여 그의 시 중 10연을 골라 병풍을 만들었다고 전해진다.《송사》권296에 전기가 있으며《전송시》에 시 9수가 전한다.

885 | 경련(警聯) : 경구(警句). 기발한 생각이나 기지에 찬 관찰은 표현한 짧은 글로서 풍자와 함축성이 풍부하다. 여기에 언급된 글들은 경구가 아니라 시 구절이다.

886 | 견폐죽리고주객(犬吠竹籬沽酒客) 여덟 구 : 모두 송 태종이 양휘지의 시를 골라 만든 병풍에 나오는 시 구절이다. 각 시의 전문은 전해지지 않으며, 아래는 병풍에 쓰인 시구의 전문이다.《전송시》권11.

〈강행(江行)〉

犬吠竹籬沽酒客,	개는 대나무 울타리에서 술 사오는 객을 보고 짖고,
鶴隨苔岸洗衣僧.	학은 이끼 낀 언덕에서 빨래하는 스님을 따라간다.

〈찬밥(寒食)〉

天寒酒薄難成醉,	날씨는 춥고 술은 묽으니 취하기 어렵고,
地逈樓高易斷魂.	길은 멀고 누각은 높으니 정신 잃기 쉽네.

〈변경에서(塞上)〉

戍樓烟自直,	수루의 연기는 저절로 곧게 오르고,
戰地雨長腥.	싸움터의 비는 오래도록 비린내 난다.

〈아름다운 양천(嘉陽川)〉

青帝已教春不老,	봄을 관장하는 청제는 이미 봄을 시들게 하지 않게 하였고,
素娥何惜月長圓.	달에 사는 창아는 어찌 달이 오랫동안 둥근 것을 아쉬워하리.
浮花水入瞿塘峽,	꽃을 띄운 물은 구당협으로 들어가고,
帶雨雲歸越嶲州.	비를 머금은 구름은 월수주로 돌아가네.

〈우는 강(哭江爲)〉

廢宅寒塘水,	무너진 집에 못 물은 차갑고,
荒墳宿草煙.	황폐한 무덤에 풀 연기 머무네.

송나라 양휘지楊徽之는 태종太宗 때 사람으로 시를 잘 짓는 것으로 세상에 알려졌다. 그의 경구警句에 이런 것이 있다.

犬吠竹籬沽酒客, 개는 대나무 울타리에서 술 사오는 객을 보고 짖고,
鶴隨苔岸洗衣僧. 학은 이끼 낀 언덕에서 빨래하는 스님을 따라간다.

浮花水入瞿塘峽, 꽃을 띄운 물은 구당협에 들어가고,
帶雨雲歸越嶲州. 비를 지닌 구름은 월수주로 돌아가네.

戍樓煙自直, 수루의 연기는 저절로 곧게 오르고,
戰地雨長腥. 싸움터의 비는 오래도록 비린내 난다.

新霜染楓葉, 새로 내린 서리는 단풍잎을 물들이고,
皓月借蘆花. 흰 달빛은 갈대꽃을 빌어 빛난다.

고 한 것이 있다.

〈정월 대보름(元夜)〉
春歸万年樹, 만년동안 살아온 나무에 봄은 돌아왔고,
月滿九重城. 구중궁궐에 달빛이 가득하네.

〈스님의 거처(僧舍)〉
偶題巖石雲生筆, 우연히 암석을 제목으로 삼으니 구름이 붓에 일어나고,
閑繞庭松露濕衣. 한가로이 정원의 소나무 숲 돌아다니니 이슬이 옷을 적시네.

〈상강에서 배타며(湘江舟行)〉
新霜染楓葉, 새로 내린 서리는 단풍잎을 물들이고,
皎月借蘆花. 흰 달빛은 갈대꽃을 빌어 빛나네.

〈동림에서 묵으며(宿東林)〉
開盡菊花秋色老, 국화꽃 다 피고 나니 가을 색이 바래지고,
落遲桐叶雨聲寒. 오동나무 잎 뒤늦게 떨어지니 빗소리가 차가워지네.

[194] 고려가 예물로 준 자하배紫霞杯

宋王珪[887] 〈觀燈應制〉 詩尾句曰 : 『一曲昇平人共樂, 君王又進紫霞杯.』[888] 按小說, 高麗賀正朝禮物中有紫霞杯·五色琉璃盞, 是夕用以進酒 ; 故云. 《堯山堂外紀》[890] 曰 : 『高麗紫霞杯, 五色玻瓈也.』 昇平, 曲名.

송나라 왕규王珪의 〈관등절에 황제님의 명에 의해 지음(觀燈應制)〉 시의 끝구에 말하기를,

一曲昇平人共樂,　　한 가락 승평곡昇平曲에 사람들이 모두 즐거워 하니,

887 | 왕규(王珪, 1068~1085) : 자는 우옥(禹玉)이며 화양(華陽: 지금의 사천성 成都) 사람이다. 인종(仁宗) 경력(慶歷) 2년(1042)에 진사가 되었고, 지제고(知制誥)·한림학사(翰林學士)·지개봉부(知開封府)·시독학사(侍讀學士) 등을 지냈다. 작품집으로 100여 권 정도가 있었다고 전해지나 이미 소실되었고, 청대에 사고관신(四庫館臣)들이 《영락대전(永樂大典)》에서 뽑아 편집한 《화양집(華陽集)》 60권과 부록 10권이 있다. 왕규의 시는 무영전(武英殿)에서 《화양집》(그 중 시집은 6권)을 저본으로 하여 교감한 것이 문연각 《사고전서(四庫全書)》 본에 수록되어 있다. 《송사(宋史)》 권312에 전기가 실려 있다.

888 | 일곡승평인공락(一曲昇平人共樂) 두 구 : 왕규가 지은 〈원소절에 관등 행사를 하고 황제님의 명에 의해 운에 화답하여 지어서 바침(恭和御製上元觀燈)〉의 제7구와 제8구이며, 전문은 아래와 같다. 《전송시》 권494 제1수

雪消華月滿仙臺,　　눈 녹고 환한 달 상서성에 가득하고,
萬燭當樓寶扇開.　　만개의 촛불 누각에 켜고 보선을 펼치네.
雙鳳雲中扶輦下,　　두 마리 봉황이 구름 속에서 수레를 끌고 내려오고
六鼇海上駕山來.　　여섯 마리 자라가 바닷가에서 산을 몰고 오네.
鎬京春酒霑周燕,　　수도의 봄 술에 두견새 젖고,
汾水秋風陋漢材.　　분수의 가을바람에 한나라 목재 더러워지네.
一曲昇平人共樂,　　한 가락 승평곡에 사람들이 모두 즐거워 하니,
君王又進紫霞杯.　　임금께선 또 다시 자하배를 드시네.

※보선(寶扇) : 제후 등이 사용하는 부채모양의 의장.

889 | 안소설~진주(按小說~進酒) : 《전씨사지(錢氏私志)》에 『고려가 정월 초하루를 축하하기 위해 보내는 예물 중에 자하배가 있으며 오색의 유리이다. 이는 저녁에 술을 올릴 때 사용했다.(高麗賀正旦禮中, 有紫霞杯五色玻璃也. 是夕上用進酒)』고 되어 있다. 《사고전서》 전자판 잡부 소설가류.

890 | 《요산당외기(堯山堂外紀)》 : 《지봉유설(芝峰類說)》 주 63) 참조.

君王又進紫霞杯.　　임금께선 또 다시 자하배를 드시네.

라고 하였다. 소설에 보니, 고려가 정조(正朝 : 정월 초하루)를 축하하는 예물 중에 자하배紫霞杯라는 것이 있는데, 오색五色 찬란한 유리잔이다. 저녁에 그것을 사용하여 술을 올렸기 때문에 그렇게 말한 것이다. 《요산당외기堯山堂外紀》에 말하기를 『고려 자하배는 오색 유리이다.』라고 하였다. 승평은 가곡歌曲의 이름이다.

[195] 왕안석이 은거할 때의 근심

荊公退去鍾山[891], 有詩云 : 『穰侯老擅關中事, 長恐諸侯客子來. 我亦暮年專一壑, 每逢車馬便驚猜.』[892] 其專擅忌克之意, 可見夫患得患失於山水, 與患得患失於軒裳圭組者, 何以異哉?

왕안석이 종산鍾山으로 물러가서 시를 짓기를,

穰侯老擅關中事,　　양후가 늙어서 관중의 일을 마음대로 처리할 때,
長恐諸侯客子來.　　항상 제후들이 손님으로 오는 것을 두려워했었네.
我亦暮年專一壑,　　나 또한 말년에 골짜기 하나에 전념하는데,
每逢車馬便驚猜.　　거마를 만날 때마다 문득 놀라고 시기하네.

라고 하였다. 그 전단專斷하고 독단獨斷하는 마음과 자기보다 나은 자를 꺼

891 | 종산(鍾山) : 자금산(紫金山). 중국 강소성(江蘇省) 남경(南京)의 북동쪽에 있는 산으로, 왕안석이 말년을 이곳에서 보냈다.

892 | 양후로천관중사(穰侯老擅關中事) 네 구 : 왕안석이 지은 〈우연히 쓰다(偶書)〉이며 시의 전문이다. 《전송시》 권571 제51수
※양후(穰侯) : 전국(戰國) 때, 진(秦)나라의 정승 위염(魏冉)이며, 양(穰)에 봉후되어서 양후라고 한다. 소왕(昭王)의 모후인 선태후(宣太后)의 아우로서 소왕 때에 국정을 전단하였다.

리는 뜻을 엿볼 수 있다. 산수山水의 풍경을 얻고 잃는 것을 근심하는 것이, 높은 벼슬을 얻고 잃는 것을 근심하는 것과 무엇이 다르겠는가.

[196] 점占자의 의미와 성조

王介甫 〈江行〉 詩曰 : 『眠分黃犢草, 坐占白鷗沙.』[893] 『占』 去聲. 蓋謂眠則分得黃犢所眠之草, 坐則占取白鷗所坐之沙. 以 『江行』 爲題, 故詩語如此, 有與物忘機之意. 或者以 『分』 與 『占』 爲分辨識認之義, 則 『占』 當作平聲, 誤矣.

왕안석이 〈강가를 가다江行〉라는 시에서 말하기를,

眠分黃犢草, 잠잘 때는 누런 송아지와 풀밭을 나누고,
坐占白鷗沙. 앉을 때는 하얀 갈매기의 모래를 차지하네.

라고 하였다. 『점占』은 거성去聲으로 읽는다. 대체로 잠잘 때는 누런 송아지의 잠자는 풀을 나누어 얻고, 앉을 때에는 갈매기가 앉은 모래를 점령해 가진다고 말한 것이다. 『강가를 가다江行』라고 제목을 하였기 때문에 시어詩語가 이와 같은 것이다. 미물微物과 더불어 세속적인 일이나 욕념欲念을 잊으려는 심경을 읊은 것이다. 어떤 이가 분分과 점占자를 가지고 분변分辨과 인식認識의 뜻으로 해석하였으나, 그렇게 한다면 점占은 마땅히 평성平聲으로 읽어야 할 것이니, 잘못이다.

893 | 면분황독초(眠分黃犢草) 두 구 : 왕안석이 지은 〈배를 제목으로(題舫子)〉의 제3구와 제4구이다. 위 본문에는 제목을 〈강가를 가다(江行)〉라고 하였다. 《전송시》 균563 제49수

愛此江邊好, 이렇게 아름다운 강변을 사랑하여,
留連至日斜. 해 기울어 질 때까지 계속 머무르네.
眠分黃犢草, 잠잘 때는 누런 송아지와 풀밭을 나누고,
坐占白鷗沙. 앉을 때는 하얀 갈매기의 모래를 차지하네.

[197] 명성은 없지만 빼어난 서단舒亶의 시

舒亶[894]詩曰 :『香泛釣筒萍雨夜, 綠搖花塢柳風春.』[895] 又『空外水光風動月, 暗中花氣雪藏梅』.[896] 又『萬壑水澄知月白, 千林霜重見松高』[897]. 舒在宋無詩名, 而其工如此.

서단舒亶의 시에 말하기를,

香泛釣筒萍雨夜,　　마름 핀 물에 비가 오는 밤, 향기는 낚시통에 떠오르고,

894 | 서단(舒亶, 1041~1103) : 자는 통도(通道)이고 호는 나당(懶堂)이다. 명주(明州) 자계(慈溪 : 지금의 절강성에 속함) 사람. 송(宋) 영종(英宗) 치평(治平) 2년(1065)에 진사가 되었다. 신종(神宗) 희녕(熙寧)년간에 왕안석이 실세를 잡고 있을 때, 심관서원주부(審官西院主簿)가 되었다. 원풍(元豊) 5년(1082)에는 어사중승이 되었다가 상소한 내용에 거짓이 있다고 하여 직무정지되었다. 철종(哲宗) 소성(紹聖) 원년(1094)에 통직랑(通直郎)이 되었고, 휘종(徽宗) 숭녕(崇寧) 원년(1102)에 지남강군(知南康軍)이 되었다. 이후 지형남(知荊南)이 되었다가 공이 있어 용도각대제(龍圖閣待制)로 옮겼다. 그 이듬해 63세로 죽었다. 문집 100권이 있었으나 전해지지 않으며《송사》329권에 전기가 있다. 필치가 아주 섬세하였다고 전해지며, 조만리(趙萬里)가 편집한《서학사사(舒學士詞)》에 작품이 수록되어 있다. 소령(小令: 사의 형식 중 가장 짧은 것으로 대개 30자 이상 58자 이내로 한 편이 이루어짐)에 능하였다.《전송시》에 시집 두 권이 전해진다.

895 | 향범조통평우야(香泛釣筒萍雨夜) 두 구 :〈새로 개통한 서호 10주를 읊은 여러 시에 화답하여(和新開西湖十洲之什)〉의 제 5구와 제 6구이다.《전송시》권889-19.

洗出煙華紫翠勻,　　안개가 씻겨 나가니 붉고 푸른 꽃이 가지런하니,
再將絶景付重闉.　　또다시 절경을 성문에 다시 부치네.
千山有影螺垂地,　　물에 비친 수많은 산 그림자는 소라고둥처럼 땅에 드리우고,
一水無塵鏡照人.　　티 하나 없는 물은 거울같이 사람을 비추네.
香泛釣筒萍雨夜,　　마름 핀 물에 비가 오는 밤, 향기는 낚시통에 떠오르고,
綠搖花塢柳風春.　　버드나무 바람에 흔들리는 봄, 푸르름은 꽃 언덕을 흔드네.
杖藜盡日滄浪興,　　지팡이 짚고 하루 종일 푸른 물결에 흥겹고,
時有幽人岸白綸.　　때때로 은자가 있어 강언덕에서 흰 인끈을 묶네.

896 | 공외수광풍동월(空外水光風動月) 두 구 : 서단이 지었으며《전송시》권890에 이 두 구절만 전한다.

897 | 만학수징지월백(萬壑水澄知月白) 두 구 : 서단이 지었으며《전송시》권890에 이 두 구절만 전한다.

綠搖花塢柳風春. 버드나무 바람에 흔들리는 봄 푸르름은 꽃 언덕을 흔드네.

라고 하였다. 또

空外水光風動月, 허공 밖의 물빛은 바람에 흔들리는 달이고,
暗中花氣雪藏梅. 어둠 속의 꽃기운은 눈에 감추어진 매화네.

라고 하였다. 또

萬壑水澄知月白, 수만 골짜기에 물이 맑으니 달 희다는 것 알겠고,
千林霜重見松高. 수천 수풀에 서리가 무거우니 소나무 높다는 것 알겠네.

라고 하였다. 서단은 송나라 때에는 시의 명성이 없는 사람이다. 그런데 그 수법手法의 높음이 이와 같다.

[198] 압각鴨脚, 묘두猫頭, 금고琴高의 의미

後山詩曰 :『秋盤堆鴨脚, 春味薦猫頭.』[898] 猫頭, 筍也. 山谷[899]詩曰 :

898 | 추반퇴압각(秋盤堆鴨脚) 두 구 : 진사도가 지은 〈담주 지사(知事) 장운수님께 띄우는 두 수(寄潭州張芸叟, 二首)〉 중 제1수의 제3구와 제4구이며, 아래는 시의 전문이다.《후산시주(後山詩注)》권 7.

湖嶺一都會, 호남과 영남의 한 도회지요,
西南更上游. 서남쪽에서 더욱 이름난 명승지일세.
秋盤堆鴨脚, 가을 쟁반 위에는 은행이 수두룩하고,
春味薦猫頭. 봄으로는 죽순이 오르리.
宣室來何暮, 황제께서 부르심이 어찌 이렇게 늦은가 싶으나,
蒸池得借留, 김이 모락모락 피어나는 온천에서 더 머무를 만도 하네.
孰知爲郡樂, 그 누가 고을살이하는 즐거움을 알고 있을까?

『霜林收鴨脚, 春綱薦琴高.』[900] 語意相似. 而琴高, 古仙人乘鯉者, 今曰『薦琴高』, 則未穩.

진사도가 시에 말하기를,

秋盤堆鴨脚, 가을 쟁반 위에는 은행이 수두룩하고,
春味薦猫頭. 봄맛으로는 죽순이 오르리.

라고 하였다. 묘두는 죽순이다. 황정견의 시에 말하기를,

霜林收鴨脚, 서리 내린 숲에서 은행을 거두고,
春綱薦琴高. 봄 냇물 그물에서는 금고를 거둬 올린다.

라고 했는데, 뜻이 서로 비슷하다. 그런데 금고琴高는 잉어를 타고 다녔다

莫作越鄉憂. 고향 떠난 근심일랑 아예 하지 마소서.
※담주(潭州) : 지금의 호남성 장사(長史) 지방으로 특산품으로 묘두순(貓頭筍) 죽순이 나며, 남쪽에 있는 형주(衡州)와 접경에 온천이 좋은 것으로 이름났음.
※선실(宣室) : 한나라 때 미앙궁(未央宮) 안에 있던 궁전 이름. 여기서 장사에 귀양가서 있던 가의(賈誼)를 불러들여 귀신에 대하여 물은 것으로 유명함.
※압각(鴨脚) : 은행, 잎이 오리발같이 생겼다고 이렇게 불림. 백과(白果)라고도 함.

899 | 산곡(山谷, 1045~1105) : 《파한집(破閑集)》 주 20) 참조.

900 | 상림수압각(霜林收鴨脚) 두 구 : 황정견이 지은 〈외숙부 이신(李莘)님이 선성으로 가심을 배웅하며 두 수(送舅氏野夫, 之宣城, 二首)〉 중 제1수의 제3구와 제4구이며, 아래는 전문이다. 《전송시》 권980 제11수

籍甚宣城郡, 선성군으로 적을 옮기니,
風流數貢毛. 풍류도 하고 자주 짐승털을 하사받네.
霜林收鴨脚, 서리 내린 숲에서 은행을 거두고,
春網薦琴高. 봄 냇물 그물에서는 금고를 거둬 올리네.
共理須良守, 그 다스림이 모름지기 아름다웠으니,
今年輟省曹. 금년에는 관청을 살펴보는 일 그만두네.
平生割雞手, 평생 닭발을 잘랐는데,
聊試發硎刀. 애오라지 칼가는 숫돌을 꺼내보네.

는 옛날 선인仙人의 이름이다. 지금 이 시에서 금고를 끌어올린다고 한 것은 온당치 않다.

[199] 악비岳飛장군의 호방한 시

世傳岳武穆[901]手書〈送張紫巖[902]北伐〉詩曰：『號令雷霆迅, 天聲動北陬. 長驅渡河洛, 直擣向燕幽. 馬蹀雨閼支血, 旗梟克汗頭. 歸來報明主, 恢復舊神州.』[903] 按《稗史》言, 此詩雄渾悲壯, 卽唐名家不是過也. 今見筆勢尤雄健, 人謂辟邪, 而《稗史》不並擧；蓋其書流傳於我國, 而中朝人未之見也. 按紫巖, 張浚號也.

901 | 악무목(岳武穆, 1103~1142) : 악비(岳飛). 중국 남송(南宋)시대 무장. 상주(相州) 탕음(湯陰) 출생. 자는 붕거(鵬擧)이며, 무목은 휘호이다. 1134년 절도사로 임명되었다가 선무사(宣撫使)로 승격되었다. 그와 한세충(韓世忠) 등은 금나라와의 항전을 주장했으나, 1141년 화평론을 주장하는 재상 진회(秦檜)가 군벌 사이의 대립을 이용하여 그 실권을 박탈하고 문관에 의한 중앙집권정치의 회복을 꾀했다. 강경파였던 악비는 모반을 구실로 옥사 당했지만 죽은 뒤 누명을 벗었다. 순희(淳熙) 5년(1178)에 무목(武穆)이라는 휘호를 받았으며, 영종(寧宗) 가태(嘉泰) 4년(1204)에 악왕(鄂王)에 봉해졌다. 이종(理宗) 보경(寶慶) 원년(1225)에 휘호가 충무(忠武)로 변경되었다.

902 | 장자암(張紫巖, 1097~1164) : 즉 장준(張浚). 자는 덕원(德遠)이며 자암은 호이다. 한주(漢州) 면죽(綿竹, 지금의 사천성에 속함) 사람. 남송 때 명재상이며 금나라와의 전쟁에서 총사령관이었다. 휘종(徽宗) 정화(政和) 8년(1118)에 진사, 북송 말에 태상시(太常寺) 주부(主簿)에 올랐다. 고종(高宗)이 즉위 후 예부시랑(禮部侍郎)이 되었다. 건염(建炎) 3년(1129)에 고종이 임안(臨安, 절강성 항주) 에서 장군 묘부(苗傅)와 유정언(劉正彦)에 의해 폐위되었는데, 장준은 여러 신하와 장군들과 함께 고종을 복위시키고 지추밀원사(知樞密院事)가 되었다. 사천과 섬서지방을 다스리는 안을 제안하여 천섬선무처치사(川陝宣撫處置使)가 되었다가, 건염(建炎) 4년에 부평(富平)에서의 전투에서 패배하여, 왕으로부터 패배의 책임을 추궁받았다. 소흥(紹興) 4년(1134)에 임안(臨安)으로 갔다가 이후 복주(福州)로 폄적되어 살았다. 이듬해 다시 재상(宰相)이 되어 악비(岳飛)가 양요(楊幺)의 봉기를 진압하는 것을 감독하였다. 소흥 7년에 유광세(劉光世)의 부장 역경(酈瓊)이 반란 사건이 벌어져 이로 인해 장준은 재상에서 물러났다. 이로부터 20년간 폄적되었지만 줄곧 금나라와 화의하는 것에 반대하는 상소를 올렸다. 효종(孝宗) 때 위국공(魏國公)에 봉해졌으

세상에 전하는 악무목岳武穆이 손수 쓴 〈장자암이 북쪽을 정벌하러 떠나는 것을 송별하며〉 시에 말하기를

號令雷霆迅, 호령이 천둥 벼락처럼 빠르니,
天聲動北陬. 하늘 소리가 북쪽 먼 변방을 진동하네.
長驅渡河洛, 멀리 군사를 몰고 낙수를 건너서,
直擣向燕幽. 곧바로 연주燕州와 유주幽州를 향해 치네.
馬蹀閼支血, 말은 연지의 피를 밟고,
旗梟克汗頭. 깃대에는 오랑캐 왕의 머리를 매달겠지.
歸來報明主, 돌아와 밝은 임금께 보고하기를,
恢復舊神州. 「옛날의 신주를 회복 했습니다」고 하겠지.

라고 하였다. 상고하여 보니 《패사稗史》에 말하기를 이 시는 웅혼하고 비장하여 당나라의 이름난 시인도 이보다 나을 수는 없을 것이라고 하였다. 이제 보니 글의 기세가 매우 웅건雄健한데, 사람들이 이 시를 써 붙여 사귀邪鬼를 물리친다고 한다. 그러나 《패사》에는 모두 거론擧論하지 않았다. 아마 이 글은 우리나라에 흘러 들어와서 전하는 것으로, 중국 사람들은 아직 보지 못하였기 때문일 것이다. 상고하여 보니, 자암紫巖은 장준張浚의 호號이다.

[200] 포뢰후蒲牢吼의 의미

宋詩：『蒲牢百八吼禪林.』又曰：『聲殘一百八.』[904] 按蒲牢, 獸名, 畏鯨魚, 輒鳴吼. 故凡鐘作蒲牢形, 以所擊者爲鯨魚. 黃山谷云：『催粥華鯨吼

며 융흥(隆興) 원년(1163)에 추밀사(樞密使)가 되어 강회군마(江淮軍馬)가 회강을 건너 북벌하는 것을 감독하였다. 이 전쟁에서 패해 또 관직을 박탈 당했으며 오래지 않아 죽었다. 저서에는 《장위공집(張魏公集)》, 《자암역전(紫巖易傳)》 등이 있다.

903 | 호령뢰정신(號令雷霆迅) 여덟 구 : 시의 전문이다.

904 | 백팔종(百八鐘) : 절에서 섣달 그믐날 밤 또는 아침저녁으로 큰 종을 108번 치는 일. 백팔 번뇌를 대치(對治)하기 위하여 친다.

夜闌.』[905] 又『風冽僧魚響』[906]. 謂之『蒲牢吼』則可矣, 今日『華鯨吼』, 恐誤. 用事如東坡云『木魚曉動隨僧粥』[907] 爲是.

송시에

蒲牢百八吼禪林. 　포뢰 소리 백팔번이 선원 숲에 울리는구나.

라고 하였다. 또,

聲殘一百八. 　일백팔 포뢰 소리도 가늘어졌다.

905 | 최죽화경후야란(催粥華鯨吼夜闌) : 황정견이 지은 〈정인벽에 쓰다 두 수(題淨因壁二首)〉 중 제2수의 제4구이며, 아래는 전문이다. 《전송시》 권989 제12수

門外黃塵不見山, 　문 밖에는 누런 흙먼지 산도 보이지 않는데,
此中草木亦常閑. 　그 와중에 풀과 나무는 여전히 늘 한가롭네.
履聲如度薄冰過, 　발걸음 소리 얇은 얼음 디디는 듯 지나가고,
催粥華鯨吼夜闌. 　죽을 재촉하는 화경(華鯨)이 밤을 가로질러 울리는구나.

906 | 풍렬승어향(風烈僧魚響) : 황정견이 지은 〈장인 손신로(孫莘老)께서 지은 '아침에 일찍 일어나서' 에 화답하여[대운사에서 묵으면서 지음] 세 수(和外舅夙興三首[寓大雲寺作]〉 중 제2수의 제1구이며, 아래는 전문이다. 《전송시》 권1002 제9수

風烈僧魚響, 　바람 매서운데 목탁소리 울리고,
霜嚴郡角悲. 　서리 엄혹한데 군의 뿔피리소리 구슬프네.
短童疲灑掃, 　키 작은 어린 아이 힘없이 물 뿌리고 마당 쓰는데,
落葉故紛披. 　떨어진 나뭇잎 말라서 분분히 갈라지네.
水凍食鮭少, 　물은 얼어서 식해는 적고,
甕寒浮蟻遲. 　항아리도 차가워 술 뜨는 것도 더디네.
朝陽烏鳥樂, 　아침 햇살에 까마귀 즐거우니,
安穩託禪枝. 　평안을 선원 나무가지에 기탁해보네.

907 | 목어효동수승죽(木魚曉動隨僧粥) : 소동파가 지은 〈이십칠일 양평에서 사곡에 이르러 남산의 반룡사에서 묵으며(二十七日, 自陽平至斜谷, 宿於南山中蟠龍寺)〉의 제14구이며, 아래는 시의 일부분이다. 《동파전집》 권1.

板閣獨眠驚旅枕, 　판각에서 홀로 잠드니 나그네 베개 놀라게 하고,
木魚曉動隨僧粥. 　목어가 새벽에 울리니 스님의 아침 죽이 따라 나오네.
起觀萬瓦鬱參差, 　위로 쳐다보니 만개의 기와 빽빽하니 들쑥날쑥하고,
目亂千巖散紅綠. 　천개의 바위 알록달록 흩어져 눈을 어지럽히네.

라고도 하였다. 상고하여 보니, 포뢰蒲牢는 짐승의 이름이니, 고래를 두려워하여 문득 울부짖는다. 그런 까닭에 모든 종鍾을 포뢰의 형상으로 만들었고, 종치는 것을 경어鯨魚라고 하였다. 황정견의 시에

催粥華鯨吼夜闌.　　죽을 재촉하는 화경이 밤을 가로질러 울리는구나.

라고 하였고

風冽僧魚響.　　바람 매서운데 목탁소리 울리네.

라고 하였는데 이것을 『포뢰후蒲牢吼』라고 하였으면 좋았을 것이다. 오늘날 화경후華鯨吼라고 한 것은 대체로 고사故事의 인용을 잘못한 것이다. 동파가,

木魚曉動隨僧粥.　　목어가 새벽에 울리니 스님의 아침 죽이 따라 나오네.

고 한 것이 올바른 것이다.

[201] 시름과 늙음에 관한 시 구절들

韓子蒼[908]詩曰：『推愁不去還相覓, 與老無期稍見侵.』[909] 按王荊公詩：

908 | 한자창(韓子蒼, 1080~1135) : 《동인시화(東人詩話)》 주 16) 참조.

909 | 추수불거여상멱(推愁不去如相覓) 두 구 : 한구가 지은 〈상사 이 아무개의 〈겨울날〉에 화답해서 쓰다(和李上舍冬日書事)〉의 제5구와 제6구이며, 아래는 전문이다. (《사고전서》 전자판 《능양집》 권3)

北風吹日晝多陰,　　북풍이 태양에 불어오니 낮에도 그늘이 많고,
日暮擁堦黃葉深.　　해가 저녁에 섬돌을 껴안으니 누른 잎이 짙어지네.
倦鵲繞枝翻凍影,　　지친 까치는 나뭇가지 돌며 얼어붙은 그림자를 뒤치고,
飛鴻摩月墮孤音.　　날아가는 학은 달을 어루만지며 고독한 소리 떨어뜨리네.

『閉戶欲推愁, 愁終不肯去.』910 劉賓客詩 : 『與老無期約, 到來如等閒.』911 蓋用此也.

한구의 시에 말하기를,

推愁不去還相覓,	시름은 밀어내도 가지 않으니 마치 나를 찾는 듯 하고,
與老無期稍見侵.	늙음과는 기약을 하지 않았으나 점점 찾아와 침범하네.

推愁不去如相覓, 시름은 밀어내도 가지 않으니 마치 나를 찾는 듯 하고,
與老無期稍見侵. 늙음과는 기약을 하지 않았으나 점점 찾아와 침범하네.
顧藉微官少年事, 미관의 젊었을 때의 일을 생각해볼 따름이니,
病來那復一分心. 병이 들어 어찌 한가닥 마음을 회복하리오.
※상사(上舍) : 송대 태학(太學)은 외사(外舍), 내사(內舍), 상사(上舍)로 나누어져 있었으며, 학생들은 일정한 년한과 조건에 의해 승급했다. 또한 일반적으로 글을 읽는 사람에 대한 존칭이기도 했다.

910 | 폐호욕추수(閉戶欲推愁) 두 구 : 왕안석이 지은 〈스스로를 달램(自遣)〉의 제1구와 제2구이며, 아래는 전문이다. 《전송시》 권540 제12수
閉戶欲推愁, 문을 닫고서 시름을 밀어버리려 해도,
愁終不肯去. 시름은 끝내 떠나려 들지 않더니만.
底事春風來, 어찌된 일인지 봄바람만 불어오면,
留愁愁不住. 시름을 머물게 하려도 머물지 않는다네.
—《신역 송시선》, 김학주 역저. 명문당. 2003.

911 | 여로무기약(與老無期約) 두 구 : 유우석이 지은 〈백거이가 자신을 기억해줌에 답하며(答樂天見憶)〉의 제1구와 제2구이며, 아래는 전문이다. 《전당시》 권358 제6수
與老無期約, 늙음과 더불어 기약한 일 없건만,
到來如等閑. 예사인양 찾아오네.
偏傷朋友盡, 친구들도 다 떠나니 몹시 상심하여
移興子孫間. 흥을 자손들에게로 옮기네.
筆底心無毒, 붓 아래에서 마음에 독기도 없어지고,
杯前膽不豩. 술잔 앞에서 담력도 완강하지 않네.
唯餘憶君夢, 오직 남은 건 그대를 그리워하는 꿈이니,
飛過武牢關. 날아서 무뢰관을 지나갔으면.
※무뢰관(武牢關) : 낙양 동쪽의 관문.

라고 하였다. 상고하여 보니 왕안석의 시에,

閉戶欲推愁, 문을 닫고서 시름을 밀어버리려 해도,
愁終不肯去. 시름은 끝내 떠나려 들지 않더니만.

라고 하였고, 유우석의 시에는,

與老無期約, 늙음과 더불어 기약한 일 없건만,
到來如等閒. 예사인양 찾아오네.

라고 하였으니, 대체로 이것을 인용한 것이다.

[202] 풍류스런 송나라 말기 시 1수의 원작자 문제

楊誠齋[912]詩 :『老讀文書興易闌, 從知養病不如閒. 竹牀瓦枕西堂上, 臥見江南雨後山.』[913] 其風流意趣可玩, 不宜以晩宋少之. 按《癸辛雜識》[914]以此爲呂滎陽[915]作, 未知孰是.

912 | 양성재(楊誠齋, 1127~1206) : 《지봉유설(芝峰類說)》 주 31) 참조.
913 | 노독문서흥역란(老讀文書興易闌) 네 구 : 이 시의 시제는 〈병을 요양하는 데는 한가함만 없네(養病不如閒)〉으로 전문이다. 《전송시》에서는 〈절구(絶句)〉라는 제목으로 여희철(呂希哲)의 작품으로 적고 있다. 《전송시》 권843권.
914 | 《계신잡지(癸辛雜識)》 : 남송 말에 주밀(周密)이 지은 사료필기(史料筆記).
915 | 여형양(呂滎陽) : 여희철(呂希哲). 북송(北宋) 명신(名臣)으로 형양군공(滎陽郡公)에 봉해졌으므로 여형양이라고 불린다. 자는 원명(原明)이며, 수주(壽州, 현재의 안휘성 봉태(鳳台)) 사람. 음사로 관직에 들어갔으며, 철종(哲宗) 소성(紹聖) 초(1094년경)에 지태평주(知太平州)가 되었다. 휘종(徽宗) 초에는 비서소감(祕書少監)이 되었다가 광록소경(光祿少卿)이 되었다. 이후 당화(黨禍)에 휘말려 관직을 잃고 떠돌다가 죽었다. 저서에는 《여씨잡기(呂氏雜記)》2권이 있다. 《송사》 권336에 전기가 있으며, 《전송시》에는 시 6수가 수록되어 있다.

양만리楊萬里의 시에.

老讀文書興易闌,	늙어서 글을 읽으니 흥이 가로막히기 쉬우니,
從知養病不如閒.	이로써 알겠구나, 병을 요양하는 데는 한가함만 없다는 것을.
竹牀瓦枕西堂上,	서쪽 마루에 올라 대나무 침상에 기왓장 베고,
臥見江南雨後山,	누워서 비온 뒤 강남의 산을 보네.

고 하였다. 그 풍류스런 뜻과 운치는 완상할만하다. 송나라 말기의 작품이라고 하여 얕게 평할 수 없다. 상고하여 보니, 《계신잡지癸辛雜識》에서는 이 시를 여희철呂希哲의 작품이라고 하였다. 어느 것이 옳은지 알 수 없다.

[203] 양만리楊萬里의 〈절구絶句〉에 대한 장준張浚의 평론

楊誠齋〈絶句〉云:『梅子流酸濺齒牙, 芭蕉分綠上窗紗. 日長睡起無情緒, 閒看兒童捉柳花.』[916] 張紫巖見之曰:『廷秀胸襟透脫矣.』[917] 余謂紫巖評品似過, 且『捉』字不雅, 改以『趁』字如何?

양만리의 〈절구絶句〉에서 말하기를,

梅子流酸濺齒牙,	매실은 신맛을 흘려서 이빨을 적시고,
芭蕉分綠上窗紗.	파초는 푸르름을 나누어서 창문의 비단에 오른다.
日長睡起無情緒,	해가 길어지니 자고 일어나도 감정의 실마리 없어지고,
閒看兒童捉柳花.	한가롭게 아이들이 버드나무 꽃 잡는 것을 본다.

916 | 매자류산천치아(梅子流酸濺齒牙) 네 구 : 양만리가 지은 이 시의 정확한 시제는 〈춘일절구(春日絶句)〉이며, 시의 전문이다. 《성재집(誠齋集)》 권3.

917 | 정수흉금(廷秀胸襟) : 《학림옥로(鶴林玉露)》 권14에 인용되어 있음.

라고 하였다. 장준이 이를 보고 말하기를, 『양만리의 흉금이 트이고 초탈하였다.』고 하였다. 내 생각에 장준의 평론이 지나친 것 같다. 또 잡는다는 착捉자는 단아하지 않으니, 쫓는다는 진趁자로 고치는 것이 어떨까?

X. 원시元詩

[204] 살천석薩天錫의 〈추궁사秋宮詞〉

薩天錫[918] 〈秋宮詞〉 曰 : 『淸曉宮車出建章, 紫衣小隊兩三行. 石闌干外銀燈過, 照見芙蓉葉上霜.』[919] 王沂[920]以爲追踪盛唐, 而以余觀之, 不過元詩之善者.

살천석薩天錫의 〈추궁사秋宮詞〉에 말하기를,

淸曉宮車出建章,	맑은 새벽에 임금의 수레가 건장궁을 나오니,
紫衣小隊兩三行.	자색 옷 입은 사위侍衛의 작은 대열이 두세 줄일세.
石闌干外銀燈過,	돌난간 밖에 은 등잔불이 지나가니,
照見芙蓉葉上霜.	부용잎 위에 내린 서리가 비쳐 보이네.

918 | 살천석(薩天錫, 1272~1340) : 살도자(薩都剌, 사트라). 원나라 때 몽고족 시인. 자(字)는 천석(天錫)이고 호(號)는 직재(直齋)이다. 태정제(泰定帝) 태정 4년(1327)에 진사가 되어, 한림문자(翰林文字)와 시어사(侍御史)등을 역임했다. 말년에 항주에 살며 유유자적한 생활을 했는데, 홍이 나면 시를 시었다고 전해진다. 문사(文詞)가 장엄하고 시가 맑고 유려하다는 평을 받는다. 저서로는 《안문집(雁門集)》이 있다.

919 | 청효궁차출건장(淸曉宮車出建章) 네 구 : 살천석이 지은 〈추궁사(秋宮詞)〉의 전문이다.

920 | 왕기(王沂) : 원나라 진정(眞定) 사람. 인종(仁宗) 연우(延祐) 2년(1315)에 진사가 되어, 한림편수(翰林編修), 국자박사(國子博士), 한림대제(翰林待制) 등을 역임했다. 순제(順帝)때 예부상서(禮部尙書)가 되어 송(宋) · 요(遼) · 금(金)의 3사(史)를 편찬하였다. 저서로는 《이빈집(伊濱集)》이 있다.

라고 하였다. 왕기王沂는 이 시를 성당의 작품에 따라갈 만할 것이라고 하였다. 그런데 내가 보기에는 원나라의 시 가운데서 잘 지은 것에 지나지 않는다.

[205] 진강중陳剛中과 고계高啓의 시에 대해서

元陳剛中[921]〈題博浪沙〉云：『如何十二金人外，猶有民間鐵未銷.』[922] 題〈范增墓〉云：『平生奇計無他事，只勸鴻門殺漢王.』[923] 明高啓[924]詠

921 | 진강중(陳剛中) : 진부(陳孚). 강중은 자이고 호는 물재(勿齋)이다. 원(元)나라 천태(天台) 임해(臨海) 사람이다. 어려서 영특했으며 세조(世祖, 1260~1294)때 평민의 신분으로 《대일통부(大一統賦)》을 강절행성(江浙行省)에 바쳤는데 조정에서 이를 듣고는 상채서원(上蔡書院) 산장(山長)에 임명했다. 한림국사원 편수관(翰林國史院編修官)으로 이동했다가, 예부낭중(禮部郎中) 대리로서 안남(安南)으로 사신가는 양증(梁曾)을 수행하였고 돌아와서는 한림대제(翰林待制) 겸 국사원편수(國史院編修)가 되었다. 조정 대신들의 시기를 받아서 지방으로 나가 건덕로(建德路) 총관부(總管府) 치중(治中)이 되었다. 구주(衢州)와 태주(台州)지방을 다스리며 선정을 펼쳤다. 64세로 죽었으며 휘호는 문혜(文惠)이다. 재주가 남달랐으며 성품이 호방했고 시문 역시 애써 갈고 다듬지 않았다. 저서로는 《관광고(觀光稿)》, 《교주고(交州稿)》, 《옥당고(玉堂稿)》가 있으며 《사고전서》에는 이 세권을 엮어 《진강중시집》으로 남아있다.

922 | 여하십이금인외(如何十二金人外) 두 구 : 진강중(陳剛中)이 지은 〈박랑사(博浪沙)〉의 제3구와 제4구이며 아래는 시의 전문이다. 《교주고(交州稿)》, 《원시선(元詩選)》 2집 권병(卷丙)에 보인다.

一擊車中膽氣高,　　질서 정연히 하나로 나아가는 수레 속에 기개가 높아,
祖龍社稷已驚搖.　　진시황의 사직은 이미 놀라 흔들렸네.
如何十二金人外,　　어떻게 열두 개의 금인(金人)을 만든 이외에,
猶有民間鐵未銷.　　오히려 민간에 녹지 않은 철이 있었던가.

※십이금인(十二金人) : 진시황이 천하를 통일하고 모든 나라의 쇠붙이를 모두 모아다가 열두 개의 커다란 사람의 형체를 만들었다. 다른 나라에서 병기를 만들지 못하게 하기 위한 일이었다. 이것을 금인(金人)이라고 하였다.

923 | 평생기계무타사(平生奇計無他事) 두 구 : 진강중(陳剛中)이 지은 〈범증의 무덤(范增墓)〉의 제3구와 제4구이며, 아래는 시의 전문이다. 《관광고(觀光稿)》·《원시선(元詩選)》 2집 권병(卷丙)에 보인다.

七十衰翁兩鬢霜,　　칠 십 쇠약한 노인의 두 갈래 귀밑머리에 서리가 내리고,

〈明妃〉云：『愿君莫殺毛延壽, 留畵商巖夢裏賢.』[925] 詠〈長城〉云：『雖然萬里連雲際, 爭及堯天二尺高.』[926] 用意雖好, 而句失鄙俗, 無足稱矣.

西來一笑火咸陽. 서쪽을 향해 한 번 웃으니 함양이 불에 타네.
平生奇計無他事, 평생의 신기한 계책에 다른 일은 없고,
只勸鴻門殺漢王. 오직 홍문연 잔치에서 한왕 죽일 것을 권하였을 뿐이다.
※범증(范增, 기원전 277~기원전 204) : 시거(是居 : 지금의 安徽省 桐城 남쪽) 사람. 진(秦)나라 말기 농민전쟁 중에 항우의 주요 모사였다.

924 | 고계(高啓, 1336~1374) : 자는 계적(季迪), 호는 청구자(青丘子). 장주(長洲 : 지금의 강소성 소주) 사람이다. 명태조(太祖) 홍무(洪武) 초엽에 한림원 국사편수(國史編修)가 되어 《원사(元史)》를 수찬하고 호부우시랑(戶部右侍郎)이 되었다. 주원장은 그가 협조하지 않는 것이라고 생각하고, 소주자사 위관(魏觀) 사건을 빌미로 남경에서 참수하였다. 특히 시에 뛰어났다. 그의 시에는 서정사경(抒情寫景)류의 7언가와 7언율시가 많았는데, 웅건하고 화려하며 청신하고 준일했다. 저서에는 《고태사대전집(高太史大全集)》이 있다.

925 | 원군막살모연수(愿君莫殺毛延壽) 두 구 : 명나라 고계가 지은 〈명비〉의 제3구와 제4구이며, 아래는 시의 전문이다.

妾語還憑歸使傳, 첩의 말은 여전히 돌아가는 사신에 의지해 전하옵고,
妾身沒虜不須憐. 첩의 몸은 오랑캐의 수중에 떨어졌으니 가련히 여길 필요 없나이다.
願君莫殺毛延壽, 원컨대 군왕께서는 모연수를 죽이지 마시고,
留畵商巖夢裏賢. 두었다가 상암(商巖)의 꿈 속 나타난 어진 이를 그리게 하소서.
※모연수(毛延壽) : 한(漢)나라 두릉(杜陵) 사람. 사람의 형상을 잘 그렸다. 원제(元帝)때 후궁이 너무 많아 모연수에게 그림을 그려오게 했다. 다른 후궁들은 뇌물을 주어 잘 그리게 하였지만 왕소군(王昭君)은 그러지 않아 항상 못나게 그렸다. 그래서 임금에게 총애를 얻지 못하였더니, 뒷날 흉노가 미인을 요구하므로 가장 박색인 왕소군을 보내기로 결정하였다. 그러나 실지의 인물을 보고 임금은 매우 놀랐다. 그리하여 뇌물을 주고받음이 폭로되어 모연수 등은 사형을 당하였다고 한다.
※상암(商巖) : 상(商)나라 현인이며 전암(傅巖)지역의 하수도를 치우는 장인이었다. 상(商) 고종(高宗)의 꿈에 현인이 나타났는데, 그 생김새를 가진 사람을 찾아보니 상암이었고 그를 재상으로 삼았는데, 나라가 잘 다스려졌다.

926 | 수연만리련운제(雖然萬里連雲際) 두 구 : 고계가 지은 것이 아니라 당나라 왕준(汪遵)이 지었으며, 〈장성(長城)〉의 제3구와 제4구이고, 아래는 시의 전문이다. 《전당시》 권602-60.

秦築長城比鐵牢, 진 나라가 장성을 쌓으니 쇠로 만든 감옥에 견줄 만하니,
蕃戎不敢過臨洮. 오랑캐들이 감히 임조를 건널 수 없구나.
雖然萬里連雲際, 비록 장성이 만 리에 걸쳐 구름에 이어졌다고 하나,

원나라 진강중陳剛中이 〈박랑사博浪沙〉를 제목으로 한 시에 말하기를,

如何十二金人外,	어떻게 열두 개의 금인金人을 만든 이외에
猶有民間鐵未銷.	오히려 민간에 녹지 않은 철이 있었던가.

라고 하였다. 〈범증의 무덤范增墓〉을 제목으로 한 시에는 말하기를,

平生奇計無他事,	평생의 신기한 계책에 다른 일은 없고,
只勸鴻門殺漢王.	오직 홍문연 잔치에서 한왕 죽일 것을 권하였을 뿐이다.

라고 하였다. 명나라 고계高啓가 읊은 〈명비明妃〉에서 말하기를

願君莫殺毛延壽,	원컨대 군왕께서는 모연수를 죽이지 마시고
留畵商巖夢裏賢.	두었다가 상암商巖의 꿈속 나타난 어진 이를 그리게 하소서.

라고 하였다. 〈장성長城〉에는 말하기를

雖然萬里連雲際,	비록 장성이 만 리에 걸쳐 구름에 이어졌다고 하나,
爭及堯天二尺高.	어찌 요임금 때의 두 자 높이의 섬돌만 하겠는가.

爭及堯階三尺高. 어찌 요임금 때의 석 자 섬돌의 높이만 하겠는가.

※왕준(汪遵) : 자는 알려져 있지 않고 선주(宣州) 경현(涇縣) 사람이다(《당시기사(唐詩紀事)》에는 宣城 사람으로 되어 있다). 집안이 가난하여 책을 빌려 어렵게 공부했다. 함통(咸通) 7년(866)에 진사가 되었으며 《당재자전(唐才子傳)》에 시가 전한다. 그의 시는 대부분이 회고시로서 역사상 탁월한 인물을 칭송하거나, 역사인물의 어려움으로 자신의 불우한 정서를 표현하거나, 역사의 흥망을 노래하면서 당시의 통치자들을 경고하거나, 당시의 현실생활을 반영한 시들이었다. 《전당시》에 시 한권이 전한다.

라고 하였다. 뜻은 비록 좋으나 글귀를 만든 법이 비속해서 칭찬할 만한 것이 못된다.

[206] 설손偰遜과 정신보鄭臣保에 대해서

高麗偰遜[927], 回鶻人也. 元末以端本堂正字避亂東來, 嘗寄中朝故舊曰:『於穆宣文閣, 雍容端本堂. 夢中猶昨日, 覺後是他鄕. 萬事心如鐵, 三年髮已蒼. 生還倘能遂, 甘老校書郞.』恭愍朝賜籍慶州, 子長壽[928]·孫循[929]

927 | 설손(偰遜, ?~1360?) : 초명(初名)은 백료손(百遼遜)으로 위구르인이다. 고조부 이래 원(元)나라에 귀화하여 대대로 벼슬을 하였다. 원나라 순제(順帝) 때 진사(進士)에 급제하여 한림 응봉문자(翰林應奉文字)·선정원 단사관(宣政院斷事官) 등을 지냈고, 단본당정자(端本堂正字)가 되어 황태자에게 경전을 가르쳤다.[단본당은 황태자의 교육기관] 정자는 황태자 교육을 직접 맡았던 관리를 말한다). 이 때 공민왕이 왕이 되기 전 잠시 원나라에 머무는 동안 서로 알게 되었다. 그 후 승상(丞相) 함마(麻)의 시기로 선주(單州)로 나가 대령(大寧)에서 살다가 1358년(공민왕 7) 홍건적의 난을 피하여 고려로 왔다. 1360년 고창백(高昌伯)에 봉해진 뒤 부원후(富原侯)에 승봉되었으며 부원의 전토를 하사받았다. 고려의 대표적 시인의 한 사람으로 알려졌으며, 저서로는《근사재일고(近思齋逸藁)》가 있다.

928 | 설장수(偰長壽, 1341~1399) : 자는 천민(天民)이고 호는 운재(芸齋)이며, 시호는 문량(文良)이다. 원나라 고창(高昌)출생. 위구르인으로 1359년(공민왕 8) 아버지 설손(偰遜)을 따라 귀화했다. 1362년 문과에 급제하고 밀직제학(密直提學)이 되어 완성군(完城君)에 봉해지고 추성보리공신(推誠輔理功臣)이 되었다. 1387년(우왕 13) 문하부지사(門下府知事)로 명나라에 다녀왔고, 1388년(창왕 1)에는 정당문학(政堂文學)으로서 우왕 손위(遜位)의 표문(表文)을 가지고 명나라에 다녀왔다. 1390년(공양왕 2) 충의군(忠義君)에 봉해지고, 문하찬성사(門下贊成事)에 승진했다. 이성계(李成桂)를 도와 조선 개국에 참가하여 9공신의 한 사람이 되었는데, 정몽주(鄭夢周)가 죽은 뒤 그 일당으로 몰려 해도(海島)로 귀양 갔다. 태조에 의해 등용되어 1396년 검교문하시중(檢校門下侍中)에 복직되고, 계림(鷄林: 慶州)을 본관으로 하사받아 연산부원군(燕山府院君)에 봉해졌다. 1398년 정종이 즉위하자 계품사(計稟使)로 명나라에 가던 도중 명나라 황제가 죽어, 진향사(進香使)가 되어 북경에 갔다가 다음해에 돌아왔다. 시와 글씨에도 능했고 전후 8차에 걸쳐 명나라에 사신으로 다녀왔다.

929 | 설순(偰循, ?~1435) : 본관은 경주(慶州), 자는 보덕(輔德)이다. 설장수(偰長壽)의 아들이다. 태종 8년(1408) 생원으로 식년문과에 급제하였고 세종 2년(1420)에 교리가

亦登第通顯, 今偰姓卽其後也. 又宋員外郞鄭臣保[930], 宋亡浮海來居於瑞山, 其子仁卿[931]幼時有詩曰 : 『胡塵漲宇宙, 萬里落孤臣. 何日乾坤正, 重回趙氏春.』 今瑞山之鄭乃其裔云.

고려의 설손偰遜은 위구르사람이다. 원나라의 말년에 단본당정자 벼슬에 있다가 피란하여 우리나라에 왔다. 일찍이 중국의 옛 친구들에게 시를 부쳐 보내기를

於穆宣文閣,	오! 아름답다, 선문각이여,
雍容端本堂.	화락하고 조용한 단본당이여,
夢中猶昨日,	꿈속에서는 어제와 같건만,
覺後是他鄕.	깨고 나니 타향이로구나.
萬事心如鐵,	일만 가지 일에 마음은 철석같으나,

되었다가 이듬해 좌사경(左司經)과 1425년 시강관을 거쳐 인동 현감이 되었다. 1427년 문과중시에 합격하여 이듬해 왕명으로 《효행록(孝行錄)》을 증수하였고, 1431년 집현전 부제학으로서 《삼강행실도(三綱行實圖)》를 편수하여 1434년 완성하였다. 그해 이조 우참의가 되어 윤회(尹淮) 등과 함께 《통감훈의(通鑑訓義)》를 저술하였고 동지 중추원사가 되었다. 여러 분야의 학문에 박학하였으며 특히 역사에 뛰어났고 문장으로도 이름이 높았다.

930 | 정신보(鄭臣保) : 절강 포강(浦江) 사람. 송나라 때 사부시랑(吏部侍郞)이었는데, 송나라가 멸망하자 원 나라에서는 벼슬을 하지 않겠다고 하여 배를 타고 고려의 서산 간월도(看月島)에 와서 정착했다. 여기서 아들을 세명 낳았는데, 그 중 정인경의 아들이 이후 고려의 승상이 되었다.

931 | 정인경(鄭仁卿, 1237~1305) : 고려 말기 문신. 처음 몽고어 통역관으로 출발하였으나, 고종 말 몽고군의 침입 때 공을 세워 제교(諸校)가 되었다. 1269년(원종 10) 세자[뒤의 충렬왕] 의 귀국시 임연(林衍)이 원종을 폐한 사실을 보고하여 세자가 원(元)나라로 되돌아가게 하였다. 이 공으로 충렬왕이 즉위하자 시종1등 공신에 올랐다. 1282년과 1283년 요동(遼東) · 심양(瀋陽) · 요양(遼陽) · 북경(北京)에 가서 유민(流民)을 찾아내어 본고장으로 돌려보냈다. 1292년 몽고에 처녀를 바치기 위한 처녀금혼령을 어겨 섬에 유배되었다가 1299년 판삼사사(判三司事)가 되고 중찬(中贊)으로 은퇴하였다. 시호는 양렬(襄烈)이다.

三年髮已蒼. 삼년 동안에 머리털은 이미 희어졌네.
生還倘能遂, 살아서 돌아가는 일이 혹이나 가능하다면,
甘老校書郎. 달게 교서랑으로 늙어 가리라.

라고 하였다. 공민왕恭愍王때에 관향貫鄕을 경주慶州로 정하여 주었다. 아들 설장수偰長壽와 손자 설순偰循도 또한 과거에 급제하여 현관顯官의 지위에 올랐다. 지금 설偰이란 성은 곧 그 후예들이라고 한다. 또 송나라의 원외랑員外郎 정신보鄭臣保는 송나라가 망하고 바다를 건너와서 서산瑞山에 살았다. 그의 아들 정인경鄭仁卿이 어릴 때에 시를 지어 말하기를,

胡塵漲宇宙, 오랑캐의 티끌이 우주에 넘치니,
萬里落孤臣. 만 리에 외로운 신하가 떨어져 왔네.
何日乾坤正, 어느 날에나 건곤이 바로잡혀서,
重回趙氏春. 거듭 조씨의 봄을 돌이킬 것인가.

라고 하였다. 지금 서산의 정씨들이 바로 그 후예라고 한다.

(李惠英, 林道鉉)

XI. 명시明詩

[207] 현토玄菟에서 토菟자의 성조

明任亨泰[932] 〈送高麗使〉 詩曰 : 『三韓舊控玄菟險, 重譯今隨白雉來.』[933]

932 | 임형태(任亨泰) : 명대 시인. 생졸 연대 불확실. 자는 고옹(古雍). 호북성(湖北省) 상양(襄陽) 출신이다. 홍무(洪武) 21년(1388)에 정시(廷試)를 보았는데, 명태조(明太祖) 주원장(朱元璋, 1328~1398)이 직접 답안을 검사하고 명령하여 그를 장원으로 발탁하고 한림수찬(翰林修撰)의 벼슬을 하사하였다. —《명사(明史)》 권137 참조.

『菟』字作平聲, 恐未穩.《韻書》『菟』[934]去聲, 菟絲也. 又唐詩多作去聲用, 如李百藥[935]詩云 :『電野淸玄菟, 騰笳振白狼.』[936] 是也.『菟』又作『兔』,

933 | 삼한구공현토험(三韓舊控玄菟險) 두 구 : 〈송고려사(送高麗史)〉의 〈조공 바치는 고려 사신이 돌아가는 데 지어준 송별시의 시권(詩卷)에 적음(題高麗貢使還卷)〉
……

文軌初同泰運開,	천하가 처음으로 통일되니 태평시대 열리고,
藩邦傳令動雲雷.	제후국 알현을 알리는 소리 구름과 우레처럼 진동하네.
三韓舊控玄菟險,	삼한이 예전에는 현도의 요새를 제어하더니,
重譯今隨白雉來.	지금 몇 번의 통역 거쳐 흰 꿩을 바치네.
使節秋風辭殿陛,	가을바람 불 때 사신은 궁전에서 천자님께 작별을 고하고,
樓船春水泛蓬萊.	내년 봄 쯤 누선은 봉래섬 곁에 떠가리.
金章珠翟承殊渥,	금 도장 주옥 꿩 극히 후하게 받으니,
專對從知得俊才.	기회에 맞추어 대처하고 따름으로 준재 얻음을 알게 되었네.

※현도(玄菟) : 한 무제(漢武帝)가 설치한 한사군(漢四郡)중 하나로. 현도군(玄菟郡)이라고 읽는다. – 한국고전번역원(www.itkc.or.kr) 《국역조선왕조실록》 참조.
※백치(白雉) : 흰 꿩을 말하며, 이는 상서로운 새로 여겼다. 《전한서(前漢書, 반고가 쓴 한서를 말함) 평제기(平帝紀)》에 원시(元始) 원년(서기 1년) 정월에 월상씨(越裳氏 : 고대 남쪽의 한 부락의 이름)가 중역(重譯 : 한 번 번역된 말이나 글을 다시 다른 말이나 글로 번역함)을 통해 흰 꿩 한 마리와 검은 꿩 두 마리를 바치자, 3공(三公 : 세 최고위 대신)에게 조서를 내려 종묘에 올리게 하였다고 하였다. 《한서(漢書) · 왕망전(王莽傳)》에 이르기를 『왕망은 대사마(大司馬)였는데 변새 밖의 오랑캐들에게 명하여 꿩을 바치게 한 후, 원시 1년 정월에 태후[왕망의 고모이자 成帝의 모친. 당시 태황태후임] 에게 조서를 내리게 하여 흰 꿩을 종묘에 올리게 하였다』고 하였다.
※봉래(蓬萊) : 중국 산동성(山東省)의 『선경(仙景)』이라 불리었던 곳으로, 전설에는 한 무제(漢武帝)가 봉래를 보러 몇 번이나 산동반도에 가서 돌출된 산을 올라 선경을 찾았다 하여, 후손들은 단애산(丹崖山)을 봉래라고도 불렀다. 봉래에 오르면, 발해와 황하의 경계됨이 보인다.

934 | 토(菟) : 《광운(廣韻)》에서는 토(菟)자가 지명일 때는 평성(tú), 여라(女羅)라는 풀이름에는 거성(tù)으로 발음된다고 하였다.(《廣韻》, 去聲第十一暮 : 「菟, 菟絲, 草名. 湯故切.」)

935 | 이백약(李百藥, 565~648) : 자는 중규(重規). 정주 안평[定州安平, 오늘의 하북성 안평(河北省 安平)] 사람. 수 문제(隋文帝)때 내사령(內史令)을 지낸 이덕림(李德林)의 아들. 당 태종 재위 627년 태자사인(太子舍人)을 지냈으며, 저서에는 《북제서(北齊書)》 50권이 있다.

936 | 전야청현토(電野淸玄菟) 두 구 : 《전당시》 권35에는 이 시를 〈전야청현도(電野淸玄

楊巨源詩：『城遠迷玄兔，川明辨白狼.』938 按《本草夢筌》939 曰菟絲子，

菟)〉로 허경종(許敬宗)의 시로 수록하고 있음.
〈삼가 봄날 바다를 바라보며 라는 시에 화답하여 올림(奉和春日望海)〉

韓夷愆奉賮，　삼한 오랑캐가 조공 바치는 것을 잘못하여,
憑險亂天常.　요새에 의지해 세상 순리를 어지럽히네.
乃神弘廟略，　이에 귀신같이 조정의 책략을 넓히고,
橫海剪吞航.　바다를 가로지르고 삼킬 듯한 배를 갈라놓으려 하네.
電野淸玄菟，　들에 번개를 쳐서 현도성을 맑게 하고,
騰笳振白狼.　피리를 높이 불어 백랑산을 진동하게 하시리.
連雲飛巨艦，　연이은 구름은 거대한 배를 날게 하고,
編石架浮梁.　돌을 쌓아 부교를 설치하리.
……

※허경종(許敬宗, 592~672) : 자는 연족(延族), 본관은 항주(杭州) 신성(新城)이다. 당(唐)나라 때 대신이며 사학가이다. 당 태종, 고종 시기의 재상과 사관으로 사서 편찬에 관여했다. 측천무후를 지지한 그는 고종 654년 이의부(李義府)와 함께, 고종이 황후 왕씨(王氏)와 소숙비(蕭淑妃)를 폐서인 시키는 조서를 내리게 하였다.
※백랑산(白狼山) : 조조가 오환을 토벌하며 원소의 자식들을 멸망시킨 곳. 지금의 요녕성(遼寧省) 카라신 왼쪽의 몽고족 자치현 경내가 된다.

937 | 양거원(楊巨源, 기원755~?) : 자는 경산(景山), 본관은 지금의 산서성(山西省) 영제(永濟). 당(唐) 덕종(德宗, 779~805) 정원(貞元, 789)연간에 진사가 되었다. 그 후 대부분 장안(長安)에서 벼슬을 하였으며, 국자사업(國子司業)의 관직을 하였다. 백거이(白居易)와 원진(元稹) 등 시인들과 교우하였다. 시문집 5권이 있는데《전당시(全唐詩)》에 1권만 남아있다.

938 | 성원미현도(城遠迷玄菟) 두 구 : 〈유시중에게 올리다(上劉侍中)〉 ─《전당시(全唐詩)》권333.
……

分野隣孤島，　영토는 고도까지 뻗어 있고,
京坻溢萬廂.　서울에는 궁궐 창고에 곡식이 넘쳐나네.
曙華分碣石，　밝은 달빛이 갈석을 분명하게 비치고,
秋色入衡陽.　가을빛이 형양을 물들이네.
城遠迷玄兔，　성은 멀어 현도성 아득하고,
川明辨白狼.　강은 맑아 백랑산이 잘 보이네.
忠賢多感激，　충현들이 더욱더 감격해하니,
今古共蒼茫.　지금 일 옛날 일 모두 환해지네.
……

※창망(蒼茫) : 여기서는 햇빛이나 달빛이 끝없이 환하게 비치는 모양.

朝鮮多產云. 玄菟之稱, 疑以此也. 今藥名有玄菟丹[940], 亦以菟絲取名.

명나라의 임형태任亨泰의 〈고려의 사신을 전송하다送高麗使〉는 시에 말하기를

三韓舊控玄菟險, 삼한이 예전에는 현도의 요새를 제어하더니,
重譯今隨白雉來. 지금 몇 번의 통역 거쳐 흰 꿩을 바치네.

라고 하였다. 『토菟』자를 평성으로 쓴 것은 아마 타당하지 않을 것이다. 《운서(韻)》에 『토菟』자는 거성이니, 토사(菟絲 : 식물이름)라고 하였다. 또 당시에서도 거성으로 쓴 것이 많았는데, 이백약李白藥의 시에서 말하기를

電野淸玄菟, 들에 번개를 쳐서 현도성을 맑게 하고,
騰笳振白狼. 피리를 높이 불어 백랑산을 떨쳐 일어나게 하시리.

고 한 것과 같다. 토菟는 또 토兎로 쓰기도 하는데, 양거원楊巨源의 시에

城遠迷玄兎, 성城이 멀어서 현도성은 아득하고,
川明辨白狼. 냇물이 맑아서 백랑산은 잘 보이네.

라고 하였다. 생각건대 《본초몽전本草蒙筌》에 말하기를 토사菟絲의 씨는 조선에서 많이 생산된다고 하였다. 현토玄菟라는 명칭도 이 때문에 생겼는지도 모른다. 지금 약명에 현토단玄菟丹이라고 하는 것이 있으니 또한 토사菟絲에서 이름을 붙인 것이다.

939 | 《본초몽전(本草蒙筌)》 : 《지봉유설(芝峰類說)》 주 651) 참조.
940 | 현토단(玄菟丹) : 소갈(消渴 : 당뇨병)을 치료하는 약으로, 주성분은 토사자, 오미자, 백복령, 연자육, 마(산약)이다.

[208] 〈문산사를 제목삼아題文山祠〉에 대한 평가

邊貢[941] 〈題文山祠〉 詩曰 : 『花外子規燕市月, 柳邊精衛浙江潮.』[943] 王世貞稱其巧麗. 按『化作啼鵑帶血歸』[944], 乃文山詩也. 下句蓋以越江潮不至而爲言, 然語意不及上句.

941 | 변공(邊貢, 1476~1532) : 명대시인. 자는 정실(庭實), 호는 화천(華泉)이며, 역성(曆城, 오늘의 산동 제남) 사람이다. 이몽양(李夢陽)등과 함께 『홍치십재자(弘治十才子)』로 불리었다. 홍치(弘治) 9년에 진사(進士)가 되었으며, 가정(嘉靖)연간에 남경호부상서(南京戶部尙書)에 이르렀다. 문집으로 《화천집(華泉集)》이 있다. ―《명대전기자료색인(明代傳記資料索引)》 참고.

942 | 정위(精衛) : 새 이름. 바닷가에 사는데 까마귀와 비슷한 작은 새. 옛날 태왕신인 염제(炎帝)의 딸 여와(女娃)가 동해에 빠져 죽었는데, 혼이 화하여 이 새가 되었다고 한다. 항상 서산의 나무, 돌 따위를 물어다가 동해를 메우려고 한다는 전설이 있다.

943 | 화외자규연시월(花外子規燕市月) 두 구 : 〈문산의 사당을 알현하다(謁文山祠)〉 시의 일부.

丞相英靈逈未消, 승상의 영령은 멀리 사라지지 않고,
繹帷燈火颯寒飆. 휘장안의 등불은 차가운 강풍 속에서 타오르네.
乾坤浩蕩身難寄, 천지가 광활해도 몸을 의탁할 곳이 없고,
道路間關夢且遙. 인생의 길은 굴곡적이고 험난하기가 꿈처럼 아득하네.
花外子規燕市月, 꽃 옆의 자규새는 연나라 수도의 달밤에 울었고,
水邊精衛浙江潮. 물 가의 정위새는 절강의 물결에 허덕이는구나.
祠堂亦有西湖樹, 사당에도 서호나무가 있으니,
不遣南枝向北朝. 남쪽으로 향한 가지 북쪽으로 향하지 않네.

※문천상(文天祥, 1236~1282)은 남송(南宋)말기의 원나라에 항쟁하다가 죽음을 당한 충신. 자는 이선(履善), 또는 송서(宋瑞)이며, 호는 문산(文山)이다. 본관은 지금의 강서성(江西省) 고안(古安)이다. 우승상(右丞相)과 추밀사(樞密使)를 지냈으며, 저서는 《문산집(文山集)》. 《문산시집(文山詩集)》이 전한다. 그의 사당은 그의 고향인 강서성에 있음.

※두 번째 구에서 《원명청시선주(元明淸詩選注)》(228쪽) 에서는 『柳』가 『水』로 되어 있다.

944 | 화작제견대혈귀(化作啼鵑帶血歸) : 시제는 〈금릉역(金陵驛)〉이다.

草合離宮轉夕暉, 잡초 무성한 행궁 어두워지는데,
孤雲飄泊復何依. 외로운 구름처럼 떠돌다 다시 어디에 의지하려나.
山河風景元無異, 산천의 풍경은 원래 다르지 않은데,
城郭人民半已非. 성곽의 백성들은 반이 이미 달라졌구나.
滿地蘆花和我老, 땅에 가득한 갈대꽃은 나와 같이 늙어가고,

변공邊貢의 〈문산사를 제목삼아〉라는 시에서 말하기를

花外子規燕市月,　　꽃 옆의 자규새는 연나라 수도의 달밤에 울고,
柳邊精衛浙江潮.　　물 가의 정위새는 절강의 물결에 허덕이는구나.

라고 하였다. 왕세정이 그 교묘하고 아름다움을 칭찬하였다.

化作啼鵑帶血歸.　　슬피 우는 두견새 되어 피울음 울며 돌아오리라.

라고 한 시를 상고하여 보니, 문천상의 시이다. 아래의 글귀는 아마 강의 물결을 넘어 이르지 못한 것 때문에 말한 것 같으나, 말뜻은 위 글귀에 미치지 못한다.

[209] 동월董越이 지은 시구에 대한 평가

董越[945]天使詩：『江雨釀寒來樹杪, 嶺雲分暝落巖阿.』 乃用王荊公[946]『嶺雲分暝與黃昏』[947] 之句, 且格律非甚高妙, 而鄭湖陰[948]最喜此句, 常

舊家燕子傍誰飛.　　옛집의 제비는 누구 곁에서 날아다닐 건지.
從今別卻江南路,　　지금부터 강남 길 이별하고 물러나서며,
化作啼鵑帶血歸.　　슬피 우는 두견새 되어 피울음 울며 돌아오리라.
※1279년 3월, 시인은 원나라의 수도 대도(大都 : 현재의 북경)로 압송되었는데, 이 시는 7월에 금릉(金陵 : 지금의 남경)을 지나면서 지었다. 고국을 떠남을 비통해 하면서 죽어서도 피를 토하며 우는 두견새가 되어 고국산천으로 다시 돌아오겠다는 결심을 나타내었다. — 전자판 사고전서《문산집(文山集》19권 참조.

945 | 동월(董越) :《송계만록(松溪漫錄)》 주 12) 참조.

946 | 왕형공(王荊公) :《백운소설(白雲小說)》 주 10) 참조.

947 | 영운분명여황혼(嶺雲分暝與黃昏) : 시제는 〈보공탑에 오르며(登寶公塔)〉이다.
倦童疲馬放松門,　　지친 아이놈은 피로한 말을 송문에 놓아두고,
自把長笻倚石根.　　홀로 긴 대지팡이 짚고 올라 돌 벽에 기대서네.
江月轉空爲白晝,　　강 위의 달은 하늘을 빙 돌아 대낮같이 비추고,

吟詠稱譽云, 未可知也.

중국사신 동월董越의 시에 말하기를

江雨釀寒來樹杪,	강에 내리는 비는 추위를 빚어 나뭇가지 끝에 오게 하고,
嶺雲分暝落巖阿.	재嶺의 구름은 땅거미를 나누어 바위 언덕에 떨어뜨리네.

라고 하였다. 바로 왕형공王荊公의

嶺雲分暝與黃昏.	재의 구름은 땅거미를 나누어 황혼에 주네.

라고 한 글귀를 습용한 것으로, 격률이 그다지 교묘하지 않는데 정호음鄭湖陰이 이 글귀를 가장 좋아하여 항상 읊조리면서 칭찬하였다고 하니 알 수 없는 일이다.

嶺雲分暝與黃昏.	재의 구름은 땅거미를 나누어 황혼에 주네.
鼠搖岑寂聲隨起,	생쥐는 정적을 깨고 쉬지 않고 바스락대고,
鴉矯荒寒影對翻.	갈가마귀는 추운 달빛 속을 짝지어 날아가는구나.
當此不知誰客主,	누가 객이고 주인인지 모를 이때에,
道人忘我我忘言.	스님은 나를 잊고 나도 할 말을 잊어버렸네.

※보공탑(寶公塔) : 왕안석(王安石) 제 2의 고향인 강녕(江寧 : 지금의 南京) 종산(鍾山)에 있는 정림사(定林寺) 옆에 보공탑이라는 오층 석탑이 있었으며, 이 탑은 왕안석의 시에서 자주 등장한다.

－《왕안석시전집(王安石詩全集)》 6권. 百度(www.baidu.com), 《송시사(宋詩史)》 349쪽 참조.

948 | 정호음(鄭湖陰, 1491~1570) : 《송계만록(松溪漫錄)》 주 9) 참조. 정호음이 여기 나온 동월의 이 시구를 높이 평가하였다는 이야기는 《송계만록(松溪漫錄)》에도 보임.

[210] 양신楊愼의 시구에 대한 평가

楊愼[949]詩曰 : 『彤管久塵翳, 妒津生洛河. 青史傷人彘, 黃雲驚女訛. 牛信可乘, 良法在金科.』[950] 按緯書[951] : 『黃雲翔女訛驚邦.』 又元律[952], 妒婦乘驟牛徇部, 乃胡俗也, 恐不當引用.

양신楊愼의 시에 말하기를

949 | 양신(楊愼, 1488~1559) : 자는 용수(用修), 호는 승암(升菴)이며, 본관은 신도(新都, 지금의 사천성)이다. 정덕(正德) 6년(1511) 전시(殿試)에서 1등을 하여 한림원 수찬(修撰)을 지냈다. 일찍이 《무종실록(武宗實錄)》 편찬에 참여하였으며, 시(詩), 사(詞), 산곡(散曲)에 능하여 작품이 백여 종이나 되는데 후세사람들이 그의 작품을 모아 《승암집(升菴集)》 80권을 편집했으며 수록된 시가 2000여수나 된다. 《명시별재집(明詩別裁集)》에는 15수만 뽑아 적었다.

950 | 동관구진예(彤管久塵翳) 여섯 구 : 〈속백일시 15수(續百一詩 15首)〉 시의 일부. - 전자판 사고전서 《승암집(升菴集)》 권16 참조.

※동관(彤管) : 붉은 칠을 한 붓대. 옛날 여사(女史, 궁중에서 왕비를 위해 문서나 기록을 담당하는 여자 벼슬 이름)가 이것을 가지고 궁중의 정령(政令)과 후비(後妃)의 일을 기록하는 데에 쓰던 것. - 原注

※투진(妒津) : 나루터의 이름. 진(晉, 265~316)나라 유백옥(劉伯玉)의 처가 백옥을 원망하고 투신자살한 곳이라고 한다. 백옥의 아내의 성은 단씨(段氏), 자는 명광(明光)이니, 질투가 심하였다. 백옥이 항상 아내 앞에서 〈낙신부(洛神賦)〉를 외우며 말하기를 『이러한 아내를 얻는다면 나는 한이 없겠다』고 하였다. 아내가 말하기를 『당신은 어째서 물귀신을 아름답다고 하고 나를 가볍게 여기려고 합니까. 내가 죽으면 어찌 물귀신이 되지 않으랴』하고 물에 빠져 죽었다고 한다. 그 뒤로 여인이 그 곳을 건너려면 옷을 흐뜨리고 화장을 지운 뒤 건너지 않으면 반드시 풍파가 사납게 일어났다고 한다. 그러나 못생긴 여인이 건너가면 옷을 흐뜨리고 화장을 지우지 않아도 무사하였다고 한다.

※인체(人彘) : 사람 돼지. 인시(人豕)라고도 한다. 한고조(漢高祖)의 황후 여후(呂後)가 고조의 애희(愛姬) 척부인(戚夫人)의 손과 발을 끊어버리고 또 눈을 빼어 소경·벙어리로 만들어 변소(便所)에 넣어두고 인체라고 하였다는 고사.

951 | 위서(緯書) : 중국 전한(前漢) 말기부터 후한(後漢)에 걸쳐서 유학의 경전인 경서(經書)에 대응하여 만들어진 책. 시위(詩緯), 역위(易緯), 서위(書緯), 예위(禮緯), 악위(樂緯), 춘추위(春秋緯), 효경위(孝經緯) 등으로 길흉화복 따위의 예언을 적은 책인데, 뒤에 금서가 되어 그 일부만 전한다.

952 | 원율(元律) : 원나라의 법률로 《몽고전장(蒙古典章)》을 말한다.

彤管久塵翳, 동관彤管은 티끌에 덮인 지 오래 되고,
妒津生洛河. 투진妒津은 낙하洛河에 생겼네.
青史傷人彘, 역사는 인체人彘를 슬퍼하고,
黃雲驚女訛. 누런 구름은 여자의 거짓말에 놀라네.
驏牛信可乘, 진실로 안장 없는 소에 태워 조리를 돌려야 하겠구나.
良法在金科. 금과옥조金科玉條 같은 좋은 법이 있으니.

라고 하였다. 생각건대 위서緯書에는

黃雲翔女訛驚邦. 누런 구름이 날면 여자의 거짓말이 나라를 놀라게 한다.

라고 하였고, 또 원나라의 법률에, 질투하는 여자는 안장 없는 소에 태워 부락으로 조리 돌린다고 하는 것은 오랑캐 풍속이므로, 아마도 인용함이 적당하지 않을 것 같다.

[211] 명나라 사신들이 잘못 쓴 성조를 지적

唐皐[953]律詩 :『龍飛有詔頒高麗.』按麗[954]音離, 國名. 魏時亮[955]詩 :『翁嫗老歲華.』嫗[956], 去聲. 成憲[957]詩 :『客逋山應謝.』逋[958], 平聲. 朱之

953 | 당고(唐皐, ?~?) : 명대 시인. 자는 수지(守之). 호는 심암(心菴).《월정만필(月汀漫筆)》주 6) 참조.
954 | 려(麗) : 아름답다고 할 때에는 거성[lì, 郎計切]이나 국명일 때는 양평[lí, 呂支切]인데, 이 시에서는 이『려』자가 측성으로 사용되어야만 하기 때문에, 평성[양평]으로 되면 규칙에 어긋난다고 보았음.
955 | 위시량(魏時亮, 1529~1591) :《송계만록(松溪漫錄)》주 37) 참조.
956 | 구(嫗) : 여기서는 평성이 놓일 자리인데 거성[Yù, 衣遇切] 자를 잘못 사용하였기에 잘못으로 보았음.
957 | 성헌(成憲) : 명 세종(世宗), 가정(嘉靖) 44년(1565)에 진사가 되었다. 동고관(同考官)으로, 여러 명사(名士)들을 선발하였고,《명사(明史)》의 편찬에도 참여하였다.

蕃[959]詩：『憐予頗諳滄洲[960]趣.』諳[961], 平聲. 中朝人於此亦未之考耶?

당고唐皐의 율시에 려麗의 음은 리離로 국명이다.

龍飛有詔頒高麗. 천자가 즉위하고 조서가 있어서 고려에 반포하였다.

라고 하였다. 상고하여 보니 려麗의 음은 리離이니 나라 이름이다. 위시량魏時亮의 시에는

翁嫗老歲華. 늙은 남자와 늙은 여인이 세월에 늙었네.

라고 하였는데 구嫗는 거성이다. 성헌成憲의 시에는

客逋山應謝. 객이 세상을 피하여 도망해 가니 산은 응당 감사할 것이다.

라고 하였는데 포逋는 평성이다.

憐予頗諳滄洲趣. 내가 자못 창주의 취향을 잘 아는 것을 어여삐 여기네.

1568년 명나라 황태자 책봉을 알리기 위하여 조선에 사신으로 나왔으며, 국자감제주(國子監祭酒)를 지냈다. 문장으로는 〈중수무묘기(重修武廟記)〉, 〈수광복사비기(修廣福寺碑記)〉, 〈증수영제교기(增修永濟橋記)〉, 〈백마천기(白馬泉記)〉 등이 있다.

958 | 포(逋) : 여기서는 측성이 놓일 자리인데 평성(bū, 博古切)을 사용하였기 때문에 잘못으로 보았음.

959 | 주지번(朱之蕃, 1548~1624) : 《지봉유설(芝峰類說)》 주 248) 참조.

960 | 창주(滄洲) : 김익희(金益熙, 1610~1656)의 호. 조선중기의 문신. 자는 중문(仲文). 본관은 광산(光山). 1636년(인조 14) 병자호란(丙子胡亂) 때 후금(後金 : 淸의 전신)과의 화평을 반대하였으며 왕을 남한산성에 모시고 가서 독전어사(督戰禦使)가 되었다. 대제학 · 대사헌 · 이조판서를 지냈다. 시호는 문정(文貞).

961 | 암(諳) : 여기서는 측성이 놓여야 하나, 평성(ān, 烏含切)을 썼기 때문에 잘못으로 보았음.

라고 한 주지번朱之蕃의 시에서 암諳은 평성이다. 중국과 조선 사람들이 이런 것들을 또한 상고하지 못하였던가.

[212] 구법이 비슷한 시구들

王弇州[962]〈岳王[963]墓〉詩曰 :『三殿有人朝北極, 六陵無樹對南枝.』[964] 蓋言宋南渡後高宗至度宗凡六帝[965], 而屈膝事虜, 無復仇之意, 與岳王墳

962 | 왕엄주(王弇州, 1526~1590) :《학산초담(鶴山樵談)》 주 10) 참조.

963 | 악왕(岳王, 1103~1142) :《지봉유설(芝峰類說)》 주 901) 참조.

964 | 삼전유인조북극(三殿有人朝北極) 두 구 : 시제는 〈악비의 무덤(岳墳)〉이다.

落日松杉覆古碑, 석양 아래 소나무는 옛 비석을 덮었고,
英風颯颯動靈祠. 늠름한 기상은 혼백모신 사당을 움직이네.
空傳赤帝中興詔, 적제의 중흥 조서 헛되이 전하자,
自折黃龍大將旗. 스스로 황룡부의 대장군 기를 잘랐네.
三殿有人朝北極, 삼전에는 황제를 향해 절하는 사람은 있었지만,
六陵無樹對南枝. 육릉에는 어느 나무 남쪽을 향하는 가지도 없네.
莫將烏喙論勾踐, 까마귀 주둥이로 함부로 구천을 논하지 마라,
鳥盡弓藏也不悲. 새 사냥 끝나서 활이 숨겨졌다면야 슬프지는 않으리.

※조(詔) : 1140년 악가군(岳家軍: 악비의 군대)이 금나라 주력군과 용감하게 싸울 때, 진회(秦檜)를 대표로 하는 투항파들이 북벌을 주장하는 남송 장군들의 지휘권을 제한시켰다. 1142년 진회는 날조된 죄명으로 악비를 처형했다.

※육릉(六陵) : 절강성(浙江省)소흥(紹興)에 있는 남송 왕조의 여섯 능으로, 여기에 남송시기의 고종영사릉(高宗永思陵) · 효종영부릉(孝宗永阜陵) · 광종영숭릉(光宗永崇陵) · 영종영무릉(寧宗永茂陵) · 이종영목릉(理宗永穆陵)과 탁종영소릉(度宗永紹陵) 여섯 황제의 능묘가 있기 때문에『송6릉(宋六陵)』이라 한다. 거기에는 또 북송(北宋) 철종황후(哲宗皇後) 맹씨(孟氏) · 북송의 마지막 황제 휘종(徽宗) 및 남송황후와 황실대신들의 무덤이 포함되는데 강남일대의 규모가 제일 큰 황릉구역이다. 1989년 절강성 인민정부에서 성급중점보호단위로 정하였다. ― 百度(www.baidu.com).

※남지(南枝) : 남쪽으로 뻗은 가지. 악비의 무덤의 나뭇가지가 모두 남쪽으로 뻗치어 북쪽을 향하지 않았다고 한다.

※구천(勾踐, ?~기원전465) : 춘추(春秋) 월(越)나라 임금. 오(吳) 임금 합려(闔閭, 기원전515~기원전496)와 싸워 이겼으나, 다시 합려의 아들 부차(夫差, ?~기원전473)에게 패하여 오나라를 섬김. 그 뒤 20년 동안 곰쓸개를 달아놓고 핥으면서(臥薪嘗膽), 갖가지 계책으로 부차를 속이고 마침내 오나라를 멸망시켰음.

樹無可相對者也. 其詠〈后羿〉966 曰:『不信雕弧摧九日, 獨留明月隱姮娥.』詠〈卞和〉967 曰:『惟憑寄與樂正子, 三月如何不下堂.』其用意深矣. 按卞和得玉獻王, 王使樂正子占之, 言非玉, 王以爲欺慢, 斬其一足雲. 按元人968詩曰:『孤塚有人來下馬, 六陵無樹可棲烏.』969 此句法相似.

왕세정의 〈악왕묘岳王墓〉 시에서 말하기를

※조진궁장(鳥盡弓藏) : 천하가 통일됨을 말한다.

965 | 육제(六帝) : 남송(1127~1279)의 고종(高宗), 효종(孝宗), 광종(光宗), 영종(寧宗), 탁종(度宗), 공제(恭帝)를 말한다.

966 | 후예(后羿) : 신화에 나오는 인물로, 하(夏)나라 때의 제후이며 궁술의 명인으로 날개로 바람을 일으켜 날아오르며 10개의 태양이 있었는데 9개를 쏘았다고 함.

967 | 변화(卞和) : 초(楚)나라의 사람. 옥 덩어리를 얻어 초의 여왕(厲王)에게 바쳤더니 거짓이라고 하여 그의 왼쪽 발을 베어버렸다. 무왕(武王) 때에 다시 바쳤더니 또 거짓말이라고 하여 그의 오른쪽 발을 베어버렸다. 문왕(文王)이 즉위하여 옥공(玉工)에게 그 옥 덩어리를 갈게 하니 과연 보배로운 옥이었다. 이 옥을 화씨지벽(和氏之璧)이라고 한다.

968 | 원인(元人) : 원(元)나라 임천생(林泉生, 1299~1361). 자는 청원(淸源), 호는 겸목재(謙牧齋)·만호(晩號)는 각시헌(覺是軒). 복주성(福州省) 영복(永福) 사람. 지순(至順) 원년(1330년)에 진사가 되었고, 한림직학사(翰林直學士)·지제고(知制誥)·동수국사(同修國史)등을 지냈다. 저서로는 《각시집(覺是集)》이 있다.

969 | 고총유인래하마(孤塚有人來下馬) 두 구 : 시제는 〈악왕묘 2수(岳王廟二首)〉이다. 《원시선(元詩選)》 3집 8권에 나온다.

誰收將骨葬西湖,	누가 장군님의 뼈를 거두어 서호에 묻었나?
已卜他年必沼吳.	이미 이 뒤에 반드시 우리 땅이 늪이 되리라 예측하셨다네.
孤塚有人來下馬,	외로운 무덤에는 말에서 내려 참배하는 사람 있으나,
六陵無樹可棲烏.	육릉에는 까마귀 깃들 나무가 없네.
廟堂短計慚嫠婦,	조정의 졸렬한 계획은 과부에게조차 부끄러우나,
宇宙惟公是丈夫.	우주를 평정하는 일 오로지 공에게 달렸으니 정말 대장부네.
往事重觀如敗局,	지난 일 다시 보면 지는 바둑판 같은데,
一龕燈火屬浮屠	감실 안 하나의 등불 부도를 비춰주네.

※소오(沼吳) : 《좌전》에서 오자서(伍子胥)가 오나라 임금에게 충고한 말 : 『월나라가 만약 오나라를 늪으로 만들지 않는다면, 아마도 저절로 멸망하게 될 것입니다(越不爲沼吳, 其泯矣)』

三殿有人朝北極,	삼전三殿에는 황제를 향해 절하는 사람은 있었지만,
六陵無樹對南枝.	육릉六陵에는 어느 나무 남쪽을 향하는 가지도 없네.

라고 하였다. 아마 송나라가 남도南渡한 뒤에 고종高宗에서 탁종度宗에 이르기까지 모두 여섯 임금인데, 다 무릎을 꿇고 오랑캐를 섬기면서 복수할 뜻이 없으니, 악왕의 무덤나무가 모두 남쪽으로만 가지를 뻗은 것에 상대될 만한 나무가 육릉에는 없다고 한 것이다.

〈후예后羿〉 시에서는 말하기를

不信雕弧摧九日,	그의 조각한 활이 아홉 개의 해를 쏘아 떨어뜨리고,
獨留明月隱姮娥.	홀로 밝은 달만을 남겨두어 항아를 숨게 하였다는 것을 나는 믿지 않는다.

라고 하였다. 〈변화卞和〉 시에서 말하기를

惟憑寄與樂正子,	오직 빙거憑據하여 악정자樂正子에게 말 붙이노니,
三月如何不下堂.	석 달 동안을 어째서 안채에서 내려오지 않았던가.

라고 하였는데 그 의도가 깊다. 생각건대 변화가 옥을 얻어 임금에게 바쳤는데 왕은 악정자로 하여금 가지게 하고 옥이 아니라고 말하면서 그가 임금을 속인다고 하여 그의 한쪽 발을 베어버렸다고 한다. 원元나라 사람의 시에

孤塚有人來下馬,	외로운 무덤에는 말에서 내려 참배하는 사람 있으나,
六陵無樹可棲烏.	육릉에는 까마귀 깃들 나무가 없네.

라고 하였다. 이 구법이 서로 비슷하다.

[213] 옛날사람의 상황을 모의하여 쓴 시

王弇州〈擬古〉詩略曰 :『虞帝小鰥夫, 虛名攘唐祚. 西伯老禿翁, 脫身美人賂. 垂死竄蒼梧, 薦禹如有負. 戎馬踐幽王, 實以妖姬故. 寄聲謝時達, 毋爲聖賢誤.』[970] 其侮聖人亦甚矣.

970 | 우제소환부(虞帝小鰥夫) 열 구 : 〈의고(擬古)〉 시의 일부. 옛날 사람의 상황을 모의하여 쓴 시라는 뜻인데, 육조 때부터 이러한 시들이 보임. 왕세정의 《엄주사부고》권9에는 이러한 〈의고〉 시가 70 수 수록되어 있으며, 여기 인용된 시는 〈공북해 융이 뜻을 서술하다(孔北海融述志)〉라는 소제목이 붙어있음.

棲棲岐山穴, 머물던 기산의 동굴이여,
避狄如走兎. 오랑캐를 피함이 토끼 도망 가듯하네.
擾擾歷下田, 어지럽게 전답을 지나가니,
鹿豕朝與暮. 산 속 짐승들의 아침과 저녁이네.
時至偶有爲, 시기가 오면 우연히 유망하게 되어지니,
人功竟焉數. 사람의 공적을 끝내 손꼽아 헤아릴 게 있겠는가.
虞帝小鰥夫, 우나라 임금 순은 본래 한낱 홀아비였는데,
虛名攘唐祚. 가짜 이름으로 도당씨의 왕위를 훔치었다.
西伯老禿翁, 서백 주문왕은 늙은 대머리 할아범으로서,
脫身美人賂. 유리에 갇혔을 때에는 미인에게 뇌물을 주고 벗어났다.
百獸豈自來, 온갖 짐승 어찌 스스로 올 수 있을까
鳳皇人誰覩. 봉황을 사람 중에 누가 엿보았던가.
垂死竄蒼梧, 순이 창오에 귀양 가서 금방 죽게 되었을 때에,
薦禹如有負. 우를 천거한 것은 뭔가 빚진 것이 있는 것 같다.
戎馬踐幽王, 오랑캐의 말이 주유왕을 밟아 죽인 것은,
實以妖女故. 실은 요희 포사 때문이다.
大運等循環, 천명은 순환하는 것 같고,
智巧安能度. 슬기롭고 기민함은 어찌 능히 잴 수 있으리오.
十讀九廢書, 책을 열 번 읽다가 아홉 번은 책을 던지니,
千秋榮朝露. 천추만세의 영광도 아침 이슬과 같네.
寄聲謝時達, 당대의 영달한 사람들이 알도록 말을 전하노니,
毋爲聖賢誤. 성현들의 잘못을 저지르지 말아라.

※공북해(孔北海, 153~208) : 후한(後漢)의 대신 공융(孔融). 자는 문거(文擧). 노국(魯國) 사람. 공자의 20대 손. 일찍이 북해태수를 지냈기 때문에 공북해라고 불렸으며, 태중태부(太中太夫)를 지냈다. 세력을 확장하고 있던 조조(曹操)를 비판 조소하다가 일족과 함께 처형되었다. 저서로는 《공북해집(孔北海集)》이 있다.

왕세정의 〈고체시를 본받아(擬古)〉라는 시에 대략 아래와 같은 것이 있다.

虞帝小鰥夫,	우虞나라 임금 순舜은 본래 한낱 홀아비였는데.
虛名攘唐祚.	가짜 이름으로 도당씨陶唐氏의 왕위를 훔치었다.
西伯老禿翁,	서백西伯 주문왕周文王은 늙은 대머리 할아범으로서,
脫身美人賂.	유리羑里에 갇혔을 때에는 미인에게 뇌물을 주고 벗어났다.
垂死竄蒼梧,	순舜이 창오蒼梧에 귀양 가서 금방 죽게 되었을 때에,
薦禹如有負.	우禹를 천거한 것은 뭔가 빚진 것이 있는 것 같다.
戎馬踐幽王,	오랑캐의 말이 주유왕周幽王을 밟아 죽인 것은,
實以妖姬故.	실은 요희妖姬 포사褒姒 때문이다.
寄聲謝時達,	당대의 영달榮達한 사람들이 알도록 말을 전하노니,
毋爲聖賢誤.	성현聖賢 때문에 일을 그르치지 말아라.

라고 하였다. 그가 성인을 업신여김이 또한 심하다.

[214] 왕세정의 〈이창명에게 드리다(贈李滄溟)〉라는 시에 대한 평가

王弇州 〈贈李滄溟[971]〉 詩曰 : 『野人興到不復删, 大海回風生紫瀾. 欲識濟南奇絶處, 峨嵋天半雪中看.』[972] 濟南指滄溟, 結句蓋屬滄溟, 而其自許亦太高.

왕세정이 〈이창명에게 드리다(贈李滄溟)〉라는 시에 말하기를

野人興到不復删, 　시골사람 흥興이 나니 다시 누를 수 없어라,

971 | 이창명(李滄溟, 1514~1570) : 《학산초담(鶴山樵談)》 주 9) 참조.
972 | 야인흥도불복산(野人興到不復删) 네 구 : 시제는 〈만흥팔수(漫興八首)〉로 그 중 제7수(其七)이다. 여기서 『人』은 『夫』로, 『識』은 『問』으로 되어 있다.
　— 전자판사고전서(四庫全書) · 《엄주사부고(弇州四部稿)》 참고.

大海回風生紫瀾.	큰 바다에 바람이 도니 붉은 물결이 이는 것 같구나.
欲識濟南奇絶處,	제남의 기이한 곳을 알고자 하여,
峨嵋天半雪中看.	하늘에 솟은 아미산 눈 속에서 바라보누나.

라고 하였다. 제남濟南은 창명滄溟을 가리킨 것이나, 아마 창명을 빌어 그 자신을 또한 매우 높게 자랑한 것이다.

[215] 전금展禽의 뜻

熊天使973 〈贈館伴李好閔974〉 詩曰 :『白嶽重來訪尙禽.』975 李公謂餘曰 :『未知尙禽何義也?』餘按漢尙長字子平, 隱居不仕, 與北海禽慶俱遊五嶽名山, 不知所終.《陶淵明集》有〈尙長禽慶贊〉976. 唐詩云 :『得展禽尙志.』977 是也.

973 | 웅천사(熊天使) : 웅화(熊化). 자는 중룡(仲龍). 호는 극봉(極峰) · 진연거사(盡緣居士). 강서성(江西省) 청강(淸江 : 지금의 樟樹市) 사람. 명대 만력(萬曆 : 1573~1619) 29년에 진사가 되었고 1품(一品)복을 하사받고 조선에 사신으로 갔다. 관직은 이부좌시랑(吏部左侍郞)까지 이르렀다. 저서는《정검당집(靜儉堂集)》이 있다. 시호는 문의(文毅).

974 | 이호민(李好閔, 1553~1634) : 조선 중기의 문신. 자는 효언(孝彦), 호는 오봉(五峯) · 남곽(南郭) · 수와(睡窩). 시호는 문희(文僖). 1595년에 부제학으로 명나라와의 외교문서를 초안하였고, 1599년에 동지중추부사가 되어 사은사(謝恩使)로 명나라에 다녀왔다. 저서는《오봉집(五峯集)》 16권이 있다.

975 | 백악(白嶽) : 일제강점기 때 북악산으로 이름을 바꿨다고 함. 서울 경복궁(景福宮) 북쪽에 솟아, 진산(鎭山, 도읍지나 각 고을에서 그곳을 진호(鎭護)하는 주산(主山)으로 정하여 제사하던 산)을 이루어 온 산.
이 시는《황화집(皇華集)》43권에 실려 있으며, 제목은〈창사정을 제목삼아(題彰賜亭)〉로《지봉유설(芝峰類說)》원문에 나와 있는 이 제목과는 다르다.

976 | 상장(尙長) : 후한 때의 은사, 자는 자평(子平), 가사(家事)를 돌보지 않고 오악을 두루 유람하였다고 함.
※금경(禽慶) : 자는 자하(子夏), 대학자이다. 산동성(山東省) 유방(濰坊) 사람. — 百度(www.baidu.com) 참조.
〈상장금경찬〉:《도연명집(陶淵明集)》 6권에 실려 있다.

977 | 득전금상지(得展禽尚志) : 권덕여가 지은 〈옛 사람의 이름을 가지고 지은 시(古人名詩)〉.

……

疏鍾皓月曉, 성근 종소리[종호(鍾皓)] 는 밝은 달 비치는 새벽에 울리고,
晚景丹霞異. 늦은 경치는 붉은[경단(景丹)] 저녁노을에 기이하구나.
澗穀永不諼, 골짜기 계곡물은 영원히[곡영(穀永)] 거짓말 하지 않으며,
山梁冀無累. 산 징검다리[양기(梁冀)] 는 피곤치 않음을 바라네.
頗符生肇學, 자못 부합되는 것[부생(符生)] 은 바르지 않고,
得展禽尚志. 금씨와 상씨[금상(禽尚)] 의 뜻을 펼쳐야겠네.
從此直不疑, 이렇게 곧으면서 의심하지 않고[직불의(直不疑)],
支離疏世事. 이렇게 지리하게[지리소(支離疏)] 세상일 등지며 살았네.

※권덕여(權德輿, 759~818) : 당나라 재상이며 시인. 자는 재지(載之). 산서성(山西省) 약양(略陽) 사람. 덕종(德宗, 742~805) 정원(貞元)8년에 태상박사(太常博士), 좌보궐(左補闕)을, 정원 18년에 중서사인(中書舍人)을 지냈으며, 원화(元和) 5년(810년)에 예부상서(禮部尚書) · 동중서문하평장사(同中書門下平章事)에까지 이르렀다. 문집은 《권문공집(權文公集)》이 있다.

※종호(鐘皓) : 후한(後漢) 하남성(河南省) 영천군(潁川郡) 장사(長社) 사람. 자는 계명(季明). 은거하면서 벼슬을 하지 않았다.

※경단(景丹) : 자는 손경(孫卿). 역양후(櫟陽侯)로 봉해졌고, 표기대장군(驃騎大將軍)으로 동한(東漢)때 개국공신의 한 사람으로 전공이 뛰어났다.

※곡영(穀永) : 자는 자운(子雲), 장안사람. 한(漢) 성제(成帝, 기원전32~37년)때 광록대부(光祿大夫), 대사농(大司農)등 관직을 지녔다. 태현경(太玄經)과 법언(法言)등의 경전해석과 관련된 저작을 남겼다.

※양기(梁冀, ?~159) : 자는 백탁(伯卓), 안정(安定) 오씨(烏氏)이며, 지금의 감숙성(甘肅省) 평량(平涼) 사람이다. 동한(東漢) 대장군으로 황후인 누나를 믿고 마음대로 행동했다.

※부생(符生, 335~357) : 동진(東晉) 16국시기 전진(前秦)의 두 번째 왕.

※직불의(直不疑) : 한(漢) 경제(景帝) 때 사람. 낭관(郎官)으로 있을 때에, 함께 근무하는 사람이 휴가를 가면서 같이 있는 사람의 금(金)을 자기 것으로 잘못 알고 가져갔는데, 금을 잃은 사람은 직불의가 가져간 것으로 오해하였으나, 직불의는 변명하지 않고 보상해 주었는데, 휴가 갔던 사람이 돌아와서 금을 돌려주자 직불의를 의심했던 사람은 사과하며 매우 부끄러워하였다.

※지리소(支離疏) : 초(楚)나라 사람. 《장자(莊子) · 인간세(人間世)》에, 『지리소라는 사람이 있었는데 아래턱이 배꼽아래에 숨겨져 있고, 두 어깨가 머리위보다 높고, 뒤통수의 상투는 하늘을 향하고 있고, 오관의 구멍도 모두 위로 향하고 있으며, 두 허벅지와 흉근이 함께 붙어 자랐다. 그는 사람들에게 바느질해주고 옷을 빨아 풀을 먹이면서 생계를 유지해 나갔다. 또 사람들에게 운세를 점치며, 족히 10명을 먹여 살릴 수 있었다. 나라에서 징병할 때, 부역에 나가는 일도 다 면제였고, 장애자여서 구제금을 받았으며 오래도록 살았다. ……』고 실려 있다.

중국 사신 웅화가 〈관반사 이호민에게 드리다(贈館伴李好閔)〉라는 시에서 말하기를

白嶽重來訪尙禽. 백악산에 다시 와서 아직 새와 짐승 있는지 찾네.

라고 하였다. 이공李公이 나에게 말하기를 『상금尙禽이 무슨 의리가 있는지 아직 모르겠군요(未知尙禽何義也?)』라고 하였다. 내가 생각건대, 한漢나라 상장尙長의 자字는 자평子平이니 숨어살면서 벼슬하지 않았고 북해北海 금경禽慶과 함께 오악五嶽의 명산을 유람했는데 어떻게 되었는지 그 마지막은 알지 못한다. 《도연명집陶淵明集》에 〈상장금경찬尙長禽慶贊〉이 있는데 당시唐詩에 『금경과 상장의 오랜 뜻을 능히 펼 수 있었구나』라고 한 것이 이것이다.

[216] 『어안魚鞍』과 『소아素兒』를 상고

天朝員外劉黃裳978, 東征時出來有詩曰 : 『魚鞍耀朝日, 貂扇979引江

※성명시(姓名詩)는 두 가지로 나눈다. 한 가지는 백성명시(百姓名詩)로서 성씨를 시구에 끼어 넣어 성씨만 있고 이름이 없다. 다른 한 가지는 인명시(人名詩)로서 성명을 시구에 넣어 성씨도 있고 이름도 있다. 첫 번째는 남조(南朝) 때에 시작되었고 두 번째는 당(唐)대부터 시작되었다. 위의 시에서는 모두 20명의 옛 사람들의 성명을 사용하였으며, 구절마다 한 사람을 사용하였고, 마지막 구절 『直不疑』와 『支離疏』 두 사람이름 외에 나머지는 모두 구절의 두 번째와 세 번째 글자는 인명이다. 시에서 관리의 사회를 멀리 떠나 전원에 은거하려는 사상을 나타냈다. — 전자판 사고전서 《권문공집(權文公集)》 참조.

978 | 유황상(劉黃裳, 1529~1595) : 자는 현자(玄子). 유회(劉繪)의 아들이다. 명대 만력(萬曆) 14년(1586)에 진사가 되었으며, 병부원외랑(兵部員外郎)을 지냈다. 왜(倭)가 조선에 침략했을 때 평양에서 그들을 대패시켰다. 저서로 《장정관(藏征館)》·《동정잡기(東征雜記)》 등이 있다.

979 | 초선(貂扇) : 담비 털로 만든 부채. 구양원(歐陽元)의 시에, 『시월이라 도성 사람들은 따뜻한 부채를 구비하네.(十月都人供暖箑)』라 하였다. 내가 일찍이 겨울철에 입직(入直)하면서 조선에서 온 사신을 보니, 손에 초선을 가지고서 얼굴을 가렸다. — 《천록지여(天祿識餘)》

風.』蓋譏國俗以魚皮裹鞍, 冬寒以貂毛爲扇也. 然按《本草》曰 : 『鮫魚皮即飾鞍 ; 劍裝刀靶, 䱜魚皮.』云『魚鞍』亦古矣. 又曰 : 『素兒能醉客.』素兒謂酒也, 以漢語翻譯方音耳.

명나라의 원외員外 유황상劉黃裳이 동정東征 때 나와서 시를 지은 것이 있다.

魚鞍耀朝日, 　상어 가죽의 말안장은 아침 해에 빛나고,
貂扇引江風. 　초선은 강바람을 끌어당긴다.

라고 하였다. 대체로 우리나라의 풍속이 상어 껍질로 말안장을 싸고 겨울 추위에 담비 털로 부채를 하는 것을 비웃은 것이다. 그러나 생각건대, 《본초本草》에서 말하기를 『상어껍질로 안장을 장식하며 칼을 넣은 칼집은 다랑어껍질로 꾸민다고 하였다.』라고 하였으니 어안이라고 말하는 것은 또한 오래된 일이다. 또 말하기를 『소아가 능히 객을 취하게 한다.』라고 하였다. 소아는 술을 일컬은 말로서 한어로 조선말을 번역한 것이다.

[217] 웅화熊化와 이몽양李夢陽의 시구

熊化天使詩曰 : 『白日一花落, 青天孤鳥飛.』人以爲佳. 然按李夢陽[980]詩云 : 『白日孤帆隱, 青天一鳥飛.』[981] 蓋襲此句而爲之. 李夢陽亦全用李

980 | 이몽양(李夢陽, 1472~1529) : 《학산초담(鶴山樵談)》 주 7) 참조.

981 | 백일고범은(白日孤帆隱) 두 구 : 〈정생이 남쪽으로 돌아감에 배웅하고 지은 시 두 수(送鄭生南歸二首)〉로, 그 중 첫째 수이다.

梁園杯酒罷, 　양원에서 술자리를 마치고,
江上泛舟歸. 　강에 배를 띄우고 돌아가네.
白日孤帆隱, 　대낮에 외로운 돛 멀리 사라지고,
青天一鳥飛. 　푸른 하늘에 새 한 마리 날아가리.
路分和靖宅, 　길은 화정의 집에서 나뉘고,
潮接子陵磯. 　물결은 자릉의 낚시터와 이어져있네.

白『天淸一雁遠, 海闊孤帆遲』982 句語爾.

중국사신 웅화熊化의 시에 말하기를

白日一花落,　대낮에 한 송이 꽃이 떨어지고,
靑天孤鳥飛.　청천에 외로운 새가 날아가네.

라고 하였다. 사람들이 가작佳作이라고 말한다. 그러나 생각건대, 이몽양李

羨爾隨玄豹,　그대가 현표를 따라가서,
還山戲彩衣.　고향산천에 돌아가 부모님 앞에 재롱부릴 일이 부럽네.

※양원(梁園) : 한(漢) 문제(文帝)의 아들 양효왕(梁孝王)이 지은 정원으로 중국 정원 문화의 대표가 된 곳. 현재 하남성(河南省) 개봉(開封)에 위치하고 있다. 각양각색의 누각 및 호수 · 기암괴석 · 화려한 나무가 가득했으며, 경치가 매우 빼어났고 조용해서 문사들이 꼭 가보고 하는 동경의 장소였다.

※화정(和靖, 967~1028) : 북송(北宋)시인 임포(林逋)의 호. 부귀(富貴)를 추구하지 않고, 서호(西湖)의 고산(孤山)에 은거하며, 매화(梅花)와 학(鶴)을 사랑하면서 독신으로 생애를 마쳤다. 저서에는《임화정집(林和靖集)》이 있다.

※자릉(子陵, 기원전37~기원후43) : 후한(後漢) 때의 엄광(嚴光)의 자. 광무제(光武帝, 기원전6~기원후57)가 동문이라 하여 벼슬을 주자 이를 사양하고 부춘산(富春山)에 숨어 농사짓고 낚시하면서 살았다고 한다.

982 | 천청일안원(天淸一雁遠) 두 구 : 〈강동으로 가는 장사인을 송별하며(送張舍人, 之江東)〉.

張翰江東去,　장한이 강동으로 떠나가는데,
正値秋風時.　마침 가을바람 불어올 때라.
天淸一雁遠,　맑은 하늘에는 외기러기 멀리 날고,
海闊孤帆遲.　넓은 바다에는 외로운 배 천천히 가네.
白日行欲暮,　맑은 해는 뉘엿뉘엿 저물어가고,
滄波杳難期.　푸른 물결 아득히 재회는 기약 없네.
吳洲如見月,　오나라 물가에서 달을 보거든,
千裏幸相思.　천리 밖 이 몸을 생각해주게나.

※장한(張翰) : 서진(西晉)때의 유명한 문인. 자는 계응(季鷹). 『강동보병(江東步兵)』으로 세인들에 의해 불렀으며, 완적(阮籍)과 함께 이름을 날렸다.

※이백은 상양(襄陽)에서 고향 길을 가던 태자 측근인 장사인(張舍人)과 만났는데, 헤어지면서 이별의 아쉬움을 시로 적었다. －《당시선(唐詩選)》 110쪽 참조.

夢陽의 시에 말하기를

白日孤帆隱,　　대낮에 외로운 돛 멀리 사라지고,
青天一鳥飛.　　푸른 하늘에 새 한 마리 날아가네.

라고 한 것이 있다. 아마 이것을 습용하여 지은 것일 것이다. 이몽양의 시도 또한 이백의

天清一雁遠,　　맑은 하늘에는 외기러기 멀리 날고,
海闊孤帆遲.　　넓은 바다에는 외로운 배 천천히 가네.

라고 한 글귀의 말을 그대로 습용한 것이다.

XII. 방류旁流[983]

[218] 한산자寒山子 시의 아름다움

寒山子[984], 唐時異僧, 其集中句如『踐草成三徑, 瞻雲作四鄰』[985]·『入

983 | 방류(旁流) : 일반 선비 시인 이외의 방류(傍流), 즉 승려, 도사, 여인들이 지은 시.
984 | 한산자(寒山子) : 당나라 스님이며, 은거시인. 성씨·관적·생졸년은 분명치 않다. 그는 절강성 천태(天台)의 한암(寒巖)에 은거하고 있었기 때문에 호를 한산자(寒山子)라고 한다. 그의 시는 제목도 없는 것으로 300여수나 되며, 시단(詩壇)에서 『한산체(寒山體)』라고 부르고, 중국문학사 및 시가사(詩歌史)에서 중요하게 여겨진다.
985 | 천초성삼경(踐草成三徑) 두 구 : 첫 구절 〈오가호은론(吾家好隱淪)〉 시의 일부.

吾家好隱淪,　　우리 불가의 훌륭한 은자여,
居處絶囂塵.　　거처는 세상 티끌 멀리 했네.
踐草成三徑,　　풀을 밟아서 세 갈래 오솔길을 만들고,
瞻雲作四鄰.　　구름을 쳐다보고 이웃 삼았으니.
助歌聲有鳥,　　노래 소리 돕기에는 새가 있지만,

夜歌明月, 侵晨舞白雲』[986] · 『林幽偏聚鳥, 溪闊本藏魚』[987] · 『苔滑非關雨, 松鳴不假風』[988] · 『膝坐綠熊席, 身披青鳳裘』[989] · 『綴裙金蛺蝶, 揷鬢

問法語無人. 법어를 물으면 화답할 사람이 없네.
今日娑婆樹, 아아, 오늘의 사바나무여,
幾年爲一春. 너는 몇 해를 하나의 봄으로 삼으려나.
—《寒山詩》 김달진 역, 홍법원, 1970, 10쪽 참조.

986 | 입야가명월(入夜歌明月) 두 구 : 〈지혜로운 그대는 나를 버리네(智者君拋我)〉.
智者君拋我, 지혜로운 그대는 나를 버리고,
愚者我拋君. 어리석은 나는 그대를 버리나니.
非愚亦非智, 지혜롭지도 않고 어리석지도 않지만,
從此斷相聞. 이로부터 소식 막히네.
入夜歌明月, 밤이 되면 명월을 노래하고,
侵晨舞白雲. 새벽이면 흰 구름에 춤을 추나니.
焉能拱口手, 어찌 입과 손을 움츠릴 수 있겠는가마는,
端坐鬢紛紛. 단정히 앉으니 귀밑머리 성성해지네.
—《寒山詩》 28쪽 참조.

987 | 임유편취조(林幽偏聚鳥) 두 구 : 〈시골사람 사는 오막살이 집(茅棟野人居)〉.
茅棟野人居, 시골사람 사는 오막살이 집이라,
門前車馬疏. 문 앞에는 거마(車馬)의 시끄러움 없네.
林幽偏聚鳥, 숲이 그윽하니 마침 새들이 모여 오고,
溪闊本藏魚. 시내가 넓어 깊은 곳에는 고기 숨어있네.
山果攜兒摘, 야생 과실은 아이 데리고 가서 따고,
皐田共婦鋤. 언덕의 밭은 아내와 함께 매네.
家中何所有, 집에 무엇이 또 있으리오?
唯有一床書. 오직 침상 하나와 책이 있을 뿐이네.
—《寒山詩》 30쪽 참조.

988 | 태활비관우(苔滑非關雨) 두 구 : 〈한산을 올라가다(登陟寒山道)〉 시의 일부.
登陟寒山道, 한산을 올라가니,
寒山路不窮. 한산 길 끝이 없다.
谿長石磊磊, 골짜기 깊어 바윗돌 쌓여 있고,
澗闊水濛濛. 계곡이 넓으니 물소리 가득하다.
苔滑非關雨, 이끼의 미끄러움은 비온 탓 아니고,
松鳴不假風. 소나무 우는 것은 바람 때문 아니네
誰能超世累, 누가 이 세상 번뇌를 멀리 떠나,
共坐白雲中. 이 흰 구름 속에 함께 앉을 고.
—《寒山詩》 31쪽 참조.

玉鴛鴦』[990], 亦佳矣 ; 而唐人無稱道之者, 朱子獨稱其詩爲好云[991].

한산자寒山子는 당唐나라 때의 기이한 스님이었다. 그의 시집 가운데 이런 글귀들이 있다.

踐草成三徑, 풀을 밟아서 세 갈래의 오솔길을 만들고,
瞻雲作四鄰. 구름을 쳐다보고 이웃 삼았으니.

라든가,

989 | 슬좌록웅석(膝坐綠熊席) 두 구 : 〈노가 집 딸은 밝고도 환하네(璨璨盧家女)〉.
璨璨盧家女, 노씨 댁의 딸은 밝고도 환하네,
舊來名莫愁. 옛부터 막수라고 이름 불리었네.
貪乘摘花馬, 자랑스레 말을 몰아 꽃놀이 나가고,
樂搒采蓮舟. 신나게 배를 저어 연꽃을 따네.
膝坐綠熊席, 무릎 꿇어 푸른 곰가죽 자리에 앉았고,
身披青鳳裘. 몸에는 청색 봉황 깃으로 만든 갖옷을 입었다.
哀傷百年內, 그러나 가엾어라 백년이내로,
不免歸山丘. 마침내 무덤에 돌아가는 것을.
—《寒山詩》 41쪽 참조.

990 | 철군금협접(綴裙金蛺蝶) 두 구 : 〈여자애들 떼 지어 석양에 놀고 있어(群女戲夕陽)〉.
群女戲夕陽, 여자애들 떼 지어 석양에 놀고 있어,
風來滿路香. 바람 부니 길가 가득 향기로다.
綴裙金蛺蝶, 치마에는 금실로 나비를 수놓고,
插鬢玉鴛鴦. 귀밑에는 원앙 모양의 옥 장신구를 꽂았구나.
角婢紅羅縝, 계집종은 붉은 비단옷이 곱고,
閹奴紫錦裳. 내시(內侍)는 자줏빛 비단옷을 입었구나.
爲觀失道者, 도를 잃은 사람들 구경하시게,
鬢白心惶惶. 귀밑머리 희어지면 그 마음 불안해하리.
—《寒山詩》 57쪽 참조.

991 | 주자(朱子, 1130~1200) : 주희, 남송의 유학자로 주자학을 집대성했다. 저서는 《사서집주(四書集注)》·《주역본의(周易本意)》·《역학계몽(易學啓蒙)》등이 있다. 한산시에 대한 언급은 일본 궁내성본(宮內省本) 《한산시집(寒山詩集)》에 보인다.

入夜歌明月, 밤이 되면 명월을 노래하고,
侵晨舞白雲. 새벽이면 흰 구름에 춤을 추나니.

라든가,

林幽偏聚鳥, 숲이 그윽하니 마침 새들이 모여 오고,
溪闊本藏魚. 시내가 넓어 깊은 곳에는 고기 숨어있네.

라든가,

苔滑非關雨, 이끼의 미끄러움은 비온 탓 아니고,
松鳴不假風. 소나무가 우는 것은 바람 때문 아니네.

라든가,

膝坐綠熊席, 무릎 꿇어 푸른 곰 가죽 자리에 앉았고,
身披青鳳裘. 몸에는 청색 봉황 깃으로 만든 갖옷을 입었다.

라든가,

綴裙金蛺蝶, 치마에는 금실로 나비를 수놓고,
揷鬢玉鴛鴦. 귀밑에는 원앙 모양의 옥 장신구를 꽂았구나.

라든가 하는 글귀들은 역시 아름답다. 그런데 당나라 사람들은 칭찬해 말한 이가 없으나, 주자(朱子)만 홀로 그의 시가 아름답다고 말했었다.

[219] 송나라 스님 혜숭惠崇의 시

宋僧惠崇[992]詩有曰：『地形呑蜀盡, 江勢抱蠻廻.』[993]『浪經淮浦闊, 山入鬼門[994]寒.』[995]『河冰堅渡馬, 塞雪密藏雕.』[996]『久別年顏改, 相逢夜話長.』[997]『鳥歸杉墮雪, 僧定石沈雲.』『空潭聞鹿飮, 疏樹見僧行.』[998]『鶴傳滄海信, 僧和白雲詩.』[999]『坐石雲生袖, 添泉月入瓶.』[1000]『 暝鶴棲金刹, 秋僧過石橋.』[1001]『圭竇[1002]先知曉, 盆池別見天.』[1003]『鶴驚金刹[1004]露, 龍蟄玉瓶泉.』[1005]『來時雲擁衲, 別夜月隨筇.』[1006]『劍靜龍歸匣, 旗閒虎繞竿.』[1007]『雲陰移漢塞, 石色入秦天.』[1008]『長風躍馬路, 小雪射雕天.』[1009] 此詩雖不甚工, 似無蔬筍氣[1010].

992 | 혜숭(惠崇, ?~?) : 북송(北宋) 화가 · 스님. 건양(建陽, 지금의 복건성) 사람. 거위 · 기러기 · 백로와 강남의 봄 경치를 잘 그린 것으로 유명하다. 그의 시 또한 시적정취가 풍부하다. 여기 인용되는 모든 시구는 《송시기사(宋詩紀事)》에 의하면 〈자찬구도(自撰句圖)〉라고 하여 자기가 지은 시 1 백구를 뽑아서 장안에서 돌에 새기고 그림을 그려 넣은 것에서 뽑은 것이라고 함. 구양수(歐陽脩)의 《육일시화(六一詩話)》나 오처후(吳處厚)의 《청상잡기(青箱雜記)》에도 보임.

993 | 지형탄촉진(地形吞蜀盡) 두 구 : 〈원스님이 서쪽 유람 떠나는 것을 송별하며(送遠上人西遊)〉 시의 일부.

994 | 귀문(鬼門) : 풍수학에서 곤(坤)은 남서방, 간(艮)은 북동방으로 이 두 방위는 귀신이 출입하거나 귀신이 사는 귀문이라고 본다.

995 | 낭경회포활(浪經淮浦闊) 두 구 : 〈좌천되어 외관(外官)이 된 관리를 송별하며(送遷客)〉 시의 일부.

996 | 하빙견도마(河冰堅渡馬) 두 구 : 〈변경지역(塞上)〉.

997 | 구별년안개(久別年顏改) 두 구 : 〈장공이 도착함을 즐거워하며(喜長公至)〉.

998 | 공담문록음(空潭聞鹿飮) 두 구 : 〈은정사에 묵으며(宿隱靜寺)〉.

999 | 학전창해신(鶴傳滄海信) 두 구 : 〈태보도원을 제목삼아(題太保道院)〉.

1000 | 좌석운생수(坐石雲生袖) 두 구 : 〈의성스님에게 드리며(贈義省上人)〉.

1001 | 명학서금찰(暝鶴棲金刹) 두 구 : 〈국청사(國淸寺)〉.

1002 | 규두(圭竇) : 문 옆의 조그만 구멍. 또는 조그만 구멍 같은 문이 있는 방.

1003 | 규주선지효(圭竇先知曉) 두 구 : 〈방거사의 벽에 적다(書方居士壁)〉.

1004 | 금찰(金刹) : 절, 사원.

1005 | 학경금찰로(鶴驚金刹露) 두 구 : 〈제 스님이 선방에 묵으며(宿齊上人禪齋)〉.

1006 | 내시운옹납(來時雲擁衲) 두 구 : 〈연 스님을 송별하며(送延上人)〉.

1007 | 검정룡귀갑(劍靜龍歸匣) 두 구 : 〈상전 앞의 대 태보님(上殿前戴太保)〉.

1008 | 은음이한새(雲陰移漢塞) 두 구 : 〈태일산(太一山)〉

1009 | 장풍약마로(長風躍馬路) 두 구 : 〈말을 타고 사냥하다(獵騎)〉.

1010 | 소순기(蔬筍氣) : 승려나 도사의 담백한 기상을 일컫는다.

송나라 스님 혜숭惠崇의 시에 이런 글귀들이 있다.

地形呑蜀盡,　지형은 촉을 병탄하여 끝이 없고,
江勢抱蠻廻.　강의 기세는 오랑캐를 안고서 굽이지누나.

浪經淮浦闊,　물결은 회포를 지나 넓어지고,
山入鬼門寒.　산에 들어오니 귀문에서 추워지네.

河冰堅渡馬,　강 얼음 단단하니 말이 건너가고,
塞雪密藏雕.　변방 눈 많이 쌓여 독수리를 감추네.

久別年顔改,　이별한 해가 오래니 얼굴모습 변하였고,
相逢夜話長.　서로 만난 밤이 되면 이야기 길어지는구나.

鳥歸杉墮雪,　새가 돌아가니 삼나무에서 눈이 떨어지고,
僧定石沈雲.　스님이 돌 위에 앉으니 구름 속에 잠겨버리네.

空潭聞鹿飮,　넓은 못에 사슴 물 마시는 소리 들리고,
疏樹見僧行.　성긴 나무사이로 스님 가는 것 보이네.

鶴傳滄海信,　학은 창해의 소식을 전하고,
僧和白雲詩.　스님은 흰 구름 같은 시로 화답하고.

坐石雲生袖,　돌에 앉으니 구름이 소매에서 생겨지고,
添泉月入甁.　샘물을 길으니 달은 병 속에 들어가누나..

暝鶴棲金刹,　날 저무니 학은 금빛 사찰에 깃들이고,
秋僧過石橋.　가을에 스님은 돌다리를 건너가시네.

圭竇先知曉, 조그만 문 틈사이로 새벽 옴을 먼저 알고,
盆池別見天. 작은 못에서 하늘을 따로 보겠네.
鶴驚金刹露, 학은 금빛 사찰의 이슬에 놀라고,
龍蟄玉甁泉. 용은 옥병 같은 샘에 엎드렸어라.

來時雲擁衲, 올 때에는 구름이 장삼을 껴안더니,
別夜月隨筇. 이별하는 밤에는 달이 대지팡이 따라오네.

劍靜龍歸匣, 칼이 조용하니 용은 칼집 속으로 돌아가고,
旗閒虎繞竿. 깃발이 한가로우니 범은 깃대를 감네.
雲陰移漢塞, 구름 그늘은 한나라 변방으로 떠나가고,
石色入秦天. 돌의 빛깔은 진나라 하늘빛과 같구나.

長風躍馬路, 장풍은 말이 뛰는 길에서 불어대고,
小雪射雕天. 싸락눈은 독수리 나는 하늘에 펄펄 날린다.

이 시들은 비록 썩 잘된 것은 아니나, 소순지기蔬筍之氣가 없는 것 같다.

[220] 진陳 나라 여류 심만원沈滿願의 시

陳女沈滿願[1011] 〈詠殘燈〉 詩云：『殘燈猶未滅, 將盡更揚輝. 惟餘一兩焰, 猶得解羅衣.』[1012] 韋應物[1013]亦有〈殘燈〉詩云：『獨照碧窗久, 欲隨

1011 | 심만원(沈滿願) : 남조(南朝) 양(梁, 502~557)나라 여류시인. 생졸년 불분명. 오흥(吳興, 지금의 절강성) 무강(武康) 사람. 정서기실(征西記室)을 지낸 범정(範靖)의 아내. 남조 학자이며 재상 · 문단의 영수였던 심약(沈約, 441~513)의 손녀. 저서가 《수서 경적지(隋書經籍志)》에는 3권이 있다고 기록되어 있으며, 《신당서》와 《구당서》의 〈예문지(藝文志)〉에도 제목이 보이나, 지금은 전하지 않음.

1012 | 잔등유미멸(殘燈猶未滅) 네 구 : 시제는 딴 책에서는 〈가물거리는 등불(殘燈)〉 혹은 〈가물거리는 등불을 읊은 시(殘燈詩)〉라고도 한다.

寒燼滅. 幽人將遽眠, 解帶翻成結.』[1014]《堯山堂紀》[1015] 以爲韋詩實出於沈, 餘謂韋詩別無蹈襲, 豈可言出於沈耶? 且沈詩或謂紀少瑜[1016]作也.

진陳나라의 여인 심만원沈滿願이 〈가물거리는 등불을 읊다(詠殘燈)〉라는 시에서 말하기를,

殘燈猶未滅, 남은 등불이 아직 꺼지지 않고,
將盡更揚輝. 꺼지려다가 다시 빛을 뿜는다.
惟餘一兩焰, 오직 한두 번 불꽃 깜빡거렸으니,
猶得解羅衣. 아직 명주 옷을 벗을 수는 있네.

라고 하였다. 위응물韋應物에게도 또한 〈가물거리는 등불殘燈〉 시가 있으니 말하기를,

獨照碧窗久, 홀로 푸른 창문을 오래 비추더니,
欲隨寒燼滅. 차가운 재 따라 꺼지려 하네.
幽人將遽眠, 은자가 막 잠을 자려고 하는데,
解帶翻成結. 띠를 끄르다가 그만 엉켜져 버리네.

라고 하였다. 《요산당기堯山堂紀》에 위응물의 시는 실은 심沈여인의 시에서 나왔다고 하나, 나는 위응물의 시는 다른 시를 답습한 것이 아니니, 어찌

1013 | 위응물(韋應物, 737?~792?) : 《지봉유설(芝峰類說)》 주 89) 참조.
1014 | 독조벽창구(獨照碧窗久) 네 구 : 《전당시》에서는 시제가 〈가물거리는 등불을 마주하다(對殘燈)〉.
1015 | 《요산당기(堯山堂紀)》 : 《지봉유설(芝峰類說)》 주 63) 참조.
1016 | 기소유(紀少瑜) : 남조(南朝) 양(梁)대 시인. 본래의 성은 오(吳)씨인데 기(紀)씨 집에서 자랐다. 자는 유창(幼瑒). 말릉(秣陵, 지금의 남경) 사람. 대동(大同) 7년(541) 동궁학사(東宮學士)가 되었다. 《선진한위진남북조시(先秦漢魏晉南北朝詩)》에 그의 시 5수가 수록되어 있다.

심만원의 시에서 나왔다고 말할 수 있겠는가? 또한 심만원의 시나 어떤 이는 기소유紀少瑜의 작품이라고 한다.

[221] 화예부인花蕊夫人의 궁사

花蕊夫人[1017]宮詞[1018]二十八首, 內『禦廚進食簇時新, 侍坐無非列近臣. 日午殿頭宣索鱠, 隔花催喚打魚人』[1019]·『旋移紅樹斲青苔, 宣使龍池再鑿開. 展得綠波寬似海, 水心樓殿勝蓬萊』[1020]·『春風一面曉妝成, 偸折花枝傍水行. 卻被內官遙覷見, 故將紅豆打黃鶯』[1021]·『梨園弟子簇池頭, 水樂攜來候燕遊. 試挾銀笙先按拍, 海棠花下合梁州』[1022]·『月頭支給買花錢, 滿殿宮娥近數千. 遇著唱名多不應, 含羞走過禦床前』[1023] 等作最佳, 但多用王建[1024]詞語耳.

1017 | 화예부인(花蕊夫人) : 오대십국(五代十國) 후촉(後蜀)의 임금인 맹창(孟昶)의 처인 혜비(慧妃) 서씨(徐氏)로 시사에 정통하였고 재주와 미모를 겸비하여 화예부인이라 불리었다. 사천성(四川省) 청성(青城) 사람. 생졸년은 미상. 작품으로 〈화예부인궁사(花蕊夫人宮詞)〉 100수가 《전당시(全唐詩)》(권798)에 전해진다.

1018 | 궁사(宮詞) : 《지봉유설(芝峰類說)》 주 519) 참조.

1019 | 어주진식족시신(禦廚進食簇時新) 네 구 : 〈궁사(宮詞) 8〉본문의 『禦廚』는 사고전서에서는 『廚船』으로 되어 있다. — 전자판 사고전서 《설부(說郛)》 14권 참조.
※전두(殿頭) : 내공봉(內供奉)을 맡은 관원.

1020 | 선이홍수착청태(旋移紅樹斲青苔) 네 구 : 〈궁사(宮詞) 13〉, 『斲』은 『劚』으로, 『再』는 『更』으로 되어 있다. — 전자판 사고전서 《설부(說郛)》 14권 참조.

1021 | 춘풍일면효장성(春風一面曉妝成) 네 구 : 〈궁사(宮詞)〉, 『官』은 『監』으로 되어 있다. — 전자판 사고전서 《설부(說郛)》 14권 참조.

1022 | 이원제자족지두(梨園弟子簇池頭) 네 구 : 〈궁사(宮詞) 17〉, 『水』은 『小』로, 『挾』은 『炙』로 되어 있다. 위의 『水』는 잘못 기록된 것 같으며, 『小』로 해야 해석이 맞다. — 전자판 사고전서 《설부(說郛)》 14권 참조.
※이원제자(梨園弟子) : 연기를 배우는 배우. 당현종(唐玄宗)이 장안(長安)의 금원(禁苑)안에 있는 이원(梨園)에 자제(子弟) 삼백 명을 뽑아서 속악(俗樂)을 배우게 하고, 또 궁녀 수백 명을 의춘(宜春) 북원(北院)에 두고 이원제자라고 한 고사(故事)에서 온 말.

1023 | 월두지급매화전(月頭支給買花錢) : 〈궁사(宮詞) 19〉, 『娥』는 『人』, 『著』는 『著』,

화예부인花蕊夫人의 궁사宮詞 28수 가운데

禦廚進食簇時新, 수라간에 올리는 음식에는 철 따라 음식들 가득하고,
侍坐無非列近臣. 모시고 앉은 이는 측근 신하 아닌 사람 없네.
日午殿頭宣索鱠, 해가 낮이 되니 내공봉께서 물고기회를 찾는다 말하니,
隔花催喚打魚人. 꽃을 사이에 두고 물고기 잡는 사람 재촉해 부른다.

라든가,

旋移紅樹斲青苔, 홍수紅樹를 옮기고 푸른 이끼를 깎아,
宣使龍池再鑿開. 용지龍池를 다시 파서 만들라는 어명을 전하네.
展得綠波寬似海, 펼쳐진 푸른 물결이 바다처럼 넓으니,
水心樓殿勝蓬萊. 물 가운데의 누전이 봉래보다 더 좋구나.

라든가,

春風一面曉妝成, 봄바람 한번 부니 새벽에 단장을 하고,
偸折花枝傍水行. 꽃가지 몰래 꺾어가지고 물가 따라 가다가,
卻被內官遙覷見, 도리어 내관에게 멀리서 엿보다가 들키어,
故將紅豆打黃鶯. 짐짓 홍두(나무이름)나무로 꾀꼬리를 친다오.

라든가,

梨園弟子簇池頭, 이원 제자들이 못가에 모여,
小樂攜來候燕遊. 작은 악기를 가져 와서 연회를 기다리네.

『應』은 『語』, 『走』는 『急』으로 되어 있다. — 전자판《사고전서 · 설부》14권 참조.

1024 | 왕건(王建, 767?~830?) : 《지봉유설(芝峰類說)》 주 756) 참조.

試挾銀笙先按拍,　　시험 삼아 은피리 잡고 먼저 박자 맞춰보니,
海棠花下合梁州.　　해당화 아래에서는 양주곡이 알맞겠네.

라든가,

月頭支給買花錢,　　매월 초마다 꽃 살 돈 나누어줄 때면,
滿殿宮娥近數千.　　궁전에 가득한 궁녀들이 수천 명에 가깝다오.
遇著唱名多不應,　　이름을 불리게 되면 대개는 대답하지 않은 체,
含羞走過禦床前.　　부끄러워하며 어상(임금 음식상)으로 다가가네.

라든가 하는 이러한 글귀들이 가장 아름답다. 다만 왕건王建의 사에 있는 언어를 많이 사용하였다.

XIII. 여정麗情[1025]

[222] 한유의 시첩들

昌黎[1026]詩曰 :『別來楊柳街頭樹, 擺亂春風只欲飛. 惟有小桃園裏在, 留花不發待郎歸.』[1027] 按小說, 退之有侍姬, 名柳枝 · 絳桃[1028]. 退之使王

1025 | 여정(麗情) : 여인(麗人), 즉 미인(美人)에 대한 연정(戀情). 여인에 대한 정을 노래한 작품이란 뜻으로 쓰고 있다.
1026 | 창려(昌黎, 768~824) : 한유(韓愈). 《지봉유설(芝峰類說)》 주 692) 참조.
1027 | 별래양류가두수(別來楊柳街頭樹) 네 구 : 〈진주에 갔다 막 돌아오다(鎭州初歸)〉이다. 한유가 54세에 병부시랑(兵部侍郎)을 맡고 있을 때, 진주(鎭州)[지금의 하북성 정정(正定)] 의 왕정주(王庭湊)가 반란을 일으키자 임금이 한유를 보내어 선무(宣撫 : 회유)하게 하였다.
이 시구에서 『弄』은 『亂』으로, 『還』는 『惟』으로 되어있다. — 《사부비요(四部備要)》 본(本)참조
1028 | 유지(柳枝) : 《당어림(唐語林)》에 한유에게 두 첩이 있었는데 강도(絳桃)와 유지(柳枝)라고 나온다.

庭湊, 及歸, 柳枝竄去, 自是專屬意絳桃云. 今考退之在道詩曰 : 『不見園桃並巷柳, 馬頭惟有月團團.』[1029] 所謂園桃 · 巷柳, 蓋亦有所指也. 夫以山斗文章, 姬妾猶有棄去者, 是知樂天之放, 最爲得也.

한유의 시에 말하기를,

別來楊柳街頭樹,	이별한 이래로 버드나무는 길가의 나무여서,
擺亂春風只欲飛.	봄바람을 떨쳐버리고 다만 흩날리고 싶어 할 뿐이었네,
惟有小桃園裏在,	작은 뜰에는 다만 복숭아 오얏나무만 있으나,
留花不發待郎歸.	꽃은 미루어 피우지 않은 채 낭군 돌아오기만 기다리네.

라고 하였다. 생각건대 소설에서, 한유에게는 시첩侍妾이 있었는데 유지柳枝와 강도絳桃라고 하였다. 한유가 왕정주王庭湊 일로 사자로 갔다가 돌아오니, 유지는 달아나버려서 이때부터 오로지 뜻을 강도에게만 쏟았다고 한다. 지금 한유가 도중에서 지은 시에 말하기를,

不見園桃並巷柳,	동산의 복숭아와 거리의 버드나무 보이지 않고,
馬頭惟有月團團.	말 머리 쪽에 오직 둥글고 둥근 달이 떠있을 뿐이로구나.

1029 | 불견원도병항류(不見園桃並巷柳) 두 구 : 〈저녁에 수양역에 이르러 오단(吳丹)낭중의 시 뒤에 적음(夕次壽陽驛, 題吳郎中詩後)〉.

風光欲動別長安,	봄바람 움직이려 할 때 장안을 떠나서,
春半邊城特地寒,	봄이 반이나 지나가도 변방 땅은 특히나 춥네.
不見園桃並巷柳,	동산의 복숭아와 거리의 버드나무 보이지 않고,
馬頭惟有月團團.	말 머리 쪽에 오직 둥글고 둥근 달이 떠있을 뿐이로구나.

※원도(園桃)와 항류(巷柳) : 바로 앞 주의 강도와 유지를 암시함.

라고 하였다. 소위 원도園桃니, 항류巷柳니 하고 말한 것도 정말 가리킨 것이 있었던 것이다. 그같이 뛰어난 문장으로도 희첩姬妾이 버리고 갈 여지가 있었으니, 이로서 백락천이 [희첩을] 놓아 버린 것이 가장 잘 한 것임을 알겠다.

[223] 백거이의 시첩들

白樂天〈失婢〉詩曰 :『宅院小牆卑, 坊門榜貼遲. 舊恩慚自薄, 前事悔難追. 籠鳥無常主, 風花不戀枝. 今宵在何處, 惟有月明知.』[1030] 又有詩曰 :『病與樂天相伴住, 春隨樊子一時歸.』[1031] 劉夢得[1032]嘲之曰 :『春盡絮飛留不得, 隨風好去落誰家.』[1033] 蓋樂天非能去樊素竟自去爾.

1030 | 실비(失婢) : 이 시는《사고전서》의《백향산시집》(권39)에는〈여자 종을 잃고서 찾는 방을 건 것을 자조함(誚失婢牓)〉으로 되어 있음.

1031 | 병여악천상반주(病與樂天相伴住) 두 구 :〈봄이 다 가고 낮의 연회도 파하자 느끼는 일이 있어 혼자 읊음(春盡日宴罷, 感事獨吟)〉.

五年三月今朝盡,	개성(開成) 5년 3월도 이제 다 가려하는데,
客散筵空獨掩扉.	손님 흩어지고 연회 자리 비자 혼자 문을 가리고 섰네.
病與樂天相伴住,	병은 낙천과 함께 서로 짝하며 살고,
春隨樊子一時歸.	봄은 번소를 따라 일시에 돌아가려고 하네.
閒聽鶯語移時立,	한가롭게 꾀꼬리 소리 들으며 시간가는 줄 모르고 섰으니,
思逐楊花觸處飛.	생각은 버들꽃 따라 가며 곳곳으로 날고 있네.
金帶縋腰衫委地,	금 허리띠로 허리 묶으니 적삼 땅에 떨어지는 지라,
年年衰瘦不勝衣.	해마다 쇠하고 말라 옷조차 이기지 못하겠네.

※번자(樊子) : 백거이의 시첩(侍妾) 번소(樊素).〈버드나무 가지(楊枝)〉라는 노래를 잘 불러 양지라는 별명을 얻었다. 백거이는 만년(68세)에 낙양에 반 은퇴하여 있을 때, 살림살이에 지출을 감당하기 어려워, 그 여자를 떠나보내는데 번소는 처음에는 가기 싫어하여 그대로 머물게 하다가, 다음 해 봄에 떠나보내고서 이 시를 지었다.

1032 | 유몽득(劉夢得, 772~842) :《역옹패설(櫟翁稗說)》주 50) 참조.

1033 | 춘진서비류불득(春盡絮飛留不得) 두 구 :〈버드나무 가지 노래, 아홉 수(楊柳枝詞, 九首)〉중 마지막 시구이다.

輕盈嫋娜占春華,	날씬하고 유연하여 봄날의 화사함을 독차지하였건만,
舞榭妝樓處處遮.	춤추는 무대와 단장하는 정자 곳곳에 가리어 지냈구나.
春盡絮飛留不得,	봄이 다하니 버들개지 날아가는 것을 머물게 할 수 없으니,

백거이의 〈여자 종을 잃다(失婢)〉라는 시에 말하기를,

宅院小牆卑, 집 주위에는 작은 담이 낮았으니,
坊門榜貼遲. 동네의 문에 방첩(榜帖: 게시문)을 늦게 올려놓았네.
舊恩慚自薄, 지난 은혜에 스스로 박정했음이 부끄러우니,
前事悔難追. 이전 일은 후회하여도 돌이킬 수 없어라.
籠鳥無常主, 새장속의 새는 정한 주인이 없는 것이고,
風花不戀枝. 바람에 날리는 꽃은 옛 가지를 사모하지 않겠지.
今宵在何處, 오늘밤에는 어느 곳에 있을까,
惟有月明知. 오직 저 달이 알고 있을 뿐이네.

라고 하였다. 또 이런 시도 있다.

病與樂天相伴住, 병은 낙천과 함께 서로 짝하며 살고,
春隨樊子一時歸. 봄은 번소를 따라 일시에 돌아갔네.

라고 하였다. 유우석이 이것을 조롱하여 말하기를,

春盡絮飛留不得, 봄이 다하니 버들개지 날아가는 것을 머물게 할 수 없고,
隨風好去落誰家. 바람 따라 잘도 가니 누구 집에 떨어지려는지.

라고 하였다. 아마 백거이가 스스로 번소(樊素)를 보낸 것이 아니고, 번소가

隨風好去落誰家. 바람 따라 잘도 가니 누구 집에 떨어지려는지.
—《사부비요(四部備要)》·《유빈객집(劉賓客集)》 권27, 5쪽 참조.
※유우석이 조종해서 지었다는 시는 위에서 인용한 《백향산시집》(권39)의 주석을 보면 제목이 〈백낙천이 여자 종을 잃고서 방을 건 것을 자조하는 시에 화답함(和樂天, 誚失婢牓)〉이라는 제목의 5언시가 별도로 또 있음.

마침내 제 스스로 간 것 같다.

[224] 유극장劉克莊의 시 〈노기老妓〉에 대한 평가

劉克莊[1034], 號後村, 作〈十老詩〉[1035], 其〈老妓〉詩云：『籍中歌舞昔馳聲, 憔悴猶存態與情. 愛說舊官當日寵, 偏呼狎客少時名. 薄鬢已脫梳難就, 半被長空睡不成. 卻羨鄰姬門戶熱, 隔牆張燭到天明.』詩格雖卑, 善於模寫[1036].

유극장劉克莊의 호는 후촌後村이다. 〈열 가지 늙은 것을 읊은 시(十老詩)〉를 지었는데 그 가운데 〈노기老妓〉를 두고 지은 시에 말하기를,

籍中歌舞昔馳聲,	기녀들의 장부에 올라 노래와 춤으로 예전에는 이름을 드날렸는데,
憔悴猶存態與情.	지금은 초췌하여져 다만 몸짓과 정만 남았네.
愛說舊官當日寵,	예전에 벼슬아치들의 사랑 받던 일을 즐겨 이야기하고,
偏呼狎客少時名.	친했었던 손님의 젊었을 적 이름을 굳이 부르네.

1034 | 유극장(劉克莊, 1187~1269)：《지봉유설(芝峰類說)》 주 847) 참조.

1035 | 〈십로시(十老詩)〉：노장(老將), 노마(老馬), 노기(老妓), 노유(老儒), 노승(老僧), 노의(老醫), 노리(老吏), 노노(老奴), 노첩(老妾), 노병(老兵) 등 10수. 이 중 앞의 3수만《후촌집》에 수록되고 나머지는 모두 방회(方回)의《영규율수(瀛奎律髓)》에 수록됨.

1036 | 시격수비(詩格雖卑)：이 시에 대하여《영규율수》에는 다음과 같은 평이 실려 있음. 이 〈노장〉 및 〈노마〉, 〈노기〉 시는 그가 젊을 때 지은 것이다.…… 늦게사 시를 짓는데 육방옹(陸放翁)을 배우고자 하였으나, 재주 끝내 미치지 못하였다. 대구는 교묘하지만 기격(氣格)은 낮다[卑]. 오직 〈노기〉시는 제목이 자못 쉽기 때문에 많이 유전되었다.……이 시의 8구는 말과 뜻이 모두 교묘하다. 그렇지만 역시 속되다.《전민시화(全閩詩話)》 권5에 다시 인용됨.

薄鬢已脫梳難就,　　적어진 머리털은 이미 빠져서 빗을 꽂기 어렵고,
半被長空睡不成.　　반쪽 이불은 오래 비어 있어 잠을 이룰 수 없구나.
卻羨鄰姬門戶熱,　　이웃방 기녀의 손님 드나드는 문소리 부러워,
隔牆張燭到天明.　　담장을 사이에 두고 촛불을 밝힌 채 밤을 새우는구나.

라고 하였다. 시격詩格은 비록 낮으나 묘사를 잘하였다.

XIV. 시예詩藝

[225] 옛사람들이 시를 지을 때의 신중성

李白〈蜀道難〉詩稿[1037], 舊藏松都佛雲寺佛腹, 近年爲無賴子竊去. 人有見其稿者, 多所竄改. 首句『吁咄哉』, 改以『噫吁嚱』云. 白也聖於詩者, 宜不思而得, 而未免點竄, 可見古人作詩, 不容易矣. 金同知尙寯言[1038]: 嘗爲靈光郡守, 郡有武人家藏杜子美詩稿二紙, 其一乃『負郭堂成蔭白茅』[1039] 詩也. 以濃墨點改處甚多, 乃平時得之漂流唐人者也. 杜詩有曰:

1037 | 〈촉도난(蜀道難)〉시고(詩稿) : 여기 나오는 것과 똑같은 이야기가 차천로(車天輅)의 《오산설림초고(五山說林草稿)》에도 보임. 〈촉도난〉은 이백이 쓴 악부체 시임.

1038 | 김상준(金尙寯, 1561~1635) : 호는 휴암(休菴), 벼슬이 형조참판에 이르고 《강감요약(綱鑑要略)》을 편찬함.

1039 | 부곽당성음백모(負郭堂成蔭白茅) : 〈당성(堂成)〉.

背郭堂成蔭白茅,　　성곽을 등진 초당은 흰 띠로 이어 지었는데,
緣江路熟俯靑郊.　　강을 따라 익은 길은 푸른 들을 굽어보네.
榿林礙日吟風葉,　　오리나무 숲이 해를 가리고 바람에 나뭇잎 울고,
籠竹和煙滴露梢.　　대나무에 그을음 그을려 물방울 끝에 맺히네.
暫止飛鳥將數子,　　머물렀다 날아가는 까마귀는 새끼 몇 명 거느리고,
頻來語燕定新巢.　　자주 와서 지저귀는 제비는 둥지를 틀었구나.
旁人錯比楊雄宅,　　이웃 사람들이 양웅의 집과 같다 잘못 말해도,
懶惰無心作解嘲.　　나는 게을러서 〈해조〉지어 변명할 마음이 없다네.

『新詩改罷自長吟.』[1040] 蓋是實事. 按李白 〈送張祖之序〉[1041], 首曰 『吁咄哉』, 其言有尤可信也.

이백李白의 〈촉도난蜀道難〉 시고를 예전에 송도松都 불운사佛雲寺 부처의 뱃속에 감춰 두었더니, 근년에 무뢰한들이 훔쳐갔다. 어떤 사람이 그 초고를 보았다는데, 고친 곳이 많았다한다. 첫 글귀 『우돌재(吁咄哉 : 탄식하는 감탄사)』는 『희우희(噫吁嚱 : 탄식하는 감탄사)』로 고쳐졌다고 한다. 이백은 시성詩聖으로서 마땅히 생각하지 않고도 지을 것인데, 하나하나 고치고 다듬는 일을 피하지 않았으니, 옛 사람들이 시 짓는 일은 쉽지 않았음을 볼 수 있다. 동지 김상준金尙寯이 말하기를 일찍이 영광군수靈光郡守로 있을 때에 고을 무인武人의 집에 두보의 시고詩稿 두 장이 수장收藏되어 있었는데, 그 중 하나는 바로 『성곽을 등진 초당은 흰 띠로 이어 지었는데(負郭堂成蔭白茅)』라고 한 시였는데, 짙은 먹물로 고친 곳이 매우 많았다고 하는데 그것은 평소에 떠돌아다니는 당나라 사람에게서 얻은 것이라고 한다. 두보의 시에 『새 시를 다 고치고 나서 스스로 길게 읊는다(新詩改罷自長吟)』라고 한 것이 있는데, 아마 사실일 것이다. 생각건대 이백이 〈장조를 전송하는 시의 첫 머리(送張祖之序)〉에, 『우돌재吁咄哉』라고 하였다. (그러나 촉도난의 시고 첫머리를 우돌재라고 썼다가 고쳤다고 한) 그 말은 더욱 믿을 만하다.

※첫 번째 글자는 『負』는 『背』로 되어있다.
— 전자판 사고전서 《성도문류(成都文類)》 7권 참조.

1040 | 신시개파자장음(新詩改罷自長吟) : 〈번민을 풀다(解悶)〉.

陶冶性靈存底物,	심성을 다스림에 있어 다른 것이 없다.
新詩改罷自長吟.	오직 시를 짓고 스스로 읊조려라.
熟知二謝將能事,	사령운과 사조가 전력을 기울여 읊었음을 잘 알고,
頗學陰何苦用心.	음갱과 하손의 마음 씀이 대단했음을 배우리라.

※사령운(謝靈運)은 육조(六朝)시대 송(宋)의 대가, 사조(謝朓)는 제(齊)의 대가.
※음갱(陰鏗)은 진(陣), 하손(何遜)은 양(梁)나라 사람이다.
—《杜甫-시와 삶》 266쪽 참조.

1041 | 〈송장조지서(送張祖之序)〉 : 이 문집에는 〈늦은 봄 강하에서 장조 감승님이 동도로 가심에 송별하는 글(暮春江夏, 送張祖監丞, 之東都序)〉로 되어 있음.

[226] 고적高適에 대한 평가

高適[1042]五十始作詩, 其詩便工云, 餘未敢信也. 適詩奇健雄渾, 爲盛唐高手, 非用功深至, 不能如是之工. 蓋達夫五十以前之詩, 蘊之於心, 而五十以後, 始發之於筆爾.

고적高適은 50세에 처음으로 시를 지었으나, 그 시가 문득 뛰어났다고 하는데 나는 그 말을 믿지 않는다. 고적의 시는 기묘하고 강하며 웅혼하여, 성당의 고수가 되니, 공부함이 심히 깊지 않고는 이렇게 뛰어날 수가 없다. 아마 고적이 50 이전에는 시를 마음에 감추어 두었다가 50 이후에 비로소 붓으로 발표한 것일 것이다.

[227] 신라 재상이 백거이의 시를 알았는지?

〈白居易傳〉[1043] 曰 :『居易詩, 人爭傳之, 雞林賈售其國相, 率篇易一金』云. 雞林乃新羅, 而未知國相何人. 其酷好之者, 豈亦知而好之者耶? 蓋其詩如裏巷常談, 平易近理而曲盡情態, 故能取重如此.

1042 | 고적(高適, 약 702~765) : 당(唐)대 시인. 자는 달부(達夫). 젊었을 때 생업에 종사하지 않고, 방랑하며 이백, 두보와 사귀었다. 안녹산의 난 때에 간의대부(諫議太夫)로 발탁되었고, 직언으로 좌천되었으나 이후에 좌산기상시(左散騎常侍)를 지냈다. 저서에는《고상시집(高常詩集)》·《중흥간기집(中興間氣集)》이 있다. 여기에『오십 세가 되어 처음으로 시를 지었다』는 표현은《신당서》와《구당서》의 그의 열전에 다 보인다. 그러나 그는 어려서부터도 많은 시를 지었고, 그 가운데 이미 뛰어난 시도 많았었다는 것을 근대 연구가들은 지적하고 있다.

1043 | 〈백거이전(白居易傳)〉: 여기 인용된 것은《신당서》의 〈백거이열전〉『백거이는……특히 시에 가장 능숙하였다.……작품이 많아짐에 따라, 더욱 자신을 늦추어 시속의 기호에 맞게 어울렸다. 수 천편에 이르자 당시의 선비들이 다투어 전하게 되었다. 계림의 장사꾼들은 그 작품을 그 나라의 재상에게 팔았는데 하찮은 것도 일금을 주고 바꾸었다. 많이 위조된 것을 보면, 재상이 문득 그것을 알아낼 수 있었다(居易……最工詩.……及其多, 更下偶俗好, 至數千篇, 當時士人爭傳. 鷄林行賈　其國相, 率篇易一金, 甚僞者, 相輒能辯之)』《구당서》에도 역시 비슷한 표현이 보임.

〈백거이전白居易傳〉에 말하기를 『백거이의 시는 사람들이 다투어 전하였는데, 계림의 상인이 그 나라의 재상에게 파는데, 모두 한 편에 금 한 냥씩으로 바꿨다.』고 하였다. 계림은 바로 신라인데 재상은 누구인지 알 수 없다. 그가 무척 좋아하였다는 것은, 혹시나 알고 좋아한 사람이었을까. 아마 그 시가 길에서 늘 하는 말처럼, 쉬우면서도 사리事理에 가깝고, 심경을 곡진하게 표현하였기 때문에, 사람들에게 중시됨이 이와 같았을 것이다.

(朴京順, 黃芝燕)

【참고문헌】

金達鎭 譯,《寒山詩》, 弘法院, 1970.

李桂柱 著,《古詩十九首 硏究》, 瑞文堂. 1976.

李容完 註譯,《漢詩講》, 美文出版社, 1980.

이장우 저,《韓愈의 古詩用韻》, 영남대학교출판부, 1982.

沈炳巽 著, 李章佑 譯,《韓愈詩 이야기 : 續唐詩話 韓愈條》, 대한교과서, 1988.

김학주 저,《중국문학사》, 신아사, 1989.

邱燮友 편저, 安秉烈 역,《한역 당시 삼백수》, 계명대학교 출판부, 1991.

이병주 지음,《두보시와 삶》, 민음사, 1993.

李丙疇,《杜甫-시와 삶》, 民音社, 1993년.

윤지중 편,《당시해석과 감상》, 글벗사, 1994.

李睟光 著, 南晩星 譯,《芝峰類說》, 乙酉文化社, 1994.

윤지중 엮음,《당시 해석과 감상》, 글벗사, 1994.

노장시,《韓退之評傳》, 지식산업사, 1994.

김학주 저, 신역《당시선》, 명문당, 1995.

정범진 감수, 김원중 평역,《송시감상대관》, 까치출판사, 1995.

김택 편저,《당시신평》, 善 출판, 1996.

이장우 · 장세후,《퇴계시 풀이》(제1권~5권), 영남대출판부, 2008.

정양 역시, 박완식 국역,《두보시의 이해》, 이회출판사, 1996.

손종섭 편저,《李杜詩新評》, 정신세계사, 1996.

김달진 역,《당시전서》, 민음사, 1997.
李賢熙 外3人,《杜詩》와《杜詩諺解》7, 신구문화사, 1997.
변성규 역주,《당시의 자미》, 교학연구사, 1998.
이병한 외 공저,《중국시와 시인. 唐代篇》, 사람과 책, 1998.
진옥경 역주해설,《완역 이태백 악부시》, 사람과 책, 1998.
오가와 타마끼 저, 심경호 역,《唐詩槪說》, 이회, 1998.
이영주 · 박석 · 이석형 · 김만원 · 김성곤 역해,《두보 초기시 역해》, 솔출판사, 1999.
이이 편저, 기태완 역주,《정언묘선》, 보고사, 1999.
장주 지음, 김학주 옮김,《장자》, 을유문화사, 2000.
허세욱 지음,《허세욱의 중국문학기행》, 학고재, 2000.
Stephen Owen 저, 張世厚 역,《初唐詩》, 중문출판사, 2000.
오수형 편저,《유종원 시선》, 민미디어, 2001.
최경진 지음,《그림과 함께하는 당시 산책》, UCN, 2001.
황견 엮음, 이장우 · 우재호 · 장세후 옮김,《고문진보》 전집, 을유문화사, 2001.
이장우 · 우재호 · 박세욱,《고문진보》 후집, 을유문화사, 2003.
이해원,《이백의 삶과 문학》, 고려대학교 출판부, 2002.
金學主 譯著,《新完譯 詩經》, 明文堂, 2002.
金學主 譯, 新譯《唐詩選》, 明文堂, 2003.
차주환,《중국시론》, 서울대학교 출판부, 2003.
김학주 역저,《신역 송시선》, 명문당, 2003.
정대현 역주,《역주 춘추좌씨전》 2, 전통문화 연구회, 2003.
다카시마 도시오 지음, 이원규 옮김,《이백, 두보를 만나다》, 심산, 2003.
이영주 · 이석형 · 이남종 · 김만원 외 공역,《두보 위관시기시 역해》, 서울대학교 출판부, 2004.
김원중 역해,《당시》, 을유문화사, 2004.
이장우 · 우재호,《당대문인열전》, 중문출판사, 2004년
김준연,《당대칠언율시연구》, 역락출판사, 2004.

송용준 · 오태석 · 이치수, 《宋詩史》, 역락출판사, 2004.
이종진, 《중국시와 시인 · 송대편》, 역락, 2004.
유병례 지음, 《송사》, 아이필드, 2004.
임동석 해제 역주, 《당재자전》, 김영사, 2004.
김달수, 진순신, 시바 료타로 공저, 이근우 역, 《역사의 교차로에서》, 책과 함께, 2004.
강관 지음, 구병수 옮김, 《명의류안》, 동국대학교출판부, 2005.
반고 저, 신정근 역주, 《백호통의》, 소명출판, 2005.
왕력 지음, 송용준 옮김, 《중국시율학》(전4책), 소명출판. 2005.
이동향 외, 《중국명시감상》, 명문당, 2007.
이영주 · 강성위 · 홍상훈 역해, 《완역 두보 율시》, 명문당, 2005.
이영주 저, 《韓國詩話에 보이는 杜詩》, 서울대학교출판부, 2006.
임종욱 엮음, 《동양학 대사전》, 경인문화사, 2006.
서릉 저, 권혁석 역주, 《옥대신영》 3책, 소명출판, 2006.
송용준, 《송시선(宋詩選)》, 서울대학교 출판부.
김준연 지음, 《100개의 키워드로 읽는 당시》, 학민사.
노장시, 《한유》, 중문출판사, 2006.
市野澤寅雄 著, 《杜牧》, 集英社, 1965.
朱金城, 《李白集校注》, 上海古籍出版社, 1979.
杜甫 著, 仇兆鰲 注, 《杜詩詳註》(全5册), 北京 : 中華書局, 1979.
楊家駱 主編, 《晉書》, 鼎文書局印行, 1980.
《王安石詩選》, 臺北 : 仁愛書局, 1983.
韓愈 著, 錢仲聯 集釋, 《韓昌黎集繫年集釋》 上 · 下, 上海 : 上海古籍出版社, 1984.
《太玄經》, 상해고적 출판사, 1990.
李調元 편, 何光淸 교점, 《全五代詩》, 巴蜀書社, 1991.
王文誥, 《蘇軾詩集》, 中華書局 輯注, 1992.
劉學鍇, 余恕誠 저, 《李商隱詩歌集解》, 中華書局, 1988.
杜牧 著, 馮集梧 注, 《樊川詩集注》, 上海 : 上海古籍出版社, 1998.

王國安 箋釋,《柳宗元詩箋釋》, 上海古籍出版社, 1998.
陳友琴主編,《元明淸詩選注》 上册, 北京出版社, 1998.
仇兆鰲,《詩聖杜甫 · 詩仙李白全集》, 국제문화출판공사, 2000.
岑參 著, 陳鐵民 · 侯忠義 校注,《岑參集校注》, 上海 : 上海古籍出版社, 2004.
尹占華 校注,《王建詩集校注》, 成都 : 巴蜀書社, 2006.
沈佺期 · 宋之問 撰, 陶敏 · 易淑瓊 校注,《沈佺期宋之問集校注》(全二册), 北京 : 中華書局, 2006.
許經宗,《全唐詩》 권35, 宏業書局.
《四部備要》, 韓昌黎全集一, 臺灣中華書局, 中華民國59.
《四部備要》, 劉賓客集, 권27, 臺灣中華書局, 中華民國 59.
鈴木虎雄 주해,《杜甫全詩集》, 일본도서.
佐久節 주해,《白樂天全詩集》, 일본도서.
久保天隨 주해,《韓退之全詩集》, 일본도서.
崔庚鎭,〈岑參邊塞詩硏究〉, 서울대학교 석사학위논문, 1986.
노장시,〈한유율시연구〉, 영남대 대학원 석사학위논문, 1987.
柳瑩杓,〈王安石 詩歌文學 硏究〉, 서울대학교 박사학위논문, 1992.
《明代傳記資料索引》, 中華民國國立中央圖書館編, 1983.
張撝之 · 沈起煒 · 劉德重 主編,《中國歷代人名大辭典》(全二册), 上海 : 上海古籍出版社, 1999.
《漢語大詞典》, 上海 : 漢語大詞典出版社, 2001.
《古代漢語詞典》, 商務印書館, 2005.
《中國古今地名大詞典》(全3册), 上海辭書出版社, 2005.

【그 외 참고자료】

《文淵閣 四庫全書 電子版》
한국고전번역원
中國大百科全書 中國歷史(www.white-collar.net)
한자박사(www.hanjadoc.com)

爲您服務教育网(www.wsbedu.com)

옛글닷컴(www.yetgle.com/hansi.htm)

【찾아보기】

찾아보기